Der Titel dieses Bandes charakterisiert zentrale Themen des Philosophierens von Gernot Böhme, das weit über die Grenzen der akademischen Disziplin hinaus Beachtung und Anerkennung gefunden hat. In der Vielfalt seiner fachphilosophischen Publikationen und seines essayistischen Werkes nimmt das Bemühen um eine Neugestaltung des Verhältnisses von Mensch und Natur eine herausragende Stellung ein. Indem dieser Band sich auf das Verhältnis von Naturerkennen und Natursein konzentriert, thematisiert er einen wesentlichen Ausschnitt aus dem weiten Spektrum von Böhmes philosophischer Arbeit. Die Naturthematik ist mit kulturhistorischen, wissenschafts- und sozialphilosophischen, anthropologischen, ethischen und ästhetischen Fragestellungen verflochten.

Um die Naturthematik möglichst breit zu entfalten und für Querverbindungen offenzuhalten, ist der vorliegende Band in drei Abschnitte gegliedert. Im ersten Abschnitt stehen Charakter und Reichweite der wissenschaftlichen Erkenntnis von Natur im Mittelpunkt. Der zweite Teil des Bandes stellt alternative Perspektiven auf Natur vor. Im dritten Teil schließlich stehen der Mensch und sein Verhältnis zu sich selbst im Mittelpunkt der Untersuchungen.

Michael Hauskeller, geb. 1964, ist Wissenschaftlicher Mitarbeiter am Institut für Philosophie an der TU Darmstadt. Christoph Rehmann-Sutter, geb. 1959, ist derzeit Lehrbeauftragter für Naturphilosophie und Bioethik an der Universität Basel. Gregor Schiemann, geb. 1954, ist Wissenschaftlicher Mitarbeiter am Institut für Philosophie der Humboldt-Universität zu Berlin.

Naturerkenntnis und Natursein

Für Gernot Böhme

Herausgegeben von Michael Hauskeller,
Christoph Rehmann-Sutter und
Gregor Schiemann

Suhrkamp

Die Deutsche Bibliothek – CIP-Einheitsaufnahme
Naturerkenntnis und Natursein :
für Gernot Böhme / hrsg. von Michael Hauskeller ... –
1. Aufl. – Frankfurt am Main : Suhrkamp, 1998
(Suhrkamp-Taschenbuch Wissenschaft ; 1327)
ISBN 3-518-28927-6

suhrkamp taschenbuch wissenschaft 1327
Erste Auflage 1998

Druck: Wagner GmbH, Nördlingen
Printed in Germany
Umschlag nach Entwürfen von
Willy Fleckhaus und Rolf Staudt

1 2 3 4 5 6 – 03 02 01 00 99 98

Inhalt

Einleitung

Der vorliegende Band ist entstanden zu Ehren von Gernot Böhme anläßlich seines 60. Geburtstages. Der Titel charakterisiert schlagwortartig zentrale Themen seines Philosophierens, das weit über die Grenzen der akademischen Disziplin hinaus Beachtung und Anerkennung gefunden hat. In der Vielfalt seiner fachphilosophischen Publikationen und seines essayistischen Werkes nimmt das Bemühen um eine Neugestaltung des Verhältnisses von Mensch und Natur eine herausragende Stellung ein.

Von der Physik herkommend, stand für Böhme zunächst das Interesse an der experimentalwissenschaftlichen Erkenntnis der Natur im Vordergrund. In seinen wissenschaftsphilosophischen und -soziologischen Arbeiten ging es ihm vorrangig um die Analyse der historischen und systematischen Konstitutionsbedingungen dieser besonderen Wissensform, die seit ihrer neuzeitlichen Entstehung für den gesellschaftlichen Umgang mit der Natur bestimmend geblieben ist. In Böhmes Untersuchungen werden sowohl Geltungssicherheit und Leistungsfähigkeit dieses Wissens überzeugend begründet als auch die speziellen Handlungskontexte seiner Erzeugung und Umsetzung aufgezeigt. Mit Nachdruck hebt er hervor, daß es sich bei der naturwissenschaftlichen Erkenntnisweise um eine zwar effektive, aber höchst einseitige, im Ursprung bereits technisch verfaßte und nicht sinnlich vermittelte Erkenntnisweise handelt, die in ihrer Verabsolutierung wesentlich zur ökologischen Krise beigetragen hat. Sosehr die Naturwissenschaften zur Erkenntnis und zum Umgang mit der Natur nützlich sind, so sehr bedürfen sie einer immanenten Veränderung in Richtung einer »sozialen Naturwissenschaft«, um für die Behebung der von ihnen selbst mithervorgebrachten Umweltproblematik eingesetzt zu werden. Wo immer sie zur praktischen Anwendung kommen, muß zudem ihre Orientierung an gesellschaftlichen Zielsetzungen gewährleistet sein.

Seine Einsicht in den beschränkten Charakter der naturwissenschaftlichen Erkenntnis findet Böhme aber vor allem durch die Entfaltung alternativer Formen des Wissens über die Natur bestätigt. Die durch den neuzeitlichen Rationalisierungsprozeß bewirkte Verdrängung lebensweltlicher und traditioneller Erkenntnisweisen muß seiner Überzeugung nach aufgehoben werden, um neue Ansätze für die Gestaltung des Verhältnisses von Mensch und Natur zu gewinnen.

Als eigentliches Motiv für die Bewahrung und Erarbeitung von Alternativen zur vorherrschenden Naturwissenschaft rückt bei Böhme die Umweltproblematik in den Mittelpunkt. Ihr Kern besteht für ihn weniger in den ökologisch bedenklichen Nebenfolgen der technischen Eingriffe in die natürliche Umwelt als in den Veränderungen, die unsere eigene Natur, den Leib, betreffen. Daß die Menschen selbst Natur sind, kommt ihnen erst zu Bewußtsein, wenn Umweltgifte in die Nahrungskette Eingang finden, die Luftverschmutzung das Atmen zu erschweren beginnt oder die Zerstörung der Atmosphäre längere Aufenthalte im Freien zur Gefahr werden läßt. Während die heutigen Naturwissenschaften den menschlichen Körper wie alle anderen wissenschaftlichen Gegenstände lediglich als Objekt untersuchen und manipulieren, ist das leibliche Erleben für das Subjekt diejenige Erfahrung, in der es sich selbst spürt und durch die es die sinnlich gegebene Welt wahrnimmt. Natursein heißt für den Menschen unhintergehbar Leibsein und verweist auf eine unabhängig von den Naturwissenschaften bestehende Erkenntnisweise. Um das im leiblichen Spüren Gegebene begrifflich zu erfassen, ist die Erarbeitung einer sinnlichen Wahrnehmungslehre, einer Naturästhetik, erforderlich.

Für Böhme besteht nun kein Zweifel daran, daß die Analyse der leiblichen Existenz eine fundamentale Kritik der traditionellen philosophischen Kategorien voraussetzt. So verwirft die von ihm entworfene Naturästhetik sowohl den Leib-Seele-Dualismus als auch die herkömmliche Dingontologie. Einen wichtigen Anknüpfungspunkt findet er in der Phänomenologie von Hermann Schmitz, in der eine allerdings nicht auf die Naturthematik bezogene Philosophie des menschlichen Leibes bereits systematisch ausgearbeitet ist. Aristoteles' Wahrnehmungslehre, die Theorie der Gartenkunst, die Signaturenlehre von Paracelsus und Jakob Böhme sowie Goethes Naturforschung bieten weitere Quellen für Gernot Böhmes Programm einer sinnlichen Theorie der Natur. In ihr werden die Naturgegenstände als ekstatische, aus sich heraustretende Wesen charakterisiert, die die von den Subjekten wahrgenommenen Atmosphären, das heißt Gefühlsräume, schaffen.

Indem dieser Band dem Verhältnis von Naturerkennen und Natursein gewidmet ist, thematisiert er einen wesentlichen Ausschnitt aus dem weiten Spektrum von Böhmes philosophischer Arbeit. Die Naturthematik ist mit kulturhistorischen, wissenschafts- und sozialphilosophischen, anthropologischen, ethischen und ästhetischen Fragestellungen verflochten.

So hat Böhme seine von der Auseinandersetzung mit der Physik ausgehende Wissenschaftskritik in modifizierter Form auf das gesamte System der akademischen Disziplinen bezogen. Gegenüber den bedrohlichen Tendenzen zur Verselbständigung der Wissenschaften komme es darauf an, sie im Rahmen einer humanen Gestaltung der Gesellschaft gezielt einzusetzen. Die experimentalwissenschaftliche Erkenntnis begreift Böhme als Paradigma des neuzeitlichen Rationalitätstypus, der für das Projekt der Moderne insgesamt kennzeichnend ist. In seinen anthropologischen Arbeiten stellt er dem modernen, einseitig auf Vernunft und Naturbeherrschung fixierten Menschentyp das Bild des souveränen Menschen gegenüber. Dieser kennt den heute unverzichtbaren Wert der Rationalität ebenso wie deren Grenzen, weiß um das Besondere seiner eigenen Lebensform und vermag das Andere seiner selbst anzuerkennen und zuzulassen. Mit seinen Publikationen folgt Böhme seiner Überzeugung, daß zur Philosophie nicht nur die Begründung und begriffliche Ausarbeitung eines neuen Menschenbildes, sondern auch der Entwurf und die Vermittlung entsprechender lebenspraktischer Orientierungen gehört.

In seiner Analyse der für unsere Zeit bestimmenden technischen Zivilisation gelangt Böhme zu der Einsicht, daß die Erneuerung des Verhältnisses von Mensch und Natur als Teil einer umfassenden Revision des Projektes der Moderne verstanden werden müsse. Der Philosophie komme dabei die Aufgabe zu, durch Begriffsarbeit »die Wirklichkeit in Bewegung zu bringen«. Insofern die Lösung von Gegenwartsproblemen nämlich durch vorherrschende Ideologien behindert wird, kann daran geübte Kritik und die Entwicklung neuer Vorstellungen gesellschaftliche Bedeutsamkeit und Wirkung erlangen.

Um die Naturthematik möglichst breit zu entfalten und für Querverbindungen offenzuhalten, ist der vorliegende Band in drei Abschnitte gruppiert. Im ersten Abschnitt stehen Charakter und Reichweite der wissenschaftlichen Erkenntnis von Natur im Mittelpunkt. Vor dem Hintergrund eines an Jean Piaget angelehnten Analyserahmens der Wissenschaftsentwicklung setzt sich *Wolfgang Krohn* mit alternativen Erkenntnistheorien in der Wissenschaft auseinander, wie sie aus feministischer, holistischer und ethnozentristischer Perspektive in jüngster Zeit vorgebracht worden sind. Die Legitimität dieser Theorien bestehe darin, die in der neuzeitlichen Konzeption angelegte Entkopplung von Wissen und Werten partiell wieder aufzuheben. Daß die kritische Erörterung von Erkenntnisgrundlagen im akademischen Diskurs zugelassen werden könne, ohne die Leistungsfähigkeit von Wissenschaft zu gefährden, sei für die Komplexität von Wissensgesellschaften charakteristisch.

Dient die interne Kritik vor allem der Relativierung von wissenschaftlichen Geltungsansprüchen, so bewirkt die Existenz des nichtwissenschaftlichen Wissens in modernen Gesellschaften zusätzlich eine Beschränkung der Reichweite der wissenschaftlichen Erkenntnis. Aus seiner Untersuchung der Konstitutionsbedingungen der wissenschaftlichen Erkenntnis folgert *Nico Stehr*, daß das in kulturellen Traditionsbeständen und lebensweltlichen Kontexten aufgehobene Wissen nicht nur mit der wissenschaftlichen Erkenntnis zu koexistieren vermag, sondern teilweise auch durch die Wissenschaft mit hervorgebracht wird. Die verbreitete soziologische Annahme, daß die moderne wissenschaftliche Erkenntnis übermächtig sei und herkömmliche Wissensformen vollständig auslösche, müsse deshalb zurückgewiesen werden.

Gegenüber den Tendenzen zur Relativierung und Begrenzung der wissenschaftlichen Erkenntnis bezieht *Wolf Schäfer* in seinem Beitrag nur scheinbar eine Gegenposition. Seiner Auffassung nach erfordern die nützlichen Anwendungspotentiale der wissenschaftlichen Erkenntnis von der Natur eine weltweite Durchsetzung des von Francis Bacon zu Beginn der Neuzeit entworfenen Wissenschaftskonzeptes. Die »Finalisierung der Wissenschaft« müsse erst noch zur allgemeinen Entfaltung gebracht werden. Doch tritt auch die von ihm befürwortete Globalisierungstendenz nicht mit Ausschließlichkeitsanspruch auf.

Wissenschaftskritik wird als integraler Bestandteil des gegenwärtigen Epochenwandels verstanden.

Wie weit die Kritik des Modernisierungsprozesses gehen kann, ohne den durch die wissenschaftliche Rationalität vorgegebenen Rahmen zu verlassen, führt *Dietmar Kamper* anschließend in seiner radikalen Ablehnung des Baconschen Programms vor. Gegen die von Schäfer vorausgesetzte Harmonie von Wissenschaft und Politik behauptet Kamper das faktische und unumkehrbare Auseinanderfallen beider. An die Stelle von Globalisierung und Universalisierung werden seiner Einschätzung nach in Zukunft »Zwiespalt, Bruchstück, Fraktalität« treten. Der souveräne Umgang mit Wissen und Macht müsse heute bereits von ihrer Differenz ausgehen. Als Vorbild hierfür steht der auf Platon zurückgehende und von Böhme so bezeichnete »Typ Sokrates«, der um das mit dem Wissen steigende Nichtwissen weiß und Einsicht in die Grenzen der menschlichen Handlungsmöglichkeiten hat.

Der Rückgriff auf antike Vorbilder kann unter den Bedingungen des modernen Zivilisationsprozesses freilich nicht allein zu einer angemessenen Einschätzung der wissenschaftlichen Erkenntnis führen. Die Moderne hebt sich von vorangehenden Zeiten wesentlich durch eine wissenschaftlich entworfene und – wie *Gerhard Gamm* in seinem Beitrag bemerkt – »planetarisch ausgelegte« Technik ab. Nach Gamm ist diese Technik auf doppelte Weise unbestimmt: Sie habe den Charakter einer vom natürlich Gegebenen emanzipierten Schöpfung, die außerdem nicht in den ihr zugedachten Funktionen aufgehe. In ihrer prinzipiellen Offenheit stellt die Technik allerdings auch ein beträchtliches Risiko für die Umwelt und eine in ihren Ausmaßen nicht abschätzbare Einschränkung der Autonomie des Menschen dar.

Mit dem Thema »Zeit« greifen die letzten beiden Beiträge des ersten Teils schließlich einen für die wissenschaftlich-technische Zivilisation zentralen Gesichtspunkt heraus, dem Böhme seine ersten beiden Monographien gewidmet hat. *Peter Janich* beschäftigt sich mit dem für die Wissenschaftstheorie der Naturwissenschaften fundamentalen Problem der Zeitmessung. Als Antwort auf eine von Böhme vorgebrachte Kritik an der konstruktivistischen Theorie der Zeit geht er der Frage nach, welche Eigenschaften die gemessene Zeit hat. Für Janich steht dabei fest, daß die Charakteristika dieser Zeit nicht aus einer unabhängig von der Erkenntnis bestehenden natürlichen Wirklichkeit, sondern aus der sprachlichen Verarbeitung von Erlebnissen und Handlungen stammen. Nur dieser Ursprung gewährleiste die für die wissenschaftliche Zeit konstitutiven universellen Geltungsbedingungen.

Auf die kulturhistorisch bedenklichen Folgen eines vollständig auf den wissenschaftlichen Zeitbegriff ausgerichteten Denkens weist dann *Heinz Kimmerle* hin. Abstrakte und überall identische Zeit sei dem menschlichen Dasein entfremdete Zeit. Um ihre ausschließliche Herrschaft zu verhindern, müßte alternativen Zeitauffassungen stärkere Beachtung geschenkt werden. Derartige Gegengewichte zur Hauptlinie des westlichen Zeitdenkens sieht Kimmerle in der philosophischen Traditionskritik von Heidegger, Derrida und Lyotard, in den jüdischen und mythischen Elementen der westlichen Kulturen sowie in Ethnokulturen, für die er afrikanische Zeitvorstellungen als Beispiel ausführlich erörtert.

Der zweite Teil des Bandes stellt alternative Perspektiven auf Natur vor. Sie werden von *Gregor Schiemann* mit der These eröffnet, daß ein Rückgriff auf den aristotelischen Gegensatz von Natur und Technik in der Moderne auf neue Weise sinnvoll wird. Die seit dem Beginn der Neuzeit fortschreitende Nivellierung dieses Gegensatzes wird problematisch, wenn technische Eingriffe in die Umwelt zur irreversiblen Vernichtung sich selbst unterhaltender Naturprozesse führen. Die aristotelische Charakterisierung von Natur vermag nicht nur in diesen Situationen Bewertungskriterien zu bieten. Sie verweist zudem auf Grenzen der technischen Naturveränderung und ist bis heute dem lebensweltlichen Umgang mit Natur vielfach angemessen.

Es folgen vier Beiträge, die sich mit Böhmes ästhetischer Theorie der Natur befassen. *Michael Hauskeller* kritisiert Böhmes Auffassung, wonach die Schönheit (einer Landschaft) im gleichen Sinne eine Atmosphäre sei wie etwa die Heiterkeit einer Landschaft. Er versucht, schärfere Differenzierungen einzuführen, um damit den Kerngehalt der Erfahrung von Schönheit ans Licht zu heben: die Erfahrung einer Wertschätzung des als schön Empfundenen um seiner selbst willen. Von da aus ergeben sich Ausblicke auf axiologische Implikationen der Naturästhetik, das heißt auf eine Theorie von Werten in der Natur. *Hermann Schmitz* begibt sich mit Böhme in ein Gespräch über den Unterschied von Atmosphären und Situationen. Er vermißt eine gleichwertige Berücksichtigung der letzteren und kritisiert von daher Böhmes Theorie, wonach sich Atmosphären auch »herstellen« lassen. Im Rahmen einer »Ontologie der Situationen«, worin Situationen als Ganzheiten behandelt werden, nicht als Konstellationen von Dingen, die ekstatisch aus sich heraustreten, könnten sich die naturphilosophischen Fragen neu stellen lassen. *Christoph Rehmann-Sutter* versucht, wie schon Hauskeller, ethische Implikationen in der ästhetischen Theorie der Natur aufzuspüren. Er rekonstruiert dazu ein Stück Entwicklungsgeschichte der Ideen Böhmes in Anknüpfung an Whitehead und fragt, inwiefern eine relationale Ontologie im Gegensatz zu der traditionellen »Substanz-Qualität-Metaphysik« zu einem verantwortlichen Umgang mit Natur sensibilisieren kann. Der Begriff der Relationalität scheint in ökologischer Hinsicht attraktiv zu sein. Dies erweist sich auch im Aufsatz von *Klaus Michael Meyer-Abich*, der zeigt, wie das »Mitsein« aller Dinge und aller Lebewesen dafür wichtig ist, was diese Dinge und Lebewesen sind. In Kritik an der kantianisch-liberalistischen Tradition versucht er, auch das Dasein von Menschen neu zu deuten: das Mitsein der Natur, das heißt der Tiere und Pflanzen, hat für das menschliche Leben konstitutive Bedeutung, nicht nur für seine Ontogenese, sondern auch in der gelebten Präsenz.

Als eine Alternative in der abendländischen Tradition zu jener kantianisch-liberalistischen Linie verstand sich historisch die romantische Naturphilosophie, auf die sich auch Meyer-Abich beruft. Die folgenden beiden Texte knüpfen auf unterschiedliche Weise an diese Wurzeln an. *Manon Andreas-Grisebach* nimmt auf die von Böhme vorgenommene Rekonstruktion der Goetheschen Farbenlehre Bezug. Die Aktualität von Goethes Naturforschung, die im Zuge der neuzeitlichen Objektivierung der Naturerfahrung weitgehend abgedrängt wurde, besteht für sie in seiner vorbildlichen Verbindung von wissenschaftlicher Erfahrung mit naturphilosophischen Ideen. Im Rahmen der Produktion von Erkenntnis müsse der Spekulation wieder ein rechtmäßiger Ort zugewiesen werden. Dies erfordere allererst ihre kritisch-philosophische Rehabilitierung. – *Dietrich von Engelhardt* nähert sich der romantischen Naturphilosophie auf wissenschaftshistorischem Weg. Die französische Aufklärerin Madame de Staël beschrieb höchst aufschlußreich ihre zeitgenössische Wahrnehmung der deutschen Wissenschaftssituation um 1800, insbesondere der romantischen Naturwissenschaft und Medizin in ihrer auffallend engen Beziehung zur Philosophie. Engelhardt erschließt damit eine wichtige Quelle zur gegenwärtigen Rezeption jener von Vielfalt und Erneuerung gekennzeichneten Epoche europäischer Kulturentwicklung.

Die Reihe der Beiträge im zweiten Teil wird abgeschlossen mit *Michael Denekes und Engelbert Schramms* Rückblick auf die Entstehung des Projekts »Soziale Naturwissenschaft«, an dessen Konzeption und praktischer Umsetzung Böhme wesentlichen Anteil hatte. Die Grundidee war dabei, Natur nicht aristotelisch als unberührte Sphäre den menschlichen Gestaltungen entgegenzustellen, sondern sie von Anfang an als sozial mit-konstituierte aufzufassen, die gesellschaftlichen Aspekte der Umweltproblematik so begrifflich transparenter zu machen und die Gräben zwischen »Technoscience« und »Humanities« zu überwinden, also naturwissenschaftliche und sozialwissenschaftliche Ansätze in einer gemeinsamen Arbeit zusammenzuführen.

Im dritten Teil rückt schließlich der Mensch und sein Verhältnis zu sich selbst und zur Welt in den Mittelpunkt. Die Frage, was den Menschen *als* Menschen wesenhaft ausmache, ist die Grundfrage der philosophischen Anthropologie. Für *Hartmut Böhme* ist der Mensch nicht so sehr das vernunfthabende oder sprachbegabte Tier, wie es die philosophische Tradition will, sondern vielmehr »das Tier, das sich verhüllt«, das darum weiß und daran leidet. Die dualistische Anthropologie, die den Menschen in einen Geist oder eine Seele scheidet, die sein wahres Wesen sei, und einen Körper, der dieses Wesen verbirgt, ist nach Hartmut Böhme Ausdruck einer fundamentalen Sehnsucht nach Hüllenlosigkeit, nach Unmittelbarkeit und Wahrheit, deren Vorstellung aber auch Furcht erweckt, weil Hüllenlosigkeit auch Ausgeliefertsein bedeutet, und letztlich nur um den Preis des Todes, des Verlassens der körperlichen Hülle, zu haben ist. Diese Ambivalenz des Wahrheit sowohl vermittelnden als auch verstellenden Leibes bleibt für das menschliche Dasein mit seinen Strategien von Verhüllung und Enthüllung zentral.

Daß auch menschlicher Wissenserwerb nicht allein abstrakter Reflexion zu verdanken ist, sondern stets an die Leiblichkeit und Sinnlichkeit des Menschen rückgebunden bleibt, hebt *Rudolf zur*

Lippe in seinem Beitrag hervor. Jedes theoretische Wissen steigt letztlich aus der Lebenspraxis hervor und vollendet sich im praktischen Vollzug. Nicht also als Alternative zur diskursiven Reflexion, sondern als deren Voraussetzung und notwendiges Komplement erweist sich so ein »gestisches«, im erlebenden Vollzug gewonnenes und in der sinnlichen Erfahrung sich stets erneuerndes Wissen, dessen Möglichkeiten und Bedingungen es freilich erst noch zu klären gilt.

Einer Anerkennung der grundlegenden und die verschiedenen Fähigkeiten des Menschen integrierenden Funktion eines solchen gestischen Wissens steht allerdings der in der europäischen Kulturtradition fest verankerte Glaube an die Quasi-Natürlichkeit einer stabilen Ich-Instanz entgegen. Daß die damit verbundene säuberliche Trennung zwischen einem menschlichen Geistsubjekt, das sich aktiv und intentional auf die Welt bezieht, und einem sinnlich-materiellen Objekt, das sich diesem Zugriff passiv unterwirft, keine universale Geltung beanspruchen kann, zeigt *Rudolf Wolfgang Müller* durch seinen Hinweis auf japanische Betrachtungs- und Erlebensweisen, die er in Ansätzen Gernot Böhmes wiederfindet. Die Betonung des Ephemeren, der Flüchtigkeit als Grunderfahrung menschlichen Daseins, gehört ebenso hierher wie das »Loslassen«, die Aufgabe des fixierend-kontrollierenden Blickes auf die Dinge zugunsten einer nicht-intentionalen, einlassenden und die eigene Leiblichkeit mit erfassenden Betrachtungsweise.

Das bedeutet freilich nicht, daß der Mensch ganz passiv werden und sich vollständig im Gegenstand verlieren müßte. Zwischen der »bewußten« und der »unmittelbaren« Seinsweise liegt als dritte die von Gernot Böhme zum Leitbild erklärte Seinsweise des »souveränen« Menschen, die *Gisbert Hoffmann* in seinem Beitrag skizziert und kritisiert. Die Souveränität soll ein medialer Zustand sein, der polare Gegensätze wie Aktivität und Passivität, Vernunft und Gefühl, Geistigkeit und Leiblichkeit miteinander zu vermitteln und in sich zu vereinigen versteht. Souveränität bestünde dann darin, Begegnungen und Affektionen zulassen und sich den daraus entspringenden Handlungsanforderungen stellen zu können, oder anders gesagt, sein eigenes Leibsein *bewußt* zu erfahren und zu leben. Hoffmann zufolge läßt Böhmes Kritik jedoch außer acht, daß nicht jede durch Bewußtheit erzeugte Distanz schon Unterdrückung bedeutet und daß auch die mediale Seinsweise ohne die kritisierte Bewußtheit und Distanz gar nicht vorstellbar ist. Vielleicht, gibt Hoffmann zu bedenken, ist es nicht weniger, sondern gerade *mehr* Bewußtheit, was uns not tut.

Wie Hoffmann, so warnt auch *Ekkehard Martens* davor, das »rationale« Denken leichtfertig zu verabschieden und das Heilmittel für die Krankheiten der Moderne statt dessen in einem »natürlichen« Denken zu suchen, wie es etwa Heidegger mit Berufung auf Sokrates getan hat. Gerade das viel häufiger als Grundtyp abendländischer Rationalität verstandene sokratische Denken (auf das sich auch Hoffmann bezieht) liegt aber jenseits der falschen Alternative zwischen »rationalem« und »natürlichem« Denken. Vielmehr ist sich auch Sokrates trotz seines berechtigten Beharrens auf rationaler Prüfung der Begriffe durchaus der Grenzen der Rationalität und der Anfälligkeit und Gebundenheit menschlicher Existenz bewußt und strebt deshalb auch nach einer »gemischten« Lebensweise, die vom Extrem einer ungezügelten Herrschaft der Begierden ebenso weit entfernt ist wie von dem anderen Extrem einer reinen Vernunftherrschaft. Auch heute, meint Martens, dürfe die berechtigte Kritik an einem einseitig auf Rationalität fixierten Menschenbild nicht als Kritik *an* der Aufklärung mißverstanden werden, sondern vielmehr als Kritik *durch* die Aufklärung.

Als solche versteht auch *Helmut Fleischer* seine ungewöhnliche Interpretation der Kantischen Grundeinsicht, daß Erfahrung nur als Produkt rezeptiver Anteile und eines – die von Kant angeführten Kategorien freilich weit übersteigenden – subjekteigenen Spontanvermögens denkbar sei. Nur dem Mangel an Reflexionskultur sei es nämlich zu verdanken, daß die Kantische Einsicht noch nicht in ihrer ganzen Tragweite erkannt und zur Überwindung der bekannten Dualismen von Natur und Vernunft, Subjekt und Objekt, Sein und Seinsollen genützt worden sei. Wie der denkende Mensch der Natur nicht nur gegenübersteht, sondern vielmehr an ihr (vermöge seines Leibes) teilhat, so steht er auch seiner eigenen Geschichte nicht bloß als Beobachter gegenüber, sondern immer zugleich als Teilnehmer. Der Objektivitätskult einer rationalistischen Wissenschaft, die sich aus den Netzen der Lebenswelt befreit wähnt, verstellt, daß jeder theoretische Akt in einem natürlich-kulturellen Fundus lebensweltlicher Primärerfahrungen gründet, jede Zeit und jeder Mensch eigene

Kategorien hat, die die eigene Lebenswelt mit ihren vielfältigen Sinnbezügen und die Teilnahme an der Situation widerspiegeln, und jede Moralphilosophie im gelebten Ethos einer Gesellschaft ihre Wurzeln hat.

Die Beiträge loten auf verschiedene Weise teils ausdrücklich, teils implizit die heutige Problematik der Mensch-Natur-Beziehung aus. Sie nehmen die Einladung Gernot Böhmes an, ein Denken zu wagen, das an der Zeit ist.

Basel und Frankfurt am Main, im August 1996
Michael Hauskeller, Christoph Rehmann-Sutter und
Gregor Schiemann

1. Natur, Wissenschaft und Technik

Wolfgang Krohn
Wissenschaftsentwicklung zwischen Dezentrierung und Dekonstruktion
Eine epistemologische Analyse der Angriffe auf die Objektivität von Erkenntnis

Seit einiger Zeit ruft in Wissenschaftssoziologie und -philosophie ein Phänomen eine gewisse Ratlosigkeit hervor: die Zunahme von wertbeladenen Angriffen auf ein normalwissenschaftliches Wissenschaftsverständnis und die Angebote an alternativen Wissenschaftskonzeptionen. Gegenstand der folgenden Diskussion sollen jene Ansätze zu Wissenschafts- und Wirklichkeitsverständnissen sein, die mit spezifischen Wertvorstellungen und Erfahrungsperspektiven operieren und beanspruchen, als berechtigte und begründete Alternativen zu einem die Standardwissenschaften durchziehenden Normalverständnis aufzutreten. Ich nehme damit ein Thema auf, das Gernot Böhme schon während der Starnberger Zeit interessiert hat und von ihm in zahlreichen Variationen verfolgt worden ist. Gegen die Tendenz der Wissenschaftsgeschichtsschreibung, aus der Position der evolutionären Sieger die Relevanz von Alternativen in der Wissenschaft zu ignorieren und den Erkenntnisgewinn der unterlegenen Positionen zu vergessen, waren unsere gemeinsamen Bemühungen gerichtet, Erkenntnisprogramme zu erkunden, die einmal wirksame Alternativen *in* oder sogar *zur* Wissenschaft gewesen sind. Geradezu ein Paradigma solchen Gegensatzes war für Böhme die Kontroverse, die Goethe mit Newton ausfocht. Andere Fallstudien befaßten sich mit der Differenz zwischen einem sozialen und einem biologischen Grundverständnis des medizinwissenschaftlichen Krankheitsbildes oder mit der Differenz zwischen einem praktischen Erfahrungswissen und einem instrumentengestützten Theoriewissen am Beispiel der Geburtshilfe. Immer waren die epistemologischen Dimensionen dieser Alternativen eingebettet in unterschiedliche Wahrnehmungsformen von Natur und Gesellschaft.[1] An diese Studien knüpft die Fragestellung dieses Essays an. Es geht um Alternativen, die unter ökologischen, feministischen, kulturrelativistischen, postmodernistisch-ästhetisierenden und altmarxistischen Perspektiven gegen die »normale« Wissenschaft aufgebaut werden. Unter »Normalverständnis« soll vorläufig verstanden werden, daß Wissenschaft als Erzeugung neuen Wissens wertfrei verfährt und die Probleme der Bewertung erst durch die Anwendung des Wissens in nichtwissenschaftlichen Kontexten auftreten. Sicherlich gibt es von dieser Normalität einige Ausnahmen (etwa der Konsens über die berechtigten Einschränkungen der Experimente an Menschen). Diese bestätigen – eben als Ausnahmen – das Normalverständnis und geben keine Handhabe für den Aufbau einer normativen Alternative innerhalb des davon entlasteten Funktionsbereichs Wissenschaft. Weiter soll die Kennzeichnung »normal« indizieren, daß es keine privilegierten oder disprivilegierten Zugangsformen zum Wissen gibt, die etwa von bestimmten Weltanschauungen, Kulturkontexten, Geschlechtszugehörigkeiten oder politischen Engagements abhingen.

Die Analyse der Kontroversen über alternative Wissenschaftskonzeptionen schließt in gewisser Weise an den klassischen Topos der Unterscheidung und Beziehung zwischen Wissenschaft und Ideologie an. Ich werde die beiden Lösungen ausschließen, die entweder den ideologischen Kontroversen *über* Wissenschaft kein Bleiberecht *in* der Wissenschaft einzuräumen bereit sind, um sie in die Arenen der säkularisierten Glaubenskämpfe zu verbannen, oder – entgegengesetzt – Wissenschaft umstandslos für eine von vielen Ideologien zu erklären. Die Gründe dagegen werden hoffentlich im Verlauf der Darstellung überzeugen.

Die folgenden beiden Punkte geben vorweg die Zielrichtung des Essays wieder: Erstens werde ich einen an Jean Piaget angelehnten Analyserahmen der Wissenschaftsentwicklung vorstellen, der eine wissenschaftssoziologische Differenzierung von Wissenschaft und Ideologie erlaubt, und ihn zur Illustration auf ein historisches Beispiel (kopernikanische Revolution) anwenden. Zweitens werde ich die historische und gegenwärtige Verwebung von Ideologie und Wissenschaft als unauflöslich nach-

1 Vgl. hierzu Böhme, van den Daele, Krohn (1973), Böhme (1993), Krohn (1990).

zeichnen und die Berechtigung der gegenwärtigen Kontroversen herausstellen. Ich werde dabei der Vorgabe Piagets folgen, dem Konzept der Ideologie eine eigenständige gesellschaftliche Funktion zuzuweisen, und ihm widersprechen in der Ansicht, das Sozialsystem Wissenschaft würde sich dieser Funktion entledigen. Mit anderen Worten: Als Wissenschaftler sind wir mehr oder weniger intensiv in Kontroversen darüber eingeschlossen, in welche Wertbezüge und kulturelle Visionen wir unsere Tätigkeiten einbetten.

Einführung

Piagets *Épistémologie génétique*[2] ist ein umfassender Versuch, eine Geschichte der geistigen Entwicklung der Wissenschaften zu schreiben, die zwischen zwei Gefahren hindurch steuern sollte. Die eine Gefahr ist eine quasi-teleologische Anlehnung an einen wissenschaftlichen Realismus, durch die die Rekonstruktion sich mit der Aufgabe bescheidet, Stationen der Erkenntnisentwicklung in Abhängigkeit vom Wissensfortschritt zu erfassen. Die andere ist die Anlehnung an ein quasi-kausales Programm der Erklärung von Geltungsansprüchen und Erkenntnisdynamiken durch deren Reduktion auf andere gesellschaftliche Kategorien, seien diese nun Religion, Wirtschaft oder Politik.

2 Ich beziehe mich in erster Linie auf das dreibändige Werk *Introduction à l'épistemologie génétique*, erschienen 1950 bei Presses Universitaires des France, Paris (dt. *Die Entwicklung des Erkennens*, 1975). Die deutsche Ausgabe wird mit römischer Bandangabe und darauf folgender Seitenzahl zitiert. Weitere interessante Quellen sind der Essay *Weisheit und Illusion der Philosophie* (1965, dt. 1974) und *Erkenntnistheorie der Wissenschaften vom Menschen* (1970, dt. 1973). Da Piaget in erster Linie als Entwicklungspsychologe gewirkt hat, ist die Bemerkung angebracht, daß er in seiner Epistemologie nicht Übertragungen psychologischer Erkenntnisse auf die Wissenschaftsentwicklung vornimmt, sondern sich selbst in die Traditionslinien der französischen Epistemologie einordnet, die etwa durch Namen wie H. Poincaré, L. Brunschvicg, F. Enriques, G. Bachelard, A. Lalande, E. Meyerson bezeichnet sind. Das gemeinsame Interesse dieser Autoren hat immer der inneren Verbindung zwischen der Entwicklung von *Wissensbeständen, Wirklichkeitsideen* und kognitiven *Konstruktionsleistungen* gegolten.

Für die Wissenschaftssoziologie ist die Umgehung beider Gefahren essentiell. Die Beobachtung von sozialen Prozessen der Erkenntnisproduktion muß von dem durch Bloor[3] formulierten Prinzip der Symmetrie von wahren und falschen Propositionen oder Geltungsansprüchen ausgehen. Keine soziologisch beobachtete wissenschaftliche Erkenntnis kann in den Begriffen der soziologischen Beobachtungssprache als wahr oder falsch gekennzeichnet werden, sondern immer nur als unter gewissen Bedingungen verbreiteter Konsens (institutioneller Konsens etwa in Lehrbüchern oder Akteurskonsens durch gemeinsame Überzeugungen). Soziologisch kann nicht beobachtet werden, daß eine Idee sich durchsetzt, weil sie wahr ist, sondern nur, daß sie unter Verwendung bestimmter Validitätsbedingungen in den spezifischen institutionellen Kommunikationsformen der Wissenschaft für wahr gehalten wird.

Die zweite Gefahr ist soziologisch viel verführerischer. Sie besteht darin, die *Geltung* bestimmter Validitätsbedingungen oder Diskursregeln ursächlich auf die Existenz bestimmter politischer, wirtschaftlicher oder religiöser Bedingungen oder allgemeiner auf die geltenden Regeln des Zusammenlebens zurückzuführen. Verführerisch ist eine solche Strategie, weil sie zunächst immer erfolgreich erscheint. Denn man kann immer Querverbindungen zwischen verschiedenen Funktionskreisen finden, die dann auch kausal gedeutet werden können. Wenn man aber den Focus ver-

3 Der Wortlaut bei Bloor: The »sociology of scientific knowledge should adhere to the following tenets ... 3. It would be symmetrical in its style of explanation. The same types of cause would explain, say, true and false beliefs« (Bloor 1976, S. 4 f.). Die anderen Axiome sind (1) Suche nach Kausalerklärungen oder nach den *Bedingungen* der Erkenntnis; (2) Unvoreingenommenheit gegenüber Wahrheit und Falschheit, Rationalität und Irrationalität, Erfolg und Fehlschlag; (4) Selbstanwendung des Erklärungsmusters auch auf die Soziologie. Ich halte den ersten Punkt für wissenschaftstheoretisch problematisch und für eine unnötige Einschränkung. Der zweite Punkt ist soziologisch unsinnig; die genannten Kategorien *sind* asymmetrisch, da eine Kennzeichnung der jeweils zweiten Seite nur durch Rekurs auf die erste möglich ist. Ein Fehlschlag existiert nur mit Blick auf eine Erfolgserwartung. Der vierte Punkt ist notwendig, wirft aber ein typentheoretisches Problem auf, das bis heute die erkenntnissoziologische Selbstbeschreibung beschäftigt. Vgl. etwa Woolgar (1988), Ashmore (1989), Fuchs (1995).

schiebt und statt der Erklärung der Wissenschaftsentwicklung die von Politik, Wirtschaft und Religion oder die Regeln des Zusammenlebens sucht, wechseln Explanandum und Explanans die Positionen, und der Trick fliegt auf. Nur wenn es eine allgemeine Theorie gäbe, nach der Kategorien des Wissens grundsätzlich einen abgeleiteten Status gegenüber solchen der Herrschaft, des Besitzes oder des religiösen Rituals hätten, wären Erkenntnisse über den Einfluß nichtwissenschaftlicher Faktoren (die niemand leugnen wird) hinreichend für die kausale Erklärung von Wissenschaftsentwicklungen.[4]

Piagets Alternative besteht darin, die *Veränderungen* der wissenschaftlichen *Tätigkeiten* zum Thema zu machen – nicht ihre Ergebnisse und nicht ihre Bedingungen. Dieser Zugang speist sich aus der evolutionstheoretischen Annahme, daß alle Veränderungen immer Transformationen des Bestehenden sind und intellektueller Fortschritt, ob gerichtet oder nicht, immer Umbau und Einbau in bestehende Strukturen ist. Zur Kennzeichnung dieser Transformationsstruktur benutzt er den Schlüsselbegriff der *Dezentrierung,* in den seine epistemologische Überzeugung eingeschrieben ist, daß Erkenntnisfortschritte immer in einer Kovariation von *Abstraktionssteigerungen* und *Distanzleistungen* verfahren. Abstraktionssteigerungen werden reflexiv erzeugt und betreffen die Anreicherung der Erkenntnisse darüber, *wie* wir erkennen; diese Erkenntnisse dienen dann wiederum strategisch zur Erzielung neuer Objekterkenntnisse. Distanzleistungen werden erbracht, wenn die Differenzen zwischen Erkenntnissubjekt und -objekt vermehrt werden und Unmittelbarkeiten wie die der sinnlichen Wahrnehmung, Kraftempfindungen, der symbolischen Repräsentationen oder der Wertvorstellungen gegenüber Objekten aufgelöst werden. Jedes Lernen über die Objekte der Welt ist gekoppelt an ein Lernen über dieses Lernen. Die genetische Epistemologie interessiert sich genau für diese Kopplungen. Sie verfolgt, wie die evolutionären Steigerungen der Lernmöglichkeiten über reflexive Abstraktionen aus spezifischen Objekterfahrungen erwachsen und wie sie über zusätzliche konstruktive Distanzleistungen neue Formen der Erkennt-

4 Es gab einige spätmarxistische Versuche, solche Reduktionen über die Begriffe des Kapitals (Bourdieu 1975) oder der Ware (Sohn-Rethel 1990) zu probieren.

nisproduktion bereitstellen.[5] Der »intellektuelle Fortschritt ist nicht linear und kumulativ, sondern konstruktiv und reflexiv« (Bd. II, S. 111).

Ein Beispiel für eine Piaget-gestützte Analyse: Die kopernikanische Revolution

Piaget hat für diesen Zusammenhang zwischen reflexiver Abstraktion und Objektdistanz den Begriff der »Dezentrierung« gebildet. Dieser Begriff ist auch außerhalb der Spezialterminologie Piagets verwendbar und wird daher später als Brücke zu anderen wissenschaftstheoretischen Positionen dienen. Im allgemeinen meint »Dezentrierung«, daß ein bestimmter »Zentrismus« (Egozentrismus, Anthropozentrismus, Eurozentrismus) aufgehoben wird durch das Angebot eines anderen, in der Regel erweiterten Interpretationsrahmens. Dieser erweitere Rahmen macht sowohl die Relativität der für fraglos gültig gehaltenen Perspektive sichtbar wie auch die impliziten Bewertungen, die mit der Auszeichnung des Zentralpunktes dieser Perspektive verbunden sind.[6]

Ich möchte den Grundgedanken der Dezentrierung an seinem wohl bekanntesten Beispiel erörtern, an der kopernikanischen

5 Diese Auflösung von unmittelbaren Objektbeziehungen besagt nicht, daß der wissenschaftliche Umgang mit Objekten, Instrumenten und Apparaten etwa in Experimentalsituationen nicht wiederum solche Beziehungen einschließt. Die körperlichen Wirklichkeitsbezüge hören ja nicht auf, nicht einmal in der Mathematik. Um aber, so würde Piaget sagen, etwa eine Computersimulation von Aids »erleben« und »bearbeiten« zu können, sind kognitive Leistungen zwischengeschaltet, die aus reflexiven Abstraktionen und konstruktiven Distanzleistungen bestehen.

6 Die Terminologie scheint kulturhistorisch an die Entdeckung der Zentralperspektive in der Renaissance anzuknüpfen. In der Tat ist die Perspektivmalerei der Renaissance als »symbolische Form« so zu verstehen, daß sie sowohl die Einnahme eines bestimmten Beobachtungsstandpunktes zur Bildwirklichkeit festlegt als auch diesen über die Geometrie des Wahrnehmungsraumes relativiert. Vgl. Panofsky (1974); Krohn (1977, S. 48). Diese höchst bedeutsame Quelle der epistemologischen Wende zur perspektivefreien Objektivität wird wissenschaftshistorisch gern vernachlässigt.

Revolution. Sie trägt schon in ihrer Beschreibung als Umstellung vom geozentrischen auf das heliozentrische Weltbild das Thema in sich. Es ging in dieser Revolution um einiges mehr als die Umstellung auf eine andere Hypothese. Die Initialzündungen für die radikalen Veränderungen im kulturellen Welt- und Selbstverständnis finden sich schon bei Nicolaus Cusanus (1401-1464), vor allem in seinem Werk *Über die belehrte Unwissenheit* (*De docta ignorantia*).[7] »Da es stets jedem, ob er sich auf der Erde oder der Sonne oder auf einem anderen Stern befindet, so vorkommt, daß er sich gleichsam an einem unbeweglichen Mittelpunkt befindet und daß alles andere sich bewegt, deshalb würde jener, wenn er sich auf der Sonne, der Erde, dem Mond, dem Mars usw. befände, sich sicherlich immer neue Pole bilden. Der Bau der Welt ist deshalb so, als hätte sie überall ihren Mittelpunkt und nirgends ihre Peripherie.«[8] In seinen weiteren Spekulationen bezeichnet er die Erde als einen »edlen Stern« unter anderen, auf denen es auch Bewohner anderer Gattungsarten geben möge. Sie alle würden ihre eigene Perspektive des Weltbaus haben, ihre Mitte, ihr Oben und Unten. Soweit wir wissen, ist Cusanus bei dieser negativen Dialektik der Beobachtungsrelativistik stehengeblieben und nicht auf den Gedanken gekommen, dafür einen allgemeingültigen Interpretationsrahmen zu entwerfen. Genau das leistet aber – zumindest für das Sonnensystem – die heliozentrische Hypothese. Kopernikus (1473-1543) traut sich ab etwa 1530 den Gedanken zu, die direkten Beobachtungen, die ein Beobachter des Mars, der Venus, des Jupiter oder der Erde haben mag, in einer für alle gleichermaßen gültigen Geometrie des Sehens darzustellen. Die dezentrierende Leistung besteht dabei aus drei Schritten. Der erste erfordert von einem Primärbeobachter B_1, sich vorzustellen, wie ein Bewohner (B_2) eines anderen Planeten beobachten könnte; der zweite verlangt, die Inkonsistenz der Beobachtungen von B_2 mit den eigenen (B_1) festzustellen; denn auch die Aufdeckung einer Inkonsistenz beruht auf einer kognitiven Operation. Der dritte erfordert, ein Modell zu entwerfen, das sowohl diese Inkonsistenz beseitigt als auch die eigenen tatsächlichen Beobachtungen (B_1) abzuleiten gestattet. Denn wir

7 Die Filiation der Gedanken des Cusaners auf Kopernikus ist nach wie vor umstritten; sie ist nicht direkt belegbar, aber auch nicht unwahrscheinlich. Vgl. Blumenberg (1981, S. 244).

8 Cusanus (1977), *De docta ignorantia,* Bd. II, S. 162.

können ja nicht unsere Wahrnehmungen dezentrieren, sondern nur einen virtuellen Beobachtungsstandpunkt (B_3) uns denken, von dem aus die beiden Standpunkte B_1 und B_2 relationiert und rekonstruiert werden können. Diesen Standpunkt verlegt Kopernikus auf die Sonne (B_{Sonne}) als eine für alle planetarischen Beobachtungsstandpunkte gleich verträgliche und somit »faire« Lösung.

Der genetischen Epistemologie kommt es bei dieser Lösung nicht im geringsten darauf an, daß sie wahr oder auch nur richtiger ist. Das wesentliche Merkmal ist ausschließlich, daß es einen Fortschritt in der kognitiven Fähigkeit gibt, die eigenen Primärbeobachtungen[9] B_1 und die Hypothesen über die zweite Beobachtungsordnung ($B_{2\text{-}n}$) durch eine Hypothese der dritten Beobachtungsordnung (B_{Sonne}) zu ersetzen. Die Hypothese dritter Ordnung beruht auf der Kraft eines virtuellen Rahmens der Koordination von Wahrnehmungsrahmungen. Er entsteht durch die Beobachtung von Beobachtungsstandpunkten und nimmt selbst einen Beobachtungsstandpunkt dritter Ordnung ein.[10]

Das Theorem der Dezentrierung des kognitiven Konstruktivismus

Generalisiert man dieses Beispiel und betrachtet die Wissenschaftsgeschichte selektiv hinsichtlich solcher Episoden, erhält man ein Piaget-Muster der evolutionären Wissenschaftsentwick-

9 Sie sind natürlich nicht absolut primär; hinter ihnen steckt ja die ganze theoretische, mathematische und instrumentelle Apparatur der ptolemäischen Astronomie. Aber für die hier betrachtete Episode sind sie als unbestrittenes astronomisches Wissen die Ausgangslage.

10 Cusanus' oben zitierter Gedanke, daß ein Beobachter die verschiedenen Beobachtungsstandpunkte (als Engel vielleicht, heute als Raumfahrer) abfahren könnte, bleibt bei der Überraschung stehen, daß man dann ständig neue Ordnungsstrukturen des Himmels zu sehen bekäme. Es schließt sich nicht die Suche nach einer überlegenen, weil kognitiv invarianten Struktur an. Man muß freilich einräumen, daß er für dieses Suchproblem, wenn er es denn formuliert hätte, keine durchführbare Lösung gefunden hätte. Das wiederum ist in der Dezentrierungstheorie von untergeordneter Bedeutung; es kommt auf die Entdeckung des Invarianzproblems an, nicht darauf, ob eine Lösung existiert.

lung, das mit Hilfe dreier Merkmale gekennzeichnet werden kann:

(a) *Der evolutionäre Prozeß hat eine autodynamische Tendenz der zunehmenden Objektivierung und Universalisierung der Wissensbestände.*[11] Zwischen *Objektivität* und *Universalität* besteht eine Äquivalenz, deren Formulierung auf Kant zurückgeht: Universalität eines wissenschaftlichen Geltungsanspruchs heißt Geltung für jedermann, gleichgültig aus welcher Perspektive man sich der Sache nähert; die Bedingung einer solchen Geltung ist die Objektivität (das heißt die Invarianz der Objektkonstruktion) des Anspruchs. Kant bringt dies auf die zugespitzte Formel: »Es sind daher objektive Gültigkeit und notwendige Allgemeingültigkeit (vor jedermann) Wechselbegriffe.« (*Prolegomena*, § 19) Für Kant ist dies eine *selbsttragende epistemische Struktur.* Es geht in ihr nicht um Wahrheit in einem direkten referentiellen Sinn, sondern um die Konstruktion einer Objektivität, die für potentiell jeden gleich gut akzeptabel ist. Ich werde diese Struktur im folgenden das Schema der universellen Objektivität nennen.[12] Dieses Schema steht im Mittelpunkt der Kritiken, denen wir uns weiter unten zuwenden.

(b) *Die Zunahme an Erkenntnisrelativität entsteht durch einen Prozeß des reflexiven Lernens.* Dreh- und Angelpunkt dieses Prozesses ist bei Piaget der Begriff der *Dezentrierung.*[13] Er be-

11 Wohlgemerkt bedeutet diese Tendenz nicht eine Verbesserung des Wahrheitsgehaltes.

12 Zur historischen Entstehung dieses Objektivitätsbegriffs vgl. Lorraine Daston (1992). Zur heutigen Diskussion Lorraine Daston/Peter Galison (1992).

13 Dezentrierung ist in der kognitiven Theorie von Piaget wiederum verankert auf dem Boden von *Assimilation und Akkomodation.* Diese haben einen biologischen Ursprung und sind am kürzesten auch in diesem Kontext erklärt. Assimilation ist das Ergreifen von Realität über alle körperlichen Organe. Akkomodation ist die Verarbeitung der Assimilationen zur Veränderung der Überlebensbedingungen. In einem Schlaraffenland gäbe es nur wenige assimilierende Verfahren. Wo es Knappheiten, Gefahren und Überraschungen gibt, entwickeln sich Routinen, Tricks und Probierstrategien. Der biologische Grundbegriff der Anpassung wird bei Piaget also aufgelöst in zwei gegenläufige Funktionen der »Einverleibung der Gegenstände in die Organisation des Subjekts« und der »Akkomodation dieser Organisation an die äußeren Umstände« (Piaget 1975, S. 266).

sagt, daß Lernen immer ein Lernen auf zwei Ebenen ist: ein Lernen über die Dinge der Welt, indem wir das Auflösungsvermögen unserer eigenen Handlungen durch intellektuelle Operationen (Strategien) steigern; und ein Lernen über unsere eigenen Handlungen, indem wir ihre Auswirkungen auf die Dinge der Welt erleben. Piaget hierzu: »Zweifelsohne tastet und experimentiert das Subjekt ständig, bevor ... die operativen Strukturen vollendet sind: Es sind dies aber Experimente, deren Resultate sich auf die Koordination seiner eigenen Handlungen beziehen und nicht auf die Eigenschaften der Objekte, die das Subjekt über sich selbst mit Hilfe der Dinge anstellt« (Bd. III, S. 267). Die zweite Lernebene ist also *reflexiv* auf die eigenen Handlungen gerichtet. Diese Lernfunktion trennt allmählich immer schärfer das Universum der Objekte von dem Universum der Operationen. Subjekt-Objekt-Differenzierungen sind eine Funktion des intellektuellen *Fortschritts* und keine quasi-onotologischen Vorgaben.[14] »Die wachsende Objektivität der Begriffe beruht darauf, daß die geistige Aktivität zunimmt, verglichen mit der ursprünglichen egozentrischen Subjektivität ... Der Beobachter ist um so aktiver, je mehr er dazu gelangt, zu dezentrieren ... die Dezentrierung ist sogar das Maß seiner auf das Objekt einwirkenden Aktivität« (Bd. II, S. 111). Die kritischen Gegenpositionen greifen diese erkenntnistheoretische Konzeption unter dem Gesichtspunkt der Machtanmaßung wieder auf.
(c) *Die Leistungskraft dieses kognitiven Konstruktivismus besteht in einer immer weiteren Auflösung vorgegebener Realitätsstrukturen*. Das Subjekt wird virtuell reduziert auf ein epistemisches Subjekt, das nach Maßgabe seiner logischen Operationen und nicht seiner lebensweltlichen Befindlichkeiten agiert. Die Objektwelt wird tendenziell aufgelöst in *epistemische* Objekte, die durch die Axiomatiken theoretischen Wissens und durch instrumentell-methodische Instruktionen bestimmt sind. Der Um-

14 Man sieht, daß dieser Ansatz insoweit eine genaue Vorwegnahme der Autopoiesis-Struktur von Maturana/Varela ist. Wir konstruieren die Welt in Begriffen unserer kognitiven Selbstreferenz und strukturieren unsere Kognitionen durch Verarbeitung von Störungen, auf die wir mit Hilfe unserer Interpretationsleistungen des objektiven Geschehens stoßen. Das ist also nichts Neues, und Piaget spricht 1956 von »in der Biologie allgemein anerkannten elementaren Wahrheiten« (Bd. I, S. 410).

fang des logischen Repertoires, über das wir verfügen, um unsere eigenen Handlungen zu koordinieren, kovariiert mit unserer Fähigkeit, Objekte über Distanzen zu unserer Erlebniswelt hinweg zu erfahren. – Genau diese Distanzleistungen werden von der Kritik als Verlust an Wahrnehmungsqualitäten und praktischen Erfahrungsmodalitäten thematisiert.

Wissenschaft und Ideologie

Noch einmal zurück zur kopernikanischen Revolution: Die vorgeführte Rekonstruktion zielt auf erkenntnistheoretische Leistung und blendet alle anderen Dimensionen aus. So kann man heute weder Wissenschaftsgeschichte noch Science Studies betreiben.[15] Für die Zeitgenossen und die Nachwelt signalisiert sie weit mehr als nur ein neues Beobachtungssystem, das auf elegante Weise verschiedene Beobachtungsstandpunkte relativistisch verknüpft. Sie bedeutet auch eine Reihe *ideologischer Konflikte* etwa

- um den freien Gebrauch der spekulativen Vernunft (Cusanus),
- um die Metaphysik eines harmonisch geordneten Kosmos (Kopernikus),
- um die Brechung der Autonomie der Kirche (Bruno, Galilei),
- um die neue Macht der Mathematik (Galilei, Kepler),
- um die transzendentalphilosophische Neubegründung der Erkenntnistheorie (bei Kant),
- um die erste große Kränkung der Menschheit durch die neuzeitliche Wissenschaft (Freud).

In allen diesen Aspekten geht es nicht um die Überlegenheit eines operativen Beschreibungssystems über ein anderes, sondern darum, daß *Wertvorstellungen* außer Kraft gesetzt und durch neue ersetzt werden. Es geht darum, daß die kognitive Dezentrierung mit Dezentrierungen in den Dimensionen der Kultur, des Individuums, der Politik und Religion gekoppelt ist. Der Diskurs entfaltet sich auch darüber, daß der Mensch mit dem Verlust seines privilegierten Platzes im Universum auch seine Zentralität als

15 Siehe als in kurzer Zeit »paradigmatisch« gewordenes Modell einer multidimensionalen Wissenschaftsgeschichtsschreibung Shapin/Schaffer (1985); dazu Latour (1995, S. 23 ff.). Klassisch zu Kopernikus: Blumenberg (1964).

behütetes und umsorgtes Geschöpf Gottes schwinden fühlt und darum bangt, Bezugspunkt einer für seine Zwecke eingerichteten Natur zu sein. Auf diesen Zusammenhang von Werteentwicklung und Wissensfortschritt will ich mich im folgenden konzentrieren.[16] Auch hier werde ich mich einen Schritt weiter von Piaget leiten lassen und darstellen, wie in seinem Konzept der Dezentrierung diese beiden Aspekte zugeordnet werden.

Piagets erkenntnistheoretischer Standpunkt ist klar: Die Akkomodationsschemata der kognitiven Evolution führen zu einer immer weitergehenden Entflechtung zwischen wissenschaftlichen Erkenntnisverfahren und sonstwie eingebetteten (ideologischen) Bewertungsmustern. Je mehr das Erkenntnissubjekt *epistemisches* Subjekt wird und objektive Realität durch die *epistemische* Objektstruktur interpretiert, verliert es den Kontakt zu seiner eigenen Welt subjektiven Erlebens und Bewertens.

Interessant ist, wie Piaget diesen Standpunkt auch als Gesellschaftstheoretiker vertritt. In seinen eher seltenen Ausflügen in die Soziologie befaßt er sich mit einer Dimension der Dezentrierung, die speziell die Soziozentrismen der Naturvorstellungen in der kulturellen Entwicklung betrifft. Er konfrontiert Durkheim mit Marx, wobei er eindeutig für Marx Partei ergreift. In Durkheims Modell der kollektiven Obligationen fehlt ihm der Raum für die konstruktiven Funktionen der Erkenntnis. Wissenschaft ist zu einseitig an die *moralischen* Tatsachen (im Sinne Durkheims) gebunden. Marx dagegen hatte betont, daß die Fortschritte der Wissenschaften an Technologien gebunden sind, weil Technologie die *operative,* die *handlungskoordinierende,* die *experimentelle,* die *akkomodative* Seite der Wissenschaft ist. Sofern Technik Wissenschaft vorantreibt, dezentriert sie die Wissenschaft von Einbindungen dieser operativen Fähigkeiten in ideologische Konzeptionen vom Ursprung, Gesamtzusammenhang und Ziel der Dinge, wie sie für traditionelle Denkformen charakteristisch sind.[17] Ideologie umfaßt dabei die kollektiven Denk-

16 Vermutungen darüber, wie eng oder lose Verkopplungen zwischen wissenschaftlicher und ideologischer Entwicklung sein können und wann ihre Polung gleichsinnig oder entgegengesetzt ist, stelle ich hier nicht an. Den Terminus »Ideologie« benutzt Piaget in der Tradition der Baconschen Idolenlehre und der Ideologiekritik des 19. Jahrhunderts ohne pejorative Konnotation.

17 Es versteht sich, daß für Piaget die historische Auflösung des Sozio-

formen, die sich nicht auf operative Praktiken, sondern auf *Sinn- und Wertreflexionen* beziehen. So wie im Individuum der Zuwachs an Handlungskompetenzen mit einer zunehmenden Trennung subjektiver und objektiver Handlungsbezüge einhergehen muß, muß im kollektiven Denken die Trennung zwischen den sozialintegrativen und den objektbezogenen Funktionen der Erkenntnis erfolgen. »Ebenso wie das Einsetzen des operativen Denkens beim Individuum eine Dezentrierung vom egoistischen Denken und vom Ich erfordert ... erfordert auch das wissenschaftliche Denken bei der sozialen Entwicklung immer eine Dezentration von der Ideologie, damit es das Werk der Techniken fortsetzen kann, in denen es wurzelt« (Bd. III, S. 225).

Ebendiese Trennung hat Marx durch die Gegenüberstellung der produktiven Funktion der Techniken und der konservierenden Funktion der Ideologie betont. »Während ... Comte und Durkheim in der Wissenschaft die natürliche Fortsetzung des soziomorphen Denkens sehen, verknüpft eine operative Soziologie wie diejenige von Marx die Wissenschaften mit den Techniken und liefert in bezug auf die Ideologien ein bemerkenswert kritisches Instrument, das gestattet, das soziozentrische Element bis in die raffiniertesten Ergebnisse des zeitgenössischen metaphysischen Denkens zu verfolgen. Sie verlangt für die vom wissenschaftlichen Denken verfolgte Objektivität eine vorgängige und notwendige Dezentrierung der Begriffe von den zum Überbau gehörenden Ideologien und die Herstellung eines Bezugs auf die konkreten Handlungen, auf denen das soziale Leben beruht« (Bd. III, S. 226).

Die zugleich soziologische wie erkenntnistheoretische Bedeutung der marxistischen Theorie, wie sie Piaget etwa bei Georg Lukács oder Lucien Goldmann herausgearbeitet sieht (Bd. III, S. 234), besteht darin, daß man in ihr den Ideologien wie den Wissenschaften ihre spezifischen gesellschaftstheoretischen Bereiche oder Funktionskreise anweisen kann. Er spricht von der Vermeidung eines doppelten Mißbrauchs (Bd. III, S. 235), nämlich entweder Ideologien mit Wissenschaften gleichzustellen oder sie abzuwerten und ihnen die bloße Trivialfunktion der Verblendung zuzuweisen. »In Wirklichkeit ist eine Ideologie der verbegrifflichte Ausdruck der Werte, an die eine Gesamtheit

zentrismus schrittweise erfolgt und auch in der Gegenwart nicht beendet ist.

von Individuen glaubt ... Die Ideologie übersetzt eine politische Haltung, die sie verteidigt und zu rechtfertigen sucht« (Bd. III, S. 235).

Mancher Leser wird wohl schon längere Zeit auf den Einwand warten, daß diese Trennung zwischen Wissenschaft und Ideologie selbst eine Ideologie ist, die sich einer wertbelasteten Überschätzung des operativen Denkens in und für die Wissenschaft verdankt und einer generellen Politik der gesellschaftlichen Modernisierung verpflichtet ist, die sie begrifflich überhöht. Tatsächlich möchte ich diesen Einwand verfolgen – allerdings etwas verfeinert. Die Verfeinerung besteht darin, daß ich die Begrifflichkeit Piagets nach wie vor für leistungsfähig halte. Mit seinem Instrumentarium ist es möglich, die Beziehungen zwischen Ideologien und Wissenschaften zu analysieren und Manövrierraum für Kontroversen über die gesellschaftlichen Funktionen der Wissenschaften zu gewinnen. Aber, so möchte ich auch sagen, Piagets Instrumentarium überlebt seine Botschaft. Seine Botschaft ist die Forderung nach einer völligen Ablösung des wissenschaftlichen vom soziozentrischen Denken. Offensichtlich ist diese Forderung die gesellschaftstheoretische Flankierung des universellen Objektivismus. Mit Blick auf das Beispiel der kopernikanischen Revolution ist sie die theoretische Gestalt der trotzigen Versicherung der Wissenden: »Und sie bewegt sich doch.«

Aber diese Botschaft hatte niemals durchschlagenden Erfolg. Sei es, daß sie als ideologische Überhöhung professioneller Interessen ausgelegt wurde oder als Bestandteil eines Herrschaftsinstrumentariums, in dem auch die Wissenschaft funktionalisiert war – auf der Metaebene einer ideologiekritischen Betrachtung ist es einfach nicht überzeugend, daß die Forderung nach einer Trennung von soziozentrischer Ideologie und operativer Wissenschaft keiner Ideologie folgt und ohne Explikation impliziter Werthaltungen erklärt werden könnte. Die Durkheimsche Gegenvermutung ist plausibler: Alle Vorstellungswelten sind unaufgebbar soziozentriert. Aber würde hieraus in einer interessanten Umdrehung der Ausgangslage folgen, daß Dezentrierungen Illusionen sind? Teils, teils. Unbestreitbar sind Dezentrierungen von der Art der kopernikanischen Revolution Gewinne an intellektuellem Operationsraum, durch die die Relativität verschiedener Weltwahrnehmungen zugänglich wird. Unwahrscheinlich ist, daß die moderne Wissenschaft Gewinne dieser Art nicht durch weitere konstruktivistische und reflexive Relativierungen zu vermehren suchen wird. Daß damit aber (gleichsam rationalitätsautomatisch) eine zunehmende Entflechtung von soziozentrischen Ideologien und Wirklichkeitswissenschaften einhergeht, das soll im folgenden bezweifelt werden. Das analytische Instrumentarium Piagets hilft, diese Zweifel zu formulieren, wenn auch um den Preis, Mißtrauen gegenüber der Botschaft der genetischen Epistemologie zu nähren, der gemäß Dezentrierungen sich zu einem immer weiter reichenden universellen Objektivismus verketten.

Dezentrierungen der Dezentrierung

Die Beobachtung der gegenwärtigen Diskurse über Wissenschaft in der Wissenschaft weist auf zweierlei hin:

Erstens beobachten wir eine Zunahme an Dezentrierungsprogrammen, eine Multiplizität kopernikanischer Revolutionen.[18] *Zweitens* aber beobachten wir, daß diese Programme gerechtfertigt werden mit Begründungen, die nicht Operativität im Sinne des Universalitäts-Objektivitäts-Schemas vorantreiben, sondern eine Sozialeinbindung des epistemischen Subjektes und eine Werteeinbindung der Welt fordern. Die Parole lautet: Weg von der *Dezentrierung.*

Derartige Unternehmungen verstehen sich nicht als Wiederbelebungsversuche früherer Positionen im Sinne eines »Zurück zu Ptolemäus«. Vielmehr vertreten sie eine schwer analysierbare Steigerung von Wertbindung *und* Reflexivität. Sie vertreten im Sinne der klassischen Wissenssoziologie die Seinsgebundenheit des Denkens und benutzen – wenigstens zum Teil – Argumente aus dem Arsenal des modernen Sozialkonstruktivismus, so daß Positionen der »Seinsbindung« Sache der Verhandlung und Schließung seien. Mit anderen Worten: Wir beobachten *Dezentrierungen der Dezentrierung*.

Gemeinsamer Nenner der Programmatiken ist es, gegenüber dem von Piaget beschriebenen Dezentrierungsprogramm den

18 Hier natürlich im kantischen Sinne genommen als Paradigma einer erkenntnistheoretischen Dezentrierung, nicht als astronomische Hypothese.

Vorwurf zu erheben, bei ihm handele es sich um eine *Zentrierung* auf einen ganz bestimmten und problematischen Denktypus – den der Unterwerfung der Welt unter spezifische gesellschaftliche Funktionsinteressen vermittels wissensbasierter Technologien. Solche Zentrierungsvorwürfe werden etwa erhoben unter den Schlagworten des *Anthropozentrismus* (Meyer-Abich, Michel Serres), des *Logozentrismus* (Derrida), des *Androzentrismus* (Feminismus), des *Gesellschaftszentrismus* (Latour).

Um von dieser Zentrierung loszukommen, werden verschiedene Argumentationen aufgebaut, die zwar Dezentrierungen sind, aber zugleich neue Zentrierungen nicht nur in Kauf nehmen, sondern anstreben. Solche sind etwa:
- holistischer Physiozentrismus im Namen der Ökologie (Meyer-Abich 1984, Serres 1994),
- *situated knowledge* im Namen des Feminismus (Haraway 1995),
- *standpoint science* in Fortsetzung des im Marxismus vertretenen Parteilichkeitstheorems[19] (Hartsock 1983),
- Ethnozentrismus als Konsequenz des Pragmatismus (Rorty 1988),
- die Gewinnung von ästhetischen Valenzen des Wissens in der Postmoderne (Lash 1990),
- Praxiszentrierung aller wissenschaftlichen Erkenntnis auf Tätigkeitsfelder anstatt auf Wissensfelder (Pickering),
- Zentrierung auf Hybride als Netzwerke zwischen Natur und Gesellschaft (Latour).

Ich werde im folgenden drei charakteristisch verschiedene Programmatiken mit dem Instrumentarium Piagets analysieren. Piagets Rekonstruktion besteht immer darin, die Zentrierung eines kognitiven Schemas, das sich selbst schon für universell und objektiv (und also dezentriert) gehalten hat, mit Hilfe eines darauf folgenden zu beobachten, das die soziozentrischen Einbindun-

19 Piaget hat diese Variante des Marxismus, die nicht zuletzt auch von Lukács in *Geschichte und Klassenbewußtsein* vorbereitet wurde, schweigend übergangen. Sie wäre schwerlich ein Zeuge für seine Rekonstruktion der Grundposition von Marx. Piaget würde vielleicht betonen, daß mit dieser Denkfigur eben genau die problematische Selbstimmunisierung des Marxismus gegen geschichtliche Erfahrungen beginnt, die von einer ideologischen Durchdringung wissenschaftlicher Arbeitsweise zu erwarten ist.

gen des ersteren zu dechiffrieren und kognitiv zu verarbeiten lehrt. Die drei Programme, die ich auswähle, stehen in einer gewissen typologischen Zuordnung zueinander: Die feministische Perspektive kritisiert den universellen Objektivismus als zentriert auf eine spezifische Perspektive *innerhalb* der Gesellschaft; der physiozentrische Holismus kritisiert die Zentrierung des universellen Objektivismus von einer – natürlich virtuellen – Perspektive *außerhalb* der Gesellschaft; die ethnozentrische Position kritisiert den universellen Objektivismus aus der – wiederum – virtuellen Perspektive *alternativer* Gesellschaftshorizonte.

Situiertes Wissen: Eine feministische Perspektive[20]

Donna Haraways Plädoyer für eine feministische Dezentrierung des Objektivitätsideals der androzentrischen Wissenschaft beruht auf der folgenden Zielvorstellung: »Ich ziele auf ein Konzept der verkörperlichten Objektivität (*embodied objectivity*)... Feministische Objektivität bedeutet einfach situiertes Wissen (*situated knowledge*)« (1995, S. 179). Diese Konzeption (doctrine) soll in der Lage sein, feministische Wissenschaftsprojekte »zu akkommodieren«.[21]

Haraway baut ihre Kritik am universalistischen Objektivitätsbegriff mit der Metapher der *vision* (Sicht, Vision) auf. Die wissenschaftliche Weltwahrnehmung verfolgt das Ideal einer technisch-instrumentell gestützten *universellen* Beobachtbarkeit von Realität. Haraway bezeichnet dieses Ideal als den »Gottestrick« der maskulinen Vision. Denn eine solche Beobachtungsvision ist von der omnipotenten Fiktion einer Omnipräsenz getragen. Sie spannt einen Raum nicht lokalisierbarer Geltungsansprüche auf. Dann schlägt sie eine Brücke zu einer moralischen Kategorie:

20 Ich lege der folgenden Rekonstruktion hauptsächlich einen Aufsatz von Donna Haraway zugrunde, der eine Art Klassikerstatus gewonnen hat. Allerdings sind die Positionsmanöver im Feminismus zu zahlreich, als daß sie auf eine Konzeption reduziert werden könnten. Ausschlaggebend für die Auswahl ist die konsequente Dezentrierungsposition des Aufsatzes.

21 *To accomodate* (unterbringen, beherbergen) muß hier nicht im spezifisch terminologischen Sinn Piagets gemeint sein; aber eine solche Lesart ist nicht unpassend.

Nicht lokalisierbare Geltungsansprüche sind bar jeder Verantwortung. »Irresponsible means unable to be called into account« (S. 183).

Die erkenntnistheoretische Leitvorstellung, die der maskulinen Position entgegengesetzt wird, ist: »Nur eine parteiliche Perspektive verspricht eine objektive Vision (*only partial perspective promises objective vision*)« (S. 181). Das Schlüsselargument dafür entwickelt sie in Analogie zur Perspektivität von Augenapparaturen in Lebewesen und Technologien. Die Perspektiven sind nicht formal geometrische, sondern »aktive perzeptive Systeme, ... die durch Lebensformen aufgebaut werden (*building on ways of life*) (S. 181), jedes ausgestattet als ein detailliertes, aktives, partiales Verfahren, eine Welt zu organisieren (*each with a detailed, active, partial way of organizing worlds*)« (S. 181).

Der enge Zusammenhang zwischen Erfahrungsapparatur und Weltaufbau wird von Haraway also auf ähnliche Weise wie bei Piaget entworfen, aber mit dem wesentlichen Unterschied, daß sie einen unaufhebbaren Bezug zwischen den Apparaturen und ihren differenten körperlichen Einbettungen sieht. Daraus folgt für sie, daß die universalistische Konstruktion eines epistemischen Subjektes letztlich eine bestimmte Ideologie der Beziehung von Geist und Körper ist, die die Einbettung von Verantwortung in körperliche Welterfahrung zugunsten einer unbegrenzten intellektuellen Distanzierung aufkündigt.[22] Der Aufbau ihrer alternativen Wertebasis beruht auf der folgenden Unterstellung: Körperliche Erkenntnis (*embodied knowledge*) führt zu verschiedenen Weltbildern; diese zu verstehen setzt eine Bereitschaft zur Anerkennung ihrer Spezifität und Differenz voraus »und die liebende Fürsorge, die Leute einnehmen sollten, die zu lernen bereit sind, wie man vertrauensvoll aus einer anderen Perspektive die Welt wahrnimmt« (S. 181).

Dieser Gedanke führt sie zurück zur Kategorie der Dezentrierung. Denn auch Haraway scheint nun nach einem Referenzrahmen zu suchen, von dem aus diese Relativität vertrauensvoller Perspektiven verstanden werden kann, wenn er auch nicht durch logische Konstruktionen, sondern durch liebevolle Fürsorge geprägt sein sollte. »Zu verstehen, wie diese Sichtweisen (*visual systems*) arbeiten – technisch, sozial, psychisch –, dies soll-

22 Die moraltheoretischen Probleme einer solchen Verankerung von Verantwortung in körperlicher Erfahrung bleiben hier undiskutiert.

te ein Weg der verkörperlichten feministischen Objektivität sein (S. 181).

Diese Alternativkonstruktion kann man einen *substantialistischen Relativismus* nennen. Die Relativität (als Beliebigkeit des Beobachtungsstandpunktes) des universellen Objektivismus wird nicht länger akzeptiert, wohl aber die Relevanz *anderer* Perspektivitäten, die *ihre* Wertebasis und *ihre* Einbettung ausweisen können. Die Wertebasis ergibt sich aus der Reflexion auf die verkörperlichte Subjektivität und deren Beziehungsgeflecht zum Erkenntnisgegenstand. So schwebt Haraway durchaus ein neuer Schritt der Dezentrierung vor, durch den die feministische Position eine unter mehreren wäre.

Allerdings hätte man gegenüber Piaget ein neues epistemologisches Merkmal zu betonen: die Vorstellung einer freien Option für ein Akkomodationsschema. Diese Vorstellung beruht auf einer ebenso ungewöhnlichen wie konsequenten Verknüpfung von Politik und Epistemologie: »Ich argumentiere für eine Politik und Epistemologie der Lokalität und Situativität, in der Partialität und nicht Universalität die Bedingung dafür ist, Gehör dafür zu finden, rationale Geltungsansprüche zu stellen (*I am arguing for politics and epistemologies of location, positioning, and situating, where partiality and not universality is the condition of being heard to make rational knowledge claims*)« (S. 186).

Hier wird deutlich, wie völlig anders Piagets Erkenntnisgeschichte fortgeschrieben werden soll: Der Weg aus der universalistischen Misere weist zurück in eine *entschiedene* Verknüpfung von Wertvorstellung und Weltbeschreibung. Die Unfähigkeit, diese Verknüpfung vorzuführen und zu begründen, gilt nun als Zeichen für Verantwortungslosigkeit und verdiente das Verdikt, in der Wissenschaft nicht mehr ernst genommen zu werden – wenn es nach dieser feministischen Epistemologie ginge.

Der holistische Angriff auf den Anthropozentrismus der neuzeitlichen Naturerkenntnis

Im Rahmen des Ökologiediskurses ist eine Kritiklinie am Objektivismus entstanden[23], die geradezu entgegengesetzt ansetzt. Die

23 Über den Ökofeminismus gibt es Querverbindungen, vgl. etwa in historischer Perspektive Merchant (1987).

Universalität wird nicht als zu allgemein im Verhältnis zur geschlechtlichen (oder sozialen) Situiertheit angegriffen, sondern als zu eng angesichts der Einbettung der menschlichen Verhältnisse in die Natur. Entsprechend wird der universalistische Objektivismus als eine engstirnige Anthropozentrik, als ein selbstsüchtiger Gattungsabsolutismus des Menschen in der Vielfalt der Natur interpretiert. Hieran ist epistemologisch zweierlei interessant. Erstens geht es um die Dekonstruktion der traditionellen (und von Piaget besonders herausgearbeiteten) Lesart, nach der der moderne Objektivismus aus dem anthropomorphen Aristotelismus[24] hinausgeführt hat, und um den Nachweis, daß es sich bei ihm um eine besonders problematische Zentrierung handelt. Zweitens geht es um die Diskreditierung der traditionell herausgestellten Parallelität zwischen einer durch technische Operativität zunehmenden Relativität und cartesisch-kognitiven Absolutheitsansprüchen. Diese Exponierung eines absoluten Herrschers im Reich der Erkenntnis, ausgestattet mit einem polizeilichen Instrumentarium der experimentellen Kontrolle, gilt als eine Art primitiver, wenn auch gefährlicher Totemkult mit sich selbst.

Meyer-Abich, an den ich mich im folgenden halte[25], will das neuzeitliche Schema universeller Objektivität durch eine paradigmatische Neuorientierung des Menschen im Grundverhältnis zu seiner Mitwelt in der Natur ersetzen.[26] Er führt drei Gesichtspunkte an, die alle an der Schnittstelle epistemischer und evaluativer Beziehungen lokalisiert sind.[27]

(1) Die Axiomatik der modernen Anthropozentrik beruht auf einem grundlegenden Kategorienfehler im Universalitäts-Schema. Die erkenntnistheoretische Reflexion von Descartes zu Kant

24 Kern des aristotelischen Anthropomorphismus ist die Nachbildung der dinglichen Wirkungszusammenhänge nach dem Modell des zielgerichteten Handelns.

25 Varianten derselben Thematik werden etwa von Michel Serres (1994) und Bruno Latour (1995) vorgetragen, bei beiden inzwischen mit der Absicht gekoppelt, eine *bessere* »Verfassung« (Latour) für Natur und Gesellschaft zu entwerfen oder einen »Friedensvertrag« (Serres) mit der Natur zu schließen.

26 Unter der Vielzahl seiner Veröffentlichungen greife ich hier die »klassische« Arbeit Meyer-Abichs (1984) heraus sowie Meyer-Abich (1990).

27 Vgl. zum folgenden Krohn (1994).

hat präzisiert, daß und wie wir allein aus der Perspektive gattungsspezifischer Vernunft und Sinnlichkeit Natur erfahren können; aber sie hat zugleich Natur in den Differenzstatus der Andersheit gesetzt. Sie ist nicht wir, und wir sind nicht sie. Der politisch-moralische Ausdruck dieser Differenz ist: Herrschaft *über* eine Natur, der der Mensch als Herrschaftsinstitution nicht angehört. Nach Meyer-Abich beweist selbst unser ökologischer Alltagsjargon, daß wir Kinder dieses Fehlschlusses sind. Wir sprechen von Verantwortung für die Natur, nicht in der Natur, von Gefährdung unserer Umwelt, nicht unserer Mitwelt.

Die Delegitimierung erfolgt hier aus einer *holistischen* Perspektive. Die könnte zunächst sogar als eine Fortsetzung des Dezentrierungsprojektes Piagets gedeutet werden: als Suche nach einem stärker relativierten Standpunkt der Selbstreflexion. Da dies aber nicht mit Mitteln der operativen Handlungs- und Begründungslogik möglich ist, kann eine solche Dezentrierung nur durch die Wiederentdeckung *ethischer* und *ästhetischer* Naturdimensionen in der Gegenstandswelt der Wissenschaft erfolgen. Meyer-Abich postuliert daher anstelle einer anthropozentrischen Ethik, die alle Werte aus der Perspektive menschlichen Nutzens erfaßt, eine Ethik der Rücksichtnahme auf die *Eigenwerte* aller anderen Naturwesen (Meyer-Abich 1984, S. 23). Die Einlösung dieses holistischen Postulats oder physiozentrischen Paradigmas muß dann konsequenterweise als eine Aufgabe zukünftiger Wissenschaft betrachtet werden, als ein neues Forschungsprogramm.

(2) Diese Dezentrierung des Universalismus und Objektivismus durch den virtuellen Standpunkt eines Physiozentrismus baut ein grundsätzlich neues Verständnis von Welt auf. Die Aufgabe der Sonderstellung des Menschen und die Anerkennung der Eigenwerte der Natur bedeutet für Meyer-Abich, Kultur als Natur zu denken. »Mit uns Menschen treibt die Natur sich so fort, daß wir Kultur in die Welt bringen. Kultur ist unser Beitrag zur Naturgeschichte« (Meyer-Abich 1984, S. 113). Unsere Verantwortung erstreckt sich also darauf, unsere kulturellen Beiträge zur Naturgeschichte rechtfertigen zu müssen. Meyer-Abich sieht, daß für eine Bewertung der positiven und negativen Beiträge schwerlich eindeutige Maßstäbe und Kriterien zur Verfügung stehen. In der »recht verstandenen Physiozentrik« kommt es darauf an, sowohl die menschlichen Interessen als auch die der na-

türlichen Mitwelt anzuerkennen und sie so gegeneinander abzuwägen, daß Kultur in die Welt kommt« (Meyer-Abich 1984, S. 119). Wiederum läßt sich sagen, daß das Einfordern dieser Abwägung ein prozedurales Korrektiv wäre, das auch schon greift, wenn es für die Abwägung keine allgemein verbindlichen Bewertungsmaßstäbe gibt.

(3) Die Vision einer neuen Lebensordnung umreißt Meyer-Abich mit einem rechtlichen Vokabular, das an das ethische angeschlossen werden kann. Es geht nicht nur um *Rechte* der Natur[28], sondern um die Errichtung einer Rechtsgemeinschaft zwischen den Menschen und seiner nichtmenschlichen Mitwelt mit dem Ziel eines dauerhaften »Friedens mit der Natur«. Die Ablösung der Metaphorik von *Macht*, *Gewalt*, *Krieg*, die der technische Umgang mit den disponiblen Objekten impliziert, durch eine der unveräußerlichen Grundrechte der Natur würde den Kriegszustand für beendet erklären.[29] Die ethische Symmetrie wäre zu errichten über die »Naturpflichtigkeit« des menschlichen Eigentums angesichts der »Würde der Natur« (Meyer-Abich 1990, S. 134 ff.), die unantastbar ist. Es bietet sich der Einwand an, daß diese bewußt anthropomorphe, aber nicht anthropozentrische Rhetorik nicht stringent durchführbar ist. Aber als ein Korrektiv gegen eine mit dem Objektivismus einhergehende Semantik der Politik (Herrschaft), des Rechts (Forschung als Inquisition) und (wie Carolyn Merchant gezeigt hat[30]) des Geschlechterkampfes (Durchdringung der Natur) ist eine neue Semantik der Politik (Friede mit der Natur), des Rechts (Gleichheitsprinzip der Rechtsgemeinschaft mit – oder sogar in – der Natur) und der Liebe (Sympathie als Basis der Erkenntnis) gerechtfertigt.

Wie tief die Differenz zwischen dem physiozentrischen Programm und dem anthropozentrischen Objektivismus empfunden wird, macht etwa die Kritik Lothar Schäfers (1993) deutlich. Außer Frage steht auch für ihn, daß Wissenschaft und Technik

28 Über die juristische Qualität dieses Ansatzes sind die Ansichten geteilt mit einer deutlichen Tendenz, den Zuwachs an schwer zu bewältigenden Rechtsproblemen gegenüber dem Gewinn an Entscheidungsvorteilen im Ökologiebereich herauszustellen. Vgl. Lersner (1991). Die hier geführte epistemologische Diskussion muß darauf nicht eingehen.

29 Vgl. zu diesem Kriegszustand besonders prägnant Serres (1994).

30 Merchant (1987, S. 177-192).

ursächlich an der ökologischen Krise beteiligt sind und nur mit neuen Orientierungen zur Bewältigung beitragen können. Dennoch: »Wer glaubt, aus der physiozentrischen Einstellung einen Beitrag zur Orientierung unsres Lebens gewinnen zu können, muß von vornherein einen anderen als den wissenschaftlichen Naturbegriff der Neuzeit zugrunde legen« (1993, S. 2). Er weist alle Versuche zurück, der Natur normative Qualität und damit die Funktion eines Kriteriums angemessenen Handelns beizulegen. Er wehrt darüber hinaus anthropomorphe Begriffsbildungen ab, die »aus dem Handlungskontext menschlicher Subjekte stammen« (1993, S. 2) und daher zu naturalistischen Fehlschlüssen verleiten. In den Augen seiner Gegner macht er freilich mit diesem Purismus die Ursache der Krise zum Mittel ihrer Bewältigung. Denn die Wahrnehmung der Natur unter der Leitfunktion menschlichen Eigennutzes wird niemals rechtzeitig zu der Rücksicht führen, der die Natur bedarf, um »selbstorganisiert« zu bleiben. Im Ergebnis ist der politisch-epistemologische Vorwurf an die Adresse des unversalistischen Objektivismus dem des Feminismus ähnlich: Es liegt ein Konzept der Verantwortungsentlastung vor, das auf der illegitimen Basis errichtet ist, das Erkenntnissubjekt auf eine formal-universelle Erkenntnisfunktion einzuschränken, anstatt es als Bestandteil des materiellen Universums zu begreifen.

Die ethnozentrische Dezentrierung von Universalität und Objektivität

Der von der Philosophie des Pragmatismus inspirierte Ethnozentrismus Richard Rortys soll als ein drittes Beispiel eines Angriffs auf das Objektivitätsideal angeführt werden. Wieder ist das Angriffsziel die implizite Wertordnung. Das Schlüsselargument beruht auf der Annahme, daß alle Formen der Rationalität kulturell eingebettet sind. Das abendländische Kulturideal einer kulturinvarianten Vernunftstruktur verfängt sich zwangsläufig in derselben Begründungszirkularität, wie jede andere Kultur, die für sich beanspruchte, normsetzend für alle Vernunft in jeder Kultur zu sein. Der Maßstab für Rationalität könne letztlich niemals Objektivität sein, sondern Eignung für Kultur. Eine Umdrehung der Beweislage, nämlich aus dem Besitz objektiven Wissens heraus auf die Berechtigung zu schließen, dieses Wissen und seine Generierungs- und Bestätigungsverfahren anderen Kulturen vorzuschreiben, scheitert an der durch die Philosophie des Pragmatismus erreichten Selbstbegrenzung der Prämisse.

An Quine und Davidson anschließend, behauptet Rorty, daß die Chancen aufgebraucht seien, eine nicht-zirkuläre Kennzeichnung der Kategorie »Geltung von Wahrheit« aufzubauen. Wahrheit oder Erkenntnis ist »schlicht ein Lob, das man den Überzeugungen spendet, die man für derart gerechtfertigt erachtet, daß eine weitere Rechtfertigung zur Zeit nicht vonnöten ist« (1988, S. 17). Erkenntnistheorie kann dann nichts weiter sein als eine »soziohistorische Darstellung der Verfahren, mit deren Hilfe verschiedene Leute versucht haben, Einigkeit über die zu vertretenden Überzeugungen zu erzielen« (1988, S. 17).

Für die evaluativen Implikationen eines solchen Ausgangspunkts entwickelt Rorty die folgende Position: Daß Kulturen »institutionalisierte Normen haben, besagt eigentlich das gleiche wie Foucaults These, wonach Erkenntnis und Macht nie voneinander getrennt werden können: Wenn man zu einer bestimmten Zeit an einem bestimmten Ort nicht an bestimmte Dinge glaubt, muß man es wahrscheinlich büßen. Doch die betreffenden institutionellen Stützen nehmen nicht die Form von ›Sprachregeln‹ oder ›Rationalitätskriterien‹ an, sondern haben die Gestalt von Beamten und Polizisten« (1988, S. 21). Rorty weiß, daß sein Standpunkt nicht notwendig eine Deregulierung von Wahrheit durch Anerkennung kultureller Vielfalt verspricht. Die Auflösung der cartesischen Vernunftformel, nach der alle Menschen unabhängig von kultureller Einbettung Träger einer epistemischen Subjektivität sein können, entläßt nicht notwendig foucaultsche Wahrheitspolizisten, sondern bietet auch »gleiches Recht« für Fundamentalisten und Scharlatane. Der Pragmatist kann gegen solche Befürchtungen nicht das Warnschild »Objektivität!« hochhalten, sondern nur auf die Hoffnung setzen, daß seine Kultur des Umgangs mit Überzeugungen kulturell überzeugender ist und mehr Solidarität hervorruft als die Umgangsformen in anderen Kulturen. Eine Garantie, irgendwo in der inneren Struktur der menschlichen Vernunft hinterlegt, gibt es dafür nicht. Die Visionen Richard Rortys sind die eines zunehmenden pragmatischen Liberalismus, der »die letzten Überbleibsel des Begriffs der *transkulturellen Rationalität über Bord*«

(1988, S. 30) wirft. Die Kulturrelativität oder Ethnozentriertheit von Erkenntnis rekurriert letztlich auf Optionen, wie »die Selbstdarstellung unserer Gesellschaft aussehen sollte« (1988, S. 24).

Schlußdiskussion

Alle drei Beispiele stützen die Diagnose, daß auf der Ebene des epistemologischen Diskurses die Entmischung von Wissenschaft und Ideologie, die in der genetischen Epistemologie Piagets festgeschrieben war und zum Standardrepertoire der Wissenschaftstheorie gehörte, nicht fortgesetzt wird. Zwar wird wohl noch eingeräumt, daß analytisch die Verwebungen von evaluativen und explanativen Kategorien auseinandergehalten werden können. In keinem der Entwürfe wird ein umstandsloses Ineinssetzen von Gründen des Für-wahr-Haltens mit Gründen des Für-gut-Haltens vertreten. Aber diese analytische Differenzierbar-keit wird nicht anerkannt als die Basis für eine quasi-wissenspolitische Empfehlung, die Trennung auch de facto, das heißt institutionell im Wissenschaftsbetrieb voranzutreiben. Die *wissenspolitischen Empfehlungen* gehen in entgegengesetzte Richtungen: Neue Verwebungen sollten konstruiert werden. Die Angriffe auf das Programm der universellen Objektivität sind in allen drei Fällen getragen einerseits von Vorwürfen der *illusionären Selbstgefälligkeit* (da Verwebungen immer existieren) und andererseits der *Verantwortungslosigkeit* gegenüber den Handlungsfolgen der Erkenntnis (da der Einbau in Ideologien immer erfolgt). Allerdings sind die angebotenen Alternativen nicht einfach nur Revisionismen, sondern sie versuchen zugleich, das Programm der Dezentrierung durch Erhöhung der Konstruktivität und Reflexivität der Erkenntnis fortzusetzen. Aber diese Fortsetzungen haben ihren gemeinsamen Nenner nur in der Kritik. Ihre Korrekturen und Optionen verfolgen sie in ganz unterschiedliche Richtungen. Hierin könnte man eine neue Metaebene der Relationierung von Erkenntnisidealen und Wertvorstellungen entdecken – eine Ebene der deliberativen Optionen, deren gemeinsame Basis eine unausgesprochene Konzeption der *Dezentrierungsdezentrierung* wäre –, eine reflexive Modernisierung auf der Ebene der Epistemologie. Um eine cartesische Demokratisierung durch Verallgemeinerung wird es dann nicht mehr gehen, aber vielleicht um eine durch Pluralisierung der Wissensformen, die situativer Abstimmungsprozesse bedürfen, gerade weil sie eine verbindliche Rahmung ablehnen.

Bei Piaget wurde die Trennung von Ideologie und Wissenschaft betrieben durch die Auszeichnung des formalen Apparates der Erkenntnis, durch die operativen Züge der Forschung. Die zunehmende Dezentrierung von wissenschaftlicher Erkenntnis aus Wertbezügen wird dann, so kann man die Einwände zusammenfassen, durch ein Wiedereintreten der Unterscheidung in das Unterschiedene der Reflexion ausgeliefert und kann als eine *wissenschaftsimmanente Ideologie* analysiert werden. Der wissenschaftliche Nachweis, der die Trennung zwischen universell-objektiver Wissenschaft und Ideologie begründet, ist ohne Zirkularität nicht möglich. Daraus folgt nicht, daß das Schema der universellen Objektivität seine *Überzeugungskraft* eingebüßt hat. Denn zirkuläre Begründungsstrukturen haben ja gerade den Vorteil, prozessual selbsttragend zu sein. Allerdings folgt, daß das Schema seinen *Absolutheitsanspruch* eingebüßt hat. Es muß ihn mit anderen Begründungsstrategien wie der holistischen oder feministischen oder ethnokulturellen teilen – und damit aufgeben.

Man kann die Frage aufwerfen, woher der Gegenwind gegen das universell-objektivistische Programm stammt. Mehrere Antworten sind plausibel. Einmal kann man historisch relativieren und feststellen, daß dieses Programm immer nur als eine Ideologie unter anderen existiert hat. Tatsächlich haben in allen Phasen der Wissenschaftsgeschichte seit der kopernikanischen Revolution (und früher ohnehin) wertimprägnierte Programme der Erzeugung und Verwendung von Wissenschaft koexistiert. Vielleicht waren die Positionen einer wertfreien, rein der Realitätserkenntnis verpflichteten Wissenschaften gerade deswegen so prominent, weil sie immer ein besonders hohes Legitimationsdefizit zu begleichen suchten[31], während die leistungsfähigeren, wenn auch in ihrer Wirkung zeitlich und sozial befristeten Ideologien solche waren, die die Wissenschaften auf Ziele wie Wohlfahrt,

31 Vergleichbar einer ökonomischen Ideologie, die das *reine* Gewinnstreben zum höchsten Wert des Wirtschaftens erklärt, oder einer politischen Ideologie des *reinen* Machtstrebens usw.

nationale Größe, allgemeine Aufklärung und Ausbildung, wirtschaftliche Leistung, politisches Prestige, kulturelle Bedeutung, militärische Überlegenheit zu orientieren und programmieren suchten. Die Wechselspiele zwischen einerseits Orientierungen und Einbettungen der wissenschaftlich-technischen Entwicklungen und andererseits der Ausdifferenzierung ihrer funktionalen Kompetenzen sind in historischer Analyse vielleicht eher rekursiv selbstverstärkend als blockierend.

Eine andere Antwort würde dagegen die historischen Unterschiede herausstellen: Die modernen Entwicklungslinien führen in den Wissenschaften immer häufiger auf Forschungsfelder, die nicht mehr gut institutionell als eine Sonderwelt der Erkenntnis abgegrenzt werden können. Wissensgesellschaft bedeutet nicht nur zunehmende Wissensbasierung, sondern auch zunehmende Integration von Forschungsprozessen in die Gesellschaft. Dadurch würde entgegen der Entmischungshypothese von Piaget gerade die Verwebung von Ideologie und Wissenschaft, von normativ-politischen Erwägungen und konstruktiv-explanativen Strategien der Forschung in der Gegenwart immer dichtere Formen annehmen. Die Basierung immer weiterer Funktionsbereiche der Gesellschaft auf die Spannung zwischen Wissen und Nichtwissen und damit das Eindringen von Forschungsprozessen in alle Organisationsstrukturen und Entscheidungsprozesse der Gesellschaft entziehen dem Ausgangspunkt von Piaget einer fortgesetzten Auflösung von Wertvorstellungen und Wissensbeständen den sozialen Boden. Kategorien wie Risikogesellschaft, Experimentiergesellschaft, in gewissem Sinne sogar Erlebnisgesellschaft (nämlich gelesen als Modus zunehmend kontingenter und zugleich begehrlicher werdender Welterfahrungen) signa-

32 Der Grundgedanke der »Finalisierung der Wissenschaften« ist ähnlich gewesen: Immer mehr Forschungszweige entstehen als »postparadigmatische« Wissenschaftsfelder, deren Zugpferde nicht-wissenschaftliche Zielvorstellungen sind und deren Leistungspotential durch bewährte Theoriebestände und Methoden abgesichert ist. Ein wichtiges Korrektiv ist allerdings, daß in der Wissensgesellschaft Prozesse der Wissensgenerierung in vielfältiger Weise und keineswegs nur in den Koordinatenkreuzen der paradigmatischen Wissenschaften stattfinden. Unter der Metapher »Die Gesellschaft als Labor« setzte eine Beschreibung dieser Verschiebung ein (Krohn/Weyer 1989).

lisieren dies.[32] Die Signaturen dieser Entwicklung sind zunehmende Unsicherheiten und Ungewißheiten, Kontingenzunterstellungen und Risikozumutungen. Paradoxerweise wären es dann gerade die institutionellen und kognitiven Charakteristika der Wissensgesellschaft, die zu einer Brechung der Entwicklungsrichtung der Dezentrierung führen. Piagets Leitspruch, daß der Erkenntnisfortschritt weder »linear noch kumulativ, sondern konstruktiv und reflexiv ist« (Bd. II, S. 111), erfüllt sich hier in einer für die Dezentrierungstheorie überraschenden Weise.

Den Absichten, zu Neufassungen der epistemologischen Grundlagen der Wissensgesellschaft zu kommen, kann man sich nach dem Gesagten nicht entziehen. Allerdings werden nur jeweils Minderheiten glauben, daß Physiozentrismus, Feminismus, Ethnozentrismus und andere Rezentrierungsprogramme auch nur eine einzige chemische Formel, Genomstruktur oder Elementarteilchenentdeckung verändern. An Änderungen wird man eher dort glauben, wo der Gegenstandsbereich der Wissenschaften potentiell wertbelastet ist und das Argument, er sei wertfrei, nicht unmittelbar als wertfrei durchgeht. Es sind dies die Human- und Sozialwissenschaften, Technikwissenschaften und die technologisch gewordenen postparadigmatischen Naturwissenschaften sowie alle Forschungsfelder, in denen sich verschiedene Forschungslinien zu heterogenen Komplexitäten verknüpfen (etwa ökologische, sozio-technische, wirtschaftspolitische Themenfelder). Man wird nicht fehlgehen, wenn man einräumt, daß die instrumentelle Leistungskraft der modernen Wissenschaft sich wohl kaum direkt steigern läßt durch Tendenzen der Rezentrierung. Piagets Analyse bleibt hier gültig. Man kann zusätzlich vermuten, daß es auf diesem Gebiet der Forschungseffizienz nicht dauerhaft zur Stabilisierung von solchen Alternativen kommen wird, die nicht zum main stream des Synkretismus der *instrumentellen Leistungssteigerungen* von Forschung beitragen oder sich zumindest in diese einleiten lassen.[33] Diese Vermutung

33 Über die »Halbwertzeit« esoterischer Programme läßt sich freilich kaum etwas aussagen. Bei hinreichender institutioneller Stabilisierung, wie etwa in den Fällen der Psychoanalyse oder Homöopathie, kann sie gerade deswegen hoch sein, weil die Verwendungskontexte Erfolge signalisieren, die für Wissensgesellschaften charakteristisch werden. Nicht die *Anwendung* erprobten Wissens ist dann ausschlaggebend, sondern die *Erprobung* unsicheren Wissens.

unterstellt allerdings auch eine erhebliche institutionelle Robustheit des Funktionssystems gegenüber dem Ausprobieren von methodischen und theoretischen Varianten zum Beispiel über die Verteilung der Chancen, Diskussionsforen, Zeitschriften, Stiftungsgelder, Medienzeit nutzen zu können, um so von den institutionellen Rändern des Wissenschaftssystems aus Alternativen zu stabilisieren. Neu wäre dann in erster Linie, wenn die Tendenzen der Rezentrierung über die Reflexionsfigur der Dezentrierungsdezentrierung als Steigerung eines deliberativen Optionsraumes aufgefaßt werden könnte, der für die Komplexität der Wissensgesellschaft charakteristisch wäre. Sie könnten dann in der Tat auf einer Metaebene als Fortsetzung des in der evolutionären Epistemologie entworfenen Programms interpretiert werden, allerdings in eine Richtung, die schwerlich vorhersehbar gewesen wäre. Dieser Optionsraum könnte die Basis sein, legitime *Alternativen in der Wissenschaft* zu entwerfen und Theorienentwicklung an wertebelasteten Diskursen zu orientieren, ohne für solche Alternativen noch den übergeordneten Konsens einer Wahrheitsregulation einzufordern.

Literatur

Ashmore, Malcolm (1989), *The Reflexivity Thesis*, Chicago.

Bloor, David (1976), *Knowledge and Social Imagery*, London.

Blumenberg, Hans (1964), *Kopernikus im Selbstverständnis der Neuzeit*, Abhandlungen der Geistes- und Sozialwissenschaftlichen Klasse der Akademie der Wissenschaften Mainz, Wiesbaden: Steiner.

– (1975), *Die Genesis der kopernikanischen Welt*, Frankfurt am Main.

Böhme, Gernot, Wolfgang van den Daele und Wolfgang Krohn (1972), »Alternativen in der Wissenschaft«, in: *Zeitschrift für Soziologie* 1, S. 302-316.

Böhme, Gernot (1993), *Alternativen der Wissenschaft*, Frankfurt am Main.

Bourdieu, Pierre (1974), »The specifity of the scientific field and the social conditions of the progress of reason«, in: *Social Science Information* 14, S. 19-47.

Daston, Lorraine (1992), »Objectivity and the Escape from Perspective«, in: *Social Studies of Science* 22, S. 597-618.

Fuchs, Stephan (1992), *The Professional Quest for Truth. A Social Theory of Science and Truth*, Albany.

– (1995), »The New Wars of Truth«, Ms.
Haraway, Donna (1995), »Situated Knowledges: The Science Question in Feminism and the Privilege of Partial Perspective«, in: Andrew Feenberg und Alastair Nannay (Hg.), *Technology and the Politics of Knowledge*, Bloomington, S. 175-194.
Hartsock, Nancy (1983), »The Feminist Standpoint: Developing a Ground for a Specifically Feminist Historical Materialism«, in: Sandra Harding (Hg.), *Discovering Reality*, Dordrecht, S. 283-311.
Krohn, Wolfgang (1977), »Die ›Neue Wissenschaft‹ der Renaissance«, in: Gernot Böhme, Wolfgang van den Daele und Wolfgang Krohn (Hg.), *Experimentelle Philosophie*, Frankfurt am Main, S. 13-128.
– (1994), »Die Natur als Labyrinth, die Erkenntnis als Inquisition, das Handeln als Macht: Bacons Philosophie der Naturerkenntnis betrachtet in ihren Metaphern«, in: Lothar Schäfer und Elisabeth Ströker (Hg.), *Naturauffassungen in Philosophie, Wissenschaft und Technik*, 2 Bde., Bd. II: *Renaissance und frühe Neuzeit*, Freiburg/München, S. 59-100.
Lash, Scott (1990), *Sociology of Postmodernism*, London.
Latour, Bruno (1995), *Wir sind niemals modern gewesen*, Berlin.
Lersner, Heinrich von (1991), *Die ökologische Wende*, Berlin.
Merchant, Carolyn (1987), *Der Tod der Natur*, München.
Meyer-Abich, Klaus Michael (1984), *Wege zum Frieden mit der Natur*, München.
– (1990), *Aufstand für die Natur*, München.
Nicolaus von Kues (1977), *De docta ignorantia*, übers. von P. Wilpert, Hamburg.
Panofsky, Erwin (1974), »Die Perspektive als ›symbolische Form‹«, in: Erwin Panofsky (Hg.), *Aufsätze zu Grundfragen der Kunstwissenschaft*, Berlin: S. 99-169.
Piaget, Jean (1973), *Erkenntnistheorie der Wissenschaften vom Menschen*, Frankfurt am Main, Berlin, Wien.
– (1974), *Weisheit und Illusion der Philosophie*, Frankfurt am Main.
– (1975), *Die Entwicklung des Erkennens*, 3 Bde. *Gesammelte Werke*, Bde. 8-10, Stuttgart.
– (1975), *Das Erwachen der Intelligenz beim Kinde. Gesammelte Werke*, Bd. 1, Stuttgart.
Rorty, Richard (1988), *Solidarität oder Objektivität?*, Hamburg.
Serres, Michel (1994), *Der Naturvertrag*, Frankfurt am Main.
Schäfer, Lothar (1993), *Das Bacon-Projekt*, Frankfurt am Main.
Shapin, Steven, und Simon Shaffer (1985), *Leviathan and the Air-Pump. Hobbes, Boyle and the Experimental Life*, Princeton.
Sohn-Rethel, Alfred (1990), *Das Geld und die bare Münze des Apriori*, Berlin.
Woolgar, Steve (Hg.) (1988), *Knowledge and Reflexivity*, London.

Nico Stehr
Von den Grenzen der Macht wissenschaftlicher Erkenntnis[1]

Ziel des folgenden Beitrages ist es, eine Problematik zu komplizieren, die im Verlauf der Geschichte *sozialwissenschaftlichen* Wissens zunehmend vereinfacht worden ist. Ich spreche von der von Befürwortern *wie* Gegnern der modernen Wissenschaft und Technik geteilten Überzeugung, daß wissenschaftliches Wissen herkömmliche Wissensformen nicht etwa nur aufhebt, sondern in der modernen Gesellschaft umfassend auslöscht, und dies trotz der verbreiteten und zunehmend als selbstverständlich akzeptierten *philosophischen* These von der unumgänglichen Existenz alltäglicher Begrifflichkeiten von Dingen, Personen, Intentionen, Beziehungen usw.

Darüber hinaus möchte ich unter Beweis stellen, daß die soziale Macht der sogenannten »wissenschaftlichen Technik« trotz der Bedeutung, die ich ihr insgesamt als wesentliches gesellschaftliches Moment zurechne, nicht alle Aspekte und Phasen des menschlichen Lebens ursächlich bestimmt und durchdringt, wie dies manche Beobachter als eine Art schicksalhafter Entwicklung der Moderne befürchtet oder, mit ebensolcher Bestimmtheit, erhofft haben. Der Übergang der Wissenschaft »from contemplation to manipulation«, wie Bertrand Russell dies nannte, gestaltet sich entgegen solcher existentiellen Befürchtungen oder Hoffnungen keineswegs als selbstverständlich.

Eine Formulierung des Philosophen Kurt Hübner ([1978] 1983, S. 372) mag als Beispiel für viele moderne Sozial- und Geisteswissenschaftler gelten, daß »die gegenwärtige menschliche Gesellschaft, als industrialisierte, weitgehend ihr Selbstverständnis aus genuin technisch-wissenschaftlichen Formen und Ideen« entlehnt oder ableitet. Bereits Jahre zuvor schrieb Max Scheler ([1926] 1960, S. 205) den gleichen Tatbestand wie folgt:

1 Ich verwende in diesem Essay Ansätze, die ich zuerst in meiner Studie *Arbeit, Eigentum und Wissen. Zur Theorie von Wissensgesellschaften*, Frankfurt am Main: Suhrkamp 1994, entwickelt habe.

»Von diesen drei Wissensidealen [Herrschafts-, Bildungs- und Erlösungswissen] hat die neueste Geschichte des *Abendlandes* und seiner sich selbständig entwickelnden Kulturannexe (Amerika usw.) in immer einseitiger sich gestaltenden Weise fast nur das auf mögliche *praktische Veränderung der Welt* ausgerichtete Wissen in der Form der arbeitsteiligen positiven *Fachwissenschaften* systematisch gepflegt. Das Bildungs- wie das Erlösungswissen traten im Laufe der Geschichte des Abendlandes immer mehr in den Hintergrund.« Max Weber äußerte ähnliche Gedanken zur Übermacht der Wissenschaft in seiner »Zwischenbetrachtung« in *Gesammelte Aufsätze zur Religionssoziologie* (Weber [1920] 1978, S. 564). In der historischen intellektuellen Auseinandersetzung, den Zusammenhang der Welt in kohärenter Weise begreiflich zu machen, wird die wissenschaftliche Perspektive zum mächtigsten Rivalen religiöser Erklärungsansprüche. Für Talcott Parsons (1937, S. 752), einen der herausragenden und einflußreichen Interpreten des Weberschen Werks, kulminieren Webers Aussagen über die moderne Gesellschaft deshalb auch, weniger ambivalent als der Orginaltext, in einer grundlegenden, »gesetzesähnlichen« Beobachtung: »The conception of a law of increasing rationality as a fundamental generalization about systems of action ... is the most fundamental generalization that emerges from Weber's work.« Emile Durkheims Diskussion des Konfliktes bzw. der reziproken Beziehung von Religion und Wissenschaft in *Die elementaren Formen des religiösen Lebens* geht ebenfalls davon aus, daß die Wissenschaft die Religion verdrängt, obwohl Durkheim ([1912] 1981, S. 574-577) dem religiösen Wissen in der modernen Gesellschaft weiter eine begrenzte Funktion zurechnet. Selbst die kritische Theorie kann sich nicht vollständig von der von ihr bekämpften instrumentellen Rationalität emanzipieren. Wie Habermas (1981, S. 512) unterstreicht, glauben Horkheimer und Adorno, daß selbst »noch die Kritik der instrumentellen Vernunft dem Modell, dem die instrumentelle Vernunft selber gehorcht, verhaftet bleibt«. Die Empiriker unter den Sozialwissenschaftlern schließlich, die sich mit der Darstellung größerer kultureller Veränderungen in der modernen Gesellschaft befassen, versuchen vor allem »the decline of traditional religious orientations and conventional social and sexual norms« (Inglehart, 1990, S. 5) zu dokumentieren.

Kurz, die *dominierenden* Schlußfolgerungen in den Sozialwissenschaften dieses Jahrhunderts drücken die Überzeugung aus, daß Wissenschaft praktisch wirksame Aufklärung ist, die mundanes Wissen, Magie und Religion zugleich bekämpft. Der Siegeszug der Wissenschaft ist unaufhaltsam. Die Welt wird nachhaltig entzaubert, und Naturforscher und Staatsbürger werden zunehmend entmündigt (zum Beispiel Gehlen 1949, S. 12). Eine erst kürzlich veröffentlichte Streitschrift gegen die moderne Wissenschaft erneuert diese Vorwürfe und betont, die Wissenschaft sei »spiritually corrosive, burning away ancient authorities and traditions ... unable to coexist with anything« (Appleyard 1992).

Die spezifische Problematik

Astrologie, Okkultismus, Wunderglaube, kurz der Glaube an übernatürliche Vorgänge aller Art, sind im Alltag der modernen Gesellschaft durchaus verbreitet. Der Erfolg des Fundamentalismus, die Überlebenskraft der Hutteriten oder der Amischen, traditionelle Erklärungen natürlicher Vorgänge wie Geburt, Krankheit, Nahrungsaufnahme, Tod, Wetter, Katastrophen, aber auch anderer, sehr viel alltäglicherer gesellschaftlicher Abläufe, Begebenheiten und Situationen zeigt, daß tradiertes Wissen keineswegs nur ein marginales, esoterisches, statisches und stets von der Gefahr des Auslöschens bedrohtes Wissen ist. Die Verbreitung und Bedeutung »unkonventionellen« Wissens wird von der Wissenschaft sicherlich systematisch unterschätzt. Auch deshalb ist vielleicht die Zahl der systematischen empirischen Untersuchungen zur Verbreitung und Anwendung tradierten Wissens in modernen Gesellschaften eher gering.[2] »Alltägliches« Wissen wird

2 Es gibt nur episodische und explorative empirische Analysen. Dazu gehören zum Beispiel unter Universitätsstudenten in den USA durchgeführte Studien, die erkennen lassen, daß fast die Hälfte der Befragten die evolutionäre Erklärung des Ursprungs und der Entwicklung des Menschen ablehnen (vgl. Almquist und Cronin 1988; Harrold und Eve 1987). Allerdings werden die Ergebnisse der Studie dann von den Autoren als Anlaß genommen, sich über die mangelnde Rationalität unter »aufgeklärten« Bevölkerungsschichten zu beklagen und über die Gründe für die beobachtete kognitive »Zurückgebliebenheit« der befragten Studenten zu spekulieren. Lave (1988, S. 76-83) dokumentiert und kritisiert die Etikettierung des alltäglichen Wissens als resi-

weitgehend als eine residuale theoretische Kategorie begriffen. Noch verbreiteter im Alltag ist natürlich ein relativ transitorisches, vielleicht sogar triviales »Wissen«, das eng an bestimmte Akteure und Situationen gebunden ist. Damit ist zum Beispiel an das Wissen von X über die, wie er meint, eigenartige Verhaltensweise seines Kanarienvogels gedacht, das nur für wenige Interesse oder Relevanz haben dürfte. Dem steht alltägliches Wissen gegenüber, das relativ verbreitet und von erheblicher sozialer Relevanz ist; alltägliche Erklärungsmodelle sozialer Ungleichheit und abweichenden Verhaltens oder Vorstellungen über fremde Kulturen haben hier ihren Platz. Daß Wissen dieser Art im Alltag weiter relevant ist, wird eher übersehen, da der wissenschaftliche Diskurs, soweit er sich dieser Frage widmet, in der Regel unterstellt, tradiertes Wissen sei irgendwie »defekt« und habe schon aus diesem Grund seine Existenzfähigkeit untergraben oder verloren. Mich interessiert in diesem Kontext deshalb die Frage, welche sozialen und kognitiven Eigenschaften wissenschaftlichen Wissens als Erklärung dafür gelten können, daß tradiertes Wissen eine bedeutende soziale »Nische« in der modernen Gesellschaft hat.

Was in diesem Zusammenhang problematisiert werden soll, ist die eher *begrenzte* Frage nach den systematischen Bedingungen und dem Umfang der Machtlosigkeit wissenschaftlichen Wissens in der modernen Gesellschaft und damit die Frage nach der *Dynamik* und den Gründen für die offenbare Überlebenskraft traditioneller Handlungsorientierungen.

Die Macht wissenschaftlicher Erkenntnis

Unter den vielfältigen soziologischen Deutungen der überwältigenden Macht moderner wissenschaftlicher Erkenntnis sticht sicher Max Webers Perspektive von der praktischen Wirksamkeit der Wissenschaft im welthistorischen Rationalisierungsprozeß

duale Kategorie und beklagt die Vernachlässigung alltäglichen Wissens in Theorie und Forschung moderner Gesellschaften. Sie plädiert statt dessen für eine soziale Anthropologie der kognitiven Aktivitäten in praktischen Situationen und schildert Ergebnisse einer Anzahl von empirischen Studien, die dieser theoretischen Konzeption entspringen.

hervor. Rationalisierung und die intellektuelle Durchdringung der Welt gehen Hand in Hand. Weber (1922, S. 536) beschreibt daher in *Wissenschaft als Beruf* den Rationalisierungsprozeß und die besondere Rolle des Wissens als »Wissen davon, oder den Glauben daran: daß man, wenn man *nur wollte*, es jederzeit erfahren *könnte*, daß es also prinzipiell keine geheimnisvollen unberechenbaren Mächte gebe, die da hineinspielen, daß man vielmehr alle Dinge – im Prinzip – durch *Berechnen beherrschen könne*«. Die grundlegende Veränderung der Lebensweisen impliziert unmittelbar eine Vernichtung traditioneller Lebensinhalte und Organisationsformen, aber auch herkömmlicher geistiger Vorstellungen, die obsolet werden. Webers Vorgehensweise ist repräsentativ für die dominante theoretische Verarbeitung des Vordringens der methodischen Lebensführung und bürokratischen Ordnung: Die Vernichtung traditioneller Strukturen und Ideologien ist nur die Kehrseite des unaufhaltsamen Siegeszuges der Moderne. Im Anschluß an Max Weber stellt Karl Mannheim (1929, S. 73; vgl. auch S. 166) die skeptischer formulierte These auf, daß sich die moderne Welt durch die Tendenz auszeichne, *womöglich* alles zu rationalisieren, verwaltungsmäßig gestaltbar zu machen und so den irrationalen Spielraum verschwinden zu lassen. Und damit ist auch schon die Frage nach den Überlebenschancen nicht-wissenschaftlicher Vorstellungen in der modernen Gesellschaft beantwortet. Mit wachsender Komplexität gesellschaftlicher und physischer Systeme zerreibt sich die Zuverlässigkeit alltäglicher Vorstellungen.

Zivilisation und Kultur

Zu den exemplarischen theoretischen Konzeptionen dieser Art, die im Zusammenhang meiner Betrachtung von besonderem Wert sind, gehört auch die in der Regel asymmetrisch konzipierte Unterscheidung zwischen Zivilisation und Kultur oder die Konzeption von rationalen und nicht-rationalen Kulturen (siehe zum Beispiel Parsons 1970). Analoge Unterscheidungen finden sich schon in früheren soziologischen Arbeiten. Zweifellos gehört dazu Ferdinand Tönnies' Unterscheidung von Gemeinschaft und Gesellschaft (1887) als gegensätzliche Wirkungskreise gesellschaftlichen Lebens oder Georg Simmels ([1907] 1989,

S. 505 f.) Diskussion über das ungleichgewichtige Verhältnis von subjektiver und objektiver Kultur und deren Entstehungsgründe im 19. Jahrhundert, die ebenfalls die Weberschen Kategorien vorwegnehmen. Die besonderen Beziehungen in der Kultur der Jahrhundertwende sind, so argumentiert Simmel (1907, S. 529), verglichen mit einem Jahrhundert früher vor allem dadurch gekennzeichnet, daß die Dinge, die unser Leben »*sachlich* erfüllen und umgeben, Geräte, Verkehrsmittel, die Produkte der Wissenschaft, der Technik, der Kunst – … unsäglich kultiviert [sind]; aber die Kultur der Individuen, wenigstens in den höheren Ständen, ist keineswegs in demselben Verhältnis fortgeschritten, ja vielfach sogar zurückgegangen« (meine Hervorhebung). Die stetige Transformation »natürlicher« Objekte und Zusammenhänge durch Bewußtseinsarbeit, das heißt die Vergegenständlichung des Geistes, fördert das Übergewicht der sachlichen Kultur und erweitert die Diskrepanz zur personalen Kultur. Aber die Beziehungen zwischen objektiver und subjektiver Kultur oder, genereller, zwischen Form (dem Ganzen) und Individuum (dem Teil) bestimmen den »Stil des Daseins«. In jeder Gesellschaft ergibt sich die praktische Kulturbedeutung der objektivierten Gegenstände aber erst aus dem verinnerlichten Umgang der Individuen mit dieser Kultur. Dies bedeutet, daß in einer größeren Gesellschaft immer nur ein bestimmter Teil der objektiven Kulturwerte zu subjektiven werden kann (ebd. S. 511); mehr noch, durch Arbeitsteilung und Spezialisation bewirkt, erwachsen die Kulturobjekte immer mehr zu einer interdependenten Welt, »die an immer wenigeren Punkten auf die subjektive Seele mit ihrem Wollen und Fühlen hinuntergreift« (ebd., S. 520). Die Asymmetrie im Verhältnis zwischen Produzenten und Konsumenten von sachlicher Kultur verschärft sich unablässig.

Allerdings verfällt Simmels (ebd., S. 527) Analyse fast schon ins Schwärmerische oder zumindest ins romantisch Unbestimmbare, wenn er zu beschreiben versucht, woran es dem »objektiven Geist« notwendigerweise mangelt. Der objektive Geist, so Simmel, läßt bestimmte »Vollkommenheiten« vermissen, die sich nur durch »die Synthese der (verstandes- und gefühlsmäßigen) Energien in *einem Subjekt* verwirklichen«; das heißt, »wir empfinden« den objektiven Geist als »bloßen Mechanismus, dem die Seele fehlt«. Letztlich bleibt es der Sphäre des individuellen Bewußtseins vorbehalten, die sachliche Kulturwelt mit Leben zu erfüllen. Dem Menschen ist die Form persönlicher Einheit, zu der das Bewußtsein den objektiven geistigen Sinn der Dinge zusammenführt, *»von unvergleichlichem Wert*: hier erst gewinnen sie die Reibung aneinander, die Leben und Kraft ist, hier entwikkeln sich erst jene dunklen Wärmestrahlen des Gemüts, für die klare Perfektion rein sachlich bestimmter Ideen keinen Platz und kein Herz hat« (ebd., S. 528; meine Hervorhebung). Daß dem objektiven Geist durch die moderne Differenziertheit seines Zustandekommens aber gerade diese Form der Seelenhaftigkeit fehlt (ebd., S. 528), erklärt einerseits die bedeutende Restfunktion der nicht versachlichten »seelischen« Energien, ihre eigentümliche Bedeutsamkeit für das Dasein, aber auch die Feindseligkeit gegenüber dem »Fortschritt« der nicht-personalen Kultur. Wir haben gar keine Möglichkeit, so formuliert Simmel (ebd., S. 491), die gegensätzliche, sich ausschließende Funktionsweise von Verstand und Gefühl, »Gefühlsbewegungen und Willensenergien in so restloser und unzweideutiger Weise niederzulegen, daß jeder in jedem Augenblick darauf zurückgreifen und an der Hand des objektiven Gebildes den gleichen inneren Vorgang immer wieder erzeugen kann – wozu wir allein intellektuellen Inhalten gegenüber in der in Begriffen und ihrer logischen Verknüpfung sich bewegenden Sprache ein zulängliches, von der individuellen Disposition relativ unabhängiges Mittel besitzen«. Der nicht zu verdinglichende Rest der Kultur wird immer persönlicher, und damit ist die Vergegenständlichung des Geistes paradoxerweise Hüter subjektiver Kultur.

Der Zivilisationsbegriff umfaßt viele der von Simmel identifizierten Dimensionen; mehr noch, er bringt auch das Selbstverständnis des Abendlandes zum Ausdruck, das heißt, »durch ihn sucht die abendländische Gesellschaft zu charakterisieren, was ihre Eigenart ausmacht, und worauf sie stolz ist: den Stand *ihrer* Technik, die Art *ihrer* Manieren, die Entwicklung *ihrer* wissenschaftlichen Erkenntnis oder *ihrer* Weltanschauung und vieles anderes mehr« (Elias [1939] 1976, S. 1 f.). Dieser Begriffsinhalt selbst interessiert uns allerdings nicht direkt, sondern eher seine besondere Verwendung in der Soziologie zu Beginn dieses Jahrhunderts. Ohne Zweifel sind die soziologischen Begriffsbedeutungen von vielfältigen Traditionen beeinflußt worden.[3]

3 Zur Genese des Begriffspaares und der Entwicklung der kulturell unterschiedlichen Interpretationen vgl. Elias [1939] 1976, S. 7-64.

Für Alfred Weber (1920), der sich in seiner Kultursoziologie die Unterscheidung von Kultur und Zivilisation zu eigen macht, sind Wissenschaft und Technik Inbegriff eines Intellektualisierungs- und Rationalisierungsprozesses, den er den *Zivilisationsprozeß* nennt. Der gesamte Zivilisationsprozeß hat vor allem zur Folge, eine schon vorhandene Welt, eine für uns als »Menschen generell vorhandene Welt aufzudecken und sukzessive zugänglich zu machen« (ebd., S. 14). Im Gegensatz zur »Kulturbewegung« sind Allgemeingültigkeit und Notwendigkeit die herausragenden Merkmale des geistigen und technischen *Welt*zivilisationskosmos. Der von Weber postulierte Gegensatz entspricht damit dem von absolut und relativ, Entdeckung (erklärbar) und Schöpfung (unerklärbar), Naturwissenschaft (erklärbar) und Historiographie (einmalig), zweckhaftem Handeln (generell) und seelischer Ausdrucksform. Von besonderem Interesse hier ist aber nicht die Rekonstruktion geschichtlicher Prozesse, die in gegensätzlichen, stratifizierten gesellschaftlichen Sphären resultiert, sondern vielmehr das dynamische Verhältnis beider zueinander.

Der Zivilisationsprozeß ist für Alfred Weber (ebd., S. 20-31) Organisationsprinzip und Motor der Bewegung von einfachen zu komplizierteren »Lebensaggregierungen«, der sowohl die »äußeren«, materiellen Lebensbedingungen als auch die geistigen Prozesse umformt und umwälzt.

Die geistigen und materiellen Umwälzungen der Gesellschaft durch den Zivilisationskosmos sind ungefähr gleich bedeutsam: »Wenn bisher die Welt als eine tellerartige Scheibe gesehen ward, über der sich das ›Himmelszelt‹ wie eine begrenzte Glocke wölbte, und nun statt dessen plötzlich das kopernikanische Weltbild mit seinen Unendlichkeitsperspektiven nach allen Seiten auftaucht und allgemein erfaßt wird, so tritt eine Neuaggregierung, eine geistige Umwälzung und Umordnung aller Lebenselemente ein, die ebenso groß, oder für die ›Seele‹ vielleicht größer ist, als irgendein körperhafter Umordnungsprozess derselben.« (ebd., S. 31) Alfred Weber unterstellt, daß das neue, wissenschaftlich inspirierte Weltbild bereits existierende Anschauungen unwiderstehlich und ersatzlos verdrängt; Allgemeingültigkeit und Notwendigkeit des kopernikanischen Weltbildes als entscheidende Qualitätsmerkmale stellen sicher, so die Prämisse Webers, daß die Relevanz und Rezeption problemlos bzw. durchgreifend vor sich geht. Dem steht natürlich entgegen, daß die Sonne für die Mehrzahl aller Menschen immer noch auf- und untergeht.

Die asymmetrische, geschichtsphilosophische Konzeption von Zivilisation und Kultur signalisiert die Wahrscheinlichkeit von Geschichtsabschnitten, in denen es zu einer »Disproportionalität in der Entwicklung menschlicher Fähigkeiten« (Mannheim 1935, S. 16) kommt. In der Tat sieht Weber (1920, S. 37) eine solche Gleichzeitigkeit des Ungleichzeitigen[4] für seine Zeit: Es ist noch nicht gelungen, sagt Weber, eine neue Ideologie zu formulieren, die der *heutigen* Lebensaggregierung parallel gegenübertreten könnte.[5] Alfred Weber (1920, S. 39-43) beklagt sich, daß die vorherrschenden Geschichtsphilosophien, wie etwa die von Kant, Fichte, Hegel, Marx (»eine zivilisatorisch konzipierte Eschatologie«, Weber, 1920, S. 41), Comte und Spencer, trotz ihrer wichtigen Differenzen insgesamt die zivilisatorische und kulturelle Bewegung konfundieren und damit postulieren, die Kultur werde mit Sicherheit hinter dem »wissenschaftlich beeinflußten Daseins- und Gesellschaftsbau« verschwinden.[6] Die von Weber in den verschiedensten Theorien der Gesellschaft und in Geschichtsphilosophien entdeckte Einseitigkeit oder Überzeugung von der unbegrenzten Herrschaft der nomologischen Wissen-

4 Dieser Ausdruck findet sich bei Mannheim (1935, S. 14), der ihn wiederum von dem Kunsthistoriker Pinder (1926) übernahm.

5 Im Gegensatz zu Alfred Weber folgt für seinen Schüler Karl Mannheim aus der Diagnose der Disproportionalität der technischen und kulturellen Entwicklung bzw. der »substantiellen« und der »funktionellen« Rationalität die dringende Aufgabe für den Sozialwissenschaftler, das *Wissen* von der Gesellschaft dem Entwicklungstempo technischen Wissens und seiner Implementation anzupassen und nicht einfach eine neue und möglicherweise konforme, aber dennoch irrationale Weltanschauung zu fördern.

6 Idealistischen, materialistischen oder positivistischen Geschichtsentwürfen ist gemeinsam, daß sie Zivilisation und Kultur konfluieren lassen: Sie übersehen deshalb, daß »rationale Organisiertheit, rationale Selbsteingliederung, rationale Daseinsaufhellung ... – selbst wenn man die Emanation der ›Weltvernunft‹ in sie hineinlegt, oder wenn man sie mit der Entfaltung von Freiheitsprinzipien oder mit der von Gleichheitstendenzen in Verbindung bringt, auch in diesen ideologischen Verkleidungen als solche noch nichts mit Kultur zu tun haben, noch gar nichts mit der Formung eines Geschichtskörpers vom seelischen Zentrum seines Wesens aus.« (Weber 1920, S. 42)

schaften ist jedoch trotz gegenteiliger Beteuerungen im Grunde auch Webers eigene Prämisse.[7] Zumindest gelingt es ihm nicht, eine überzeugende Theorie der Eigenständigkeit der Kultur zu formulieren. Die vage, ambivalente Rede von der »Seele« der Geschichtskörper[8] ist eine Leerformel oder Ausdruck hilflosen Hoffens auf mysteriöse Mächte, die dem Zivilisationskosmos irgendwie Einhalt gebieten können. Alfred Weber ist es nicht gelungen, eine *soziologische* Theorie der Machtlosigkeit wissenschaftlicher Erkenntnis zu formulieren. Eine Vorstellung des von ihm formulierten Gegensatzes von Zivilisation und Kultur ist bestimmend: Und zwar handelt es sich um den damals noch nicht in seinen Grundfesten erschütterten Glauben an den wissenschaftlichen Fortschritt und die Durchschlagskraft der modernen Technik und damit natürlich auch an die prinzipielle Gefährdung nicht-wissenschaftlichen Wissens durch wissenschaftliche Erkenntnisse. Alfred Weber vertritt diese Ideen, obwohl er ein – zumindest für deutsche Geisteswissenschaftler und Sozialwissenschaftler – typisch ambivalentes Verhältnis zu Naturwissenschaft und Technik hatte.[9]

7 Vgl. Merton (1936, S. 110).

8 Alfred Weber (1920, S. 45) umschreibt seinen Kulturbegriff etwa mit folgenden Worten: »... für uns sind alle kulturellen Emanationen nur Symbole, einmalig auf kein allgemeines Entwicklungsziel hinsteuernde, untereinander unvergleichliche und ausschließliche Ausdrucksgebilde von etwas Seelischem, der ›Seele‹ der jeweiligen Geschichtskörper, die sie in die Welt hineinschleudert«.

9 Eine weitere, aus der gleichen Zeit stammende Theorie gesellschaftlicher Entwicklung, die von der schier unbegrenzten Herrschaft der Wissenschaft und Technik ausgeht, ist William Fielding Ogburns einflußreiche Theorie des sozialen Wandels, die insbesondere als die These des *cultural lag* oder der »Verspätung der Kultur« bekannt geworden ist. Und zwar unterscheidet William Fielding Ogburn ([1922] 1950, S. 202; 1964, S. 86-95) zwischen materieller Kultur und adaptiver (nicht-materieller) Kultur; darüber hinaus postuliert er die Ungleichzeitigkeit von Veränderungen in beiden Sphären und damit – in der adaptiven Kultur – ein Nachhinken, das sogar Jahre andauern kann (Ogburn [1922] 1950, S. 203). Aus der von Ogburn formulierten These geht demnach hervor, daß der Auslöser der notwendigen Anpassungen in Veränderungen der materiellen Kultur zu suchen ist (zum Beispiel Ogburn, [1922] 1950, S. 275 f.) und vermutet werden kann, daß mehr oder weniger große Teile der adaptiven Kultur einfach überflüssig werden und deshalb völlig absterben.

Wissen als Naturgewalt

Ich habe Theorien gesellschaftlichen Wandels, in denen dem wissenschaftlichen Wissen ein zentraler Stellenwert eingeräumt wird, deshalb ausführlich dokumentiert, um zeigen zu können, daß die Wissensdimension trotz ihrer theoretischen Zentralität im Grunde als eine »black box«, als eine Art mysteriöse Naturgewalt begriffen wird. Das wissenschaftliche Wissen wird als universelles Phänomen, nicht als kulturelle Besonderheit verstanden. Als Organisationsprinzip und -mittel der Wirtschaft und des Staates wird damit zunehmend eine Ressource verwendet, die sich offenbar letztlich der »Kontrolle« dieser Organisationsformen entzieht. Daß sich diese Organisationsprinzipien und -mittel auch auf verbliebene (traditionelle) Gesellschaftsstrukturen ausweiten und diese in ihrer Entwicklung entscheidend transformieren, ist eine verbreitete, wenn auch oft nur implizite Annahme dieser Theorien. Allerdings werden in der Regel weder die Entstehungsbedingungen der modernen Wissenschaft noch die Qualitäten wissenschaftlicher Erkenntnis oder die Art und Weise ihrer praktischen Durchsetzung soziologisch thematisiert. In dieser Hinsicht haben die unterschiedlichsten Theorien der Gesellschaft große Gemeinsamkeiten. Wenn Jürgen Habermas (1981, S. 228) konstatiert, daß Max Weber die Wissenschafts- und Technikgeschichte als wichtigen Aspekt der westlichen Kultur versteht, sie aber »bei seinem soziologischen Versuch, die Entstehung der modernen Gesellschaft zu erklären«, als Randbedingung behandelt, so ist diese Aussage im Grunde selbstexemplifizierend, da für weite Teile der kritischen Theorie ähnliches gilt.[10]

Die von Alfred Weber, William Fielding Ogburn und Daniel Bell in ihren Theorien zur Geltung gebrachte szientistische (positivistische) Wissenschaftskonzeption ist Ausdruck des bis heute noch in der Öffentlichkeit und in manchen Wissenschaftszweigen häufig vorherrschenden Verständnisses der Dynamik der Wissenschaft als eines fast automatisch ablaufenden Prozesses. Das von Weber, Ogburn und Bell übernommene Wissenschaftsverständnis geht davon aus, daß weder die Expansion wissenschaftlicher Erkenntnis noch ihre verbreitete Anwendung wesentlich von soziohistorischen Bedingungen beeinflußt wird.

10 Siehe Habermas (1982, S. 274).

Wissenschaftliches Tun, wissenschaftlicher Diskurs und die Verwendung wissenschaftlicher Erkenntnis sind diesem Wissenschaftsverständnis zufolge weitgehend sich selbst regulierende, homogene und ahistorische Abläufe. Die technischen Erfolge der Wissenschaft gehen auf diese Weise irgendwie Hand in Hand mit dem Vordringen der wissenschaftlichen Rationalität in der Gesellschaft. Das Eindringen der wissenschaftlichen Rationalität in die Gesellschaft in der Form von Planung, Kontrolle, Systematisierung von Entscheidungen oder sogar der »Triebformung« (Mannheim 1935, S. 41) wird als realistische Möglichkeit eingestuft. Es mag zwar so etwas wie eine Ungleichzeitigkeit der Durchsetzung der wissenschaftlichen Rationalität und ihrer praktischen technischen Erfolge geben, prinzipiell unterscheidet man diese aber nicht; im Gegenteil, man verschmilzt beide Konsequenzen zu einer Einheit. Es ist deshalb nur folgerichtig, daß man die so zentrale Dimension »Wissenschaftlichkeit« einerseits als eine Art naturwüchsige Komponente in den theoretischen Bezugsrahmen einführt, sie andererseits aber gegen diesen Bezugsrahmen immunisiert. Eine soziologische Analyse der Wissenschafts- und Technikentwicklung wird unmöglich, da diese anderen, nicht sozial variablen Gesetzesabläufen unterliegt. Die Trennung von oder die Grenzen zwischen wissenschaftlichem Wissen und Nichtwissenschaft werden ebenfalls als eine unverrückbare Demarkationslinie begriffen und nicht als historischer Prozeß (siehe Böhme 1978, S. 44-47; van den Daele 1977). Nichtwissen wird, sofern man über alltägliches und noch nicht verwissenschaftlichtes Wissen überhaupt als Teil dieser Gesellschaftstheorien explizit nachdenkt, allenfalls als statisches Element oder sogar als eine menschlichen »Instinkten« verwandte Komponente eingeführt. Das heißt, nur wissenschaftliches Wissen expandiert, nur die praktische Realisation wissenschaftlicher Erkenntnis ist weitgehend unproblematisch, das Wissen verliert im Verlauf seiner Realisierung nicht etwa seine Identität und ist schließlich »befreiend«, aber auch frei von Interpretationsbedürfnissen. Schließlich wird stillschweigend unterstellt, daß die wissenschaftliche Wissensform für jedermann, also nicht nur für den Wissenschaftler, verbindlich wird.

Die szientistische Wissenschaftskonzeption ist allerdings in den vergangenen Jahren in den Sozial- und Geisteswissenschaften weitgehend durch ein soziohistorisches Verständnis der Wissenschaftsentwicklung abgelöst worden.[11] Für meine Fragestellung hat diese Entwicklung den Vorteil, daß ich das »Überleben« nicht-wissenschaftlicher Vorstellungen nicht einfach als Ausdruck einer wie auch immer gearteten, aber auf jeden Fall als vorläufig interpretierten Zurückgebliebenheit ansehen muß, sondern daß die *black box* geöffnet werden kann, um zu fragen, welche soziologisch relevanten Grenzen wissenschaftlichen Wissens es möglicherweise gibt.

In Analogie zu Karl Mannheims (1929, S. 68) Problematik, warum Politik noch nicht Wissenschaft geworden ist, bleibt die rätselhafte, heute aber wohl allgemein weniger beunruhigende Frage, ob es sich bei dem beobachteten Überleben traditioneller Wissensformen um ein »noch nicht« – und damit um ein von fast allen Klassikern der soziologischen Theorie zu unkompliziert gedachtes und vor allem historisch vorschnell antizipiertes Überwinden dieses Wissens durch wissenschaftliche Erkenntnis – oder ob es sich um sich nicht prinzipiell gegenseitig ausschließende Wissensformen handelt. Daß es Grenzen der Macht wissenschaftlicher Erkenntnis gibt, steht fest. Die Frage ist nur, wie sich diese Grenzen sinnvollerweise bezeichnen lassen.

Die Grenzen der Macht wissenschaftlicher Erkenntnis

Die Anzahl theoretischer Konzeptionen, die sich mit den Grenzen der Macht wissenschaftlicher Erkenntnis befassen, ist nicht groß; dennoch kann ich an dieser Stelle nur auf eine begenzte Anzahl dieser Überlegungen eingehen.[12] Das wissenschaftliche Denken hat schon immer seine Widersacher gehabt. Gruppen und Schichten, die Träger des Widerstandes waren, haben einen Denkstil entwickelt, der diesen Widerpart besonders effektiv artikulierte und damit teilweise in die Schranken verwies.

Solange der kapitalistische Rationalisierungsprozeß und die Rationalisierung vieler Lebensbereiche der Gesellschaft mit der Entfaltung der modernen Wissenschaft Hand in Hand geht, kon-

11 Die Literatur zu diesem Thema ist in der Zwischenzeit sehr umfangreich; einen Überblick vermitteln Felt u. a. (1996).

12 Eine umfassendere Darstellung findet sich bei Stehr (1994).

stituiert sich die Kritik des Kapitalismus zugleich als eine Kritik der modernen Technik und Wissenschaft und des damit verbundenen rationalistischen Denkstils. Diese Kritik des Kapitalismus wird von einer »Rechtsopposition« inauguriert (vgl. Mannheim [1925] 1984, S. 87-91).

Mannheim (ebd., S. 124) exemplifiziert die Grundzüge des konservativen Denkens und Erlebens als Reaktion auf die Aufklärung und die kapitalistische Wirtschaft wie folgt: »Das Erleben des Qualitativen, das konkrete Erleben im Gegensatz zum abstrakten Erleben, das Erleben vom Sein her im Gegensatz zum Erleben vom Sollen her, das lineare Erleben der historischen Zeit im Gegensatz zum imaginären raumhaften Erleben, die Ersetzung des Individualsubstrats der Geschichte durch den Grundbesitz, die Bevorzugung der ›organischen‹ Verbände gegenüber der ›Klasse‹«.

Die moderne Wissenschaft strebt nach Erfahrungen, die allgemeingültig und allgemein beweisbar sind. Es handelt sich um ein Bestreben nach vergesellschafteter Erkenntnis in scharfem Gegensatz zu Einsichten, die im konservativen Denken betont werden und nur besonderen »engen *Erfahrungsgemeinschaften*« (ebd., S. 80) zugänglich gemacht werden können. Die konservative Reaktion wendet sich demzufolge gegen die Entpersönlichung und Entgemeinschaftung der Erkenntnis. Für den konservativ Denkenden eliminiert das wissenschaftliche Denken, zu seinem eigenen Nachteil, die für jede Person »besonderen seinsmäßigen Bezüge zu Mensch, Ding und Natur, in die eine jede Erkenntnis erst eingebettet ist« (ebd., S. 81). Im Menschen erkennt man damit nur noch das erkenntnistheoretische Subjekt.

Während der Weimarer Republik kommt es allerdings im Werk einflußreicher konservativer Intellektueller, wie zum Beispiel bei Hans Freyer, Werner Sombart, Ernst Jünger, Carl Schmitt und Oswald Spengler, zu einer Versöhnung von »Kultur« *und* Technik. Jeffrey Herf (1984) nennt diese Überwindung einst gegensätzlicher Kategorien im konservativ-romantischen Denken Ausdruck eines »reaktionären Modernismus«. Anlaß und Ausdruck fand diese Versöhnung in den Erlebnissen dieser Intellektuellengeneration im ersten Weltkrieg und in der Realisation, daß sich bestimmte politische Zielsetzungen nur in Verbindung mit einer affirmativen Haltung zur modernen Technik realisieren lassen. Der intellektuelle Widerstand gegen die Aufklärung war nicht mehr zugleich Widerstand gegen die Manifestationen der modernen Technik. Die Ideologie des Nationalsozialismus repräsentiert den Höhepunkt dieser Verbindung von Innerlichkeit und moderner Technologie. Diese Tatsache wiederum bestätigt, daß eine technisch-industrielle Modernisierung der Gesellschaft nicht unbedingt auch eine Modernisierung und Rationalisierung aller Lebensbereiche, und sei es nur in intellektueller Hinsicht, bedeuten muß.

Die aktuelle Wissenschafts- und Technikkritik hat zwar eine bestimmte Verwandtschaft mit der konservativen Kulturkritik der zwanziger Jahre sowie mit der der Gegenwart, doch kann die begriffliche Ähnlichkeit weder über grundsätzliche Unterschiede, etwa in den jeweiligen Anlässen und Zielen oder aufgrund eines Perspektivenwechsels, noch über vorhandene Beziehungen hinwegtäuschen. Zu diesen sicherlich existierenden Verbindungen gehört die auch von der heutigen Wissenschaftskritik oft geteilte Überzeugung von der Übermacht, wenn nicht sogar Allmacht wissenschaftlichen Wissens und technischer Artefakte und von der distinkten Möglichkeit, daß wissenschaftliche Erfahrung als Basis der gesellschaftlichen Machtausübung monopolisiert wird: Denn wie anders sollte man Warnungen vor dem drohenden »Imperialismus der instrumentellen Vernunft« (Weizenbaum), der Gefahr einer aggressiven »Kolonialisierung der Lebenswelt« (Habermas), der Unvermeidlichkeit einer »neuen Taylorisierung der Arbeitswelt« (Volpert) interpretieren?

Kompartimentalisierung der Lebenswelt

Die explizite Resistenz eines bestimmten Denkstils mag den Siegeszug des modernen wissenschaftlichen Denkens zumindest begrenzt oder in bestimmte Bahnen gedrängt haben, aber auch die Kompartimentalisierung der Lebenswelt in mehr oder weniger voneinander abgeschottete Lebensbereiche hat diesen Prozeß wahrscheinlich in entscheidender Weise gefördert. Man darf deshalb nicht unbedingt von der Vorstellung ausgehen, daß sich wissenschaftliches und nicht-wissenschaftliches Denken – im Leben einzelner, bestimmter Gruppen und Schichten – gegenseitig ausschließen.

Karl Mannheim hat darauf aufmerksam gemacht, daß der kapitalistisch-rationalistische Prozeß seine Grenzen hat bzw. nur in spezieller Hinsicht von großer Durchschlagskraft ist. Während die Sphäre des sich in der Öffentlichkeit abspielenden Lebens rationalisiert wird, gilt dies nicht für die intimen Lebensbereiche und -haltungen. »Die *intimen* Beziehungen, sofern sie vom kapitalistischen Prozeß nicht berührt worden sind, spielten sich auch weiterhin in einer nicht rechenhaften, nicht rationalisierten Weise ab; die Lebensbeziehungen wurden hier nicht abstrakt« (Mannheim, [1925] 1984, S. 84). Mannheims Hinweis auf die von der Rationalisierung ausgesparten Lebensbereiche deutet an, daß er diese nicht als »Überlebende« traditionellen Denkens auf Grund der besonderen Qualitäten dieses Denkens sieht, sondern ihre Existenz im Prinzip vorläufig und eigentlich immer gefährdet ist.

Demgegenüber sind Georg Simmels Thesen von dem spezifischen Charakter und damit den Grenzen des »Intellekts« definitiver. Simmel spricht von der nivellierenden Proximität und der engen Relation des Verstandes zum Prinzip des Individualismus und Egoismus. In der *Philosophie des Geldes* (Simmel, 1907, S. 490) sagt er über das Wesen der Inhalte des Intellekts, daß sie generell mitteilbar sind und daß, »ihre Richtigkeit vorausgesetzt, jeder hinreichend vorgebildete Geist sich zu ihnen muß überzeugen lassen können – wozu es auf den Gebieten des Willens und des Gefühles gar kein Analogon gibt«. Der Antagonismus von (individuellem) Intellekt und Gefühl zeigt sich aber auch darin, daß die Inhalte der Intelligenz, von zufälligen Komplikationen abgesehen, »die eifersüchtige Ausschließlichkeit nicht kennen, die die praktischen Lebensinhalte so oft besitzen«. Die Dichotomie Verstand und Gefühl findet ihre Parallele in der Unterscheidung von Mittel und Zweck; beide erfüllen distinkte Funktionen und sind nicht substituierbar: Bestimmte Gefühle, etwa »die mit dem Verhältnis zwischen einem Ich und einem Du verbundenen, würden ihr Wesen und ihren Wert völlig verlieren, wenn eine Mehrzahl sie genau so teilen dürfte; gewissen Willenszielen ist es unbedingt wesentlich, daß Andere von ihnen, sowohl dem Erstreben wie dem Erreichen nach ausgeschlossen sind. Theoretische Vorstellungen dagegen gleichen … der Fackel, deren Licht darum nicht geringer wird, daß beliebig viele andere an ihr entzündet werden; indem die potentielle Unendlichkeit ihrer Verbreitung gar keinen Einfluß auf ihre Bedeutung hat, entzieht sie sich mehr als alle sonstigen Lebensinhalte dem Privatbesitz.«

Mythologische und wissenschaftliche Wahrheiten

In seinen Vorlesungen über »Pragmatismus und Soziologie« macht Emile Durkheim ([1955] 1991) von der Dichotomie der mythologischen und der wissenschaftlichen Wahrheit Gebrauch. Bei der mythologischen Wahrheit handelt es sich um Aussagen, die ohne weitere Prüfung akzeptiert werden; im Gegensatz dazu sind wissenschaftliche Wahrheiten stets der Verifikation und Beweisführung unterworfen. Die Überzeugungskraft, der zwingende und objektive Charakter mythologischer Aussagen entstammt ihrer kollektiven Anerkennung. Sie sind aber keineswegs völlig realitätsfremd. Und zwar bezieht sich diese Realität auf die Gesellschaft. Mythische Denkvorstellungen sind unrichtig in bezug auf die Dinge, aber wahr in bezug auf das Subjekt, das sie ausdrückt (ebd., S. 142 f.). Wissenschaftliche Vorstellungen bezeichnet Durkheim ebenfalls als kollektive Vorstellungen; allerdings entspricht den wissenschaftlichen Wahrheiten eine Gesellschaft, in der Differenzierung an der Tagesordnung ist, das heißt, die mythologische und die wissenschaftliche Wahrheit haben ihre Korrespondenz in der mechanischen und organischen Solidarität. Funktion wissenschaftlicher Wahrheiten ist daher auch die Vermittlung und Stärkung des sozialen Bewußtseins. Der Unterschied zwischen mythologischen und wissenschaftlichen Vorstellungen liegt deshalb insbesondere in der Relation dieser kollektiven Aussagen zum individuellen Bewußtsein: »In der Tat ist zu fragen, wie denn ein Geist mit einem anderen zu kommunizieren vermag. Auf zweierlei Art: entweder, indem sie derart ineinander aufgehen, daß sie schließlich nur noch einen einzigen kollektiven Geist bilden, oder, indem sie in ein und demselben Objekt kommunizieren, das für beide dasselbe ist, wobei jedoch jeder die eigene Persönlichkeit bewahrt, ganz wie die leibnizschen Monaden, deren jede das ganze Universum ausdrückt und dabei dennoch ihre Individualität behält. In der ersten Weise verhält sich das mythologische, in der zweiten das wissenschaftliche Denken« (ebd., S. 144). Wissenschaftliche Wahrheiten entsprechen also einer Gesellschaftsentwicklung und -ordnung, in der individuelle Unterschiede und der Individualismus Basis und nicht Gefährdung der Solidarität sind. Und damit, so folgert Durkheim (ebd., S. 151), führt der intellektuelle Individualismus nicht zur Anarchie, wie man dies unter der Herrschaft der mythologischen Wahrheiten erwartet hätte. Er entwickelt sich zu einem sozialen Attribut, das für die Produktion der Wahrheit in der Wissenschaft unabdingbar ist. Vielfältige intellektuelle Temperamente sind in der Lage, sich gemeinsam in den Dienst der Erarbeitung einer unpersönlichen Wahrheit zu stellen.

Durkheim ist aber nicht wie Comte der Ansicht, daß wissenschaftliche Wahrheiten mythologische Aussagen radikal auslöschen. Einschränkend meint er deshalb, daß man sich den Siegeszug der Wissenschaft wohl auf die Erkenntnisse der physikalischen Welt begrenzt vorstellen muß. Die Soziologie ist für Durkheim (ebd., S. 148) ein viel zu *komplexer* Gegenstandsbereich; sie kann deshalb bestenfalls »bruchstückhafte Hypothesen aufstellen, und diese Hypothesen haben bislang kaum Einfluß auf das gemeine Bewußtsein ausgeübt«. Gesellschaftliches Handeln steht aber stets unter einem Handlungsdruck und kann nicht warten, bis die gesellschaftlichen Probleme wissenschaftlich gelöst sind. Die Gesellschaft muß mit bestimmten Vorstellungen von sich selbst arbeiten. Die »Zurückgebliebenheit« der Soziologie oder die Ungleichzeitigkeit der Entwicklung wissenschaftlicher Erkenntnisse erlaubt das Überleben mythologischer Aussagen. Mythologische Wahrheiten verlieren auch in einer Gesellschaft, in der wissenschaftliche Naturerkenntnisse vorherrschen, keineswegs ihre soziale Funktion. Die Gesellschaftsmitglieder sind gezwungen, ihr Handeln an bestimmten Vorstellungen auszurichten, die in ihrer Art mythologischen Wahrheiten entsprechen. Darüber hinaus kann wissenschaftliches Denken nicht allein herrschen. In der Gesellschaft ist Raum für eine »Form von Wahrheit (und dies wird auch in Zukunft so sein), die zwar in recht profanem Gewande daherkommen mag, die aber trotz allem auf einer mythologischen und religiösen Grundlage beruht« (ebd., S. 149). Konkret nennt Durkheim »Dogmen«, wie sie mit den Begriffen Demokratie, Fortschritt oder Klassenkampf verbunden sind. Zwar ist Durkheim der Ansicht, daß das Nebeneinander von wissenschaftlichen und mythologischen Wahrheiten nicht schicksalhaft, sondern aufhebbar ist, aber er glaubt, daß diese Entwicklung eine lange Zeit in Anspruch nehmen wird.

Wissenschaftliche Erkenntnis und Unwissen

Ich habe schon angedeutet, daß die Prämisse vom unaufhaltsamen Siegeszug des wissenschaftlichen Wissens und damit vom Untergang tradierten Wissens, das sich natürlich in seinem angenommenen praktischen Wert keineswegs mit dem von der Wissenschaft produzierten Wissen messen kann, implizit zumindest davon ausgeht, daß eigentlich nur das wissenschaftliche Wissen fortschreitet und dem nicht-wissenschaftlichen Wissen jede verändernde oder weiterführende Dynamik fremd ist – ganz abgesehen von der Annahme, nicht-wissenschaftliches Wissen könne sich nicht effektiv gegen die Übermacht der besonderen Qualitäten wissenschaftlichen Wissens wehren. Die Ohnmacht nicht-wissenschaftlichen Wissens findet ihre Parallele in der Vorstellung, daß die *Wissenschaft* den Umfang tradierten Wissens ständig reduziert und nicht etwa fördert oder sogar anreichert.

Ob diese Annahmen allerdings zutreffen, sollte man zumindest einmal ernsthaft in Frage stellen. Insbesondere muß man von der Möglichkeit ausgehen, daß Umfang und Inhalt nicht-wissenschaftlichen Wissens, sofern überhaupt eine Konkurrenzsituation dieser Wissensformen unterstellt werden kann, nicht nur statische bzw. kontrahierende Wissensformen sind, sondern daß die Wissenschaft selbst eine bedeutende Quelle des Wachstums und des Wandels nicht-wissenschaftlichen Wissens ist. Wenn Jerome Ravetz (1987, S. 100) apodiktisch feststellt, »while our knowledge continues to increase exponentially, our relevant ignorance does so even more rapidly. And this is ignorance generated by science«, so will er natürlich darauf aufmerksam machen, daß mit dem Fortschritt wissenschaftlicher Erkenntnisse und vor allem mit deren praktischer Umsetzung eine Vielzahl von neuen, ungelösten Fragen, Folgeproblemen und Risiken verbunden ist. Aus der Sicht des wissenschaftlichen Diskurses produziert der »wissenschaftliche Fortschritt« unmittelbar Nichtwissen oder sogar Ignoranz (das heißt »certified ignorance«). Indirekt tragen wissenschaftliches Wissen und seine Realisierung, zum Beispiel in den Reaktionen auf nicht intendierte, nicht antizipierte Folgen und als Konsequenz seiner vielfältigen Risiken oder sogar sichtbaren Nachteile, sicher zur Dynamik, wenn nicht sogar zur Expansion nicht-wissenschaftlichen Wissens bei. Allerdings handelt es sich hierbei um Begleiterscheinungen der Entwicklung wissenschaftlichen Wissens, die erst in jüngster Zeit realisiert werden. Das heißt, die Wissenschaft selbst muß als Quelle der Perpetuierung und der Dynamisierung tradierten Wissens verstanden werden. Eine dritte, wichtige Komponente wissenschaftlichen Wissens, insbesondere auch des an dieser Stelle berücksichtigten naturwissenschaftlichen Wissens, steht in Verbindung mit der Differenzierung spezifischer Handlungssphären für den wissenschaftlichen Diskurs, die wiederum die *Reproduktion* des unter solchen Umständen gewonnenen Wissens in anderen Handlungskontexten entscheidend beeinflussen oder einschränken. Auf eine kurze Formel gebracht, man kann die unter spezifischen Bedingungen im Labor generierten Effekte nicht ohne weiteres auf andere, Labor-unähnliche Kontexte übertragen. Man kann nicht erwarten, sie dort wiederholen zu können, es sei denn, es gelänge, die Rahmenbedingungen, die die Effekte möglich machten, zumindest teilweise zu duplizieren. Mit anderen Worten, »one must to a certain extent extend the laboratory context itself if this transfer is to be successful« (Rouse 1987, S. 227).

Schlußbemerkungen

Ausgangspunkt dieser Überlegungen war die unter Soziologen verbreitete These, daß die Primärerfahrung in »immer mehr Lebensbereichen durch die Produktion *und* Anwendung systematischen Wissens als Handlungsorientierung ersetzt« wird, und zwar »in dem Maß, in dem die Lebensbereiche Gegenstand wissenschaftlicher Analyse werden«. Konkreter ausgedrückt erfolgt diese Verdrängung dadurch, »daß mittels wissenschaftlichen Wissens neue Bezugsrahmen und Kalküle des Handelns etabliert werden und/oder daß die bisherigen Orientierungen als ineffizient, irrational oder falsch im Hinblick auf geltende Bezugsrahmen erwiesen werden«. Und damit treten konsequenterweise an die Stelle »der Internalisierung von Normen und Werten, durch die ihre Fraglosigkeit allererst konstituiert wird, ... deren Reflexion im Licht konkurrierender Bestandteile systematischen Wissens« (Weingart 1983, S. 228).

Ich habe zu zeigen versucht, daß es sich bei dieser Annahme von der Ohnmacht nicht-wissenschaftlichen Wissens einerseits um eines der wenigen Themata handelt, über die sich sowohl Klassiker als auch viele soziologische Theoretiker der gegenwärtigen Gesellschaft im Grunde einig sind, und daß andererseits diese Überlegungen typischerweise oft nur in Form von Prophezeiungen und drohenden Voraussagen über die unmittelbar bevorstehende Vernichtung oder Kolonisierung der traditionellen kulturellen Lebensformen als eine Art *black box* in die Diskussion übernommen werden. Die Prämisse von der Macht wissenschaftlichen Wissens wird deshalb weitgehend unbefragt und von den verschiedensten soziologischen Perspektiven aus als Selbstverständlichkeit übernommen.

Die Perspektive, aus der ich diese Prämisse aufzulösen versucht habe, war in erster Linie von dem Gedanken bestimmt, nach kennzeichnenden Merkmalen der besonderen Konstitutionsbedingungen und der Form von Wissen, nämlich wissenschaftliche Erkenntnis, als mitbestimmendem Grund für die soziale Begrenztheit dieser Wissensform zu fahnden. Dies bedeutet, daß ich nicht den eigentümlichen Funktionen nicht-wissenschaftlichen Wissens in einer hochdifferenzierten Gesellschaft nachgehen konnte. Während sich das wissenschaftliche Wissen immer mehr differenziert, möglicherweise sogar zunehmend Motor dieses Prozesses ist, gilt das, wenn überhaupt, nur in bescheidenem Maße für das nicht-wissenschaftliche Wissen. Es ist sozusagen eine Insel im Sturm der funktionalen Differenzierung. Diese Beobachtung und immer wieder erneuerte Klagen über »Dilettantismus« oder »Spezialistentum« mögen Anlaß genug sein, darüber zu reflektieren, welche eigenartige Rolle Wissensformen dieses Typs in der modernen Gesellschaft etwa als Interaktionsmedien spielen. Es sei an Karl Mannheims (1929, S. 167) Feststellung erinnert, daß Politik als Politik nur so lange möglich ist, wie es einen »irrationalen Spielraum« gibt.

Literatur

Almquist, Alan J., und John E. Cronin (1988), »Fact, fancy, and myth on human evolution«, in: *Current Anthropology* 27, S. 520-522.

Appleyard, Brian (1992), *Understanding the Present: Science and the Soul of Modern Man*, New York: Doubleday.

Böhme, Gernot (1978), »Alternativen in der Wissenschaft – Alternativen zur Wissenschaft«, in: Christoph Hubig und Wolfert von Rahden (Hg.), *Konsequenzen kritischer Wissenschaftstheorie*, Berlin: de Gruyter, S. 40-57.

Daele, Wolfgang van den (1977), »Die soziale Konstruktion der Wissenschaft«, in: Gernot Böhme u. a., *Die gesellschaftliche Orientierung wissenschaftlichen Fortschritts*, Frankfurt: Suhrkamp, S. 129-182.

Durkheim, Emile (1955), *Physik der Sitten und des Rechts, Vorlesungen zur Soziologie der Moral*, eingeleitet von Hans-Peter Müller, Frankfurt am Main: Suhrkamp 1991.

– (1912), *Die elementaren Formen des religiösen Lebens*, Frankfurt am Main: Suhrkamp 1981.

Elias, Norbert (1939), *Über den Prozeß der Zivilisation*, 2 Bde., Frankfurt am Main: Suhrkamp 1976.

Felt, Ulrike, Helga Nowotny und Klaus Taschwer (1995), *Wissenschaftsforschung. Eine Einführung*, Frankfurt am Main: Campus.

Gehlen, Arnold (1949), *Sozialpsychologische Probleme der industriellen Gesellschaft*, Tübingen: J. C. B. Mohr (Paul Siebeck).

Habermas, Jürgen (1981), *Theorie des kommunikativen Handelns*, Bd. 1: *Handlungsrationalität und gesellschaftliche Rationalisierung*, Frankfurt am Main: Suhrkamp.

Harrold, Francis B., und Raymond A. Eve (1987), »Patterns of creationist belief among college students«, in: Francis B. Harrold und Raymond A. Eve (Hg.), *Cult Archeology and Creationism: Understanding pseudoscientific beliefs about the past*, Iowa City: University of Iowa Press.

Herf, Jeffrey (1984), *Reactionary Modernism. Technology, Culture, and Politics in Weimar and the Third Reich*, Cambridge: Cambridge University Press.

Hübner, Kurt (1978), *Kritik der wissenschaftlichen Vernunft*, Freiburg/München: Karl Alber; englisch: *Critique of Scientific Reason*, Chicago: University of Chicago Press 1983.

Inglehart, Ronald (1990), *Culture Shift in Advanced Industrial Society*, Princeton, New Jersey: Princeton University Press.

Lave, Jean (1988), *Cognition in Practice. Mind, Mathematics and Culture in Everyday Life*, Cambridge: Cambridge University Press.

Mannheim, Karl (1925), *Konservatismus. Ein Beitrag zur Soziologie des Wissens*, herausgegeben von David Kettler, Volker Meja und Nico Stehr, Frankfurt am Main: Suhrkamp 1984.

–, *Mensch und Gesellschaft im Zeitalter des Umbruchs* (1935), Leiden: A. W. Sijthoff's Uitgeversmaatschappij.

–, *Ideologie und Utopie* (1929), Bonn: Friedrich Cohen.

Merton, Robert K. (1936), »Civilization and culture«, in: *Sociology and Social Research* 21, S. 103-113.

Ogburn, William Fielding (1922), *Social Change, With Respect to Culture and Original Nature*, New York: Viking 1950.

Parsons, Talcott (1970), »The impact of technology on culture and emerging new modes of behavior«, in: *International Social Science Journal* 22, S. 607-627.
– (1937), *The Structure of Social Action*, New York: McGraw-Hill.
Pinder, Wilhelm (1926), *Das Problem der Generationen. Das Problem der Generation in der Kunstgeschichte Europas*, Berlin: Frankfurter Verlagsanstalt.
Ravetz, Jerome R. (1987), »Usable knowledge, usable ignorance«, in: *Knowledge* 9, S. 87-116.
Rouse, Joseph (1987), *Knowledge and Power. Toward a Political Philosophy of Science*, Ithaca, N Y: Cornell University Press. Princeton University Press.
Scheler, Max (1926), *Versuche zu einer Soziologie des Wissens*, Bern und München: Francke 1960.
Simmel, Georg (1907), *Philosophie des Geldes*, *Gesamtausgabe*, Bd. 6, Frankfurt am Main: Suhrkamp 1989.
Stehr, Nico (1994), *Arbeit, Eigentum und Wissen. Zur Theorie von Wissensgesellschaften*, Frankfurt am Main: Suhrkamp.
Tönnies, Ferdinand (1887), *Gemeinschaft und Gesellschaft*, Leipzig: R. Reisland.
Weber, Alfred (1920), »Prinzipielles zur Kultursoziologie. Gesellschaftsprozeß, Zivilisationsprozeß und Kulturbewegung«, in: *Archiv für Sozialwissenschaft und Sozialpolitik* 47, S. 1-49.
Weber, Max (1920), *Gesammelte Aufsätze zur Religionssoziologie*, Bd. 1, Tübingen: J. C. B. Mohr (Paul Siebeck) 1978.
– (1922), *Gesammelte Aufsätze zur Wissenschaftslehre*, Tübingen: J. C. B. Mohr (Paul Siebeck).
Weingart, Peter (1983), »Verwissenschaftlichung der Gesellschaft – Politisierung der Wissenschaft«, in: *Zeitschrift für Soziologie* 12, S. 225 bis 241.

Wolf Schäfer
Zweifel am Ende des Baconschen Zeitalters

Gernot Böhme pflegt seine Texte im ersten Anlauf auf Kassette zu sprechen. Der Kassettenrecorder, ein *novum organum* in der Tradition Francis Bacons, ist Böhmes primäre Produktionsmaschine. Sie unterstützt seine bewundernswerte Produktivität und würzt die wissenschaftlichen Beiträge meines Freundes mit einer Prise jener intellektuellen Spontaneität, die dem Denken auf die Sprünge hilft, aber auch den Widerspruchsgeist belebt. Das Ende des Baconschen Zeitalters, das im Titel zu Böhmes »Studien zur Wissenschaftsentwicklung«[1] angezeigt wird und wohl nicht von ungefähr mit dem Kalenderschluß des 20. Jahrhunderts zusammenfällt, hat mich in diesem doppelten Sinn berührt – als ein anregender Denkanstoß, auf den ich nun aber mit einer Gegenthese reagieren muß.

Der Umstand, daß der Kassettenrecorder im Denkatelier Böhme zwar benutzt, aber nicht als eine erfüllte Hoffnung des Baconschen Programms gewürdigt wird, hat etwas Selbstwidersprüchliches an sich, und ich frage mich daher: Soll ich meinem Freund das bewährte Produktionsmittel vermiesen und ihm den Rückschritt zu Papier, Tintenfaß und Federhalter vorschlagen? Oder soll ich ihm raten, die ideologische Seite seines Arguments noch einmal zu überdenken? Die Antwort ist einfach, letzteres natürlich. Die Rückkehr zur Tintenkleckserei käme für Böhme nicht in Frage, schon der nicht so ganz einfachen Handschrift wegen und trotz mancher rhetorischen Nostalgie. Der Hebel ist an Böhmes Überbau anzusetzen, zumal da Böhme weder das Baconsche Zeitalter erfinden noch von dessen Ende sprechen muß, um seine zentralen wissenschafts- und technikkritischen Punkte plausibel zu machen. Im übrigen, so scheint mir, ist heute nicht das Ende des Baconschen Zeitalters zu konstatieren, sondern vielmehr der Beginn des Globalzeitalters, in dem moderne Wissenschaft und Technik eine Hauptrolle spielen.

Die fragwürdige These vom Ende der Baconschen Epoche

1 Vgl. Gernot Böhme, *Am Ende des Baconschen Zeitalters. Studien zur Wissenschaftsentwicklung*, Frankfurt am Main 1993.

kommt im Buchtitel sowie in der Einleitung des umfangreichen Bandes zur Sprache, in dem Böhmes wissenschaftstheoretische, -historische und -soziologische Arbeiten aus zwei Jahrzehnten versammelt sind, und lautet: »Am Ende des Baconschen Zeitalters ist das Baconsche Programm erfüllt, seine Hoffnungen haben sich aber nicht erfüllt.«[2] Nach dieser These zweifeln wir heute nicht mehr am Siegeszug der von Bacon vor gut dreihundert Jahren verkündeten wissenschaftlich-technischen Zivilisation des 20. Jahrhunderts (erste Hälfte der These), sondern an ihrer eingeborenen Güte (zweite Hälfte der These). Wenn ich Böhme richtig verstanden habe, dann teile ich die kritische Grundeinsicht meines Freundes, kann ihm aber nicht auf seinem Abstecher in die historische Epochen(de)konstruktion folgen.

Böhme artikuliert das in der Bundesrepublik Deutschland besonders hoch entwickelte Unbehagen an der Zivilisation im späten 20. Jahrhundert als »Zweifel an der Harmonie von wissenschaftlich-technischem und humanem Fortschritt«.[3] Er führt die freilich nicht nur auf Deutschland beschränkte und unter Grünen verbreitete Skepsis an der humanen Qualität des wissenschaftlich-technischen Fortschritts auf drei Ursachen zurück: die Verwissenschaftlichung des Krieges und das enorme Zerstörungspotential moderner Waffen, negative Folgen und unerwartete Nebenfolgen wissenschaftlich-technischer Fortschritte sowie das Scheitern des wissenschaftlichen Sozialismus und damit der Ideen einer rational geplanten Gesellschafts- und Kulturentwicklung. Diese Argumente sind im kulturpolitischen Diskurs der Gegenwart verwurzelt und allseits verständlich. Wissenschafts- und Technikkritik kommt bei den Lebenden an, auch wenn sie nicht überall gleichermaßen beliebt oder akzeptabel ist, und sie wäre meines Erachtens keinen Deut weniger effektiv, wenn Böhme nur sein persönliches »Fertig-Werden«[4] mit der

2 Ebd., S. 31.

3 Ebd., S. 21.

4 Ebd., S. 26: »Wir leben unabdingbar in der technischen Zivilisation, nur haben wir die Randbedingungen dieses Lebens noch immer nicht bewältigt: ›Mit der Wissenschaft fertig werden‹, das ist es also, worum es geht.« – Ich frage mich, ob es wirklich darum geht, mit der Wissenschaft wie mit den Hausaufgaben oder einem Forschungsprojekt »fertig« zu werden. Wenn die heutige Wissenschaft das ist, was sie in meinen Augen ist: ein lebendiges Unternehmen in einer globalen Zivi-

Wissenschaft der Gegenwart darlegen und die Auseinandersetzung mit Bacons *Novum Organum* und *Nova Atlantis* der nagenden Kritik der Mäuse überlassen würde.

Bacons wissenschaftstheoretische Schriften aus dem Übergang von der späten Renaissance zur frühen Neuzeit sind für die meisten Zeitgenossen des späten 20. Jahrhunderts ohne Bedeutung. Sie sind aber auch noch aus einem anderen Grund keine einfachen Aufhänger für aktuelle Probleme. Jeder Historiker weiß, daß Bacons Texte den Heutigen nicht mehr unmittelbar verständlich sind. Unsere und Bacons Gegenwart haben sich durch unzählige historische Veränderungen auseinandergelebt. Das Licht der Baconschen Zeit ist schwach geworden und im hellen Schein unserer Gegenwart kaum noch auszumachen. Es bedarf daher einer besonderen Anstrengung – der historischen Forschung –, um den Horizont um Bacon herum wieder zu beleuchten. Das Licht, das wir auf den zeitgeschichtlichen Horizont Bacons werfen, sollte so beschaffen sein, daß wir mehr über die Vergangenheit als über die Gegenwart erfahren. Die Zeithorizonte der Vergangenheit, Gegenwart und Zukunft sind zwar im historischen Verstehensprozeß ähnlich »verschmiert« wie Tod und Leben im quantenmechanischen Paradox Erwin Schrödingers, aber das entbindet uns nicht von der Aufgabe, vornehmlich Bacons vergangene Gegenwart zu vergegenwärtigen, das heißt unsere Linsen so auf Bacon einzustellen, daß von ihm und seiner Zeit mehr als von uns und unserer Zeit ins Blickfeld der heutigen Leser kommt.

Die Verschmelzung der Horizonte des 17., 19. und 20. Jahrhunderts in Böhmes These zugunsten des 19. und 20. Jahrhunderts vergegenwärtigt Bacon unhistorisch. Konkret: Die dreiste Modernisierungs- und Fortschrittslobby des langen 19. Jahrhun-

lisation, dann kann keiner so schnell mit dieser Wissenschaft, die ja nicht abgeschlossen, sondern höchstwahrscheinlich erst am Anfang ihrer Entwicklung steht, »fertig« werden. Wie können wir eine Entwicklung vollenden, die zu großen Teilen erst vor uns liegt? Was hilft es, wenn der Philosoph mit der Wissenschaft in zwanzig Jahren »fertig geworden« ist und die Menschheit noch Jahrhunderte mit ihr zu ringen hat? Daß wir die Wissenschaft hinter uns bringen und »bewältigen« können, ist meines Erachtens nur als eine biographische Illusion denkbar, die freilich dank der vergleichsweisen Kürze des individuellen Lebens nicht lange anhalten kann.

derts, gegen die der Böhmesche Zweifel an der Wissenschaft gegen Ende des 20. Jahrhunderts mit Recht zu Felde zieht, und der Baconsche Glaube im frühen 17. Jahrhundert an die Möglichkeit eines symbiotischen Fortschritts von Wissenschaft und Humanität sind unterschiedliche Dinge und sollten nicht derart miteinander vermengt werden, daß der Eindruck eines dreisten Baconschen Wissenschaftsfortschrittsprogramms entsteht. Bacon ist gegen den Baconismus ebenso in Schutz zu nehmen wie Marx gegen den Marxismus. (Damit will ich Marx und Bacon selbstverständlich nicht über alle Kritik erheben, sondern nur vor dem Mißverständnis des Hysteron-Proteron bewahren.)

In *Neu-Atlantis* beschreibt Bacon »Salomons Haus«, das nationale Forschungsinstitut des fiktiven Inselstaats Bensalem.[5] In Bensalem wäre der Erfinder des Kassettenrecorders (wahrscheinlich ein wissenschaftlicher Mitarbeiter der »sound-houses«[6]) mit einem großen Standbild und einer reichen Belohnung geehrt und das Gerät in der Säulenhalle der Nationalgalerie ausgestellt worden, und zwar nicht nur als ein Musterbeispiel für den praktischen Nutzen des Forschungsprogramms der Insel, sondern auch als ein Beitrag der Insulaner zur Beförderung der allgemeinen menschlichen Wohlfahrt durch die weise Forschungsphilosophie des Hauses Salomon. Böhmes Unterscheidung zwischen der Verwirklichung nützlicher Dinge (technischer Fortschritt) und den ursprünglich damit verknüpften universalistischen Hoffnungen (humaner Fortschritt) war für die frühneuzeitlichen Wissenschaftler des »Kollegiums der Werke der sechs Tage« (wie Bensalems Forschungsinstitution auch genannt wird) undenkbar. Mit den Worten »publish it for the good of other nations«[7]

5 Zur Einführung in Bacons Ideen über Wissenschaft und Gesellschaft in der fragmentarischen Utopie *Neu-Atlantis* vgl. Wolfgang Krohn, *Francis Bacon*, München 1987, S. 158-172.

6 Vgl. Benjamin Farrington, *Francis Bacon: Philosopher of Industrial Science*, New York 1949, Appendix A (»Bacon's description of Solomon's House«), S. 186: »We have also sound-houses, where we practise and demonstrate all sounds, and their generation.«

7 Die Audienz, die einer der »Väter« des Hauses Salomon dem fiktiven Berichterstatter über die Verfassung der Forschungsgesellschaft gewährte, läßt Bacon mit den Worten enden: »I give thee leave to publish it for the good of other nations; for we here are in God's bosom, a land unknown.« Ebd., S. 191.

wird der Leser von Bacons Fabel am Ende darauf hingewiesen, daß es den Vätern des Hauses Salomon – Bacon – nicht nur um Bensalem, sondern um alle Menschen und die ganze Welt geht.

Heute mögen die Maschinen trivial erscheinen, die es uns erlauben, Töne »in trunks and pipes, strange lines and distances« zu übertragen; aber im 17. Jahrhundert war Bacons Antizipation einer Wissenschaft zur Erzeugung nützlichen Wissens ein Ausdruck der größten Hoffnungen: »The end of our Foundation is the knowledge of Causes, and secret motions of things; and the enlarging of the bounds of Human Empire, to the effecting of all things possible.«[8] Diese Hoffnung mag uns heute grandios, ja vermessen vorkommen, aber man muß die Rolle bedenken, die das nützliche Wissen, seine erträumten Werkzeuge und Maschinen im Kontext Bacons spielten. Wir müssen zu verstehen versuchen, daß die neue, nützliche, experimentelle Philosophie Bacons keine einfältige Affirmation des »nutzenorientierten Wissenstyps« (Böhme) war[9], sondern eine kritische Alternative zu den dominierenden Denkweisen der damaligen Zeit darstellte. Bacon lief Sturm gegen die »Quasipoesie« der Magier, das ästhetische Wortgeklingel der Humanisten und die scholastischen Exzesse der Professoren. Seine Philosophie der nützlichen Forschungen war auf die Überwindung der »leeren« Worte des ausgehenden Mittelalters gerichtet.

»Denn der Mensch ist durch den Sündenfall um seine Unschuld und um seine Herrschaft über die Natur gekommen; beides kann aber im Leben gewissermaßen wiedergewonnen werden; das erste durch religiösen Glauben, das letzte durch Kunst und Wissenschaft. Nicht ganz und gar ist die Schöpfung uns durch den Fluch widerspenstig worden, sondern in jenem Machtspruche: ›im Schweiße deines Angesichts sollst du dein Brot essen!‹ liegt zugleich die Zusicherung, daß wir durch steten Fleiß (nicht aber durch Disputationen oder leere magische Formeln) unser Brot zu erwerben, d. i. ein fruchtbringendes Leben zu führen, im Stande sein werden.«[10] Bacon sprach auf eine Zeit an, die keine macht-

8 Ebd., S. 179.

9 Vgl. Bacons Hochschätzung der »contemplatio« im 129. Aphorismus des ersten Buchs des *Novum Organum*. Der historische Bacon war viel ambivalenter und komplexer als der wirkungsgeschichtliche Bacon des utilitaristischen Baconismus.

10 Francis Bacon, *Neues Organ der Wissenschaften*, Darmstadt 1981

volle, finalisierbare Wissenschaft kannte, und Böhme antwortet auf die Probleme einer Zeit, in der die Kunst machtlos ist und die Macht der Wissenschaft ihre Unschuld verloren hat.

»Man pflegt eine Epoche erst dann zu benennen, wenn man sie verläßt«[11], stellt Böhme klipp und klar am Anfang seiner Überlegungen zum Baconschen Zeitalter fest und handelt sich damit ein weiteres Fragezeichen in Sachen Geschichte ein. Epochen wie das Mittelalter oder die Renaissance wurden erst später, nachdem sie schon einige Zeit verlassen waren, benannt; andere Epochen fanden ihren Namen noch zu Lebzeiten der historischen Akteure, und unsere eigene Epoche, die ich als Globalzeitalter bezeichne, ist vielleicht das beste Beispiel dafür, daß man in reflexiven Zeiten mit der Namensgebung der Epoche nicht bis zum Ende warten kann, sondern gleich am Anfang damit beginnt. Ich will jetzt aber nicht auf das Thema der historischen Epochenkonstruktion eingehen (darüber habe ich mir an anderer Stelle Gedanken gemacht[12]) oder kontroverse esoterische Einzelheiten diskutieren (wie zum Beispiel die Ansicht, daß »der Fortschrittsgedanke der Antike überhaupt fremd war«[13]), sondern zum Schluß kurz meine Einwände und die Gegenthese zum Gedankengang Böhmes formulieren.

(unveränderter reprographischer Nachdruck der Ausgabe von Anton Theobald Brück, Leipzig 1830), S. 236.

11 Böhme, *Am Ende des Baconschen Zeitalters,* a.a.O., S. 9.

12 Vgl. Wolf Schäfer, »Das 20. Jahrhundert hat gerade erst begonnen«, in: *Die Zeit*, Nr. 44 vom 25. 10. 1996, S. 56.

13 Die griechischen Sophisten (unter anderem Protagoras, Antiphon, Gorgias) lehrten im Widerspruch zur Tradition den Fortschritt der ganzen Menschheit aus primitiver Vorzeit in die hochstehende Gegenwart. Der sachlichere Thukydides gab sich große Mühe, den historischen Steigerungsprozeß zumindest für die Griechen nachzuweisen. Er arbeitete heraus, daß der Peloponnesische Krieg zwischen Athen und Sparta (431-404 v. Chr.), der Athens Vormacht vernichtete, größer als alle früheren Kriege der Griechen war; vgl. Siegfried Lauffer, »Die Lehre des Thukydides von der Zunahme geschichtlicher Größenverhältnisse«, in: *Spengler-Studien: Festgabe für Manfred Schröter zum 85. Geburtstag*, hg. von A. M. Koktanek, München 1965, S. 177-192. Eine ausgezeichnete Gesamtdarstellung liefert Ludwig Edelstein, *The Idea of Progress in Classical Antiquity*, Baltimore 1967. Zur Begriffsgeschichte des Ausdrucks siehe *Geschichtliche Grundbegriffe*, Bd. 2, S. 351-423 (Fortschritt), insbesondere S. 353-363 (Christian Meier, »›Fortschritt‹ in der Antike«).

Böhme hat das Ende des Baconschen Zeitalters in drei Denkschritten erreicht. Erster Schritt: Er behauptet, daß die 1623 in Bacons Neu-Atlantis entworfene Utopie der gesellschaftlich organisierten Forschung am Ende des 20. Jahrhunderts realisiert sei. Zweiter Schritt: Er findet, daß die aggressive, naturzerstörerische Realisierung des wissenschaftlich-technischen Fortschritts im 19. und vor allem im 20. Jahrhundert den Baconschen Glauben an die segensreiche Verknüpfung von Humanität, Wissenschaft und Politik Lügen gestraft habe. Dritter Schritt: Er postuliert das Baconsche Zeitalter, das am Anfang (im frühen 17. Jahrhundert) durch den Glauben an die Segnungen einer wissenschaftlich-technischen Zivilisation und am Ende (heute) durch den Unglauben an diese schöne neue Welt bestimmt werde.

Was ist von diesen drei Denkschritten zu halten? Böhmes erster Schritt geht in die richtige Richtung, aber viel zu weit. Ich behaupte: Die Utopie des Hauses Salomon ist heute keineswegs überall, sondern gegenwärtig nur hier und da voll realisiert. De facto und bedauerlicherweise wird der wissenschaftlich-technische Fortschritt nur in wenigen Teilen der Welt mit Erfolg und der gebotenen sozialen und ökologischen Rücksicht praktiziert.

Böhmes zweiter Schritt verbindet die richtige Diagnose mit der falschen Therapie. Die defiziente Realisierung des Baconschen Programms im 19. und 20. Jahrhundert beweist nicht, daß man die Hoffnungen Bacons für hoffnungslos utopisch erklären muß, sondern nur, daß die Verknüpfung von Humanität, Wissenschaft und Politik eine höchst aktuelle Aufgabe ist und die Allianz wahrer Erkenntnisse mit vernünftigen Interessen verlangt (mein Argument in »Normative Finalisierung«[14]).

Böhmes dritter Schritt führt zu einer letztlich unhaltbaren Epochenkonstruktion. Den Unterschied zwischen der frühen und der späten Moderne habe ich selbst ganz ähnlich beschrieben[15], aber darin keinen Grund gesehen, die Epoche der europäischen Moderne in das Zeitalter Bacons umzubenennen. Bacon ist wichtig, aber nicht entscheidend. Geschichtliche Epochen werden durch massive Veränderungen der gesamten Lebenswelt einer Zeit bestimmt und nicht durch die eindrucksvolle literarische

14 Vgl. Wolf Schäfer, »Normative Finalisierung«, in: ders., *Die unvertraute Moderne: Historische Umrisse einer anderen Natur- und Sozialgeschichte*, Frankfurt am Main 1985, S. 209.

15 Vgl. ebd., S. 215-223.

Wirkungsgeschichte einzelner Autoren. Mit der Veröffentlichung und anschließenden Rezeption der brillanten Ideen und Traktate des einsamen Vordenkers einer mächtigen »Industrial Science« (Farrington) und »Philosophie der Forschung« (Krohn) beginnt kein neues Zeitalter, weder in England noch in Europa oder sonstwo auf der weiten Welt (anderenfalls bräche mit der fleißigen Auflistung von Zitaten, Editionen und Anhängern schnell eine Epocheninflation über uns herein). Und nun soll die Baconsche Epoche, die also gar nicht im frühen 17. Jahrhundert begonnen haben kann, in dem Moment zu Ende gehen, in dem sie von Böhme »verlassen«, das heißt erfunden wird. Das ist zwar kein schlechter Trick, aber doch eine historische Illusion.

Kein Zweifel: Die katastrophalen Niederlagen der Humanität im 20. Jahrhundert haben alle frechen, kruden, naiven und wahnsinnigen Fortschrittskonzepte, die wir vor allem dem industriellen Optimismus des europäischen 19. Jahrhunderts verdanken, ad absurdum geführt. Böhme hätte insofern problemlos vom verdienten Ende dieser Tradition sprechen können, die bis in die fünfziger und sechziger Jahre unseres Jahrhunderts gereicht und zum Beispiel die sozial, kulturell, politisch und ökologisch destruktiven Theorien und Programme zur Modernisierung der Dritten Welt kräftig beeinflußt hat. Böhme hätte sagen können: Die Stunde der Grundüberzeugung Bacons ist heute gekommen; wir müssen dauerhaften humanen und technischen Fortschritt für alle Menschen auf und mit dieser Erde schaffen. Er hätte auch die neuen sozialen Bewegungen ins Feld führen können, in denen seine und unsere Fortschrittsernüchterung breiten Fuß gefaßt hat, Wissenschaft und Technik äußerst kritisch diskutiert und neue Umgangsformen mit der Natur und unseren Zeitgenossen entwickelt und ausprobiert werden. Böhme hätte in diesem Zusammenhang von einem epochalen Bewußtseinswandel im Kontext der Moderne sprechen können, ja sogar von der Möglichkeit eines wirklich fortschrittlichen Fortschritts. Skepsis an solchem Überschwang wäre freilich angebracht gewesen; aber so weit hätte Böhme gar nicht gehen müssen, und so weit geht er auch nicht. Im Gegenteil.

Böhme übergeht das tatsächlich Neue und spricht sich im Endeffekt für ein Zurückgehen hinter Bacon und die Moderne aus. Neben dem »Abbau der wissenschaftlich-technischen Kapazitäten« und der »Befreiung des Geistes aus einem nutzenorientierten Wissenstyp« schlägt er vor: »Wissen sollte aus ihrer [sic!] Stellung als Dienstleistungsarbeit befreit werden und wieder Freude machen, die Bildung des Menschen und seine Alltagskompetenz erhöhen und schließlich zur Weisheit beitragen.«[16] Böhme ist an dieser Stelle offenbar bereit, mit der Baconschen Wissenschaft mehr als fertig zu werden. Um die moderne Wissenschaft vom Utilitarismus zu befreien, vergißt Böhme in seinem Schlußsatz, was er im Grunde natürlich weiß: daß es nur noch prekär individuelles, aber kein gesellschaftliches Zurück hinter die Technowissenschaft mehr gibt; daß die Baconsche Wissenschaft fertigzubringen ist, hier und heute, morgen und übermorgen, und immer wieder neu.

Das Baconsche Zeitalter hat, wenn überhaupt, seine Augen gerade erst aufgeschlagen und nicht nur auf die westliche, sondern die ganze Welt gerichtet. Wir stehen heute nicht schon am Ende, sondern erst am Beginn der weltweiten Ausbreitung des wissenschaftlich-technischen Fortschritts, sowohl im Guten als auch im Schlechten. Wir erleben die Geburt einer globalen Zivilisation, die ohne Rücksicht auf das vorgebliche Ende des Baconschen Zeitalters die weltweite Durchsetzung der industriellen Wissenschaft betreibt. Die bisherigen Zivilisationen brauchten einige Jahrtausende, um die Welt erheblich zu verändern. Die globale Technowissenschaft ist zwar erst wenige Jahrzehnte alt, wird aber die Welt schon in einigen hundert Jahren unvergleichlich stärker verändert haben als alle bisherigen Zivilisationen zuvor in Jahrtausenden. Wie die Welt nach einigen Jahrtausenden dieser Technowissenschaft aussehen wird, ist unvorstellbar für uns. Wichtig ist aber heute schon die Rechnung mit der Wahrscheinlichkeit, daß die Technowissenschaft erst am Anfang ihrer Entwicklung steht.[17] Wir haben in der zweiten Hälfte des 20. Jahr-

16 Böhme, *Am Ende des Baconschen Zeitalters*, a.a.O., S. 31.

17 Wie ich sehe, hat Böhme diesen Gedanken, den ich ihm vor einigen Jahren in einem unserer Gespräche über Natur und Naturwissenschaft entgegengehalten habe, überzeugend gefunden; vgl. Gernot Böhme, *Natürlich Natur*, Frankfurt am Main 1992, S. 196: »Man denke sich die Technikgeschichte selbst in erdgeschichtliche Zeiträume extrapoliert. Wir sind mit technischen Prognosen gewohnt, vielleicht bis zum Jahre 2000 zu gehen, oder 2020. Aber was könnte sich dann entwickeln, wenn man der Technik, sagen wir, 1000 Jahre gibt oder 10 000 oder sogar eine Million Jahre?«

hunderts gerade erst begonnen, die realen historischen Konsequenzen der Finalisierung der Wissenschaft zu begreifen. Wir erblicken also heute, am Ende des 20. Jahrhunderts, nicht das Ende des Baconschen Zeitalters, sondern vielmehr den Anfang dessen, was in meinen Überlegungen zur Globalgeschichte des 20. Jahrhunderts als Technowissenschaft im anhebenden Globalzeitalter verstanden wird.[18]

Zum Schluß möchte ich gleichwohl wünschen, daß die globale Technowissenschaft von Böhmes Wissenschafts- und Technikkritik überall in der Welt heimgesucht und zur Auseinandersetzung mit den Denkanstößen seiner Kritik veranlaßt wird. Daß das nicht ohne Streit abgehen kann, hat mein Beitrag bestimmt bewiesen und kommt auch jetzt noch einmal in aller Freundschaft zum Ausdruck. Die antifortschrittliche Alternative, mit der uns Böhme am Ende des von ihm erfundenen Zeitalters kurieren möchte, betrachte ich als rückschrittlich; aber die Kritik, die er mit guten Gründen an der modernen Wissenschaft und am technisch verkürzten Fortschritt übt, halte ich für richtig und wichtig. Die historische Wirklichkeit wird seit ungefähr fünfzig Jahren in immer stärkerem Maße durch die Globalisierung der technowissenschaftlichen Lösungen und Probleme bestimmt. Böhmes Wissenschaftskritik greift in diese Wirklichkeit ein und wird damit selbst zu einem wichtigen Phänomen des gegenwärtigen Epochenwandels.

18 Zum Ansatz der Globalgeschichte vgl. Wolf Schäfer, *Ungleichzeitigkeit als Ideologie. Beiträge zur historischen Aufklärung*, Frankfurt am Main 1994, S. 111-185 (Dritter Teil: »Über gegenwärtige Dinge«).

Dietmar Kamper
Wissen ist Ohnmacht Macht ist Unwissen

»Eritis sicut Deus, scientes bonum et malum.« So oder so ähnlich lautete der Rat, den die Schlange dem ersten Menschenpaar gegeben hat. »Wenn ihr vom Baum der Erkenntnis gegessen haben werdet, dann werdet ihr sein wie Gott, indem ihr das Gute und das Böse wißt, den entscheidenden Unterschied.« An diese frühe Verknüpfung von Wissen und Macht hat kürzlich Konrad Adam in einem Zeitungsartikel[1] anläßlich eines Versuchs erinnert, die Erfolgs- und die Mißerfolgsgeschichte der europäischen Wissenschaften zu bilanzieren. In Betracht der verheerenden Spätfolgen des »Macht-Wissen-Komplexes«, wie sie sich am besten an der Geschichte der Naturwissenschaften darstellen lassen, plädiert Adam für eine kontrollierte Gewaltenteilung auf dem Feld des Wissens, analog der Gewaltenteilung in der Politik. Viele Wissenschaften seien besser als eine, weshalb der laufende Prozeß der Vervielfältigung und Fragmentarisierung begrüßenswert sei. Man könne nicht aufhören mit dem Wissenwollen. Auch eine Verlangsamung der Wissensexplosion sei absichtlich kaum möglich. Wohl aber die Relativierung immer noch kursierender Absolutheitsansprüche der »unified science«, nämlich durch bewußte Verschränkung von Innen-Außen-Wahrnehmungen. Die Schlange übrigens habe gelogen, da trotz aller Mühe das Gute vom Bösen nicht hinlänglich unterschieden werden könne, vielmehr das zunächst Gute sich immer öfter nachträglich als das Böse herausgestellt habe und die »Grundzeichnung« des Fortschritts beim Überleben durch Wissen hinlänglich als machtvolle, unentrinnbare Todesgefahr deutlich geworden sei. »Der Baum der Erkenntnis ist nicht der Baum des Lebens.« So zitiert Konrad Adam Lord Byron.

Was er ausblendet, ist das erste Versprechen der Schlange. »Ihr werdet sein wie Gott.« Das ist keine Lüge. Sein wie Gott heißt

1 *Frankfurter Allgemeine Zeitung* vom 20. Februar 1993, Bilder und Zeiten.

nicht: göttlich zu sein, sondern ein ähnliches Schicksal wie Gott zu haben: entlassen aus der Schöpfung, verbraucht durch die Erlösung, vergessen in der Geschichte. Macht und Wissen im Verein, die einer frühkindlichen Omnipotenzphantasie aufhelfen sollen, haben dem Menschen in der Tat eine quasi-göttliche Position verschafft, zumindest in der Richtung maßloser Destruktivität. Die faktische Möglichkeit, alles höhere Leben auf dem Planeten Erde zerstören zu können, entspricht genau der Prophetie der Schlange im Paradies. Von daher klärt sich der entscheidende Unterschied zwischen dem Guten und dem Bösen. Die Schlange hat auch dabei nicht gelogen. Sie hat nur etwas anderes gemeint, als die ersten Menschen hören wollten. So ist das mit Orakelsätzen. Inzwischen haben Wissen und Macht die Form des Guten und des Bösen angenommen, die dem Unterschied adäquat ist: die Menschen können nur in dem Maße gut sein, wie sie auch böse sein müssen. Die Struktur lautet: »the more, the more«. Einheit, Ganzheit, Totalität sind längst leere Phrasen. Die kommenden Devisen heißen Zwiespalt, Bruchstück, Fraktalität.

Die folgenden Ausführungen versuchen sich – durchaus in derselben Richtung wie die skizzierte Bilanz – an einer Hypothese, die den Stand der Dinge über die Dialektik der Aufklärung hinaus zu beschreiben erlaubt. Man kann auch Licht in das Dunkel bringen, das von der Aufklärung selbst stammt, zumindest so, daß die Wirkungen im Umfeld von Wissen und Macht weder als naturgesetzliche Tatsachen noch als Effekte eines historischen Verhängnisses erscheinen müssen. In dreimal drei Thesen mit Erläuterungen geht es um den aktuellen Auseinanderfall von Wissen und Macht, der von Wissenden und Mächtigen noch immer mit allen Mitteln der Abwehr geleugnet wird. Es ist aber Zeit, aus dem Verlust des Paradieses zu lernen.

I

Das Thema formuliert die beiden Kehrseiten des Satzes: »Wissen ist Macht«. Dieser Satz ist die Devise der europäischen Aufklärung. Er gilt auch umgekehrt: »Macht ist Wissen«. Die Allianz der Termini war lange Zeit tragfähig.

Dagegen betreffen die beiden Kehrseiten der Devise hypothetisch den gegenwärtig desolaten Zustand jener historisch wirksamen Allianz. Jetzt herrschen Dissoziation und Perversion, Entkopplung und – daraus folgend – entsprechende Verdrehungen.

Gesetzt, eine solche Hypothese wäre akzeptabel, dann könnte nur eine neue Anstrengung des Denkens weiterhelfen, indem sie auf ein Wissen des Nichtwissens und eine gewußte Ohnmacht der Macht hinausläuft.

Es ist in der Tat schwierig, sich in der Analyse nicht ablenken zu lassen. Das Problem einer Aufklärung über Aufklärung, über die Reichweite des Wissens und der Macht, ist in mannigfaltigen Blockaden verstellt. Auch scheint der Impuls, zu retten, was noch zu retten ist, keine hinreichende Kraft zu haben. Es kommt deshalb auf eine gewisse Unerbittlichkeit an, auf eine Insistenz in der langsamen Annäherung und auch auf eine treffende Wiederholung des schon Gesagten. Vor allem sind »Wissen« und »Macht« hochzuwerten. Das geläufige Verfahren, in der Kritik ein verbal bereits Abgewertetes endgültig für den Abfall fertigzumachen, vermehrt nur den Diskussionsschrott.

Die gegenseitige Stützung der alliierten und assoziierten Termini »Wissen und Macht« verrät einen gemeinsamen Ursprung. Michel Foucault hat ihn mit Hilfe von Freud, Nietzsche, Marx und Darwin in kleinteiligen Untersuchungen – und in umfangreichen Werken – aufgedeckt. Wissen stammt aus der sexuellen Neugier, aus dem Willen zu wissen, »wo es war, daß ich wurde«, wie es dazu kam, daß das Unwahrscheinlichste, ein zufälliges individuelles Leben, im notwendigen Universum wahr und wirklich geworden ist. – Macht ist, letztlich, immer Macht über Leben und Tod. Sie korrespondiert mit einem infantilen Omnipotenzwahn, der in jedem Menschenkind – als Reaktion auf erste Todesängste – wuchert. Insofern gibt es nicht einfach eine Macht über die Macht, bleibt der Umgang mit ihr prekär, läßt sich bestenfalls aus einem Scheitern ein Lernerfolg stilisieren. Wie sich die Macht teilen und verteilen läßt, so läßt sich das Wissen ablenken, von den religiösen Geheimnissen bis zu den Banalitäten der Lexika.

Die Hypothese aber, daß Wissen und Macht Infantilismen der beschriebenen Art sind – Überlebenskonzepte todesbedrohter Kindheit im Menschen –, exponiert ein riskantes »Erwachsen-Sein« als Folie des Begreifens. Jemand, der im Umgang mit Wissen und mit Macht »erwachsen« werden und bleiben könnte, hätte ihre Reichweite erfahren und damit eine Grenze des Wissens und der Macht an ihren Horizonten. Man könnte dann fordern, daß das jeweilige Nicht-Wissen und die jeweilige Ohnmacht betont würden, was ein völlig anderes Selbstverhältnis als das gängige zur Folge hätte. Zugleich wäre damit die neue Unübersichtlichkeit der Geschichte als eine Passage, als ein Geburtsvorgang gedeutet, der zwar unter Schmerzen vor sich geht, keineswegs aber einen Todeskampf darstellt.

Gleichwohl lassen sich die Zwänge nicht leugnen. Auch nicht die Nötigungen der zweiten Geburt, die für Verwirrung und Desorientierung sorgen. Der Schaden, aus dem man – dem Vernehmen nach – klug wird, nimmt immer bedrohlichere Umrisse an. Erst recht gelingt ein erwachsener Umgang mit Wissen und Macht nicht freiwillig. Er kann vielmehr nur durch die Auflösung der Allianz von Wissen und Macht hindurch errungen werden. Und was sich zeigt, ist desolat. Die faktische Ohnmacht der Wissenschaften angesichts dessen, was not tut, nimmt unentwegt zu, und das Unwissen in der Politik gedeiht zu einem Chaosgenerator ohnegleichen.

II

Die erste Kehrseite artikuliert die hauptsächliche Erfahrung der aktuellen Ökologie-Debatten: die Lücke zwischen Wissen und Handeln wird immer größer; sie tendiert zur Unüberbrückbarkeit; im Entscheidenden kann nicht getan werden, was – wissensgemäß – getan werden muß.

Die zweite Kehrseite artikuliert den Verdacht, daß Politik heute überhaupt kein Problem von Belang mehr zu lösen vermag, daß sie sich dieses Elend jedoch systematisch und mittels immer perfekterer Simulationsstrategien verstellt und daß sie so zum unbewußten Täuschungsmanöver verkommt.

Die Unaufgeklärtheit von Wissen und Macht über ihren gegenwärtigen Zustand scheint eine Ursache dafür zu sein, daß unter der durchgehaltenen Devise »Wissen ist Macht« das Verbrechen zunimmt. Wer noch handelt, ohne zu wissen, und wer weiß, ohne zu handeln, trägt zur Verschlimmerung der Lage bei, ob er will oder nicht.

Es ist fast müßig, Belege zu suchen. Wer sich die Mühe macht, auf den Stand des Wissens zu kommen, der ohne allzuviel Spezialisierung erreicht werden kann, stößt bald auf diese Barriere: das Wissen ist in Betracht seiner eigenen Folgen in das Stadium seiner Ohnmacht eingetreten, was unannehmbar ist. Ob in der Richtung der potenzierten Zerstörungskapazitäten, von denen eine »erfolgreiche Abrüstung« nur Bruchteile wegnehmen kann (ohne daß bisher klar wäre, wie diese Bruchteile der Waffenarsenale wirklich vernichtet werden sollen), ob in der Richtung der wachsenden Müllawinen, der mangelnden Entsorgungsmöglichkeiten, denen man nur noch durch Verschiebungsstrategien in Raum und Zeit beikommen kann, ob in der Richtung der Vergiftung und Verseuchung der Lebensressourcen Luft, Wasser, Erde, ob in der Richtung schließlich der langfristigen Ruinierung der Artenvielfalt des Lebens, insbesondere ihrer globalen Formen (zum Beispiel der Wale, der Bäume ...). Es genügt eine kurze Anstrengung, um den »point of no return«, das apokalyptische Denkmuster schlechthin, zu berühren.[2]

Es hilft auch nichts, sich totzustellen. Nur als Blinder kann man noch Optimist sein, aber der Blindensturz ist programmiert. Selbst die Pessimisten sehen sich in der Lage, von Zeit zu Zeit die Augen schließen zu müssen. Die Menschenart hat keine angeborene Disposition zum Aushalten von Ohnmachten. Und es wird immer unwahrscheinlicher angesichts wachsender Unmöglichkeiten, daß sie es an der genannten Barriere überhaupt aushält. Verleugnung, Verschiebung und Verdrängung werden zum elenden Tagesgeschäft. Die Unerträglichkeiten wachsen. Schließlich kann man im Ernst nicht mehr fordern, daß die Menschen klarsehen. Gerade die elaborierteste Strategie der Aufklärung gerät in zwanghafte Dunkelheiten. Und muß sie gutheißen, um sich selbst retten zu können. Und findet sich genötigt, im Vorläufigen ihrer Errungenschaften zu verharren. An der Mauer des Unmöglichen revoziert das strategische Wissen seine hauptsächlichen Ambitionen. Und zwar öffentlich. Das erhöht erneut die Unerträglichkeiten.

So läuft andererseits alles darauf hinaus, daß nur noch diejenigen handeln, die unwissend sind. Wodurch sich der Abgrund

2 Vgl. Hans-Peter Dreitzel und Horst Stenger (Hg.), *Ungewollte Selbstzerstörung. Reflexionen über den Umgang mit katastrophalen Entwicklungen*, Frankfurt am Main: Campus 1990; vgl. auch Volker Grassmuck und Christian Unverzagt, *Das Müllsystem*, Frankfurt am Main: Suhrkamp 1991.

vertieft und erweitert. Auch hier wird fast alle Kraft in forcierte Selbstdementis investiert, um nur ja keine Klarheit mehr zuzulassen. Man inszeniert unendlich viel gerade an der Stelle, an der die Wahrheit ans Licht kommen könnte, die Wahrheit, daß nichts mehr geschieht, jedenfalls keine Politik von Belang. Wissen und Macht sind, im Drehtürprinzip gegeneinander verschattet, nur noch an ihrer Selbsterhaltung interessiert. Der Medienzauber hat den einzigen Sinn, die Devise »Wissen ist Macht« gegen ihre wachsende Korruptheit zu verteidigen. So interveniert nach und nach das Verbrechen. Hier ist der Umschlag situiert, vom Guten, das man intendiert, ins Böse, das man nicht gewollt hat. Wissen ohne wirkliche Neugier und Macht in der Weise politischer Stupidität sind die hauptsächlichen Motoren jenes Karussells, das der Verbesserung dienen soll, aber gnadenlos zur Verschlimmerung beiträgt. Erst nach und nach begreift man, warum es nicht aufhört, sich zu drehen. Weil ein dunkler Schatten wie eine verjährte Schuld darüber liegt und verhindert, daß es je noch hell wird. Dieser Schatten besteht aus nichts anderem als aus den »Nebenwirkungen« und den »Spätfolgen« der menschlichen Erkenntnis selbst, wie sie seit der ersten Aufklärung am Werk ist.

III

Der faktische Verlauf der Aufklärung – das ist herausgekommen – widerstreitet ihrem Programm: das Nichtwissen hat mit dem Wissen nicht abgenommen, sondern zugenommen; jeder Zuwachs an Macht heißt mehr Ohnmacht; je mehr Licht, desto mehr Schatten.

Insofern wäre die Einsicht fällig, daß nur ein bestimmtes Wissen des Nichtwissens und die konsequente Einsicht in die Grenzen der Macht weiterführen, daß der Typ Sokrates für die Reflexion der Lage das unumgängliche Nadelöhr darstellt.

Balancierend die sokratische Wahrheit über Wissen und Macht, muß man sich selbst in die Bruchstücklandschaft der Gegenwart stellen, um so dem maßlosen Scheitern der instrumentellen Vernunft, des Macht-Wissen-Komplexes vielleicht zuvorzukommen.

Das mit dem Wissen steigende Nichtwissen ist ein anderes als das dumpfe des Anfangs, dem die Sorge der Aufklärungen seit jeher gegolten hat. Gerade die über alle bekannten Grenzen hinausstrebende Erkenntnis hat ein spezifisches Nichtwissen provoziert, das gewissermaßen die Negativfolie der erreichten Wissenskontur darstellt. Allerdings darf dabei das Wissenwollen sich nicht bescheiden im Areal des bereits Verstandenen. Die tiefe Eindringlichkeit physikalischen, chemikalischen, biologischen, anthropologischen Wissens hat die Geheimnisse nicht aufhören, sondern zunehmen lassen. An den Grenzen zu forschen heißt immer, auf beiden Seiten derselben sich aufzuhalten und mit feinem Spürsinn das Wißbare nicht mit dem zu verwechseln, was nicht wißbar ist. Einer, der über einen bestimmten Punkt hinaus Sachkenntnis hat, weiß zugleich, wie unendlich die Weiten des Nichtwissens mitgewachsen sind. Diese Logik ist keine des Entweder-Oder, auch nicht des Weder-Noch – wenn nicht übergroße Enttäuschung vorrangig wird –, sondern eine des Sowohl-Als-auch mit der Richtung auf Je-mehr-desto-mehr. Die Steigerung bestünde darin zu wissen, warum man das, was man nicht weiß, nicht weiß. Das Wissen der Nichtlösbarkeit der Knoten des Lebenskomplexes zum Beispiel führt auf direktem Weg zu einer neuartigen Aktualität der bekannten Formel des Sokrates.

Sokrates, der sein Erkennungszeichen »Ich weiß, daß ich nichts weiß« ostentativ genutzt hat, spielte auf ein gesteigertes Selbstverhältnis an.[3] Offenbar war aber die Tatsache seines Nichtwissens gemeint, die er wisse, nicht der Umfang seines Wissens und entsprechend der Umfang seines Nichtwissens. Deshalb sollte die Formel durchaus weitergetrieben und in Betracht der rückwirkenden Grenzen ein wirkliches Wissen dessen, was man nicht weiß, andeuten. Was an den Grenzen geschieht, ist eben keine Dialektik, der zufolge ein Wissen des Nichtwissens das Wissen maximiere und das Nichtwissen minimiere. Vielmehr handelt sich die wissende Weltbeziehung das Nichtwißbare der Welt wie einen unbeliebigen Sozius ein, wobei die oszillierende Grenze auf eine unbeliebige Weise unscharf wird.

Darin kommt der angesagte Niedergang der instrumentellen Vernunft zum Ausdruck. Allein mit einer Kritik daran ist es nicht mehr getan. Man kann heute lernen, daß jeder Totalitätsanspruch, über Denken die Dinge zu ordnen, gescheitert ist. Das

3 Vgl. Gernot Böhme, *Der Typ Sokrates*, Frankfurt am Main: Suhrkamp 1988.

begann mit Religionskriegen und endet in ebensolchen, das begann bei den Scheiterhaufen und endet irgendwo beim Untergang des großen Fortschritts-Schiffes »Titanic«, vielleicht erst im eingesehenen Scheitern aller Versuche, die Welt auf den Kopf zu stellen und nach Maßgabe von Wissen und Macht zu beherrschen. Bei solcher Einsicht gibt es ein Vorbild: der Tod Gottes.

Das schlangengezischte »Eritis sicut deus« schließt dessen Sterben mit ein. Seit Hegel stockt die Geschichte in einem einzigen langen Karfreitag. Der spielt sich im Kern des »Macht-Wissen-Komplexes« ab. Und hier heißt die Devise: Nieder mit der Totalität! Es geht um den Zwiespalt des Geistes, um seine Zerstükkelung und um die Reintegration in bewußte körperliche Fraktalität. Denn es ist fraglos die Klugheit der Schlange, die endlich den Ausschlag gibt. Auch der Tod Gottes wie der des Menschen hat einen »Zweck«, nämlich die sinnlose Zerstörung der Welt, die Absage an alle Geschichte, die Etablierung der Unfähigkeit zu leben als Norm in geschickten Schlangenbewegungen zu annullieren.

Gerhard Gamm
Technik als Medium
Grundlinien einer Philosophie der Technik

»Nur *die* Fragen, die prinzipiell unentscheidbar sind, können *wir* entscheiden.«

Heinz von Foerster[1]

Es gibt gegenwärtig keine philosophische Diskussion über Technik, die nicht den Umstand beklagt, daß der traditionelle, im (anthropologischen) Kontext von Zweck/Mittel-Überlegungen entwickelte Technikbegriff grundsätzlich unzulänglich bleibt. Der historische Strukturwandel von Technik und Gesellschaft ist zu offenkundig, als daß ein, dem menschlichen Handlungsverständnis angelehntes Konzept ausreichen könnte, eine planetarisch ausgelegte Technik zu begreifen.

Ich lasse daher die handlungstheoretisch begründeten Technikdeutungen auf sich beruhen. Meine Absicht ist es – *intentione recta* –, ein neues Interpretationsformular vorzustellen. Es geht von der Annahme aus, daß nur ein Begriff der Technik dem neuesten Stand der Dinge gerecht wird, der die *Technik als Medium* begreift und danach fragt, was es bedeutet, die moderne Technik von einer Art Unbestimmtheit durchquert zu sehen, die für ein umfassendes Verständnis technologischer Prozesse konstitutiv ist. Meine These lautet: Es ist für die soziotechnischen Systeme postindustrieller Gesellschaften bezeichnend, in einem wesentlichen Sinn *unbestimmbar* zu sein. Die Technik widersetzt sich in den verschiedenen Hinsichten allen Versuchen, sie auf ihre instrumentelle Funktion zu reduzieren.

Mit dem Stichwort ›Unbestimmtheit‹ beziehungweise ›Unbestimmbarkeit‹ verbinde ich ein Forschungsprogramm, das ich seit einiger Zeit verfolge. Die sprachphilosophischen, logischen und gesellschaftstheoretischen Implikationen einer Semantik des

1 Heinz von Foerster, *KybernEthik*, Berlin: Merve 1993, S. 70.

Unbestimmten habe ich an anderer Stelle entwickelt.[2] Im folgenden geht es um die Rolle des Unbestimmtheitsdispositivs im Kontext einer Philosophie der Technik.

Man schreckt unwillkürlich davor zurück, Technik in Verbindung mit Unbestimmtheit zu bringen, gilt doch die Technik als Synonym für Eindeutigkeit und Exaktheit, für konstruktive Transparenz und Funktionalität, in einem Wort als Synonym für kontrollierbare Praxis in Kenntnis von realem Mechanismus und Methode. Das Urbild neuzeitlicher Technik ist die Maschine, die mechanisch Kraft überträgt. Und dennoch – wie sich beobachten läßt, hat sich im Verlauf der Moderne auch der Begriff der Maschine verändert bzw. erweitert. Prototyp ist heute weniger das mechanisch funktionierende Räderwerk der Uhr, das heißt »die triviale Maschine«, wie von Foerster sie nennt, die Maschine, »die nach einer festgesetzten Regel arbeitet« und »getreulich gewisse Tatbestände in andere überführt«[3], sondern die »nicht triviale Maschine«, die »Maschine zweiter Ordnung«, um nochmals von Foerster zu zitieren, die, obgleich synthetisch determiniert, »analytisch unbestimmbar, historisch bedingt und nicht voraussagbar«[4] ist.

Die schiere analytische Unbestimmbarkeit der nicht-trivialen Maschine könnte eine Art Leitbild für das Verständnis der Technik insgesamt sein.

Um den Mythos oder den Grundsatz einer durchgängigen Bestimmbarkeit der Technik zu erschüttern, könnte auch die Vergegenwärtigung der räumlichen und zeitlichen Folgen von Interesse sein, die mit dem Betrieb von Großtechnologien verbunden sind. Diese Folgen sind bar jeder Bestimmbarkeit im Sinne einer analytischen Rationalität: Sie sind weder versicherungstechnisch

2 Vgl. Gerhard Gamm, *Flucht aus der Kategorie. Die Positivierung des Unbestimmten als Ausgang der Moderne*, Frankfurt am Main: Suhrkamp 1994; ders., »Jenseits der Kategorie. Die Unbestimmtheit der modernen Welt im Spiegel philosophischer Diskurse«, in: H. O. Luthe und B. Wiedenmann (Hg.), *Ambivalenz*, Köln: Leske + Budrich 1997; ders., »Die Unentscheidbarkeit des Selbst. Über die normative Kraft des Unbestimmten in der Moralphilosophie der Gegenwart«, in: W. Luntz (Hg.), *Das Andere der Kommunikation*, Leipzig 1997.

3 von Foerster, *KybernEthik*, a.a.O., S. 135.

4 Ebd., S. 143.

noch finanziell, weder ökonomisch noch ökologisch überschaubar. Der Begriff der »evolutionären Risiken«[5], wie er sich in der Literatur zur Risikoforschung findet, zielt auf diesen Umstand.[6] Evolutionär werden Risiken genannt, die, wenn sie auftreten, den Kontext, in dem sie auftreten, nachhaltig verändern. Bei traditionellen Risiken konnte man die Veränderung der natürlichen oder gesellschaftlichen Verhältnisse vernachlässigen. Für sie lassen sich historisch vergleichbare Situationen bestimmen, die, innerhalb gewisser Grenzen, Evaluationen gestatten. Für evolutionäre Risiken fehlt der Vergleichsmaßstab. Man denke an die Zerstörung der Wälder durch ›sauren Regen‹, die Belastung einiger tausend Jahre zukünftiger Gesellschaft mit radioaktivem Müll, Klimaveränderungen durch den Treibhauseffekt, Eingriffe in die biologischen Arten durch Gentechnik und die Abhängigkeit der Gesellschaft von großen Informationssystemen. Kurz, man kann die evolutionären Risiken nicht bestimmen, ohne sie eintreten zu lassen.

Nun könnte man einwenden, daß selbst, wenn die Folgen der modernen Technik in dem Maße unbestimmbar werden, wie das angedeutet wurde, das doch nicht die Technik beträfe, die weiterhin auf eine bestimmte Weise funktioniere. Die Strategien von Politik, Wirtschaft und Wissenschaft haben ohne Zweifel lange Zeit darin bestanden, die problematischen Folgen der Technik von der Technik selbst abzutrennen. Das Wertneutralitätsargument über die Technik funktionierte in diesem Sinn. Es regelte die Zuschreibung von Verantwortung dadurch, daß es die möglichen negativen Folgen den Anwendern der Technik aufbürdete, um auf diese Weise der Technik das Fortschrittsprädikat zu belas-

5 Vgl. Wolfgang Krohn und Gerhard Krücken (Hg.), *Riskante Technologien: Reflexion und Regulation*, Frankfurt am Main: Suhrkamp 1993.

6 Ein Versuch, rationale Bestimmbarkeit wenigstens dem Prinzip nach zu sichern, sind die in der Geschichte der Technikfolgenabschätzung entwickelten Risikoanalysen, die vermittels Wahrscheinlichkeitsrechnungen versuchen, den relativen Umfang der Kosten beim Eintritt von Schadensfällen zu beziffern. Wahrscheinlichkeiten sind von unbestimmter Bestimmtheit: bestimmt im Hinblick auf die Häufigkeit und das Ausmaß (die Schwere) der Schadensfälle pro Zeiteinheit, unbestimmt aber im Blick auf den Zeitpunkt, an dem der Unfall geschieht.

sen. Spätestens mit der Einsicht, daß auch bei korrekter Nutzung der Technik (Verkehrssysteme, chemische Anlagen, Landwirtschaft usf.) die Folgen zwiespältig sind, verfiel man auf eine andere Strategie. Unter Rückgriff auf das klassische Schema von Substanz und Akzidens wurde von Haupt- und Nebenfolgen gesprochen, ganz so, als sei die politisch und gesellschaftlich motivierte/normierte Unterscheidung eine rein deskriptive. Da die Technikfolgen sich heute nicht mehr vom Betrieb der Technik abtrennen lassen (wie Virilio sagt, hat man mit dem Auto auch die Massenkarambolage von 300 Autos innerhalb von fünf Minuten erfunden), legt man den begrifflichen Schnitt zwischen Haupt- und Nebenfolgen, suggerierend, daß die eine Absicht, die man mit der Technik verbindet, zugleich auch die (geringfügigen, unerwarteten, negativen) Nebenfolgen rechtfertige.

Aber wie sich zeigt, beginnen die Nebenfolgen die Hauptfolgen auszuzehren: Der Stau macht die Mobilitätsgewinne langsam, aber sicher wieder zunichte; der Kernkraftunfall in Three Miles Island führte die Betreiber- und Herstellerfirma in den finanziellen Ruin.[7] Kurz, die Erfindung von Haupt- und Nebenfolgen ist die gesellschaftlich anerkannte Form, auf die generelle Unbestimmbarkeit der Technik zu reagieren. Was am Bewußtsein unvorhersehbarer Folgen an die öffentlich kommunizierte Oberfläche tritt, findet seine Erklärung an der Struktur der technischen Systeme selbst.

Um diesen Gedanken wenigstens ansatzweise zu entwickeln, scheint eine Unterscheidung geboten, die – wie man sie nennen könnte – eine transzendentale Unbestimmtheit der Technik von einer immanenten trennt.

Die transzendentale Unbestimmtheit betrifft den ontologischen Status oder die seit dem Spätmittelalter verstärkte Herauslösung von Denken und Handeln, Finden und Erfinden aus dem Mimesis-Begriff der aristotelischen Tradition. Die Bedeutungsverschiebung in der Vorstellung vom schöpferischen Handeln belegt das. Alles Sein liegt für die Antike wie für das Mittelalter idealiter vorstrukturiert im Umkreis der Vollständigkeit und Einheit des Seins. Es gibt keinen Spielraum an Möglichkeiten, der

7 Vgl. Charles Perrow, *Normale Katastrophen. Die unvermeidbaren Risiken der Großtechnik*, Frankfurt am Main: Campus 1987.

nicht wesentlich durch das vorgängige Reich der Natur oder des Kosmos oder der Ideen gedeckt wäre. Alles Mögliche ist immer schon da. Das Neue oder Mögliche beschränkt sich auf Variationen des *eidos*.[8]

Mit dem Beginn der Neuzeit verliert die Naturordnung ihre ontologisch präfigurierte exemplarische Verbindlichkeit. Die Kunst- und Technikvorstellung emanzipiert sich vom antiken Motiv einer Nachahmung der Natur. Analog zur Kunst enthält auch das technische Handeln etwas, das im Rahmen der Natur oder des mittelalterlichen Ordo-Gedankens nicht aufgeht. Was dazu führt, daß zuletzt der moderne Erfindungsgeist – gleichgültig, ob im Blick auf die Kunst oder die Technik – ohne ontologischen Gegenhalt in der Natur bleibt. Der Bruch mit dem Nachahmungsprinzip der Natur setzt ein Moment vorbildloser Produktivität frei, für das es im Tableau der Repräsentationen kein Äquivalent gibt, was nichts repräsentiert, auf das es zurückweisen könnte. Die Rede vom radikal Neuen an der Erfindung hat historisch eben erst Sinn, wenn die Kreativität des Handelns nicht in der Spur des Entsprechungs- oder Abbildungsmythos der Natur entziffert werden kann.

In einer Art historischer Parallelaktion wächst zugleich das Bewußtsein der Konstruktivität menschlichen Handelns und Denkens, das sich, mit Foucault gesprochen, in die unendliche Leere des endlichen Menschen ergießt.[9] Die (leere) Konstruktivität von Technik und Gesellschaft insgesamt erscheint als Substitut der zerbrochenen Repräsentativität und der aufgelösten Tableaus bedeutungshafter Verweisung. Zusammengefaßt, Technik ist nicht Nachahmung, sondern, wie Castoriadis sagt, Schöpfung.[10] Sie ist Erfindung, durch die neue, künstliche Wirklichkeiten geschaffen werden: Das Rad, der Generator, die Glühlampe, um nur wenige zu nennen, haben kein Vorbild in der Natur.

Die transzendentale Unbestimmtheit zielt also auf jene grund-

8 Vgl. dazu ausführlich: Hans Blumenberg, »›Nachahmung der Natur‹. Zur Vorgeschichte der Idee des schöpferischen Menschen«, in: ders., *Wirklichkeiten in denen wir leben. Aufsätze und eine Rede*, Stuttgart: Reclam 1981, S. 55-104.

9 Michel Foucault, *Die Ordnung der Dinge. Eine Archäologie der Humanwissenschaften*, Frankfurt am Main: Suhrkamp 1971.

10 Cornelius Castoriadis, *Durchs Labyrinth. Seele, Vernunft, Geschichte*, Frankfurt am Main: Europäische Verlagsanstalt 1981, S. 203 u. a.

legende Veränderung der Neuzeit, in der das technische Handeln sich aus dem Kreis des Nachahmungsprinzips der Natur herauslöst und – begleitet von der Temporalisierung und Formalisierung des Wissens – sich in die Leere der vorbildlosen Produktivität einschreibt, für die es im Prinzip weder eine innere noch eine äußere Schranke gibt. Der Horizont der Moderne, das ist die transzendentale Obdachlosigkeit der Technik. Sie hat die Auflösung der Kategorie als Einheit von Sein und Selbst zur Voraussetzung. Analog dazu verschiebt sich im Begriffsgefüge von Wirklichkeit, Möglichkeit und Notwendigkeit die ontologische Wertung: Wirklichsein sieht sich durch kein anderes Prädikat mehr von der Möglichkeit unterschieden als durch seine zufallsbedingte Eintrittswahrscheinlichkeit. Keine ontologisch oder geschichtsphilosophisch markierte Auszeichnung setzt die Wirklichkeit über die Möglichkeit ins Recht, dazusein. Das Nichtseiende ist genauso wirklich wie das Seiende. Und das Notwendige ist das, was sich im Rückblick als konstitutiver Bestandteil dieses oder jenes Systems von Lösungswegen herauskristallisiert hat.

Von der transzendentalen Unbestimmtheit der Technik ist die *immanente* zu unterscheiden, diejenige, die dem Medium selbst anhaftet oder von ihm selbst erzeugt wird. Ich meine damit das unbestimmte Surplus technischer Potenzen infolge der *Differenz von Funktion und Gebrauch*: Die technischen Artefakte gehen nicht in der Funktion auf oder besser, sie sind nicht durch die Funktion determiniert, für die sie konstruiert worden sind. Das ist nun keineswegs so trivial, wie das berühmt-berüchtigte Hammerbeispiel der herkömmlichen Technikinterpretation nahelegt, insbesondere dann nicht, wenn es sich wie im Fall moderner Technologien um hochgradig vernetzte technische Ensembles handelt, die in einer beispiellosen Erosion von Mitteln und Zwecken eine wechselseitige Bestimmung beider zur Folge hat. Diese Bestimmungslücke oder der durch das historische Apriori der Großtechnologie vertiefte Bruch zwischen der in den technischen Instrumenten repräsentierten Funktion und einem möglichen (unbestimmten) Gebrauch, der jederzeit von den Gerätschaften gemacht werden kann, bildet das Einfallstor des immanent Unbestimmten. Es wird in der Hochsäkularzivilisation mit jeder technischen Neuerung ein Stück weiter aufgestoßen.

Die transzendentale Unbestimmtheit lockert die Anschlüsse, weicht die scheinbar kausal verfugten Ordnungen auf. Sie durchwirkt die sozialen und epistemischen Felder mit dem ›Möglichkeitssinn‹ und radikalisiert die immanente Unbestimmtheit inklusive der Risikopotentiale, die sie birgt.

Dreifach sind in diesem Zusammenhang die Wege, Unbestimmtheit zu erzeugen: Neben der einfachen Variation in der Ausnutzung interner technischer Momente sind vor allem die im Augenblick der Konstruktion unvorhersehbaren Synergieeffekte von Belang, die durch Kombination mit anderen technischen Systemen erzeugt werden. Weizenbaum erinnert in diesem Zusammenhang daran, daß die synergetische Kombination von Computer und Systemanalyse die entscheidende Voraussetzung für den rapiden Ausbau der Computerindustrie gewesen ist. Letzten Endes schöpft eine historisch oder technologisch veränderte Situation ständig auch neue Gebrauchsmöglichkeiten. Sie führt in einem bestimmten historischen Augenblick zur Umdefinition ganzer Technologien. Die Vorgeschichte der Lokomotive – ca. hundert Jahre nach der Erfindung der ersten Dampfmaschine (um 1700) – ist dafür ein anderes, anschauliches Beispiel.

»Nachdem die ersten stationären Dampfmaschinen von Newcomen und Savery überall in England Verwendung gefunden hatten, [...] montierte Trevithik eine Dampfmaschine auf einen Wagen und setzte den Wagen auf die Schienen einer Pferdebahn in Wales. Dieses Herauslösen der stationären Dampfmaschine aus ihrem alten und die Versetzung in einen gänzlich neuen Zusammenhang transformierte die Maschine in eine Lokomotive und führte zur Transformation der Pferde- in eine moderne Eisenbahn.«[11]

Man kann das auch anders sagen: Technischen Artefakten sind immer auch symbolische oder imaginäre Bedeutungen imprägniert; sie stehen in Gesellschaftsformationen, für die das Leitbedürfnis des Neuen konstitutiv ist, stets im Begriff, die Phantasie anzustacheln und sie in andere als in die ursprünglichen Zusammenhänge einzusetzen. Im Kontext hochgradig vernetzter technischer Systeme besteht von Augenblick zu Augenblick, von Okkasion zu Okkasion die Möglichkeit, in eine neue wissenschaftlich-technische Revolution verstrickt zu werden. Technik entfaltet sich in unvorhersehbarer Weise als ein mehr oder weniger unbegrenztes Spiel mit Alternativen und Optionen, die zu einer bestimmten Zeit offenstehen.

11 Joseph Weizenbaum, *Die Macht der Computer und die Ohnmacht der Vernunft*, Frankfurt am Main: Suhrkamp 1977, S. 55.

Daß diese Transformationen wiederum neuartige Probleme heraufbeschwören, die ihrerseits zur Erfindung von bislang unvorstellbaren Werkzeugen führen, ist die andere unausweichliche Folge. Auf der Basis einer bestimmten Technologie werden neue Räume eröffnet, in die hinein neue Zwecke geschöpft oder erfunden werden können; was zugleich bedeutet, daß die technischen Artefakte selbst an zielbestimmendem Einfluß gewinnen. Auf der erweiterten Stufenleiter postindustrieller Technologien ergibt sich eine wechselseitige Bestimmung von Mitteln und Zwekken: Mittel und Zwecke bewegen sich im Kreisverkehr. Die Zwecke werden in vielfältigen Zusammenhängen mit den Mitteln selbst erst erzeugt. Der Primat (unvermittelter) Zwecke wird eingezogen. Die Technik- und Kulturkritik von Ernst Jünger bis Max Horkheimer und Günter Anders hat diese Erosion oder diesen Aufstand der Mittel gegen die Zwecke als Verkehrung von Mitteln und Zwecken wahrgenommen. Sie hat die Verselbständigung der Mittel zu Zwecken als Symptom des Niedergangs oder als Entfremdung der spätkapitalistischen Industriegesellschaft gedeutet.

Nun ist es in der Literatur an dieser Stelle wohlfeil, stets auch auf die Gegenbewegung hinzuweisen und festzustellen, daß bei aller Offenheit technischer Horizonte das komplementäre Prinzip, die Bestimmtheit oder Beschränktheit einer Ordnung konstatiert werden muß, die zwischen Notwendigkeit und Beliebigkeit changiert. Nur nach einem Kriterium, welches die Beschränkung aufzuweisen in der Lage wäre, fahndet man vergeblich.

So richtig es ist, auf die in jedem Augenblick wirksame Strategie der Unbestimmtheitsbegrenzung oder der Möglichkeitsreduktion zu verweisen, so unmöglich ist es, bestimmterweise zu sagen, worin sie in einer historischen Situation bestehen. Es kommt in unserem Zusammenhang darauf an, eine Unterscheidung zu treffen, die besteht zwischen einem impliziten Wissen um die Eingeschränktheit technischer Möglichkeiten und einer zugleich fortbestehenden Unvorhersehbarkeit/Unentscheidbarkeit. Es gibt kein Prinzip, Beschränkung in einem systematischen Sinn durchzuführen, wenn man einmal eine Gemengelage von Bestimmtheit und Unbestimmtheit, Kontinuität und Diskontinuität akzeptiert hat, es sei denn um den Preis starker geschichtsphilosophischer oder anthropologischer Annahmen.

Das Zusammenspiel beider Unbestimmtheitsdispositive, des immanenten in seiner Differenz von Funktion und Gebrauch und des transzendentalen eines Jenseits jeglicher Repräsentation, macht angesichts des Entwicklungsstands moderner Technik einen neuen Begriff soziotechnischer Systeme notwendig. Die Brisanz (und Bedrängnis) moderner Technik erwächst aus der Diffusion beider Unbestimmtheiten. Sie fordern die Umstellung auf den Begriff des Mediums, weil Technik selbst, ihrer Unbestimmtheit wegen, zum universalen Medium des Austausches geworden ist.

Technik ist Medium geworden heißt, sie hat sich in ein Etwas verwandelt, in das sich (nahezu) alles übersetzen läßt oder in dem anderes zirkulieren kann. Medium bedeutet auch Mittel, doch nicht primär Mittel zu sein, sondern eher die Summe über alle Mittel, in der Zwecke und Mittel relativ beliebig gegeneinander verschoben werden können. Was Zweck ist, was Mittel ist, liegt nicht (mehr) hierarchisch geordnet ein für allemal fest. Charakteristisch für das Medium ist seine Intelligibilität oder Konvertibilität, ein Zustand, in dem Verschiedenes (Orte, Gegenstände usf.) miteinander in Beziehung gesetzt und getauscht werden können. Es ist der unstoffliche Stoff, worin alles andere abgebildet und strukturiert, öffentlich gemacht und wieder in den Kreislauf eingespeist werden kann, ohne selbst an Substanz zu verlieren. Technik ist wie Sprache oder Geld eine Art Zirkular der modernen Gesellschaft.

Die Vorstellung von einem Medium hat genau betrachtet zwei Grundbedeutungen; sie lassen sich nicht vollständig ineinander überführen. Medium ist nicht nur – abstrakt gesprochen – globales Mittel zum Austausch gesellschaftlich verabredeter Zeichen, nicht nur Transformationsraum von Information und Macht, Wissen und Energie, Medium ist auch das, was dazwischen ist, dazwischentritt, die Mitte oder das Vermittelnde. Es verweist auf Mitten und Räume, die sich zwischen Mensch und Mensch, Mensch und Natur, Mensch und Kultur, dem Menschen und sich selbst geschoben haben. Das Medium dämpft, es moderiert; es hält – mit Hegel zu reden – »vom Menschen sein materielles Vernichten ab«[12]; es bricht der Unmittelbarkeit der Erfahrung

12 G. W. F. Hegel, »Anhang zur Jenaer Realphilosophie«, in: ders., *Frühe politische Systeme*, hg. und kommentiert von G. Göhler, Frankfurt

die Spitze, die uns aus der direkten Konfrontation mit der inneren und äußeren Natur erwächst. Technik ist Medium oder die unsichtbare Mitte als Beziehungsform, über die in postindustriellen Gesellschaften die soziale Kommunikation, der Nachrichtenfluß und der Austausch von Erfahrung ebenso läuft wie die Versorgung mit Elektrizität und Wasser, Nahrung und Gesundheit. Man kann das vielleicht überzeugendste Argument für die mediale Natur der Technik darin sehen, daß uns im täglichen Umgang mit den Gegenständen deren technische Wirklichkeit nicht zu Bewußtsein kommt, wir aber in dieser Abstraktion leben wie Fische im Wasser.

Das Medium ist Mitte, weil sie in dieser Funktion die Selbstvermittlung der Gesellschaft übernimmt oder die Netze, Bahnen und Bindungen beschreibt, die die Gesellschaft zusammenhalten. Besser noch wäre die Mitte als Mischung zu fassen, weil sie Totes und Lebendiges, Geistiges und Materielles, Probleme und Programme, Handlungsgemäßes und Automatenhaftes füreinander durchlässig macht.

Die Mitte ist unbestimmt, sie hat nur mehr wenig gemein mit dem unbewegten Ort zwischen zwei gleich weit entfernten Äußersten, wie die Euklidsche Geometrie sie zu fassen sucht; sie ist auch Lichtjahre entfernt vom konnotativen Zusammenschluß von Maß und Mitte, wie ihn die aristotelische Idee des Guten ins Auge faßt. Mitte ist, wie Nietzsche sagt, überall.[13] In Systemen von zirkulärer Kausalität und Rückkopplungsschleifen ist die Mitte das Vermittelnde auf Zeit, stationäre Verdichtung von Energien, Interessen und Ideen, nur auf Zeit, nach Zwecken und Mitteln geschieden. Sie ist treibende Kraft. In der Sprache der Biologie bzw. der Chemie würde man sagen, Technik als Medium wirke »autokatalytisch«, sie sei der Stoff, der gesellschaftliche und kulturelle Veränderungsprozesse auslöst und/oder beschleunigt ablaufen läßt und sich in diesem Prozeß selbst stetig regeneriert.

Als das Vermittelnde auf Zeit ist es über die klassischen Gegensätze der philosophischen Tradition hinaus: Das Medium ist

am Main, Berlin, Wien: Ullstein 1974, S. 322. Vgl. dazu Gerhard Gamm, *Der Deutsche Idealismus. Eine Einführung in die Philosophie von Fichte, Hegel und Schelling*, Stuttgart: Reclam 1997.

13 Friedrich Nietzsche, *Also sprach Zarathustra*, in: *Werke in drei Bänden*, hg. von Karl Schlechta, Bd. 2, München: Hanser 1966, S. 463.

seiner Funktion nach intelligent, es repräsentiert menschliches Können, insofern sich intersubjektive Beziehungen in ihm objektiviert haben. Technik in diesem Sinn zielt weniger auf die Welt dinglicher und sachlicher Mittel; sie ist – wie sich am Sprachwandel ablesen läßt – *Technologie*, weil sie die Seite des Wissens, den *logos* und die soziale und kulturelle Organisation des Lebens in sich einbegriffen hat.

Man kann diesen Aspekt aufnehmen und in grundsätzlicher Weise verallgemeinern: Indem sie den *logos* speichert, ist die Technik wesentlich *Medium der Selbst- und Welterschließung*, und das nicht nur in dem äußerlichen Sinn technischer Erfindungen, die uns – wie das Elektronenmikroskop und das Fernrohr – helfen, in Regionen des unendlich Kleinen und unendlich Großen vorzudringen, oder uns wie die Raumfahrttechnologie einen neuen transterrestrischen Blick auf unseren blauen Planeten werfen lassen (auf seine Verlorenheit im Kosmos, auf seine Schönheit, Verletzlichkeit und Endlichkeit); das Medium im Sinne der Welterschließung verweist auf den Horizont, von dem her wir die Welt erfinden oder auch das Bild von uns selbst immer nachdrücklicher technisch überschreiben.

Technische Modelle schalten sich immer nachdrücklicher in die Praktiken und Selbstverständigungsrituale der Gesellschaftsmitglieder ein. Sie sind das Medium, in dem sich der Mensch in seiner Artefaktibilität durchsichtig wird.[14]

Vom Mittel-Sein ist das Medium auch dadurch getrennt, daß das Subjekt nicht bestimmt werden kann, das im Kontext der Handlungstheorie sich in der Lage dünkt, den Technikeinsatz zu steuern. Das Medium ist von unbestimmter Allgemeinheit. Es ist herrenlos, es liegt per definitionem allen Bestimmungen unvordenklich voraus. Es ist als Ganzes unverfügbar, auch wenn es in einem Raum unendlich vieler Bifurkationen Orte der Entscheidung und Verantwortung gibt, an denen sich die Technikentwicklung in dieser oder jener Richtung verzweigen kann.

Das Zusammentreffen beider Unbestimmtheitsdispositive erzeugt eine brisante Mischung. In seiner formalen Allgemeinheit übernimmt das Medium wie angedeutet die Rolle des Horizonts,

14 Vgl. dazu Gerhard Gamm, »Die Vertiefung des Selbst oder das Ende der Dialektik«, in: Anette Barkhaus u. a. (Hg.), *Identität, Leiblichkeit, Normativität. Neue Horizonte anthropologischen Denkens*, Frankfurt am Main: Suhrkamp 1996, S. 341-356.

welcher die Gesellschaften spätmodernen Zuschnitts über ihre technische Formbestimmtheit in sich einschließt, um sie gleichzeitig in die Öffnung neuer Räume, neuer Oberflächen und neuer Kommunikationsformen zu stellen. Auf der Grenze des Denk- und Sichtbaren gehen sie immer auch mit einem Nichttechnischen einher. Das Medium ist Hintergrund und als Hintergrund unscharf und vage, um dennoch – trotz der Unbestimmtheit seines Umfangs – eine Struktur, eine Ordnung aufzuweisen.

Um einen weiteren Aspekt zu nennen: Medium zu sein heißt, Macht zu verkörpern. Macht beruht auf sozialer Anerkennung. Das Medium ist nur Transformationsraum, weil es Macht verkörpert oder die Gesellschaftsmitglieder, die Kollektive und Systeme darin (vorbewußt) übereinkommen läßt, Interessen und Bedürfnisse, Wissen und Kompetenzen im Fluß seiner Bedingungen zu verhandeln. Nur wem oder was eine Transformation ins Medium gelingt, hat eine reelle Chance, öffentlich anerkannt zu werden.

Das Medium normiert und normalisiert, es ist eine Vorschrift, ein Zwang, die Dinge so herzurichten, daß sie in ihm transportiert werden können, aber so, daß der Anteil, den das Medium daran hat, unsichtbar wird. Das Medium will nicht als Medium erkannt sein, es ist »message«, es macht sich verschwinden.

Technik ist daher vor allem Medium, weil sich in ihr der gesellschaftlich-geschichtliche Handlungszusammenhang verkörpert und verfestigt hat. Sie ist vergegenständlichte Arbeit, geronnene Geschichte, Möglichkeit zur Fortsetzung von Handlungen. Kurz, Technik ist Medium aufgrund der *Gesellschaftlichkeit der Technik* und der *Technisierung der Gesellschaft*, um zwei gängige Formeln der gegenwärtigen Technikdiskussion aufzunehmen.[15]

Im Zusammenhang der Gesellschaftlichkeit der Technik erinnere ich nur an die bekannten Phänomene wie die Teilung der Arbeit bzw. ihre Taylorisierung als Voraussetzung für die Erfindung des Fließbandes oder an den Computer als Vergegenständlichung menschlicher Rechenleistungen in technischen Sachsystemen.

Was die Technisierung der Gesellschaft betrifft, sei auf die Vernetzung der Gesellschaft nach Maßgabe bestimmter technischer Funktionen verwiesen, die, wie das Verkehrssystem, seine Lei-

15 Vgl. beispielsweise: Günter Ropohl, *Technologische Aufklärung. Beiträge zur Technikphilosophie*, Frankfurt am Main: Suhrkamp 1991.

stungsfähigkeit allein im Zusammenhang des Straßennetzes, des Netzes der Tankstellen und Servicestationen, des Systems der Versicherungen, der Rechtsordnung, der Versorgung bei Unfällen usf. erbringt.

Beide Perspektiven verweisen auf eine zweite Funktion der Technik heute: auf Technik als Medium im Sinne eines *Integrationsmediums.*[16] Integrative Macht entfaltet die Technik insofern, als sie die Gesellschaftsmitglieder subjektiv über technisch modellierte Formen der Bedürfnisbefriedigung und objektiv über die Abhängigkeit von technischen Systemen an sich bindet (was *desintegrierende*, traditionelle Verbindlichkeiten auflösende Impulse nicht ausschließt, die regelmäßig mit jeder technischen Neuerung einhergehen).

Bleibt ein drittes Moment – das wenigstens abschließend genannt zu werden verdient – Technik als *Medium der Selbststeigerung.* Ich meine damit den in der Technologie verkörperten Zwang des Selbst, über sich selbst hinauszugelangen, sich in neuen, künstlichen Welten zu erschaffen: eine neue Unendlichkeit, sei es in den unendlich ausgedehnten Räumen intelligenter Maschinen oder in Form einer prädikativen Medizin[17], die mächtig wird, über Geschlecht und andere Merkmale zu entscheiden.

Was Karl Jaspers vor rund einem halben Jahrhundert geschrieben hat, ist daher nach wie vor von unverminderter Aktualität: »Wegen der Größe der Frage, was damit aus den Menschen werden kann, ist die Technik heute vielleicht das Hauptthema für die Auffassung unserer Lage. Man kann den Einbruch der modernen Technik und ihre Folgen für schlechthin alle Lebensfragen gar nicht überschätzen.«[18]

16 Vgl. Gernot Böhme, »Technische Zivilisation«, in: ders., *Am Ende des Baconschen Zeitalters*, Frankfurt am Main: Suhrkamp 1993, insbesondere S. 469.

17 Vgl. Claus Koch, *Ende der Natürlichkeit. Eine Streitschrift zu Bio-Technik und Bio-Moral*, München: Hanser 1994. Vgl. auch Paul Virilio, *Die Eroberung des Körpers*, München: Hanser 1994.

18 Karl Jaspers, *Ursprung und Ziel der Geschichte*, Frankfurt am Main/Hamburg 1955, S. 98.

Peter Janich
Zeit und Natur

Einleitung

Zeit ist in seinen drei Aspekten, nämlich der Modi Vergangenheit, Gegenwart und Zukunft, der Dauer als zeitliches Erstrekkungsverhältnis von Geschehnissen und der Zeitordnung nach dem früher oder später nicht nur das fundamentale Einteilungsschema unserer alltäglichen Handlungen und Erlebnisse, sondern bestimmt auch in wesentlichen Hinsichten unseren Umgang mit Natur. Für einen wissenschaftlichen Umgang mit Natur ist Zeitmessung der wohl wichtigste, wenn auch nicht der einzige Aspekt. Unterscheidet man Angaben der Dauer daran, ob sie, zum Beispiel bei der Kalenderrechnung, an Naturereignissen wie dem Tag-Nacht- und dem Jahreszeitenwechsel gewonnen werden, von Zeitmessung im engeren Sinne nach dem Kriterium, daß dabei Uhren verwendet werden, in denen künstliche, das heißt an Instrumenten technisch erzeugte Abläufe den Vergleich von Dauern ermöglichen, so stützen sich die modernen Naturwissenschaften zentral auf Zeitmessung.

Geistesgeschichtlich ist die Zeitmessung eine Erfindung weder durch noch für die Wissenschaften, sondern für Organisationszwecke der technischen Zivilisation von der Antike bis heute. Was dafür eine »gute Uhr« ist, wird allein von Zweckmäßigkeitsaspekten bestimmt; der Bezug auf den gemeinsam bewohnten Planeten Erde – man denke etwa an dessen Einteilung in Zeitzonen – zeichnet die Erdrotation als Standard auch im Zeitalter einer Technologie aus, in dem zahllose Uhren eine bessere Gangkonstanz aufweisen als die Drehung der Erde selbst.

Für die Naturwissenschaften dagegen stellt sich das Problem, eine transsubjektive Geltung jeden einzelnen Zeitmeßresultats technisch und theoretisch sicherzustellen. Dies heißt, daß in die wissenschaftliche Zeitmeßkunst technisch und theoretisch investiert werden muß, was das einzelne Meßresultat personen- und situationsinvariant macht. Damit darf es unter anderem keine Rolle spielen, »wann« (im kalendarischen Sinne) noch durch wen (welche Person) noch mit welcher speziellen Uhr gemessen wurde. Und für die verwendeten Uhren heißt dies, daß sie alle mindestens insofern äquivalent sein müssen, als weder irgendein Nullpunkt einer Zeitskala noch irgendeine Maßeinheit eine für das Meßresultat auszeichnende Rolle spielen dürfen. (Der Bezug auf die praktisch sinnvollen Maßeinheiten wie die Sekunde dient nur dazu, Verhältniszahlen von zeitvermessenen Geschehnissen einfacher handhaben zu können.)

Zeitmessung ist, wie auch die Messung anderer methodischer Grundgrößen wie Länge, Masse, Ladung, für Physik und andere Naturwissenschaften konstitutiv. Das heißt, Meßkunst ist kein Zweck, sondern ein Mittel der Naturwissenschaften, quantitative Aussagen zu gewinnen, und mithin auch kein empirisches Resultat, sondern eine technische Bedingung der Möglichkeit empirischer Resultate. Dieser Rolle versucht das Programm der Protophysik gerecht zu werden, die als normative Theorie klärt, wie die de facto von den Naturwissenschaften in Anspruch genommenen Leistungen ihrer Meßkünste technisch erreicht werden können. Dazu werden Normen als allgemeine Ziele der Meßgeräteerzeugung und -verwendung formuliert und mit sogenannten Realisierungsverfahren versehen, die sich als technisches Rezeptewissen in der Begrifflichkeit moderner Handlungstheorien präsentieren. Kerngedanke dieses Ansatzes ist es, daß jede faktische Messung nicht nur die Verfügbarkeit des jeweiligen Meßgeräts, sondern auch dessen spezifische Ungestörtheit in Anspruch nimmt – und der Unterschied von »ungestört« und »gestört« kein empirischer sein kann. Dies erkennen durch die Praxis sogar empiristische Naturwissenschaftler an, insofern nach Möglichkeit jede Störung wieder kausal erklärt und technisch behoben wird.

Die Protophysik ist inzwischen für die Messungen von Länge, Zeit und Masse zu großer theoretischer Reife gelangt, die sich nicht unwesentlich der Auseinandersetzung zwischen Urhebern und Kritikern der Protophysik verdankt. Eine wichtige Station in dieser Auseinandersetzung waren ein von Gernot Böhme herausgegebener Diskussionsband und nicht zuletzt seine eigene philosophische Auseinandersetzung mit der Protophysik der Zeit. Diese soll hier, in einen weiteren Rahmen zeitphilosophischer Fragen gestellt, Gegenstand dieses Aufsatzes sein.

Das Thema »Zeit« hat Gernot Böhme in den letzten dreißig Jahren immer wieder beschäftigt, von seinem Buch *Über die*

Zeitmodi (Böhme 1966) über seine historischen Studien zur Zeittheorie bei Platon, Aristoteles, Leibniz und Kant (Böhme 1974) und eine Auseinandersetzung mit der Protophysik der Zeit (Böhme 1976a, 1976b) bis hin zu einem Artikel im *Frankfurter Allgemeine Magazin* (Böhme 1994). Und wahrscheinlich ist dies keine vollständige Aufzählung seiner Arbeiten zur Zeit.

Einen Autor über rund dreißig Jahre seiner Arbeit in allen Punkten auf Kohärenz und Konsistenz festlegen zu wollen hieße, ihm Entwicklung und Lernfähigkeit abzusprechen. Deshalb ist es im folgenden unter keinen Umständen als Einwand zu werten, wenn etwas eklektizistisch einige seiner Kernthesen herausgegriffen werden, die sich, zu verschiedenen Zeiten geäußert, nicht unbedingt gut vertragen. Dabei soll es nicht um irgendwelche Entwicklungen einer wissenschaftlichen Biographie gehen, sondern in systematischer Absicht um letztlich zwei Kernfragen einer Philosophie der Zeit, wie immer sie den Ressorts von Wissenschaftstheorie, Erkenntnistheorie oder Naturphilosophie zuzurechnen sind.

Die Auswahl dieser beiden, in einer – wie sich zeigen wird – systematischen Verbindung stehenden Themen ist angestoßen durch die beiden Aufsätze Böhmes in dem von ihm herausgegebenen oben erwähnten Protophysik-Band. Ihre Titel lauten: »Ist die Protophysik eine Reinterpretation des Kantischen Apriori?« und »Protophysik der Zeit – eine nicht-empirische Theorie der Zeitmessung?« Sie beziehen sich beide auf die erste Auflage meines Buches *Die Protophysik der Zeit* von 1969 – und selbstverständlich ist auch auf meiner Seite die Diskussion der Protophysik, der Erkenntnistheorie und der Naturphilosophie in den seither vergangenen 25 Jahren (unter anderem durch die Diskussion der Protophysik durch Gegner und Befürworter sowie zwei weitere Auflagen meines Buches und eine Reihe von Aufsätzen zu anderen Zeitproblemen) vorangeschritten.

In Auseinandersetzung mit Böhme sollen im vorliegenden Aufsatz Lösungsvorschläge für zwei Fragen vorgetragen werden:
(1) Ist Zeit »die Veränderung in gleichen Maßen« und »selbst zyklisch« (Böhme 1994), so daß Zeitmessung methodisch primär nicht an kontinuierlichen, gleichförmigen Bewegungen, sondern an periodischen, »gleichmäßigen« Bewegungen zu messen sei – darin einen prinzipiellen Unterschied zu einer formentheoretisch begründbaren Geometrie bildend?

(2) Ist eine Theorie des Messens zugleich eine »Theorie der Gegenstände des Messens« (Böhme 1976b), so daß Forderungen an den Bau und die Funktion von Meßinstrumenten zugleich eine Theorie der Wirklichkeit sind, die festlegt, »als was und wie Natur überhaupt nur erscheinen kann« (Böhme 1976a, S. 226)? In anderen Worten, wie verhält sich eine Theorie der (messenden) Erfahrung zu einer Theorie der Gegenstände der (messenden) Erfahrung? In letzter Zuspitzung: Ist Zeit doch ein Naturgegenstand, dem sich die von Menschen gemachten Bedingungen seiner Erkenntnis anzupassen haben, so daß letztlich auch grundlegende Aussagen über die Zeit nur über Erfahrungen möglich sind?

Was messen Uhren?
Eine Reformulierung des Problems

Eine kontroverse Frage zur Zeitmessung ist längst beantwortet: Böhme hat zu Recht die (frühere) Beschränkung der protophysikalischen Chronometrie auf die gleichförmige Bewegung (im Sinne der geradlinigen Bewegung eines Punktkörpers mit konstanter Geschwindigkeit) und die damit verbundene Ablehnung der periodischen Bewegungsform, die in meinem ersten Ansatz von einer (immer noch berechtigten) Kritik an Dingler motiviert war, kritisiert. Der Grund ist einfach: Da für eine Protophysik der Zeit die Geometrie (einschließlich einer Analytischen Geometrie und der Analysis) zur Verfügung steht, ist eine rein geometrische, das heißt uhrenfreie Übersetzung gleichförmiger Bewegungen konstanter, periodisch alternierender Geschwindigkeiten möglich. Der formentheoretische Ansatz der Chronometrie ist – wie dies auch in der zweiten Auflage von *Die Protophysik der Zeit* (1980) gezeigt wird – durchführbar.

Mit anderen Worten: Nicht nur geradlinige und Drehbewegungen jeweils konstanter Geschwindigkeit sind uhrenfrei als äquivalent, zum Beispiel durch geometrische Zwangsführungen ineinander überführbar auszuweisen, sondern auch zum Beispiel Sinusschwingungen und gleichförmige Bewegungen. Anders steht es allerdings mit (»frei schubsynchronen«) Taktgebern – man denke zum Beispiel an ein Metronom, bei dem nur Synchronizitäten punktförmiger Ereignisse an mehreren Taktgebern berücksichtigt werden, über Zustände der Geräte »zwischen« den Taktereignissen jedoch nichts angenommen wird. (Mit diesem Vorschlag greift Paul Lorenzen 1987, übrigens inkonsistent mit seinem Programm, die Chronometrie apriorisch zu begründen, einen ähnlichen Ansatz Dinglers auf. Dafür lassen sich jedoch keine Eindeutigkeitssätze formulieren und beweisen, wie diese »formentheoretisch« möglich sind.) Die Auseinandersetzung kann also nicht mehr um die Frage gehen, ob periodische Bewegungen, zu denen Böhme auch konstante Drehbewegungen wie die Erdrotation rechnet, protophysikalisch zugelassen sind.

Was aber ist gemeint, wenn Böhme – etwa mit dem Hinweis auf Newton – hervorhebt, daß Zeit »aequabiliter fluit«, was »gleichmäßig, nicht gleichförmig« heißt (Böhme 1994, S. 24), und resümiert: »Alle Uhrzeit ist digital« (ebd., S. 30). Kontinuierlich werde Zeit nur »dargestellt«. Sicher trifft historisch zu, daß der Uhrengang schon seit dem antiken Betrieb von Planetarien mit Hilfe von Wasseruhren, über die mechanische Engeluhr des Villard de Honnecourt (1240), bei der eine Engelfigur mit dem Arm auf die Sonne weisen sollte, bis zur Verwendung von Schiffsuhren für Navigationszwecke, an der Himmelsdrehung geeicht wurden, das heißt eine (für konstant gehaltene) kontinuierliche Drehbewegung simulieren sollten (vgl. Janich 1980, S. 228-245). Aber spätestens seit dem Hinweis Kants, daß die Erdrotation durch Gezeitenreibung verlangsamt wird, also als Normal für eine wissenschaftliche Zeitmessung ausscheidet, ist das Problem einer begründeten Auswahl oder Definition eines Zeitmeßstandards offen.

Das Problem läßt sich zuspitzen auf die Frage: Was ist hier Zweck, und was ist Mittel? Sind die periodischen Bewegungen in unseren Uhren (vom Pendel über den Schwingquarz bis zu Atomschwingungen) nur ein Mittel, um den Zweck kontinuierlicher Bewegungen technisch zu realisieren, die ihrerseits Zeit messen (und damit der Rede vom »Fluß der Zeit« einen Sinn geben, über die Herkunft vom Gebrauch der Wasseruhren hinaus), oder ist die Zeit ihrer Natur nach getaktet (Böhme: »digital«) und »zyklisch« wie bei der Wiederkehr gleicher Perioden oszillierender Körper – als Zweck der technischen Realisierung von Zeitmeßgeräten –, und die kontinuierlichen Bewegungen konstanter Geschwindigkeit (wie bei Simulation der Erdrotation) nur das technische Mittel, unsere Uhren geeignet zu eichen?

Böhme stellt sich hier klar in die empiristische Tradition – allen seinen Sympathien für das Kantische Apriori zum Trotz, wie es sich zum Beispiel in seiner Befürwortung der erlebten Zeitmodi vor der Auszeichnung einer Zeitrichtung durch den zweiten Hauptsatz der Thermodynamik (Böhme 1966) zeigt.

»Hier zeigt sich ein fundamentaler Unterschied zwischen Zeitmessung und Längenmessung. Die Längenmessung hat ihre Basis in der Möglichkeit eines unverzerrten Maßstabtransports: Wir können ein Grundmaß nehmen und damit nach und nach die Länge eines zu messenden Gegenstandes abgreifen. ›Unverzerrter Maßstabtransport‹, auch das mag, wie die Relativitätstheorie zeigt, eine voraussetzungsreiche Annahme sein. Aber bei der Zeit gibt es eben überhaupt nichts dergleichen. Wie also können wir wissen, daß zwei aufeinanderfolgende Schwingungen von gleicher Dauer sind? ... Als gleichmäßig würden wir heute den Schwingungsvorgang ansehen, der mit der größten Menge anderer schwingender Vorgänge im Takt ist. Das Erstaunliche ist nun, daß es diese große Klasse von Gegenständen, die im Takt schwingen, Pendel, Federpendel, schwingende Saiten, Planetenumschwünge und die Unzahl schwingender Kristalle, tatsächlich gibt« (Böhme 1994, S. 24).

Das ist genau dieselbe Antwort, die auch Moritz Schlick und Rudolf Carnap auf die Frage nach dem Auswahlproblem einer geeigneten Klasse von Bewegungen, die sich zur Zeitmessung eignen, gegeben haben – da selbstverständlich die zirkuläre Definition von »periodisch« über »gleiche Zustände nach gleichen Dauern« nicht in Frage kommt.

Meine Einwände gegen diese Zeitmeßtheorie des Logischen Empirismus, der Böhme noch die von seinem Lehrer v. Weizsäkker übernommene Forderung nach »semantischer Konsistenz« von Meßgeräte- und Naturbeschreibung hinzufügt (vgl. Böhme 1976, S. 229), sind bisher nicht widerlegt:

(1) Wenn die »große Klasse« der zueinander in einem konstanten Frequenzverhältnis stehenden Bewegungen natürliche Bewegungen, das heißt also solche sein sollen, die nicht der Mensch an Geräten hergestellt hat (von Atomschwingungen im Kristall bis zur Erdrotation), so ist es schlechterdings empirisch falsch, daß es nur eine Klasse solcher Vorgänge gibt. Vielmehr gibt es unendlich viele solcher Klassen. Ihre Unterscheidung, wenn sie denn explizit und wissenschaftlich und nicht nur metaphysisch-ontologisch sein soll, hängt von der Beobachtungsgenauigkeit und der Meßkunst ab. Das heißt, schon in die Klassenbildung geht

eine willkürliche Setzung der Beobachtungsgenauigkeit ein, die entscheidet, welche Vorgänge noch zur Klasse gehören und welche nicht. Alle natürlichen Bewegungen sind, bei hinreichender Beobachtungsgenauigkeit, zueinander nicht frequenzkonstant.
(2) Sind nicht natürliche, sondern »künstliche« Vorgänge gemeint, die Menschen an Geräten in Gang setzen, verkennt der empiristische Ansatz, daß alle durch menschliche Handlungen nach Zwecken erzeugten und in Gang gesetzten Geräte auch gestört sein und damit ihren Zweck verfehlen können. Es darf als ausdiskutiert gelten, daß naturwissenschaftliche Empirie keine Störungsdefinition leisten kann – durchaus in Übereinstimmung mit zweckrationaler naturwissenschaftlicher Praxis, in der alle Gerätestörungen wieder unter Zuhilfenahme naturwissenschaftlicher Kausalerklärungen behoben oder vermieden werden. Etwas salopp formuliert: Auch alle gestörten Geräte bzw. Vorgänge unterliegen Naturgesetzen, oder etwas weniger salopp formuliert, geraten nicht in Konflikt mit bewährten, empirischen, auf Messung beruhenden Theorien. Das heißt aber, es sind nicht »Naturgesetze«, sondern die Herstellungs- und Verwendungszwecke unter anderem von Uhren, die durch die gesamte Kulturgeschichte hindurch die Einheitlichkeit einer Klasse von Standardbewegungen zur Zeitmessung bestimmt haben und die mit technischen Mitteln realisiert wurden.
(3) Das hilfsweise bemühte, affirmative Argument für die empirische Auswahl von Standardbewegungen zur Zeitmessung unterscheidet sich nicht prinzipiell bei den Logischen Empiristen Schlick und Carnap, die militante Anti-Aprioristen waren, und den Neo-Aprioristen Böhme und von Weizsäcker: Die empirische Auswahl von Zeitmeßstandardvorgängen muß mit der anerkannten Physik verträglich sein. Bei Carnap müssen sie zu den »einfachsten«, das heißt den tatsächlich anerkannten Theorien führen, bei von Weizsäcker und Böhme müssen es die mit der Theorie »konsistenten« sein.

Wer hier eine Klärung herbeiführen will, muß sich offenbar durch die historischen Schuttberge der Zeit- und Wissenschaftsphilosophie hindurcharbeiten – sofern nicht nur historisch vorliegende Naturwissenschaft analysiert und beschrieben werden soll, sondern das erkenntnistheoretische Risiko eingegangen werden darf, in dem logisch-begrifflichen und methodologischen Spielraum, den alle angenommene empirische Bewährtheit durchaus immer noch zuläßt, im theoretischen Selbstverständnis der Naturwissenschaften entsprechend Irrtümer zu erkennen.

Irreführend für eine erkenntnistheoretische Fragestellung ist es, nicht zwischen den von handelnden Menschen erfolgreich realisierten Zwecken und den Erfahrungen zu unterscheiden, die sich – zum Beispiel in Form von Meßresultaten – gerade auf diesen Erfolg stützen. Dieser Irrtum ist Böhme mit Sicherheit nicht vorzuwerfen. Seine Bedenken liegen, meinem Verständnis nach, viel subtiler und tiefer, nämlich genau in der Frage, was der vermessene Gegenstand gleichsam an Adäquatheit von den Zwecken und Mitteln menschlicher Meßkunst fordert.

Das Problem vor dem geläufigen Hintergrund der empiristischen Wissenschaftstheorie ist dagegen durch den Gegensatz von Form und Größe, genauer von formentheoretischen und größentheoretischen Ansätzen geprägt. Nur Formen – räumliche wie zeitliche – sind prototypenfrei reproduzierbar und leisten damit die Transsubjektivität der Geltung von Meßresultaten, auf die sich die Naturwissenschaften und alle ihre Philosophien de facto verlassen. Größen dagegen sind prinzipiell nur auf der Grundlage bereits empirischen Wissens reproduzierbar – und damit unter keinen Umständen generell prototypenfrei.

Für eine ausführliche Klärung dieser Fragen muß auf einschlägige Literatur verwiesen werden. In Kurzform geht es dabei um das Folgende:

Jedes singuläre Meßresultat soll »transsubjektiv gültig« sein, das heißt unabhängig von der messenden Person und der kontingenten Wahl eines bestimmten Meßgeräts sein. Anders ausgedrückt, alle Meßgeräte eines bestimmten Parameters müssen in einer bestimmten Hinsicht äquivalent sein. Diese Äquivalenz ist eine bei der Konstruktion, Herstellung und Verwendung von Meßgeräten durch technische Maßnahmen zu sichernde, künstliche Eigenschaft. Die Frage ist also, wie diese Sicherung gelingt.

Die Antwort der konstruktiven Philosophie lautet, daß »prototypenfreie«, das heißt also nicht auf individuelle Vergleichskörper (wie das Pariser Urmeter) oder Vergleichsbewegungen (wie die Erdrotation) Bezug nehmende Herstellungsverfahren für Meßgeräte anzugeben sind. Das berühmte Dinglersche Dreiplattenverfahren für das Schleifen ebener Oberflächenstücke an Körpern ist dafür ebenso ein Beispiel wie meine Definitionen des gleichförmigen Uhrengangs und der homogenen Massendichte.

Für den Empiristen prinzipiell irritierend ist die Vorstellung, man könne durch Handlungsrezepte Eigenschaften von Körpern oder Vorgängen sicherstellen, die – mit den Mitteln der Logik ausgedrückt – einen Übergang von »einigen« auf »alle« leisten: am anschaulichen Beispiel der Ebenen also ein Wissen, daß alle ebenen Oberflächen aufeinander passen, obgleich sie in ihrem Herstellungsprozeß nur an einigen Paßstücken kontrolliert sind (vgl. Janich 1984b).

Es ist der bis heute durchgehaltene, geradezu unerbittliche Dogmatismus einer empiristischen wissenschaftstheoretischen Mehrheitsposition, am Entweder-Oder der logisch-definitorischen und der empirischen Erkenntnis festzuhalten. Daß Menschen auch etwas über ihre eigenen Handlungen, deren Schemata, über Handlungsfolgen und Folgenvermeidung wissen können, fällt dabei diesem dogmatischen Verdikt kategorisch zum Opfer. Dabei ließe sich gut dafür argumentieren, daß weder lebensweltlich noch wissenschaftlich rational gehandelt werden könnte, wenn nicht immer wieder ein Handlungs- und Handlungsfolgewissen entwickelt und in Anspruch genommen würde. Das heißt hier, daß die Frage, ob zwei ebene Körperoberflächenstücke aufeinander passen oder ob zwei aus beliebigen Herstellungszusammenhängen stammende Uhren (am selben Ort) zueinander ein konstantes Gangverhältnis aufweisen, zwar selbstverständlich durch konkrete, raumzeitlich singuläre Beobachtung entschieden werden muß, daß aber damit menschliche Weisheit nicht am Ende ist. Diese schließt nämlich ein, im Falle der Abweichung (»Störung«) mit rationalen Gründen zu sagen, daß mindestens eine der Oberflächen nicht eben und mindestens eines der beiden Geräte keine störungsfrei funktionierende Uhr sei. Die rationalen Gründe sind, daß die künstlich an den Objekten herbeigeführten Eigenschaften die Erwartung rechtfertigen, daß Oberflächenstücke bzw. Uhren zueinander passen. Diese Erwartung ist ein in aller logischer Strenge (nämlich aus der Formulierung der Zwecke) beweisbares Handlungsfolgewissen – sofern nur als Gegenstandsbereich dieser beweisenden Rede ein begrifflich geklärtes Beschreibungs- oder Vorschreibungswissen menschlicher Handlungen zugelassen wird.

Die Frage, ob das Handlungswissen, gewünschte Eigenschaften prototypenfrei reproduzieren zu können, eine Reinterpretation des Kantischen Apriori leistet, ist dabei ohne systematische Bedeutung. Kant selbst hatte wohl etwas prinzipiell Anderes, nämlich nicht auf Meßkunst Beschränktes im Sinn und dürfte der naturalistischen Interpretation durch Konrad Lorenz (das Apriori der subjektiven Erkenntnis ist das Aposteriori der Stammesgeschichte) nähergestanden haben als dem handlungstheoretischen Apriorismus der methodischen Konstruktivisten. Dies aber sind philosophiehistorische Interpretationsfragen ohne systematisches Begründungsgewicht.

Auch wenn der Dogmatismusvorwurf Böhme in keiner Weise trifft, scheint Böhme ein empiristisches Erbe zu tragen, wo er – vgl. obiges Zitat – einen prinzipiellen Unterschied von Längen- und Zeitmessung behauptet. Dabei macht ja Böhme selbst klar, daß alles menschliche Handeln und Erleben »über die Zeit ausgebreitet, geradezu längs der Zeit verschmiert« ist. Genauso gilt, jedenfalls bei Handlungen des Messens von Längen mit Stäben und von Dauern mit Uhren, daß sie auch immer »räumlich« ausgedehnt sind. Was sollte aber dann der prinzipielle Unterschied sein, zum Beispiel zwei gegenüberliegende Kanten einer Tischplatte durch Vergleich mit einem räumlich transportierten Stab als gleich lang auszuweisen und zwei Ereignisse wie zum Beispiel zwei Gewitter zwischen dem ersten und dem letzten beobachteten Blitz durch den (zeitlichen) Transport einer Dauer mit Hilfe einer Uhr?

In beiden Fällen taucht das bei der Zeit von Böhme so dramatisch empfundene Problem auf, daß man wissen muß, was es heißen soll, daß etwas über die Zeitdauer hinweg sich selbst gleich bleibt – der Stab während des Transports, der Uhrengang während des Transports. Es wäre ja nur eine Fehlinterpretation der Geometrie in ihrer Rolle für die Meßkunst, wollte man auf die Zeitunabhängigkeit geometrischer Aussagen hinweisen und damit etwas für den ungestörten, in der Zeit stattfindenden Transport starrer Meßstäbe im Raum ausmachen. Für beide Fälle, den Vergleich räumlich entfernter Strecken und den Vergleich zeitlich entfernter Dauern, benötigen wir ein den Transport unverändert überstehendes Vergleichsmittel. Daß dies bei der Länge räumlich, bei der Dauer zeitlich ist, ist begrifflich kein prinzipieller Unterschied – beides sind nur Aspekte raumzeitlicher Ereignisse bzw. Handlungen. Unklar könnte nur sein, daß auch das zeitliche Mittel prinzipiell nicht anders als das räumliche über die Reproduzierbarkeit von Formen zu gewinnen ist.

Auch in striktester, Erlebnisqualitäten einschließender und die Einmaligkeit unwiederbringlicher Lebensaugenblicke berücksichtigender Weise gelingt der räumliche und der zeitliche Vergleich durch technische Maßnahmen transsubjektiv gültig und prototypenfrei reproduzierbar, sofern er formentheoretisch vorgeht. Mit anderen Worten, die von Böhme vermutete prinzipielle Verschiedenheit von Raum und Zeit ist in einer expliziten formentheoretischen Meßtheorie behebbar. Sie bleibt problematisch nur in einer gewissen Vermengung der empiristischen, größentheoretischen Auffassung des Messens nach dem Vorbild von Hermann von Helmholtz, und wohl auch bezüglich des Unterschieds, den Kant zwischen Raum und Zeit über einen »äußeren« und »inneren« Sinn macht – der innere Sinn spielt aber für die Auszeichnung der Zeitmessung an Geräten nicht die geringste Rolle, weil er in genau derselben Weise auch für die Längenmessung (als Handeln in der Zeit) in Anschlag zu bringen ist.

Natur als Gegenstand der Erfahrung – hat Zeit natürliche Eigenschaften?

In seiner Untersuchung über die Zeitmodi, insbesondere in Beziehung zum zweiten Hauptsatz der Thermodynamik von 1966 versucht Böhme, unter Einbeziehung der Zeitphilosophien von Aristoteles und Heidegger, vor allem aber im Blick auf Kant »das Apriori der Zeitstrukturen zu zeigen, ihren Voraussetzungscharakter für den zweiten Hauptsatz der Thermodynamik«. Und: »Ich bin zufrieden, wenn ich gezeigt habe, daß die zeitlichen Strukturen nicht erst aus der Wissenschaft, speziell aus der Physik, gewonnen werden, sondern zu den Bedingungen der Möglichkeit dieser Wissenschaft gehören.« (S. 10)

Nach einer Diskussion der Zeitmodi im vorwissenschaftlichen Bewußtsein, die manche Anleihe bei Augustinus nimmt und sich mit Bergson auseinandersetzt, wird im Kapitel »Die Zeit der Physik« behauptet: »Die Natur ist das, was uns durch die Sinne bekannt ist. Ausgangspunkt und letztes Kriterium der Wahrheit jeder Aussage in der Physik bleibt deshalb die sinnliche Wahrnehmung.« Da die Physik quantitative Aussagen macht, »nimmt für sie die sinnliche Wahrnehmung als Ausgangspunkt und letztes Wahrheitskriterium die Form der Messung an« (S. 56, 57).

»Erst die Messungen sind es, die die physikalischen Aussagen auf die Wirklichkeit beziehen.« (S. 59) Daran schließt sich aber nicht, wie man erwarten könnte, eine Analyse der tatsächlichen Zeitmeßpraxis der Physik an, sondern – wie in ihrer Sprachfixierung auch Philosophen des Wiener Kreises nicht anders verfahren sind – eine Analyse physikalischer Theorien, vor allem der Quantenphysik und der Thermodynamik. Messung als technische Praxis, getragen von nichtsprachlichen Handlungen und den sie leitenden Zwecken, wird nicht thematisiert. Der Wirklichkeitsbezug der Überlegungen Böhmes läuft also nicht durch Reflexion auf eine tatsächlich von den Fachwissenschaften geübte Laborpraxis, sondern über eine – an vielen Textstellen zu belegende – Zustimmung zu den faktisch historisch von den Physikern anerkannten Theorien. Dies darf als Hintergrund auch für die Frage angenommen werden, ob die Protophysik der Zeit eine »Reinterpretation des Kantischen Apriori« ist:

Böhme verweist auf den »obersten Grundsatz aller synthetischen Urteile«, der bei Kant lautet: »Die Bedingungen der Möglichkeit der Erfahrung überhaupt sind zugleich Bedingungen der Möglichkeit der Gegenstände der Erfahrung« (*Kritik der reinen Vernunft* A 158/B 197; vgl. auch Böhme 1976a, S. 226 f.). Durchaus zustimmungsfähig ist, wenn Böhme anschließt: »Ein entsprechender oberster Grundsatz der Protophysik hätte damit zu lauten ›Die Bedingungen der Möglichkeit des Messens sind zugleich die Bedingungen der Möglichkeit der Gegenstände des Messens‹« (Böhme 1976a, S. 227). Aber »die Erwartungen der Protophysiker gehen an diesem Punkt offenbar zu weit ... Es ist nicht plausibel zu machen, warum die Forderungen, die man an Meßapparate zu stellen hat, zugleich konstitutiv für die Gegenstände sein sollen, die man mißt« (ebd.).

Auf die Begründung Böhmes für diese Kritik, die er nicht an der Zeitmessung, sondern an der Geometrie durchspielt und die auf den Vorschlag der semantischen Konsistenz zwischen empirischer und Meßtheorie nach von Weizsäckers hinausläuft, gehen wir hier aus folgendem Grund nicht ein: Der Einwand Böhmes ist dem erkenntnistheoretischen Anliegen der Protophysik nicht angemessen, in den durch Meßvorschriften rekonstruierten Bedingungen der Möglichkeit messender Erfahrung ein Geltungskriterium für Meßprotokolle zu gewinnen, und zwar über die Unterscheidung von ungestörten und gestörten Meßgeräten. Der

Leitgedanke der »semantischen Konsistenz« jedoch stellt nur eine formale Beziehung zwischen zwei Theorien her, deren verschiedener erkenntniskonstituierender Status dabei unreflektiert bleibt. Dabei wird gerne von den Kritikern der Protophysik, Böhme nicht ausgeschlossen, übersehen, daß der Ansatz einer methodischen Begründung keineswegs eine negative Vorentscheidung gegenüber den historisch vorfindlichen Theorien der Physik bedeutet. Die Grunddezision, die jedoch in einem methodischen Aufbau als ungerechtfertigt abzulehnen ist, ist die Uminterpretation der historisch faktischen Anerkennung jeweils jüngster physikalischer Theorien in eine bereits geleistete erkenntnistheoretische Rechtfertigung.

Böhme hat sich, sehr im Unterschied zu den aus dem Logischen Empirismus kommenden Kritikern der Protophysik, mit dem methodischen Begründungsanspruch auseinandergesetzt, indem er den Ansatz der »Hochstilisierung« wissenschaftlicher Regulative aus Handwerkerregeln berücksichtigt und diskutiert. Er formuliert – mit Anleihen bei Newton –: »Die Hochstilisierung, die Handwerksregeln in Regulative überführt, die das wissenschaftliche Verhalten verbindlich gestalten, besteht also darin, daß die maßgebenden Gegenstände oder Verhältnisse des Handwerks auf Ideale hin überschritten werden und so selbst von diesen Idealen her kritisierbar und korrigierbar werden« (ebd., S. 234). Im Falle der Zeit ist bei »Ideal« an den Newtonschen Begriff der absoluten Zeit gedacht. Dieser Text gibt allerdings nicht zu erkennen, ob er damit eine Kritik an der Protophysik formulieren soll, denn die Protophysik verfährt genauso: Es werden »ideative Normen« zum Beispiel für die Ununterscheidbarkeit von Abschnitten einer gleichförmigen Bewegung aufgestellt und mit handwerklichen Realisierungsverfahren gefüllt, wobei tatsächlich immer die »Handwerkerregeln« etwa für Uhrmacher oder Benützer von Uhren in der Laborphysik nach diesem Ideal (als der Definition der Störungsfreiheit des Uhrengangs) beurteilt und korrigiert werden. In diesem Sinne wird durchaus der abstrakte Gegenstand Zeit als das mit Uhren Gemessene durch die Theorie der Meßeigenschaften konstituiert – ganz in dem Sinne, wie auch Böhme es fordert.

Dem steht, soweit ich sehen kann, nur das Unbehagen entgegen, daß – aus methodischer Sicht durchaus zustimmungsfähig – das Vorgehen der Protophysik »nur stichhaltig (ist), wenn man den Gegenstand in den Meßapparat mit einbezieht. Nur dann nämlich wäre die Forderung an den Meßapparat zugleich eine Forderung, die für den zu messenden Gegenstand verbindlich ist.« Aber Böhme fährt fort: »Nach den mathematischen Möglichkeiten ... wie auch nach den physikalischen Tatsachen stellt sich das Verhältnis aber genau umgekehrt dar: Man bezieht den Meßapparat in den Gegenstand ein« (ebd., S. 228). Mit anderen Worten, Böhme bietet als Einwand nur den faktischen, historisch mehrheitsfähigen, empiristischen Entschluß an, im Lichte »der physikalischen Tatsachen« die Theorie der Messung nachträglich umzuinterpretieren, um sie mit den empirischen Theorien semantisch konsistent zu machen. Damit gewinnt aber der Bezug zu Kants oberstem Grundsatz aller synthetischen Urteile a priori eine höchst sonderbare Wendung: Kants Rede von den »Bedingungen der Möglichkeit der Gegenstände der Erfahrung« wird – wohl ganz unkantisch – empiristisch auf den Kopf gestellt. Wie die Gegenstände der Erfahrung seien, sage uns die Physik, und die Theorie der Bedingungen der Möglichkeit habe sich danach zu richten.

Wenn Kant nicht bei der Formulierung »Möglichkeit der Gegenstände der Erfahrung« nur Sprachmißbrauch getrieben haben sollte, kann er nur gemeint haben, daß die Gegenstände der Erfahrung durch die Prozesse der Erfahrung zugänglich werden – was für Zeit bedeutet, daß sie kein Naturgegenstand ist, sondern durch menschliche Erfahrung in ihrer apriorischen Bedingtheit »erzeugt« wird.

Schwierigkeiten, diesen Kantischen Ansatz in eine methodische Wissenschaftsphilosophie aufzunehmen, liegen in der Vernachlässigung von Poiesis und Sprache durch Kant als erkenntnistheoretische Aspekte, die für die wissenschaftliche Form der Erfahrung in Messungen tragend werden: Wo keine Poiesis zur Reproduktion von Meßgeräten mit dem Ziel, Meßresultate transsubjektiv gültig zu machen, und wo keine explizite Normierung der diese poietische Praxis begleitenden und normierenden Sprache vorgesehen wird, dort ist auch kein explizites, auf die empirischen Meßresultate relatives Apriori bestimmt. Dieser Defekt der Kantischen Philosophie, der zum Beispiel dazu führt, daß auch noch so weitgehende und kühne Interpretationen der *Kritik der reinen Vernunft* nicht ausreichen, zu entscheiden, ob nun das Parallelenaxiom oder eine seiner Negationen synthetisch a priori gelten, ist erst mit den modernen Mitteln von Handlungstheorie und Sprachphilosophie zu beheben.

Die Auffassung dagegen, daß Zeit in irgendeinem Sinne ein »natürlicher Gegenstand« sei, den man gar mit den empirischen Methoden der Physik in seinen Strukturen erkennen könne, ist definitiv nicht wiederzubeleben. Zeit (als Maß der Dauer) ist nicht nur, aristotelisch gesprochen, etwas an der Bewegung, sondern das an der Bewegung, was der Mensch nach seinen Zwecken mit technischen Hilfsmitteln als Einteilung (nach Verhältnissen von Dauern) zustande bringt. Daß dies nur handelnden Menschen gelingt, die in ihrer Handlungs- und Sprachkompetenz keine menschlichen Defekte haben, wenn sie keine Physiker sind, ja sogar, wenn sie unter gleichsam paradiesischen Bedingungen nicht einmal lebensweltlich Uhren benützen, ist – zumindest zwischen Böhme und mir – unstrittig. Es ist der sprachliche Umgang des Menschen mit seinen Handlungen und Erlebnissen, die – in methodischer Ordnung – am eigenen Handeln die Zeitmodi, dann in einem prädikativen Sinne die Zeitordnung von Handlungen und Ereignissen und schließlich den Vergleich von Zeitdauern konstituieren (vgl. Janich 1994). Zeit ist – in allen ihren Aspekten – ein Kulturgegenstand. Und sicher kommt noch die (historische) Zeit, diesen Sachverhalt ohne (affirmative oder negative) Vorentscheidung gegenüber den Resultaten des Kulturphänomens Physik zu erwägen.

Literatur

Böhme, Gernot (1966), *Über die Zeitmodi. Eine Untersuchung über das Verstehen von Zeit als Gegenwart, Vergangenheit und Zukunft mit besonderer Berücksichtigung der Beziehungen zum zweiten Hauptsatz der Thermodynamik*, Göttingen.

– (1974), *Zeit und Zahl. Studien zur Zeittheorie bei Platon, Aristoteles, Leibniz und Kant*, Frankfurt am Main.

– (1976a), »Ist die Protophysik eine Reinterpretation des Kantischen Apriori?«, in: ders. (Hg.), *Protophysik. Für und wider eine konstruktive Wissenschaftstheorie der Physik*, Frankfurt am Main, S. 219-234.

– (1976b), »Protophysik der Zeit – eine nicht-empirische Theorie der Zeitmessung?«, in: ders. (Hg.), *Protophysik. Für und wider eine konstruktive Wissenschaftstheorie der Physik*, Frankfurt am Main, S. 276 bis 299.

– (1994), »Die Zeit des Menschen fließt, aber nicht die Zeit der Uhr«, in: *Frankfurter Allgemeine Magazin* 767, Frankfurt am Main, S. 24-35.
– (Hg.) (1976), *Protophysik. Für und wider eine konstruktive Wissenschaftstheorie der Physik*, Frankfurt am Main.
Janich, Peter (1972), »Augustins Zeitparadox und seine Frage nach einem Standard der Zeitmessung«, in: *Archiv für Geschichte der Philosophie* 54, S. 168-186.
– (1976a). »Zur Protophysik des Raumes«, in: Gernot Böhme (Hg.), *Protophysik. Für und wider eine konstruktive Wissenschaftstheorie der Physik*, Frankfurt am Main, S. 83-130.
– (1976b), »Zur Kritik an der Protophysik«, in: Gernot Böhme (Hg.), *Protophysik. Für und wider eine konstruktive Wissenschaftstheorie der Physik*, Frankfurt am Main, S. 300-350.
– (1980), *Die Protophysik der Zeit. Konstruktive Begründung und Geschichte der Zeitmessung*, Frankfurt am Main. Englisch in: Robert S. Cohen und Marx W. Wartofsky (Hg.), *Boston Studies in the Philosophy of Science*, Bd. 30, Dordrecht/Boston/Lancaster 1985.
– (1982), »Was messen Uhren?«, in: *alma mater philippina*, S. 12-14.
– (1984), »Hugo Dingler, die Protophysik und die spezielle Relativitätstheorie«, in: Peter Janich (Hg.), *Methodische Philosophie. Beiträge zum Begründungsproblem der exakten Wissenschaften in Auseinandersetzung mit Hugo Dingler*, Mannheim / Wien / Zürich, S. 113-127.
– (1985), »Hat Ernst Mach die Protophysik der Zeit kritisiert?«, in: Peter Janich (Hg.), *Protophysik heute.* Sonderheft *Philosophia Naturalis* 22, S. 51-60.
– (1988), »Geschwindigkeit und Zeit. Anregungen bei Aristoteles und Augustinus zur Lösung eines modernen methodologischen Problems«, in: E. Rudolph (Hg.), *Zeit, Bewegung, Handlung. Studien zur Zeitabhandlung des Aristoteles*, Stuttgart, S. 168-192.
– (1992), »Einmaligkeit und Wiederholbarkeit. Ein erkenntnistheoretischer Versuch über die Zeit«, in: Peter Rohs, Wolfgang Kuhlmann, *Zeiterfahrung und Personalität*, Frankfurt am Main, S. 247-263.
– (1994), »Vom Menschen in der Zeit zur Zeit im Menschen. Methodische Abhängigkeiten temporaler Bestimmungen in Anthropologie und Naturphilosophie«, in: R. Löw und R. Schenk (Hg.), *Natur in der Krise. Philosophische Essays zur Naturtheorie und Bioethik*, Hildesheim, S. 199-215.
– (1995), »Protophysik«, in: Jürgen Mittelstraß (Hg.), *Enzyklopädie Philosophie und Wissenschaftstheorie*, Bd. 3, Stuttgart/Weimar, S. 378 bis 381.
– (1996), »Die Konstitution der Zeit durch Handeln und Reden«, in: *Kodikas/Code. Ars Semeiotica*, Bd. 19, Tübingen, Nr. 1/2.
Lorenzen, Paul (1987), *Lehrbuch der konstruktiven Wissenschaftstheorie*, Mannheim/Wien/Zürich.

Heinz Kimmerle

»Es ist Zeit, daß es Zeit wird« Wie kann Zeit (wieder) Zeit werden?[1]

Einleitung

Wir wissen nicht, was Zeit ist. Ist es etwas außer uns, das an uns vorübergeht, wie ein Auto auf der Straße oder eine Wolke am Himmel? Oder ist es eine Weise, Empfindungen wahrzunehmen, die in unserem Bewußtsein vorhanden ist, in dem die Empfindungen eine nach der anderen erscheinen? In einer langen Tradition der westlichen Philosophie, die bei Aristoteles beginnt und bei Hegel endet, ist vor allem im Sinne der ersten Frage argumentiert worden. Zeit wurde im Kontext der Naturphilosophie behandelt. Immanuel Kant hat die Art der Fragestellung umgekehrt. Er erörterte das Problem der Zeit im Rahmen der Erkenntnistheorie. Innerhalb der Tradition der westlichen Philosophie nimmt Augustinus eine besondere Stellung ein, sofern er Zeit bereits 1500 Jahre vor Kant auf die Erfahrungen unseres Bewußtseins bezog. Zu dieser Feststellung kam er, weil merkwürdigerweise Zeit uns so nah und doch so schwer zu begreifen ist. Das gilt noch immer: die Frage nach der Zeit ist so schwierig, weil sie so eng mit unserem Sein als menschlichen Wesen verflochten ist.

Aber das Geheimnis der Zeit geht noch tiefer. Es hat eine Dimension, die im Horizont des westlichen Denkens nicht erfaßt werden kann. Was ist, wenn keine Zeit ist? Die Antwort der westlichen Philosophie ist durch ein Denken eingegeben, das in

1 Der Text dieses Artikels wurde am 15. 12. 1995 in englischer Sprache an der Erasmus-Universität Rotterdam als meine Abschiedsvorlesung vorgetragen; er wurde unter dem Titel »How can time become time (again)? How to repeat what never has been?« veröffentlicht in: D. Tiemersma und H. A. F. Oosterling (Hg.), *Time and temporality in intercultural perspective*, Amsterdam/Atlanta: Rodopi 1996. Es ist mir eine besondere Freude, diesen Text in deutscher Sprache Gernot Böhme zu widmen, der 1985 als Inhaber des Tinbergen-Lehrstuhls an der Universität Rotterdam ein Semester lang mein Gast war.

bestimmten Texten der Bibel seinen Niederschlag gefunden hat: das Gegenteil von Zeit ist Ewigkeit, eine immerwährende Gegenwart. Die mystischen Denker des Mittelalters formulierten diese Beziehung genauer: Zeit kann zum Stillstand kommen; die kleinste Erstreckung der Zeit, die strikt genommen gar keine (= 0) ist, das »Jetzt«, wird immerwährend. Diese Weise zu denken ist ebenfalls von Kant außer Kraft gesetzt. Er drückt es mit aller wünschenswerten Klarheit so aus, daß Zeit, wenn sie in dieser Weise gedacht wird, etwas Paradoxes ist, eine unauflösliche Antinomie. Was vor der Zeit war oder außerhalb der Zeit ist, können wir nicht wissen. Die Fragen übersteigen die endlichen Bedingungen unserer möglichen Erkenntnis.

Erst im 20. Jahrhundert haben Philosophen wie Heidegger, Derrida, Lyotard und andere an der Aufgabe gearbeitet, das westliche Denken hinter sich zu lassen, in dem Zeit als etwas außer uns oder in uns, seiend oder nicht seiend aufgefaßt wird. Die Frage nach dem Sein der Zeit führt auf die Frage nach dem Sein selbst. Zeit ist nicht nur mit dem Sein des Menschen eng verflochten, sondern mit dem Sein selbst. Der radikalste Ausdruck der Frage nach der Zeit wird in die noch radikalere Frage überführt: Was ist, wenn Nichts ist? Als Philosophen, die nach Kant leben und denken, wissen wir mit Sicherheit, daß diese Art Fragen nicht beantwortet werden kann. Wir müssen die Situation aushalten lernen, in der es auf die Frage nach der Zeit und dem Sein keine Antwort gibt. Dies bedeutet, daß wir in das »leere Auge« des Nichts blicken. Dies geschieht nicht, indem wir die Haltung eines Helden annehmen, sondern eher in der Haltung der Geduld und der Gelassenheit. Zeit und sein *sind* nicht in der Weise, in der wir diesen Ausdruck normalerweise gebrauchen. Zeit und Sein *sind* wesentlich, indem sie *sich ereignen.* In der Sprache einer »Ontologie des Vorhandenen« ausgedrückt, können wir sagen: es ist nicht gewiß, daß Zeit und Sein sich ereignen, *sein* werden. Ob sie sich ereignen und wie sie sich ereignen, muß offenbleiben. Aber wenn sie sich ereignen, sind Zeit und Sein nicht mehr, was sie wesentlich *sind.* Sie werden in eine bestimmte Weise zu sein gedrängt, sie werden endliche Dinge innerhalb eines bestimmten Schemas: eines nach dem anderen.

Zeit kann niemals werden, was sie wesentlich ist: reine Offenheit des Seins und des Werdens. Aber wir können daran arbeiten, sie in einer Weise zu denken, die offener ist, weniger in den

Gegensatz von Zeit oder keine Zeit, Sein oder Nichtsein gezwängt. Dies können wir tun, indem wir für eine Vielfalt der Zeit und des Seins optieren, die in verschiedenen Weisen erfahren und gedacht werden. Ich meine dies nicht in einem hochspekulativen Sinn, sondern eher in einem mehr praktischen Sinn. Wie können wir überhaupt in einer Weise denken und handeln, die dem Sein und der Zeit adäquater ist? Einerseits können wir dem Denken Heideggers, Derridas und Lyotards folgen, die sich mit dieser schwierigen Frage beschäftigen und es – wenn möglich – einen Schritt weiterbringen. Andererseits können wir die Vielfalt des Seins und der Zeit direkt und konkret in der Vielfalt der Kulturen wiederzufinden suchen. Deshalb werden wir in diesem Artikel zunächst fragen, wie Zeit von Lyotard und auch von Heidegger und von Derrida gedacht worden ist, und dann, wie Zeit in anderen Kulturen erfahren und wie diese Erfahrung gedacht wird. Als ein Beispiel für das letztere habe ich den Begriff der Zeit im afrikanischen Denken gewählt. Auf diesem Weg kommen eine hochspekulative und eine mehr praktische Denkweise zusammen. Denn Denken ist immer auch eine Weise zu leben, und als Philosophen haben wir zu lernen, wie wir leben können, indem wir sagen, wie wir denken müssen. Dieses »Müssen« ist freilich kein rein logischer Imperativ; es ist auch nicht an einer bestimmten Himmelsrichtung orientiert: Westen oder Osten, Norden oder Süden, sondern an der Offenheit des Seins als Ereignis.

1. Zeit in Lyotards *Das Unmenschliche*[2]

Der Untertitel von Lyotards Buch *L'Inhumain* (Lyotard 1988a) lautet »Causeries sur le temps«. In welchem Sinn spricht Lyotard hier über Zeit? Meiner Auffassung nach ist Zeit nicht nur in dem allgemeinen Sinn des Stellens einer Zeitdiagnose Gegenstand dieses Buches, sondern auch und vor allem in dem direkten Sinn der Frage: »Was ist Zeit?« Die verschiedenen Wege einer Diagnose der gegenwärtigen Zeit kommen in dieser Frage zusammen wie Strahlen in einem Brennpunkt, und von hier aus laufen sie wieder

2 Der folgende Text gründet sich weitgehend auf einen Aufsatz des Verfassers in niederländischer Sprache: »Wereldtijd en etnotijd«. in: R. Brons und H. Kunneman (Hg.), *Lyotard lezen*, Amsterdam/Meppel: Boom 1995, S. 181-190.

auseinander. Das bedeutet: die dringenden Probleme unserer gegenwärtigen Zeit fassen sich momentan in der Frage nach der Zeit wie in *einem* zentralen Punkt zusammen. Das stimmt mit Derridas Zitat (Derrida 1993, S. 43-49) aus Shakespeares *Hamlet* überein, der sagt: »The time is out of joint« und der damit meint: In dieser seiner Zeit sind die Verhältnisse in der Welt so tiefgehend in Unordnung, daß konstatiert werden kann, daß die Zeit selbst »out of joint«, »aus den Fugen«, ist. Die Frage nach der Zeit ist der Brennpunkt der Fragen nach Ordnung oder Unordnung im Gefüge der Welt zu einer bestimmten Zeit.

Dieser *eine* zentrale Punkt indessen kann nicht erfaßt werden. Das Thema Zeit wird von Lyotard behandelt, indem er konkrete Gegenstände erörtert wie die der Bedeutung neuer Technologien und neuer Kommunikationsmedien, der Probleme des Erinnerns und Vergessens, der Ästhetik zeitgenössischer Kunst und andere. Wer Lyotard folgen will, muß diese Wege mit ihm gehen und sich dem Thema Zeit im Durchgang durch diese konkreten Gegenstände annähern. In diesem Sinn will ich hier jedoch Lyotard nicht folgen, sondern ihm zu begegnen suchen. Das tue ich, indem ich die Frage nach der Zeit, die er vermittels seiner zeitdiagnostischen Studien erörtert, so direkt wie möglich stelle.

Eine relativ direkte Behandlung der Frage nach der Zeit findet sich in Lyotards Text nur in einer kurzen Skizze auf zwei Seiten (Lyotard 1988 a, S. 69-71). Auf diese Passage werden wir in Kürze näher eingehen. Sie kann etwas ausführlicher erörtert werden, wenn wir sie mit dem Zeit-Aspekt von Derridas »différance« (Derrida 1972, S. 1-27) vergleichen, der nach Lyotard zu derselben Denkweise gehört (S. 86).[3] In seinem Artikel »Ousia et grammè. Note sur une note de *Sein und Zeit*« entfaltet Derrida die weiten historischen Dimensionen des Problems der Zeit in der westlichen Philosophie (Derrida 1972, S. 38-87). Aber Derrida macht hier keinen Gebrauch von der Möglichkeit, diese Denkgeschichte mit einem neuen Zugang zur Sache zu konfrontieren, den er ebenfalls in Heideggers *Sein und Zeit* hätte finden können, wo Zeit und Sprache wechselweise miteinander verbunden werden (Heidegger ^{7}1953, S. 349 f.). Diese wechselseitige Verbindung von Zeit und Sprache wird wiederum von Lyotard

3 Zahlen in Klammern im Text ohne nähere Angabe beziehen sich auf Lyotards *L'Inhumain*.

durchaus gesehen, wenn er auf bestimmte »Sprachformen« hinweist, in denen Zeit offensichtlich eine andere Struktur hat als in der Hauptlinie der westlichen Philosophie (S. 86).

Der neue Zeitbegriff, den er auf diese Weise einführt, veranlaßt Lyotard zu einigen kurzen Bemerkungen über die Theorie und Erfahrung der Zeit in den von ihm so genannten »Ethnokulturen« oder »der traditionellen Kultur« (S. 74) sowie über die Zeitauffassung in »mythischen Geschichten« (S. 79 f.) und in »nichtwestlichen Denktraditionen« (S. 88). Diese Bemerkungen möchte ich als Ausgangspunkt nehmen für eine ausführlichere und adäquatere Darstellung einiger Zeitauffassungen im afrikanischen Kontext. Dies kann vielleicht helfen, den Weg zu einem anderen Denken der Zeit zu finden, den auch Lyotard gemeinsam mit Heidegger und Derrida auszuarbeiten sucht.

Bevor wir die Zeitauffassungen im afrikanischen Denken genauer untersuchen, wollen wir uns – wie angekündigt – Lyotards und ergänzend Derridas Konzeptionen der Zeit zuwenden. In seinem Hauptwerk *Le différend* hebt Lyotard die Tatsache hervor, daß wir nicht wirklich »jetzt« sagen können (Lyotard 1983, S. 131). Hierfür ist es immer zu früh (davor) oder zu spät (danach). Indem wir einen Satz (»phrase«) aussprechen, selbst wenn dies durch ein einziges Wort wie »heute« oder »hier« geschieht, wird die Zukunft Vergangenheit. Deshalb kann die Gegenwart »nie ergriffen werden«, sie ist in sich selbst »absolut«, ein Ereignis, das wir nicht in der Hand haben und das von uns als Denkenden die Haltung der Offenheit verlangt. Andererseits ist dieses Ereignis nach Lyotards Aussagen in *L'Inhumain,* wann immer wir sprechen, dasselbe. »Alle Augenblicke ohne jeden Unterschied sind auf derselben diachronischen Linie angeordnet«. Der Akt des Sprechens führt zu einer »objektivierenden Synthese«, wir »vergessen«, daß es in einem absoluten »Jetzt« stattfindet, das auf keine Weise ergriffen werden kann (S. 69 f.).

Derrida unterstreicht den aporetischen Charakter dieses Zeitbegriffs und zeigt auf, daß darin die Hauptlinie des westlichen Zeitdenkens ausgedrückt ist. Im Rahmen seiner Interpretation einer Fußnote in Heideggers *Sein und Zeit* (Heidegger [7]1953, S. 432 f., Anm. 1) bezieht er sich auf Hegel und Aristoteles (Derrida 1972, S. 31-78). Diese analysieren den Zeitbegriff innerhalb der Naturphilosophie. Zeit wird als eine Bewegung oder Veränderung vorgestellt, die in der Natur oder in der äußeren Welt stattfindet. Indem sie von der Gegenwart als dem Augenblick des »Jetzt« ausgehen, lassen sich drei Dimensionen der Zeit unterscheiden. Was jetzt ist, ist nicht mehr, was es in der Vergangenheit war, und noch nicht, was es in der Zukunft sein wird. Der Strom der Zeit kann als eine Aufeinanderfolge solcher Jetzt-Momente gedacht werden. Auf diese Weise kann die Zeit nicht nur gemessen, sondern auch kontrolliert und beherrscht werden. Der paradoxe Charakter dieses Zeitdenkens besteht darin, daß für Aristoteles und auch für Hegel die Augenblicke des Jetzt selbst, aus denen die Zeit zusammengesetzt ist, keine Erstreckung haben und insofern nicht bestehen. Zeit ist zusammengesetzt aus nichtbestehenden Elementen.

Was der Aufmerksamkeit Heideggers und Derridas entgeht, wenn sie Hegels Begriff der Zeit in seiner *Logik, Metaphysik, Naturphilosophie* von 1804/05 erörtern, ist der besondere Standpunkt dieses Textes im Vergleich zu allen späteren Konzeptionen seines Systems der Philosophie. In diesem Text behandelt Hegel am Anfang der Naturphilosophie zunächst die Zeit und dann den Raum und nicht umgekehrt, wie er es seit der *Realphilosophie* von 1805/06 stets getan hat. Das hängt mit seiner Konzeption des Äthers in diesem Systementwurf zusammen, die später nicht mehr vorkommt. Der Äther ist eine »ideale Materie« und wird zwischen dem »absoluten Geist« am Ende der »Logik und Metaphysik« und dem Abschnitt über den »Mechanismus« am Anfang der »Philosophie der Natur« behandelt. Eine sorgfältige Interpretation dieses Sachverhalts würde es ermöglichen, in der Entwicklung des Hegelschen Denkens ein Gegengewicht zum herrschenden Zeitbegriff in der westlichen Philosophie zu finden. Die Einzelheiten einer solchen Interpretation kann ich hier nicht entfalten.[4]

Wenn wir nun Aristoteles und die späteren Konzeptionen der Hegelschen Philosophie (nach 1804/05) von Lyotards Ideen aus kritisieren, können wir sagen, daß in diesen Philosophien die Beziehung zwischen Zeit und Sprache nicht behandelt und der Charakter der Zeit als Ereignis »vergessen« wird. Es ist eine Folge dieser Mängel der traditionellen westlichen Philosophie, insbesondere der engen Verbindung von Zeitbegriff und Naturphi-

4 Siehe Heinz Kimmerle, *Das Problem der Abgeschlossenheit des Denkens. Hegels ›System der Philosophie‹ in den Jahren 1800-1804*, Bonn: Bouvier ^{2}1982, S. 155-161.

losophie, daß die Erfahrung der Zeit nicht adäquat gedacht wird. Wenn Zeit aus einer Aufeinanderfolge gleicher Elemente zusammengesetzt ist, macht es nichts aus, ob es um die Zeit des wachen Bewußtseins oder des Schlafes geht, um die Zeit der Arbeit oder der Muße, des Wartens in Freude oder in Angst.

Wie ich bereits erwähnt habe, behandelt auch Derrida nicht den Zusammenhang von Zeit und Sprache, wenn er die angegebene Fußnote in *Sein und Zeit* über Hegels und Aristoteles' Zeitbegriff erörtert, obgleich er in der Lage gewesen sein sollte, diesen Zusammenhang in einem anderen Kapitel desselben Buches von Heidegger zu finden. Derrida arbeitet an einer eigenen Dekonstruktion des herrschenden Zeitverständnisses in der westlichen Philosophie. Nach seiner Darstellung ist der Zusammenhang von Zeit und Geld konstitutiv für dieses Zeitverständnis. Zeit wird nicht als eine »Gabe« verstanden, die sich selbst gibt, sondern als etwas, das ganz und gar zur Sphäre des Gebens und Nehmens gehört (Derrida 1991). Indem er Heideggers Ausdruck des »Ereignisses« verwendet, begreift er Zeit als eine Gabe, die sich selbst gibt und zugleich auch entzieht und die *in diesem doppelten Charakter* gedacht und angenommen werden muß. Dies muß man im Zusammenhang mit Derridas Konzeption des Supplements und des Supplements von Supplementen verstehen, die jedesmal aufs neue eine ursprüngliche Situation wiederherstellen sollen, die niemals gewesen ist (Derrida 1967, S. 208, 164 f.). Wenn wir in dieser Weise Zeit als Gabe in ihrem doppelten Charakter zu denken suchen, müssen wir zugleich Abständigkeit und Aufschub vollziehen. Also ist Zeit nicht als Aufeinanderfolge abstrakter Jetzt-Momente gedacht, sondern an einen bestimmten Ort gebunden, wo etwas geschieht, so daß die Bewegung der Zeit durch den Wechsel der Rhythmen in verschiedenen Abschnitten und an verschiedenen Orten beeinflußt wird. Dadurch wird unser Denken genötigt, den Bewegungen eines dynamischen Zeitflusses zu folgen.

In seiner ausführlichen Hegel-Interpretation in dem Buch *Glas* hat Derrida gezeigt, daß das westliche Denken schließlich auf eine »Tilgung« der Zeit hinausläuft (Derrida 1974, S. 255, linke Spalte). Im reinen Denken, wie es in Hegels *Wissenschaft der Logik* von 1812-16 ausgearbeitet ist, sind alle Momente des Denkens in einem und demselben Augenblick gegeben. Lyotard weist auf die Tatsache hin, daß auch für Leibniz in seiner *Monadologie* von 1714 die verschiedenen Monaden Zeit nur als eine Aufeinanderfolge von Jetzt-Momenten erfahren können, weil in der »großen« oder »absoluten Monade« alle Momente in *einem* Moment zusammengefaßt sind. Wenn Zeit auf diese Weise als eine Bewegung zur Ewigkeit hin aufgefaßt wird, und das heißt auf ihre eigene Annullierung hin, wird sie sich auf nichts anderes richten als darauf, ihre eigene Prolongation zu bewirken, auch entgegen dem Gesetz der »negativen Entropie«. Nach Lyotard ist dieses Geschehen nur eine Episode innerhalb umfassenderer kosmischer Prozesse, eine Periode, zu der menschliche Wesen, körperliche Existenz und Zeit gehören. Diese Perspektive des Lyotardschen Denkens will ich hier indessen nicht diskutieren. Wie mir scheint, werden darin empirische Evidenzen in ähnlicher Weise vernachlässigt wie in Hegels System der Philosophie mit seinen alles umfassenden Ansprüchen, obgleich sie, von einem menschlichen Standpunkt aus, schließlich nicht auf ein positives, sondern auf ein negatives Ende gerichtet ist.

2. Zeit und Sprache

Den besonderen Beitrag von Lyotards Zeitauffassung kann man in erster Linie darin sehen, daß er eine Reihe sozialer und politischer Phänomene analysiert, in denen er (seine) Zeit diagnostiziert. Daß Zeit als eine Aufeinanderfolge gleicher Einheiten gedacht wird, bedeutet in sozialer und politischer Hinsicht, daß versucht wird, alles gleichzuschalten, zu neutralisieren und so zu beherrschen. Die totalisierenden Tendenzen dieses Denkens führen heutzutage zu weltweiten Dimensionen: eine »Weltzeit« ist im Entstehen, die nicht nur in jedem Augenblick, sondern auch an jedem Ort dieselbe ist. Alles zu neutralisieren, indem es in gleiche Einheiten geteilt wird, kann zu gigantischen Akkumulationen dieser Einheiten führen: von Wissen und von Informationen, von Geld und von anderen allgemeinen Äquivalenten. Deshalb können die sozialen Kräfte, die diesem Denken entsprechen, in zwei Gruppen eingeteilt werden: wissenschaftlich-technische und kapitalistische (S. 78). Die hauptsächlich negative Einschätzung dieser Kräfte, die eine kritische Kulturtheorie kennzeichnet, zeigt, daß Lyotards Auffassungen der Kritischen Theorie Adornos und Benjamins durchaus verwandt sind (S. 75).

Auf dem Gebiet der Philosophie scheint das Denken gezwungen zu sein, an diesem Streben nach Neutralisierung und Beherrschung teilzunehmen, das zur Hauptlinie des westlichen Denkens gehört. Nach Lyotard zeigt sich dies vor allem in den Begriffen des »logischen Positivismus« und in der Vorherrschaft des »kognitiven Diskurses«. »Die wahre Aufgabe der Philosophie ist es dann, indem sie eine reine und unzweideutige Sprache entwickelt, den Wissenschaften zu helfen, sich vor den Inkonsistenzen zu schützen, die den natürlichen Sprachen eigen sind« (S. 83). Aber es gibt auch Widerstand gegen diese Definition oder Aufgabenbestimmung der Philosophie. In diesem Zusammenhang greift Lyotard auf eine andere Auffassung von der Sprache zurück. Diese Art von Philosophie nennt Lyotard »ontologisch« und den Diskurs, den sie verwendet, »poetisch ontologisch«.

Ich lasse hier beiseite, ob Lyotard mit diesen Ausdrücken die Philosophie Heideggers, auf die er sich bezieht (S. 85), zutreffend charakterisiert. Der Sache nach denkt Lyotard in der Linie Heideggers weiter, wenn er bestimmte »Sprachformen«, die nicht eine möglichst umfassende und exakte Beschreibung anstreben, mit dem Widerstand gegen die Hauptrichtung des westlichen Denkens in Verbindung bringt. »Aus verschiedenen Gründen gehören freie Konversation, das Reflexionsurteil und die Meditation, freie Assoziation (im Sinne der Psychoanalyse), Poesie und Literatur, Musik, visuelle Kunst und Alltagssprache zu diesen Sprachformen« (S. 86). In ihnen ist ein »Différend« am Werk, »weil sie Ereignisse hervorbringen, ohne zu wissen, welchen Regeln diese Hervorbringungen unterliegen« (Lyotard 1983, S. 9). Darüber hinaus haben »diese verschiedenartigen und selbst heterogenen (Sprach-)Formen« eine »Empfänglichkeit« für das Geschehende und eine »Kreativität, die nicht kontrolliert werden kann«, gemeinsam (S. 87).

Es ist meiner Meinung nach sehr wichtig, daß Lyotard ein Gegengewicht zur Hauptrichtung des westlichen Zeitdenkens einführt, indem er Argumente einer Philosophie der Sprache verwendet. Der Durchbruch, der möglich gewesen wäre, wenn man in diesem Zusammenhang von Heideggers Denken ausgeht, wird aber von Lyotard nicht bewirkt. Dieser Durchbruch kann in aller Kürze so beschrieben werden, daß der Gegensatz eines objektiven Zeitbegriffs, wie er in Aristoteles' und Hegels Naturphilosophie vorliegt, und einer subjektiven Zeitauffassung, die Kant in seiner Erkenntnistheorie ausgearbeitet hat, überwunden werden kann. Dies möchte ich durch die folgenden Ausführungen verdeutlichen.

Zunächst einmal muß gesagt werden, daß Kant das Zeitproblem auf eine umwälzend andere Art behandelt hat. Er argumentiert, daß Zeit nicht eine Eigenschaft der Dinge an sich ist, sondern eine reine Anschauungsform des erkennenden Subjekts. Trotz dieses völlig entgegengesetzten Ausgangspunktes zu dem von Aristoteles und Hegel gelangt er zu derselben Definition der Struktur der Zeit als einer Aufeinanderfolge gleicher Einheiten – einer Struktur, die in der modernen Naturwissenschaft seit Galilei und Newton allgemein akzeptiert worden ist.

Diese Übereinstimmung der Zeitauffassungen, die von entgegengesetzten Ausgangspunkten aus entwickelt werden, kann uns veranlassen, eine neue Position einzunehmen, die weder in der Natur noch in der subjektiven Wahrnehmung begründet ist. Diese neue Position ergibt sich, wenn wir Heidegger in seiner Zeitanalyse in *Sein und Zeit* folgen, wo er die vollständige Struktur der Zeit in der »Rede« zusammenfaßt, und diese Analyse mit seiner späteren Auffassung über »das Offene« verbinden. Im Blick auf die Sprache kann gesagt werden, daß sie nicht das Produkt eines einzelnen sprechenden Subjekts ist, sondern bereits da ist, bevor dieses zu sprechen beginnt. Andererseits besteht die Sprache nicht unabhängig davon, daß sie von einzelnen Subjekten gesprochen wird. Diese wechselseitige Beziehung gilt auch – a forteriori – von der Zeit. Der Mensch produziert sie nicht, und andererseits besteht sie nicht, ohne vom Menschen erfahren oder »gezeitigt« zu werden, wie Heidegger es nennt. Sprache und Zeit *sind* nur, sofern beide Bedingungen zusammenkommen: ihre objektive (Prä-)Existenz und die subjektive Übernahme dieser (Prä-)Existenz. Was hier gemeint ist, hat Heidegger des öfteren in der Formulierung zusammengefaßt: »das Offene muß übernommen und bezogen werden«. Den präzisen Sinn dieser doppelten Wechselbeziehung möchte ich wie folgt ausdrücken: »Ebenso wie die Sprache ist, indem sie gesprochen wird, ist die Zeit, indem sie gezeitigt wird.« Im Vergleich zu dieser Position scheint Lyotard in spekulative »große Erzählungen« zurückzufallen, wenn er im philosophischen Kontext die Auffassung »heutiger Physiker« übernehmen möchte, die »geneigt sind anzunehmen, daß Zeit aus der Materie selbst hervorgeht« (S. 72).

3. Andere Zeitauffassungen innerhalb der westlichen Tradition

Für unsere Fragestellung ist wichtig, daß Lyotard ein Beispiel für eine Tradition anführt, in der in Hinsicht auf den Willen, beherrschen zu wollen, in der Hauptlinie der westlichen Philosophie und dem zugehörigen Zeitbegriff eine »entgegengesetzte Haltung« anzutreffen ist. Es handelt sich um die jüdische Tradition, die die westliche Kultur so tiefgehend beeinflußt hat. In dieser Tradition gibt es nicht die Vorherrschaft wissenschaftlich-technischen und objektivierenden Denkens, sondern vielmehr eine Haltung, die die beunruhigenden Aspekte der Neutralisierung aller Phänomene zu verhindern sucht. Das Gefühl spielt eine wichtige Rolle, in *einem* Zeitmoment von etwas überwältigt zu sein, das sich der »diachronischen Zeit« entzieht. Diese Zeiterfahrung nennt Lyotard »nicht-chronische Zeit«. Diese Erfahrung kann nur »nachträglich« – im Sinne der Freudschen Psychoanalyse – bewußtgemacht und muß zu wiederholten Malen »durchgearbeitet« werden, um sie sich zu eigen zu machen. In diesem Prozeß findet eine »Diachronisierung der nicht diachronischen Zeit« statt, und bestimmte Elemente einer »nicht-chronischen Zeit« können in die herrschende westliche Denkweise aufgenommen werden (Lyotard 1988, S. 37).

In *L'Inhumain* charakterisiert Lyotard das spezifisch jüdische Denken folgendermaßen: »In derselben Weise, in der es notwendig ist, auf den Vers der Torah zu hören, muß man auf das Phänomen hören; gewiß, es muß entziffert und interpretiert werden, aber ... ohne zu vergessen, daß jede Interpretation selbst wieder interpretiert werden muß ... als eine Botschaft, die nicht weniger rätselhaft ist wie das ursprüngliche Geschehen« (S. 86). Zu dieser Denkweise gehört eine Zeitauffassung, die in sich selbst gedoppelt ist: sie läßt offen und sie vergegenwärtigt. Diese Auffassung ist der »Différance« im Sinne Derridas verwandt, die auf etwas bezogen ist, das selbst nicht Zeit ist, und die als eine Verzeitlichung gedacht wird, die sich ständig wiederholen muß. Dieses Denken bewegt sich mit dem Strom der Zeit und seinen wechselnden Rhythmen und ist beständig auf konkrete Situationen in Zeit und Raum bezogen.

Dies ist ein Bespiel für eine nicht-westliche Denktradition, die »im Herzen der westlichen Kultur selbst« angetroffen werden kann. In ähnlicher Weise ist mythisches Denken in der westlichen Tradition anwesend als etwas, das anders ist und doch wesentlich dazugehört, bis hin zu Hegel und Marx. Dieses Denken versucht in anderer Weise als »der Geist der Technik ... der Wissenschaften und des Kapitalismus« die Zeit in ein Schema zu fassen und so zu beherrschen. Dies hat in der westlichen Tradition zu den von Lyotard so genannten »großen Erzählungen« (»grands récits«) geführt, die weithin akzeptiert worden sind, obgleich sie nicht wissenschaftlich bewiesen werden können, wie zum Beispiel der christliche Glaube, die Aufklärung, die Romantik, der deutsche Idealismus, der Liberalismus und der Marxismus. Mythische Erzählungen, wie auch die philosophischen »großen Erzählungen«, setzen eine zeitlose Instanz voraus, durch die das Geschehen in der Zeit so weit wie möglich festgelegt wird. Der Unterschied zwischen technisch-wissenschaftlichem und kapitalistisch-ökonomischem Denken besteht darin, daß die Mythen auf die Vergangenheit bezogen sind. Was geschieht, ist im vorhinein durch einen umfassenden begrifflichen Rahmen festgelegt. Demgegenüber ist das westliche wissenschaftlich-technische Denken auf die Zukunft bezogen; die wissenschaftlichen Mittel werden eingesetzt, um mögliche Entwicklungen vorherzusagen und so zu beherrschen.

4. Zeit im afrikanischen Denken

Neben diesen Hinweisen auf nicht-westliche Elemente in der westlichen Kultur selbst spricht Lyotard – wie oben bereits erwähnt – kurz und in sehr allgemeinen Wendungen über »Ethnokulturen« oder »traditionelle Kulturen«, in denen sich ebenfalls ein Gegengewicht zur Hauptlinie des westlichen Denkens finden läßt. Diese Kulturen verfügen nach seiner Darstellung über Denkschemata, »Raum und Zeit zu organisieren«, die von der (post)modernen Kultur verschieden sind. Das wichtigste Schema dieser Art, das Lyotard nennt, sind die »historischen Erzählungen«. Was in der Gegenwart geschieht, ist vom Erzählen der Geschichte aus zu verstehen und zu rechtfertigen. Im Gegensatz zur totalisierenden Tendenz der »großen Erzählungen« in der westlichen Philosophie sind die begrifflichen Schemata der »Ethnokulturen ... eng auf den historischen und geographischen Rahmen bezogen, in dem sie jeweils operieren«. Dies bedeutet, daß die Neigung, bestimmte Denkschemata zu totalisieren oder zu universalisieren, nicht vorhanden ist und daß es im allgemeinen nicht leicht ist, sie in andere Zusammenhänge zu transplantieren oder zu übersetzen (S. 74). In dieser Weise konfrontiert Lyotard die entstehende »Weltzeit« der westlichen Kultur mit der immer noch vorhandenen »Ethnozeit« in »traditionellen Kulturen«. Die andere Denkweise der Ethnozeit wird jedoch nicht näher ausgearbeitet, und sie wird nicht als kritische Instanz zur Weltzeit in Stellung gebracht.

Im übrigen finde ich es sehr problematisch, »unsere (westliche) Kultur« in einer so allgemeinen Weise mit »Ethnokulturen« oder »der traditionellen Kultur« zu konfrontieren. Auf dem afrikanischen Kontinent zum Beispiel haben im Lauf der Geschichte ausgedehnte Wanderungsbewegungen und andere tiefgreifende Veränderungen stattgefunden, und es gibt keinen Grund zu der Annahme, daß dort größere Einheitlichkeit oder geringere Umschichtungen in den verschiedenen Perioden der Geschichte vorauszusetzen sind. In der Tat finden sich bei vielen afrikanischen Völkern historische Erzählungen, die häufig mit der Ankunft der Vorfahren in einem bestimmten Gebiet beginnen und herausragende Ereignisse der Geschichte beschreiben wie bedrohliche Kriege, lange Trockenperioden oder ganz unerwartete Ereignisse wie die Ankunft weißer Männer. Diese Erzählungen haben neben den Berichten über heroische Taten der Vorfahren und einschneidenden naturhaften Geschehnissen oft auch mythische Züge wie Geschichten über lokale und regionale Gottheiten, die das Leben in bestimmten Gebieten ermöglicht oder das Volk vor dem Untergang in kriegerischen Auseinandersetzungen bewahrt haben. Es ist jedoch nicht richtig, daß sie sich nur auf die Vergangenheit beziehen; im Gegenteil, sie enthalten in der Regel bestimmte Perspektiven auf zukünftige Ereignisse und Entwicklungen. Der Unterschied zu westlichen großen oder kleinen Erzählungen ist eher so zu bestimmen, daß die Erwähnungen der mythischen Anfänge oder auch der zukünftigen Entwicklungen nicht deutlich von wissenschaftlich zu verifizierenden Ereignissen geschieden sind.

Auch ist es keine adäquate Bestimmung des Unterschieds, daß die Zeitstruktur der historisch-mythischen Erzählungen der verschiedenen afrikanischen Völker weniger differenziert sei als die der westlichen Geschichte. Wichtig ist vielmehr, daß die Zeitbestimmungen, die eine Erzählung strukturieren, in der Regel auf bestimmte Ereignisse und damit auf bestimmte räumliche Gegebenheiten bezogen sind. Dieser Zusammenhang von Zeit und Raum (bzw. Ort) kommt in den Bantu-Sprachen direkt zum Ausdruck. Die Eigenart des Zeitdenkens, daß es an räumliche Gegebenheiten gebunden ist, die in der Sprache ausgedrückt sind, liegt parallel zu der wesentlichen Beziehung zwischen Sprache und Zeit, die wir bei Lyotard und Heidegger gefunden haben. Es ist indessen nicht in erster Linie die poetische oder poetisch-ontologische Sprache, sondern die Sprache der historisch-mythischen Erzählungen vieler afrikanischer Völker, in der die von der Hauptlinie der westlichen Tradition verschiedene Zeitauffassung ausgedrückt ist.

A. Kagame, ein Schüler von P. Tempels, durch dessen Buch *Bantu Philosophie* (Heidelberg 1956; flämische Originalausgabe 1946) die Debatte über afrikanische Philosophie in Gang gesetzt worden ist, hat umfassende Forschungen zu den verschiedenen Bantu-Sprachen ausgeführt. Er zeigt darin, daß in diesen Sprachen eine Zeitbestimmung nicht ausgedrückt wird, ohne daß damit zugleich eine Ortsbestimmung gemeint sein kann. Es gibt keine allgemeine Zeitstruktur, die von räumlichen Gegebenheiten unabhängig wäre; Zeit ist wesentlich auf Raum bzw. einen bestimmten Ort bezogen. So kann zum Beispiel der Satz »Ntawi yeing ono« in der Sprache der Chinyanja, die in Malawi, Sambia und Moçambique leben, sowohl »eine kurze Zeit« bedeuten als auch »ein kleiner Raum/Ort«. Erst durch den Kontext wird die Bedeutung festgelegt. Der Raum/Ort ist gewissermaßen die vierte Dimension der Zeit. Aufgrund seiner Forschungen kommt Kagame jedoch zu dem Ergebnis, daß »man diese Einheit *Ort-Zeit* von der vierdimensionalen *Raum-Zeit* der Wissenschaft – von Minkowski und Einstein – trennen« muß. »Im Rahmen ihrer wissenschaftlichen Entdeckungen haben diese Gelehrten das Zusammentreffen von Ort und Zeit die *chronotopischen Koordinaten* genannt; für unsere Untersuchung würden wir sie eher *individualisierende Koordinaten* jeder Bewegung (das heißt der Handlung und des Erleidens) der Existierenden nennen« (Kagame 1985, S. 147; siehe auch S. 143).

Damit ist die erstaunliche Parallelität zwischen dem afrikanischen Zeitdenken, wie es in den Bantu-Sprachen ausgedrückt ist, und der Zeitauffassung Heideggers weiter präzisiert. Nach einem Text in Heideggers *Beiträgen zur Philosophie (Vom Ereignis)* ist Raum als Ort zu begreifen, der wesentlich zum »In-der-Welt-sein« gehört. Er strukturiert dieses jedoch in einer Weise, die nicht nur vom menschlichen Dasein (seinem Handeln und Erleiden) hervorgebracht wird. Das »Ereignis« geschieht in einem »Zeit-Raum«, der an konkrete Orte gebunden ist. Im Rahmen dieser Zeit-Raum/Ort-Einheit kann weder die Zeit unabhängig vom Raum noch der Raum unabhängig von der Zeit gedacht werden, es sei denn zum Zweck einer methodischen Abstraktion, die bewußt ausgeführt und auch wieder zurückgenommen wird. Eine solche (vorübergehende) Abstraktion liegt zum Beispiel in den Naturwissenschaften vor, auch wenn diese in ihrer Weise mit der Zeit-Raum-Einheit arbeiten. (Heidegger [2]1994, S. 371-388).[5] Diese Unterscheidung entspricht der Differenz, die nach Kagame im Blick auf die naturwissenschaftliche Zeit-Raum-Einheit und die Zusammengehörigkeit von Zeit und Ort im praktischen Leben besteht.

Kagames Zeitauffassung ist im allgemeinen zweifellos auch den Analysen in *Sein und Zeit* benachbart. Er arbeitet die Zeit-Raum/Ort-Einheit näher aus, indem er auf bestimmte »Knoten« hinweist: verschiedene Linien der Zeit können in *einem Ort* zusammenlaufen, und an verschiedenen Orten kann zu *einem Zeitpunkt* etwas für sie gemeinsam Relevantes geschehen. Es ist im Rahmen dieser Untersuchung nicht möglich, in abstrakten Ausdrücken über Zeit in der äußeren Natur oder in der subjektiven Wahrnehmung zu sprechen. Jede Zeitbestimmung ist mit einem konkreten Ort verbunden (Kagame 1988, S. 147-149). Die Frage ist dann nicht, wie der Mensch die Zeit beherrschen kann, sondern wie er sich in den wechselnden Verhältnissen von Zeit und Raum im Sein erhalten kann.

Abgesehen von der spezifischen Zeitstruktur in den Bantu-Sprachen gibt es eine ganze Anzahl von Ähnlichkeiten in den Zeitauffassungen der subsaharischen afrikanischen Völker. Ich wähle beispielhaft die Studie von J. Ayoade, der den Zeitbegriff der Yoruba in Westafrika untersucht hat. In dem weiteren Zu-

5 Auf diesen Text Heideggers und die Parallelität zu Kagame bin ich durch einen Vortrag von Elisabeth de Schipper aufmerksam geworden, den sie auf einem Kongreß der »School voor comparatieve filosofie« in Antwerpen im September 1994 gehalten hat.

sammenhang allgemeiner »historischer Erzählungen« sind bei den Yoruba bestimmte *persönliche* und *soziale* Ereignisse für die Zeitstruktur relevant: die Inthronisierung eines Königs oder der Sieg in einer kriegerischen Auseinandersetzung. So bestimmen die regelmäßige Wiederkehr der Markttage oder der rituellen Feste den Zeitrhythmus mehr in sozialer Hinsicht, das Jahr der eigenen Beschneidung oder die Geburt des ältesten Sohnes mehr in persönlicher Hinsicht. Daneben gibt es wichtige »natürliche Parameter«, die auf die *kosmische* Sphäre bezogen sind oder auf die *irdische* Umgebung: den Stand der Sonne, des Mondes und der Sterne sowie den Wechsel der Jahreszeiten (Regen- und Trokkenzeiten) oder die Länge des Schattens. Diese konkreten Bezüge schließen indessen nicht aus, daß Zeit auch als solche gedacht werden kann. Aber auch in ihrer allgemeinsten Struktur bleibt sie an konkrete Ereignisse und Orte gebunden. Zeit ist nicht ein leerer Rahmen, der in willkürlicher Weise gefüllt werden kann (Ayoade 1977, S. 71-89).[6]

Zum Schluß möchte ich noch bemerken, daß das afrikanische Zeitdenken von westlichen Zeitauffassungen tiefgehend beeinflußt worden ist und wird. Dies geschieht im Zuge der Modernisierung Afrikas – eines Prozesses, der nicht zu stoppen ist und der in allen Regionen des Kontinents, wenn auch mit unterschiedlicher Intensität, fortschreitet. Mit dem technischen und wissenschaftlichen Denken und der kapitalistischen Produktionsweise dringen die zugehörigen Zeitauffassungen ins afrikanische Denken und Leben ein. Es ist nicht leicht zu sagen, wie dadurch verschiedene Aspekte des afrikanischen Denkens und die afrikanische Kultur im ganzen verändert werden.

Aber es findet auch eine Afrikanisierung des aus dem Westen übernommenen Zeitdenkens statt. Der Zeitbegriff in der interkulturellen Philosophie und die Struktur der Weltzeit, die im Entstehen ist, werden von diesem Geschehen nicht unberührt bleiben. Das afrikanische Zeitdenken kann der westlichen Philosophie zu der Erkenntnis verhelfen, daß ihre herrschende Zeitauffassung abstrakt ist und daß aus diesem Grund eine Kluft zwischen dem Zeitbegriff und der Zeiterfahrung entstanden ist.

6 Die Darstellung der Diskussion einer These von J. S. Mbiti zur Zukunftsdimension im afrikanischen Zeitdenken, die hier im englischen Text der Abschiedsvorlesung folgt, lasse ich aus Gründen des Umfangs dieses Artikels weg.

Denn wir wissen es im Westen durchaus, daß der Unterschied von Tag und Nacht, der Wechsel der Jahreszeiten, das Umgehen mit der Zeit in der Arbeit oder im Spiel und die Zugehörigkeit zu bestimmten Altersgruppen unsere Zeiterfahrung mit bestimmen, aber dieses Wissen spielt offenbar für unseren philosophischen Zeitbegriff keine wesentliche Rolle. Der Zeitbegriff wird von einem Denken beherrscht, das mit dem Typus von Arbeit zusammenhängt, der zur kapitalistischen Ökonomie geführt hat. Diese Kluft wurde auf gewisse Weise überbrückt durch den von Heidegger und Lyotard konstatierten Zusammenhang zwischen Zeit und Sprache, durch Derridas Zeitdenken, das mit seiner Konzeption der »Différance« zusammenhängt, und durch den Gedanken der Zeit-Raum/Ort-Einheit des späteren Heidegger. Es bleibt jedoch wichtig, in diesem Kontext auf das Spezifische des afrikanischen Zeitdenkens zu achten.

Wenn wir in einer letzten Analyse die fortschreitende Entwicklung zu einer Weltzeit hin und den ebenfalls weitergehenden Einfluß der Ethnozeit (im Sinne Lyotards) miteinander vergleichen, stehen sich gegenüber: die gesellschaftlichen Einstellung des Beherrschen-wollens *und* die des Strebens nach der Fähigkeit, menschliches Leben in wechselnden Konstellationen im Sein zu erhalten. Es ist die Frage, ob hier nicht mehr ist, was weniger zu sein scheint. Denn die Entwicklung zur Weltzeit im westlichen Sinn läuft darauf hinaus, daß Zeit auf das Streben nach ihrer eigenen Prolongation reduziert wird. Und durch den Einfluß der Ethnozeit bleibt sie in einem volleren Sinn, was sie ist. Abstrakte und überall gleiche Zeit scheint sich dem zu entziehen, was menschliches Dasein bedeutet. Ständige Hast und Unruhe sind die Folgen. Ein konkreter, an Inhalte und Orte gebundener Zeitbegriff scheint menschlichem Leben adäquater zu sein; bestimmte unterschiedliche Rhythmen strukturieren seine Zeiterfahrung.

Zeit, die dem entspricht, was oben als die größte Adäquatheit zum Sein der Zeit beschrieben worden ist: eine Struktur, die einerseits im vorhinein gegeben ist und andererseits immer erst vom menschlichen Dasein übernommen werden muß (Zeit, die ist, indem sie gezeitigt wird), wird immer auf das Ereignis und wenigstens auf *einen* Ort, an dem es geschieht, bezogen sein. Das Übernehmen einer (vor)gegebenen Struktur kann immer nur im Bezugsrahmen von Zeit und Raum stattfinden. Wenn das so ist, gibt es eine größere Übereinstimmung zwischen dem, was Zeit ist, und der Ethnozeit bzw. den genannten Konzeptionen von Heidegger, Lyotard und Derrida. Und wir können das Aufgenommenwerden von Aspekten der Ethnozeit in die Weltzeit als einen Beitrag dazu bezeichnen, daß für die Zeit die Möglichkeit geschaffen wird, (wieder) mehr zu sein, was sie ist. Daß dies eine entscheidende, wenn auch schier unausführbare Aufgabe unserer Zeit ist, hat Paul Celan, ein Dichter, der zwischen der rumänischen, deutschen und französischen Kultur gelebt hat, auf die kürzest mögliche Formel gebracht (Celan 1986, S. 37):

> »Es ist Zeit, daß der Stein sich zu blühen bequemt,
> daß der Unrast ein Herz schlägt.
> Es ist Zeit, daß es Zeit wird.
>
> Es ist Zeit.«

Literatur

Ayoade, J. ([2]1977) »Time in Yoruba Thought«, in: R. A. Wright (Hg.), *African Philosophy. An Introduction,* Washington, D. C.: University Press of America, S. 71-89.

Celan, Paul (1986), »Corona«, in: *Gesammelte Werke.* Erster Band: *Gedichte 1,* hg. von Beda Alleman und Stefan Reichert unter Mitwirkung von Rolf Bücher, Frankfurt am Main: Suhrkamp, S. 37.

Derrida, Jacques (1967), *De la grammatologie,* Paris: Minuit; deutsch: *Grammatologie*, Frankfurt am Main: Suhrkamp 1974.

– (1972), *Marges – de la philosophie,* Paris: Minuit; deutsch: *Randgänge der Philosophie*, Wien: Passagen 1988.

– (1974), *Glas*, Paris: Galilée.

– (1991), *Donner le temps 1: La fausse monnaie,* Paris: Galilée; deutsch: *Falschgeld. Zeit geben 1*, München: Wilhelm Fink 1993.

– (1993), *Spectres de Marx,* Paris: Galilée; deutsch: *Marx' Gespenster*, Frankfurt am Main: Fischer Taschenbuch 1995, 2., korr. Auflage 1996.

Heidegger, Martin ([7]1953), *Sein und Zeit,* Tübingen: Max Niemeyer.

– ([2]1994), *Beiträge zur Philosophie. Vom Ereignis, Martin Heidegger Gesamtausgabe*, Band 65, Frankfurt am Main: Vittorio Klostermann.

Kagame, A. (1985), *Sprache und Sein. Die Ontologie der Bantu Zentralafrikas,* Heidelberg/Brazzaville: P. Kivouvou/Éditions Bantues.

Lyotard, Jean-François (1983), *Le Différend,* Paris: Minuit; deutsch: *Der Widerstreit*, München: Wilhelm Fink 1987.

– (1988), *Heidegger et »les Juifs«,* Paris: Galilée; deutsch: *Heidegger und »die Juden«*, Wien: Passagen 1988.
– (1988a) *L'Inhumain. Causeries sur le temps,* Paris: Galilée; deutsch: *Das Inhumane. Plaudereien über die Zeit*, Wien: Passagen 1989.

II. Erscheinen und Erleben von Natur

Gregor Schiemann
Natur auf dem Rückzug
Zur Relevanz der aristotelischen Unterscheidung von Natur und Technik

Von den zahllosen Vorstellungen, die heute dem öffentlichen Reden über Natur zugrunde liegen, gehört die aristotelische Naturbegrifflichkeit zweifellos immer noch zu den einflußreichsten. Wie kaum eine andere Verständnisweise von Natur knüpft sie an alltägliche, auch für moderne Lebenswelten konstitutive Erfahrungen an. Gegenüber den neuzeitlichen Naturauffassungen, die bis in unsere Zeit die wissenschaftlichen Verständnisweisen von Natur prägen, behauptet sich die an Aristoteles orientierte Naturphilosophie bis heute als Alternativentwurf. Mit ihr verbindet sich die Hoffnung auf eine Überwindung der durch den wissenschaftlich-technischen Umgang mit der Natur hervorgerufenen Umweltproblematik. Dies um so mehr, als sie nicht in prinzipiellem Widerspruch zu heutigen naturwissenschaftlichen Standardtheorien stehen muß. Eine Reihe ihrer Konzeptionen, die noch zu Beginn der Neuzeit in den Naturwissenschaften verpönt waren, haben sich als mit der etablierten Forschung vereinbar und teilweise auch als in ihr fruchtbar erwiesen, so beispielsweise ihre ganzheitliche Auffassung der Lebewesen oder ihr Prozeßbegriff. Gleichwohl impliziert die aristotelische Naturbegrifflichkeit durchaus auch eine kritische Distanz zur experimentellen Methode der Erfahrungswissenschaften. Sie objektiviert das Naturgeschehen nicht wie diese, sondern faßt es als ein aus sich selbst heraustretendes Phänomen auf. Statt den Menschen mit seinem Herrschaftsanspruch der Natur gegenüberzustellen, begreift sie ihn als Teil der Natur.

Die entscheidende Differenz zu den vorherrschenden naturwissenschaftlichen Auffassungen besteht aber in der Bestimmung des Verhältnisses von Natur und Technik. Während in der Tradition des aristotelischen Denkens Natur und Technik zwei verschiedene Seinsweisen bezeichnen, verwerfen die Naturwissenschaften jede substantielle Unterscheidung zwischen den beiden Sphären. Für sie erschließt sich die Natur allermeist in den technischen Vorrichtungen von Laboren, die denselben Gesetzen unterworfen sind wie die gesamte Wirklichkeit. Einen derartigen Universalismus sucht man bei Aristoteles vergeblich. Im Buch II seiner *Physik*, dem für die Bestimmung des Verhältnisses von Natur und Technik zentralen Text, rechnet er zur Natur nur diejenigen Dinge, die »in sich selbst einen Anfang (ἀρχή; *arche*) von Veränderung und Bestand« haben.[1] Demgegenüber erhalten künstliche Dinge seiner Auffassung nach den Grund (αἰτία; *aitia*) für ihre Bewegtheit von außen (192 b 8 f.), das heißt von Menschen, die technische Konstruktionen und Kunstwerke entwerfen, sie mit ihren Kenntnissen und Fertigkeiten erschaffen, handwerkliche Vorrichtungen in Gang setzen und sinnvoll bedienen. Ungeachtet der weiteren Bestimmungselemente des aristotelischen Naturbegriffes kann man sagen, daß er das von menschlicher Handlung und Technik unabhängig Bestehende umfaßt. Damit ist das, was man heute »unberührte Natur« nennt, ebenso gemeint wie das Tier- und Pflanzenreich und die Natur der Stoffkreisläufe, in die der Mensch integriert ist, ohne sie hergestellt zu haben. Gemeint ist ferner die gesamte unbelebte irdische Natur und insofern auch die materielle Grundlage der Technik.

Einen ersten Eindruck von der Nähe der aristotelischen Unterscheidung zwischen Natur und Technik zum heutigen Common sense vermitteln die Einträge unter dem Lemma »Natur« in den gebräuchlichen Konversationslexika.[2] Sosehr in ihr eine landläu-

1 τούτων μὲν γὰρ ἕκαστον ἐν ἑαυτῷ ἀρχὴν ἔχει κινήσεως καὶ στάσεως (192 b 13 f.). Übersetzung dieses Zitates und aller folgenden Zitate nach: Aristoteles, *Physik. Vorlesung über die Natur,* übersetzt und hg. von Hans Günter Zekl, Erster Halbband, Hamburg 1988. Stellennachweise werden durch die übliche Angabe der Spaltenbezeichnung und der Zeilennummer des griechischen Textes vorgenommen. Hans Wagner übersetzt in 192 b 13 f. κινήσις mit »Prozessualität« und στάσις mit »Beharrung« (vgl. Aristoteles, *Physikvorlesung,* übersetzt von H. Wagner, Darmstadt 1979, S. 32).

2 So heißt es zu Beginn des Artikels »Natur« in der *Brockhaus Enzyklopädie*: »... zentraler Begriff der europäischen Geistesgeschichte, im Sinne von dem, was wesensgemäß von selbst da ist und sich selbst reproduziert« (Bd. 15, Mannheim 1991). Der entsprechende Artikel in *Meyers Enzyklopädischem Lexikon* führt den Begriff Natur als »allgemein de[n] Teil der Welt« ein, »dessen Zustandekommen und gesetzmäßige Erscheinungsform unabhängig von Eingriffen des Men-

fige Sichtweise immer noch aufgehoben ist, so sehr reflektiert sich aus ihrer Perspektive aber zugleich die Tragweite der gegenwärtigen Krise des Naturverständnisses. Die zunehmende Technisierung der Welt macht ja genau einen Begriff problematisch, der im wesentlichen das von humanen Eingriffen Ungestörte subsumiert. Kann das öffentliche Verständnis, soweit es aristotelisch geprägt ist, die Tendenzen zur Veränderung und Ersetzung von Natur durch Technik überhaupt noch angemessen erfassen? Müssen die Anwendungsbedingungen der aristotelischen Naturbegrifflichkeit, wenn man denn an ihr wegen ihrer kritischen Potenzen noch festhalten will, nicht einschneidenden Einschränkungen unterworfen werden?

Diesen Fragen möchte ich auf zwei Ebenen nachgehen. Zum einen setze ich die aristotelische Unterscheidung von Natur und Technik weitestgehend als Dichotomie voraus, sehe von ihren lebensweltlichen Bezügen ab und konfrontiere sie exemplarisch mit einigen, teils schon vollzogenen, teils zu erwartenden Verschiebungen im Verhältnis dieser beiden Sphären. Insofern die Binnenperspektive der Individuen außer Betracht bleibt und es sich vornehmlich um Prozesse handelt, die die Grundlagen der materiellen Lebensverhältnisse betreffen, könnte man von der »gesellschaftlichen« Ebene sprechen. Im Ergebnis zeigt sich ein spezieller, zunehmend verengter Kontext, in dem die Entgegensetzung noch sinnvoll Anwendung findet (1). Zum anderen rekonstruiere ich die aristotelische Begrifflichkeit im Horizont eines lebensweltlichen Verständnisses. Hierbei werde ich weniger von einer wechselseitigen Ausschließung der beiden Sphären ausgehen als von der Annahme, daß Natur und Technik die gegenüberliegenden Ränder eines Übergangsfeldes von Zuständen bezeichnen, in denen beide gleichsam gemischt enthalten sind. Die begrifflichen Hilfsmittel für diese Vermittlung finden sich bei Aristoteles selbst. Es handelt sich um die Individuationsprinzipien Stoff und Form, die in ihrer Anwendung auf die Definition von Natur eine differenziertere Wahrnehmung des Tech-

schen ist bzw. gedacht werden kann« (Bd. 16, Mannheim 1976). Diesen beiden Bestimmungen ist auch der sehr knappe Eintrag im *Bedeutungswörterbuch* des *Duden* verwandt, in dem unter den verschiedenen Bedeutungen des Naturbegriffes an erster Stelle steht: »die uns umgebende Welt, soweit sie ohne menschliches Zutun entstanden ist« (Mannheim 1970).

nischen gestatten. Diese Betrachtungsweise auf lebensweltliche Kontexte zu beschränken entspricht dem anschaulichen Charakter von Aristoteles' Naturphilosophie, der in Verbindung mit den Individuationsprinzipien besonders auffällig ist (2).[3] Die Relevanz der aristotelischen Unterscheidung folgt jedoch nicht nur aus theoretischen Erkenntnisinteressen im Hinblick auf das Verhältnis von Natur und Technik in gesellschaftlichen und lebensweltlichen Zusammenhängen. Erst vor dem Hintergrund der Umweltproblematik tritt hervor, daß sein Naturbegriff Grundlagen gegenwärtiger, noch unersetzbarer Bedingungen menschlicher Existenz bezeichnet. Die Tragweite einer heute möglichen Zerstörung natürlicher Lebensgrundlagen durch Technik motiviert den naturphilosophischen Rückgriff auf Aristoteles (3).

1

Die globale Dimension der Umweltproblematik hat dazu geführt, daß auf der Erde von einer »unberührten Natur« keine Rede mehr sein kann. Vor allem die anthropogen verursachten Veränderungen der Atmosphäre, ihre Anreicherung mit Schadstoffen und ihre daraus folgende tendenzielle Aufwärmung und partielle Zerstörung, betreffen das gesamte irdische Ökosystem. Allerdings müssen sich globale Störungen natürlicher Kreisläufe nicht notwendig regional auswirken. Man kann nicht ausschließen, daß Regionen, in die vermutlich noch kein Mensch vorgedrungen ist, von Luftschadstoffen oder anthropogenen Klimaveränderungen verschont bleiben werden. Das Vorhandensein derartiger Inseln ist jedoch für die Bestimmung des Verhältnisses von Natur und Technik so lange irrelevant, wie sie von aller menschlichen Zivilisation isoliert sind. Nur dort, wo die beiden Sphären miteinander in Wechselwirkung stehen, kommt der Grenzziehung zwischen ihnen Bedeutung zu.

Das Schwinden der Eindeutigkeit in diesen Beziehungen ist

3 Man könnte diese Betrachtungsweise auch auf der gesellschaftlichen Ebene stärker zur Anwendung bringen. Dann hätte man sich aber intensiver mit konkurrierenden, vor allem naturwissenschaftlichen Bestimmungen derartiger Mischzustände auseinanderzusetzen. Ich werde jedoch auf die Beziehungen zwischen verschiedenen Naturbegriffen nur am Rande eingehen.

Signum für die Krise der auf Aristoteles zurückgehenden Natur-Technik-Dichotomie. Weltweit wurde und wird die äußere Natur in Siedlungsräumen auf eine Weise technisch überformt, daß zwischen menschlichem und nicht menschlichem Anteil nicht mehr klar unterschieden werden kann. In Europa hat die Industrialisierung von Forst- und Landwirtschaft eine sogenannte »Kulturlandschaft« hervorgebracht, in der die kollektive Einwirkung des Menschen zwar durchgängig präsent, aber als solche nicht mehr isolierbar ist. Was besteht in einem Wald oder auf einem Acker von Natur aus, und was geht auf menschliche Handlungen zurück? Immer häufiger bringen Symbiosen dieser Art das ehemals Natürliche in ein unmittelbares Abhängigkeitsverhältnis vom Betrieb technischer Mittelsysteme. Besonders drastisch zeigt sich das bei Lebewesen, die, zum Zweck der Fleischerzeugung gezüchtet, ausschließlich unter künstlichen Bedingungen überlebensfähig sind: Schweine, die sich nur noch in speziellen Stallungen halten lassen; Kühe, deren Mägen allein synthetische Nahrung vertragen. Irreversible Eingriffe der genetisch verfahrenden Züchtungstechnik schaffen Wesen, die weder rein technischen noch rein natürlichen Charakter haben.

So evident in diesem Fall die Verwischung der Grenzziehung zwischen Natur und Technik für jemanden sein mag, der nicht von der strikten Entgegensetzung der beiden Sphären ausgeht, so wenig muß sie allerdings einleuchten, wenn eine dichotomische Struktur apodiktisch vorausgesetzt wird. Die Tätigkeit der Züchtung fällt im Horizont einer an Aristoteles orientierten Naturphilosophie problemlos in den Bereich der Technik. Es handelt sich um eine menschliche Fertigkeit, die ihre technische Eigenart behält, auch wenn sie natürliche Vorgänge modifiziert. Gezüchtete Lebewesen, die sich nicht mehr selbst erhalten können und deshalb bereits ihren Charakter als Naturwesen verloren haben, gehören in der zweigeteilten Ontologie ebenfalls ganz auf die Seite der Technik.[4] Dies scheint erst recht dann zu gelten,

4 Umgekehrt bleiben gezüchtete Wesen, die ohne weiteres menschliches Zutun lebensfähig sind, unter diesen begrifflichen Voraussetzungen Naturwesen. Zur Rekonstruktion von Aristoteles' Naturauffassung kann Züchtung in Analogie zur Verarztung, die er als Beispiel für eine technische Handlung an verschiedenen Stellen des Buches II der *Physik* behandelt (193 b 12 ff., 194 a 23 ff., 199 b 30 ff. und öfter), betrachtet werden.

wenn sie zu ihrer Existenz einer dauerhaften technischen Unterstützung bedürfen.

An diesen Beispielen wird die Struktur einer Sichtweise von menschlichen Naturveränderungen deutlich, die für aristotelische Positionen typisch ist. Der Verlust von Selbständigkeit bildet das Kriterium, um einen ehemals natürlichen Bereich ganz der Technik zuzuschlagen. Voraussetzung für die rigorose Einteilung ist nicht die Wertschätzung der autonomen Existenz des Natürlichen, sondern seine bloße Anerkennung. Natur und Technik müssen in keiner Rangordnung stehen; technische Maßnahmen können durchaus positiv bewertet werden. Ihnen kommt solange keine naturphilosophische Relevanz zu, wie sie natürliche Eigenständigkeit nicht tangieren.

Im zweigeteilten Weltbild des Aristoteles läßt sich die aufgekommene Problematik des Verhältnisses von Natürlichem und Technischem allerdings nur um den Preis einer fragwürdigen Bestimmung des Technischen beseitigen. Die Reichweite der Technik – hier immer als Inbegriff von Artefakten und nicht als allgemeines, materielles oder ideelles Mittelsystem verstanden – kann in starrer Entgegensetzung zur Natur nicht angemessen beurteilt werden. In der aristotelischen Naturphilosophie ist das künstlich Hergestellte nicht den Prinzipien des Natürlichen unterworfen. Frei von den Zwängen, die ansonsten in der Welt herrschen, vermag es deshalb, die Natur zu überlisten, im Einzelfall sogar mehr als sie zu leisten. In der Antike noch durch Erfahrungen im technischen Umgang mit der Natur gedeckt, verträgt sich diese Auffassung heute mit gedankenloser Technikgläubigkeit und Anfälligkeit für haltlose Science-fiction-Spekulationen. Historisch hat die auf Aristoteles zurückgehende Überschätzung der menschlichen Macht über die Natur ihren Niederschlag in der jahrhundertelang vergeblichen Suche nach einem Perpetuum mobile gefunden. Sie geriet nicht erst in unserer Zeit, sondern bereits zu Anfang der Neuzeit unter Druck, als sich die Überzeugung durchzusetzen begann, daß die Naturgesetze ohne Ausnahme für die Technik gelten bzw. umgekehrt die am technischen Gerät geprüften Gesetze für die Natur.[5]

5 Die in der frühen Neuzeit vorgenommene Gleichsetzung von Natur und Technik würde in ein anderes Licht rücken, wenn man den Technikbegriff nicht nur auf materielle Gegenstände bezöge. Weil dies jenseits des Horizontes einer aristotelischen Naturauffassung liegt,

Unterliegt die Technik im Rahmen einer aristotelischen Naturauffassung nicht den Naturgesetzen, so bleibt die Frage, ob denn die Herstellung von Natur zu ihren Möglichkeiten gehört. Die Aktualität dieses Themas ist insbesondere mit den technologischen Entwicklungen gegeben, die als Vorstufen zu einer vielleicht nicht erreichbaren, aber schon nicht mehr undenkbaren Schaffung künstlichen Lebens verstanden werden können. Immer mehr organische Funktionen des menschlichen Körpers lassen sich durch den Einsatz von technischen Apparaten ersetzen. Im Zuge der Miniaturisierung der Technik und der gesteigerten Körperverträglichkeit ihrer Materialien treten bei ansonsten letalen Organerkrankungen zunehmend Konstruktionen an die Stelle von natürlich Gewachsenem. Ferner sind Zeugung und Geburt Gegenstand einer Reproduktionstechnologie geworden, die Lebensprozesse bereits in den frühesten Entwicklungsphasen von ihrer natürlichen Umgebung weitgehend isoliert, um sie gezielt zu beeinflussen. Die wachsende Beherrschbarkeit der ontogenetischen Ausgangssituationen verbessert die Bedingungen ihrer künstlichen Nachbildung. Doch nicht nur die Biowissenschaften arbeiten an der Entwicklung von sich selbst reproduzierenden Wesen. Auch informationstechnologische Verfahren gestatten heute die Herstellung von Maschinen, deren Lern- und ansatzweise auch Reproduktionsfähigkeit erste Analogien zu denen des natürlich Lebendigen aufweisen. Man muß die bekannte Liste der Technisierung von Lebensprozessen und der Naturalisierung von technischen Abläufen nicht weiter fortsetzen, um zu illustrieren, daß die Entwicklungstendenzen der angewandten Forschung die Vorstellung künstlicher Lebewesen – sei es als Analogon zu vorhandenen Organismen, sei es als Neuerfindung ohne Vorbild oder als Mischung dieser beiden Extreme – zumindest nicht abwegig erscheinen lassen.

Auf die Frage, in welchem Verhältnis technisch erzeugtes Leben zur Natur stünde, können im Rückgriff auf Aristoteles' Naturphilosophie nun in dem Maß unterschiedliche Antworten

möchte ich davon jedoch absehen. Ich nehme damit allerdings in Kauf, die ganze Dimension der heutigen Natur-Technik-Thematik nur so eingeschränkt in den Blick zu bekommen, wie es einer aristotelischen Perspektive entspricht. So bleibt beispielsweise das Verkehrs- und Kommunikationswesen und die Frage nach deren naturgesetzlichen Strukturen völlig außer Betracht.

gegeben werden, wie die einzelnen Bestimmungen seines Naturbegriffes verschiedene Deutungen zulassen und Erweiterungen erfordern, will man ihre Anwendbarkeit auf moderne Problemlagen untersuchen. Eine der hier zu erwähnenden Möglichkeiten wurde vor allem von Martin Heidegger entwickelt: Die wesentlich durch das Wachstum der Pflanzen versinnbildlichte Selbstbewegung der Natur sei von grundsätzlich anderer Struktur als jede Bewegtheit menschlicher Konstrukte, weshalb »τέχνη niemals die φύσις ersetzen« könne.[6] So verstanden, berührt sich die aristotelische Konzeption mit dem heute zum Beispiel von Günter Altner prominent vertretenen christlich-jüdischen Naturverständnis, nach dem der Ursprung des Lebens im Schöpfungshandeln Gottes wurzelt und deshalb für den Menschen unverfügbar ist.[7] Völlig ungeklärt bleibt hierbei jedoch, welchen Status Gebilde hätten, die, einmal technisch hergestellt, von menschlichen Handlungen unabhängig fortbestünden und sich selbst vermehrten.[8] Es finden sich im Buch II der *Physik* aber auch Strukturanalogien zwischen natürlicher und technischer Bewegtheit, bei denen Aristoteles die Funktionsweise menschlicher, meist handwerklicher Konstrukte zum Vorbild des Verständnisses natürlicher Prozesse nimmt.[9] Folgt man diesen Stellen, ließe sich ein künstlich erzeugtes Leben zum Bereich der Natur rechnen. Un-

6 Martin Heidegger, »Vom Wesen und Begriff der Physis«, in: ders., *Gesamtausgabe*, Bd. IX, Frankfurt am Main: Vittorio Klostermann 1976, S. 257.

7 Günter Altner, »Der Mensch zwischen Natur und Kultur«, in: *Politische Ökologie*, Heft 24, 1991, S. 17.

8 Heidegger spricht denn auch im Hinblick auf die nicht undenkbare Selbstherstellung des Menschen von einem »Unwesen zur φύσις–οὐσία«, a.a.O., S. 257.

9 193 a 31 ff., 199 a 12 ff., 199 b 28 ff. Ohne nähere Erläuterung überlegt sich Aristoteles sogar, daß die Naturdinge, wenn sie »nicht allein aus Naturanlage, sondern auch aus Kunstfertigkeit entstünden«, genauso entstehen würden, wie sie natürlich zusammengesetzt sind (199 a 13 ff.). Würde Naturanlage nur den Stoff und der Begriff des Naturdinges organisches Leben umfassen, wäre künstliches Leben insofern zur Natur gehörig, als es sich in seiner äußeren Gestaltbildung nicht von ihr unterschiede. Allerdings hätte es als Künstliches nicht das Prinzip seiner Bewegung in sich. Das Bestehen von Strukturanalogien zwischen den beiden Sphären muß also keineswegs schon eine Relativierung der Differenz ihrer wesentlichen Bestimmungen implizieren.

befriedigend bei dieser Interpretation wäre der unvermittelte Wechsel, mit dem ein technisch entwickeltes und schließlich funktionierendes Lebewesen in dem Moment seinen künstlichen Charakter verlöre und in das Reich der Natur einträte, da es sich im aristotelischen Sinn von selbst bewegte.

Zusammenfassend läßt sich sagen: Insofern Natur und Technik in der aristotelischen Naturphilosophie sich wechselseitig ausschließende Gegenbegriffe bilden, resultiert zwar eine einseitige und wenig differenzierte, doch gleichwohl in beschränkten Kontexten sinnvolle Sichtweise des heutigen Wandels im Natur-Technik-Verhältnis. Einerseits fördert sie die Tendenz, Natur, die in ihrem Bestand von menschlichem Handeln abhängt, ganz der Technik zuzuschlagen. Andererseits müßten technisch erzeugte Lebewesen entweder aus der Dichotomie von Natur und Technik vollständig herausfallen oder übergangslos in die Sphäre des Natürlichen zurückkehren. Dieses Beurteilungsschema begrenzt die Anwendbarkeit der aristotelischen Naturphilosophie vornehmlich auf Bereiche, in denen eine Technisierung der Natur erst am Anfang steht. Hier vermag sie sensibel auf eine Bedrohung der Eigenständigkeit des aus sich heraus Existierenden zu reagieren. Ist aber der Punkt des Selbständigkeitsverlustes erreicht, verfügt sie über keine Kriterien, das Wechselverhältnis von Natur und Technik weitergehend zu beurteilen. Das Vordringen des Technischen geht dem schematisch denkenden Aristoteliker so auf Kosten des Natürlichen.

2

Möglichkeiten, die von ihr vorausgesetzte abstrakte Dichotomie abzuschwächen, birgt Aristoteles' Naturphilosophie selbst. Sie ergeben sich aus den Elementen seines Naturbegriffes, deren gemeinsames Kennzeichen man Anschaulichkeit nennen könnte. In exemplarischen Charakterisierungen läßt er vielfältige Beziehungen zwischen Natur und Technik hervortreten, die den polaren Gegensatz überbrücken.[10] Da er dabei im Horizont lebensweltlicher Erfahrungen verbleibt, eignet den Bestimmungen

10 Vgl. zum Beispiel die weiter unten besprochenen Stellen sowie die bereits genannten zur Verarztung.

allerdings nur ein begrenzter Geltungsbereich, der bemerkenswerterweise sowohl den antiken Alltag, aus dem die Beispiele stammen, als auch die modernen Lebenswelten umfaßt. Die konkretisierende Vermittlung hat ihre unmittelbare Verständlichkeit bis in unsere Zeit gewahrt und demonstriert dadurch nicht nur einen klassischen Gehalt antiker Philosophie, sondern ebenso den beschränkten Einfluß heutiger Technisierungstendenzen auf die Alltagserfahrungen.[11] In der Dialektik von begrifflicher Entgegensetzung und Vermittlung scheinen sich antike und moderne Ausgangsbedingungen aber nahezu vertauscht zu haben: Hat man bei Aristoteles den Eindruck, daß er trotz des angenommenen Gegensatzes von Natur und Technik Beziehungen zwischen beiden Bereichen herstellt, so scheint es in der Moderne umgekehrt, als könne man jenseits einer Platz greifenden unauflösbaren Verschränkung von Natur und Technik doch noch erstaunlich gut zwischen ihnen differenzieren.

Als ersten Versuch, die Wesensbestimmung von Natur auf eine charakterisierende Eigenschaft der uns umgebenden Wirklichkeit zu beziehen, diskutiert Aristoteles die vorsokratische Auffassung, der Stoff (ὕλη; *hyle*), aus dem die Dinge bestehen, sei ihre Natur. »Zum Beispiel wäre von einer Liege die Naturanlage das Holz, von einem Standbild das Erz« (193 a 11 f.). Zum Beweis dieser Ansicht werde (von Antiphon) angeführt: »Wenn man eine Liege in die Erde eingrübe und die Verrottung die Kraft bekäme, einen Sproß herauswachsen zu lassen, dann würde der nicht eine Liege, sondern nur Holz« (193 a 12 ff.). Der handwerkliche Gegenstand wird in diesem Beispiel von vornherein als Mischung von Natur und Technik eingeführt. Als Material ist die Natur das an sich noch Ungestaltete und Ungegliederte (vgl. 193 a 11), der Rohstoff. Der technische Anteil ist mit der Formung von Gegenständen für menschliche Zwecksetzungen gegeben. Es entsteht somit die Vorstellung eines kontinuierlichen Übergangs vom amorphen Stoff zu einem durch Arbeit geschaffenen Gegenstand. Der gefällte Baumstamm ist natürlicher als das daraus geschnittene Brett, dieses natürlicher als die aus seinen Spänen ge-

11 Auch die Dichotomie von Natur und Technik erläutert Aristoteles mit anschaulichen Beispielen. Sie wird jedoch nicht aus ihnen entwikkelt. Ein lebensweltlicher Charakter, der ihre anhaltende Wirksamkeit auch nicht allein erklären könnte, kommt ihr nicht ausschließlich zu.

preßte Spanplatte, die der Natur wahrscheinlich näher ist als Metalle, Gläser oder gar Kunststoffe.

Die Gleichsetzung von Natur und Stoff genügt der allgemeinen Definition von Natur als demjenigen, das seinen »Anfang von Veränderung und Bestand in sich hat«. Spezifiziert wird der Umfang des Nichtnatürlichen bzw. Technischen, der jetzt der Bestimmung des Stoffbegriffes (natürlich wachsende Rohstoffe, vier Elemente, Atome etc.) folgt. Insofern ohne Stoff keine Form sein kann, gerät die Technik in Abhängigkeit von der Natur. In dieser Beziehung kommt die unabhängig vom Menschen vorhandene Naturbasis alles Geschaffenen zum Ausdruck. Anderseits wird die Natur als bloßes Material für menschliche Handlungen aufgefaßt und dadurch der Technik untergeordnet.

Aristoteles steht dieser Auffassung bekanntlich ablehnend gegenüber. Statt sie aber zu widerlegen, gesteht er ihr ein eigenes Recht zu und setzt die von ihm selbst bevorzugte lediglich dagegen. Seine Position verbindet die Wesensbestimmung der Natur mit der Eigenschaft, die teilweise von den Vorsokratikern, und auch von Platon für das Kennzeichen des Nichtnatürlichen gehalten wurde, das heißt mit der Form (εἶδος; *eidos*). Folgerichtig geht er in seiner Argumentation von der Technik aus, indem er vom Wissen über handwerklich hergestellte Dinge (wie der Liege) analogisch auf das Wesen des Natürlichen (zum Beispiel eines Lebewesens) schließt. Wie man die Liege nicht vor ihrer Fertigstellung als solche bezeichne, so seien auch für ein Lebewesen nicht die Stoffe, aus denen Fleisch oder Knochen bestehen, sondern die daraus gebildeten Formen charakteristisch (193 a 35 ff.). Aristoteles deutet an, daß dies auch für das Holz als Rohstoff der Liege zutreffe (193 b 11). Aus dem Brett entsteht, wenn sich ein Sproß bildet, ja kein neues Brett, sondern ein Baum, der sich von einem Brett durch sein Wachstum und die ihm eigentümlichen Formen abhebt. Erst in der durch organische Entstehungsprozesse hervorgebrachten Gestalt (μορφή; *morphe*) zeigt sich die Formbestimmtheit der Natur. Die der Natur eigene Struktur der Bewegtheit prägt auch die Maserungen des Holzes, wenn es bereits zu einem Brett verarbeitet ist.

Während bei der Gleichsetzung von Natur und Stoff die Technik qua Materialabhängigkeit in einer am Anteil der menschlichen Arbeit abschätzbaren Beziehung zur Natur steht, reduziert die Formbestimmtheit der Natur den Unterschied zwischen

Natur und Technik auf die Verschiedenheit ihrer Bewegungsformen. Das technische, vor allem handwerkliche Produkt wird nicht einem Bereich der ungeformten, sondern einem der anders geformten Gegenstände gegenübergestellt. Aristoteles unternimmt keine weitergehenden Bemühungen, die Differenz der Bewegungsformen im einzelnen zu bestimmen und zu begründen. Das hieran sich anschließende Spektrum von philosophischen Interpretations- und Fundierungsmöglichkeiten habe ich bereits erwähnt. Es ist jedoch gerade die Selbstverständlichkeit, mit der Aristoteles die Formbestimmtheit von Natur und Technik begründungslos voraussetzt, die seine Naturphilosophie mit heutigen lebensweltlichen Erfahrungen verbindet. Im Gewahrwerden von unterschiedlichen Erscheinungsweisen, die teils nur graduell voneinander abweichen, teils deutlich kontrastieren, ordnen wir Phänomene als ganze in eine Skala ein, deren Extreme durch Natur und Technik bezeichnet sind (Meeres- und Verkehrsrauschen, gleitender Vogel- und Segelflug, Busch und Hekke etc.). Vergleichbar differenzieren wir auf dieser Ebene spontaner Wahrnehmungsleistungen auch zwischen natürlichen und technischen Gegenstandselementen (unterschiedliche Materialien, wie Holz, Eisen, Glas etc., oder konstruktionsbedingte Bauweisen bei der Verwendung von ungeschnittenem Holz, nur roh behauenem Stein etc.). Der Betrachtung von Gestaltdifferenzen sind allerdings natürliche Formelemente auch an Gegenständen gegenwärtig, an denen nichts von selbst da ist.[12]

12 Die Bestimmungen der Natur als Form und Stoff stehen sowohl in einem Bedingungs- als auch in einem Spannungsverhältnis. Sie bedingen sich, insofern im Bereich des Natürlichen zwischen Stoff und Form nicht unterschieden werden kann. Im Gegensatz zur Technik, bei der sich die Formen gedanklich (als Entwurf, Plan etc.) vom Stoff abtrennen lassen, sind die natürlichen Stoffe mit den ihnen gemäßen Formen verbunden (193 b 3 ff.). Alles Natürliche strebt wie die Technik zur Vollendung (194 a 27 ff.); die Technik aber erhält den Anstoß dafür von außen und strebt nicht wie die Natur zur eigenen Vollendung, sondern zur Hervorbringung eines von sich Unterschiedenen (keine Selbstreproduktion) (193 b 8 ff.). Erst im Wissen um die Naturteleologie kann Aristoteles denjenigen recht geben, die den Naturbegriff mit dem Stoff identifizieren. Die Gleichsetzung von Natur und Stoff steht nur dann in einem Spannungsverhältnis mit ihrer Charakterisierung als Form, wenn die dem Stoff je eigene Formbestimmtheit bestritten wird.

Im modernen Alltag sind freilich Beispiele, bei denen sich Aristoteles' Kriterien als sinnvoll erweisen, nicht weniger typisch als diejenigen, bei denen sie versagen. Die ihnen eigene Vagheit ermöglicht ihren alltäglichen Gebrauch ebenso, wie sie unter den Bedingungen einer technischen Zivilisation zur Unanwendbarkeit bzw. in die Irre führen kann. Beispielsweise erlauben die sinnlich erfahrbaren Qualitäten raffiniert gefertigter Nahrungsmittel oder Bekleidungsgegenstände keine Rückschlüsse auf ihre (aristotelisch verstandenen) natürlichen bzw. technischen Bestandteile. Die sinnliche Wahrnehmung, auf der die Naturphilosophie des Aristoteles gründet, vermag oftmals nicht einmal zwischen vollständig synthetisch und aus Naturstoffen hergestellten Produkten zu unterscheiden.

Von der in die Lebenswelt eindringenden Technisierung wird das Kriterium der Bewegungsform indes anders getroffen als das des Stoffes. Wenn Naturformen technisch perfekt imitiert werden, verliert das Formkriterium seinen ursprünglichen Differenzierungssinn. Was unterscheidet eine Holzimitation von richtigem Holz, ein künstliches Hundegebell von einem echten, eine Kunstblume von einer natürlich gewachsenen? Paradoxerweise treten wesentliche Bestimmungsmomente der natürlichen Gestaltungen bisweilen erst dann hervor, wenn sie von ihrer ehemaligen stofflichen Basis abgelöst und zur bloßen »Geste der Natürlichkeit«[13] geworden sind. Weniger die vollkommene Nachahmung als die gelungene Stilisierung von Naturdingen verleiht einer synthetisch hergestellten Sache oder einer künstlerischen Darstellung ein unverkennbares Moment des Natürlichen.[14] Dieses in der Ästhetik geläufige Wissen entfaltet heute seine ökonomische Wirksamkeit. Kaum etwas fördert die Verkaufsbedingungen bestimmter Gegenstandsarten des täglichen Gebrauchs so sehr wie ein ihnen verliehener Schein von Natürlichkeit. Wo das Formkriterium zu marktbestimmender Wirksamkeit kommt, geht dem Stoffkriterium jede Anwendungsmöglichkeit ab. Mit der allgemeinen Definition, daß das Natürliche »einen Anfang von Veränderung und Bestand« in sich habe, teilt es den Mangel,

13 Gernot Böhme, »Die Geste der Natürlichkeit«, in: ders., *Natürlich Natur. Über Natur im Zeitalter ihrer technischen Reproduzierbarkeit*, Frankfurt am Main 1992.

14 Ebd., S. 152 ff.

innerhalb des Technischen überhaupt nicht differenzieren zu können. Synthetisch hergestellte Materialien sind aus seiner Perspektive alle gleich weit von der ihrer Naturbasis entfernt.

3

Das ursprünglich wohl eher theoretische Erkenntnisinteresse, Natur und Technik auseinanderzuhalten, hat sich in unserem Jahrhundert in ein Überlebensinteresse verwandelt. Schädliche Nebenfolgen des Industrialisierungs- und Zivilisierungsprozesses bedrohen die natürlichen Lebensgrundlagen der menschlichen Existenz; in den Lebenswelten zerstört die Implementierung technischer Mittelsysteme ehemals natürlich vorgegebene Orientierungsmuster. Erst vor diesem Hintergrund erhält die Frage nach der Natur in ihrem Unterschied zur Technik praktische Relevanz. Solange die aristotelischen Kriterien in gesellschaftlichen wie lebensweltlichen Zusammenhängen auch nur partiell anwendbar sind, hat man gute Gründe, an ihnen festzuhalten. Sie bewahren ein Naturverständnis, das sowohl die Eigenständigkeit der Natur als auch die Abhängigkeit des Menschen von der Natur anerkennt. Als das aus sich heraus und für sich Bestehende ist die Natur auch ohne den Menschen da, der nicht ohne sie zu existieren vermag und ihr als Naturwesen gänzlich zugehört. Bei Aristoteles findet sich noch keine Vorstellung davon, daß die Technik die Natur dauerhaft beeinträchtigen oder ihr gar feindlich gegenüberstehen könnte. Die ontologische Differenz zwischen beiden Sphären spiegelt sich im Nebeneinander von technischem und naturtheoretischem Wissen, zwischen denen kein Widerstreit besteht. Das Wissen von der Technik ist praktisch. Sie kann die Natur nur nachahmen oder vollenden (194 a 21 f. und 199 a 15 f.) und steht deshalb in einem harmonischen Verhältnis zu ihr. Die Erkenntnis von der Natur ist theoretisch und ausschließlich über sinnliche Wahrnehmung vermittelt. Aristotelische Natur ist nicht durch Beherrschbarkeit, sondern durch Wahrnehmbarkeit ausgezeichnet.[15]

Trotz ihrer mangelnden Differenzierungsfähigkeit im Hinblick auf die modernen Wechselwirkungen zwischen Natur und Tech-

15 Gernot Böhme, »Eine ästhetische Theorie der Natur«, in: *Natürlich Natur*, a.a.O., S. 127 und öfter.

nik ermöglicht die aristotelische Unterscheidung, wie gezeigt, die Wahrnehmung von Technisierungsprozessen vor allem in den Entwicklungsphasen, in denen noch bestehende Formen natürlicher Selbständigkeit zerstört werden. Ferner hat sich ergeben, daß ihre Formulierung im Form-Stoff-Schema lebensweltliche Verwendungen beinhaltet, die ihre Geltung und elementare Orientierungskraft bislang erst partiell eingebüßt haben. Aber die Anwendungspotentiale scheinen sich sukzessiv zu verkleinern. Die zunehmende Gestaltung der Umwelt durch den Menschen und die fortschreitende Verflüssigung und Verfügbarmachung der Grenzen zwischen Natur und Technik lassen den Eindruck entstehen, als sei das Ende der aristotelischen Unterscheidung bereits in Sicht.

Man würde jedoch ihr Gewicht in der Moderne unterschätzen, wollte man sie vorschnell verabschieden. Unter den Bedingungen einer gefährdeten äußeren und inneren Natur markiert der aristotelische Naturbegriff naturale Grenzen der Bewegungsspielräume gegenwärtiger technischer Zivilisationen und bezeichnet damit Schwellen der Herstellbarkeit. Diejenigen Bereiche, auf den die aristotelische Definition noch am ehesten zutrifft, drohen allerdings ihren ursprünglichen Zusammenhang zu verlieren. Was »in sich selbst einen Anfang von Veränderung und Bestand« hat, ist einer doppelten Bewegung unterworfen. Zum einen distanziert sich die aristotelische Natur in ihrer Bedeutung als Stoff radikal vom Horizont lebensweltlicher Erfahrung. Denn die bis auf weiteres unverrückbaren und unabhängig vom Menschen bestehenden Naturbedingungen menschlicher Existenz verlagern sich immer mehr aus den lokalen in die globalen Dimensionen. Durch weltumspannende Verteilungsnetze organisiert, wird die materielle Reproduktion in technischen Zivilisationen verstärkt von der Verfügbarkeit spezieller natürlicher Ressourcen abhängig. Für eine nicht absehbare Zukunft ist die Menschheit an irdische Rahmenbedingungen gebunden, die über Rohstoffvorkommen bis zur Atmosphäre reichen und durch keine heute realisierbare Technik zu ersetzen sind. In ihrer Bedeutung als Stoff spielt die aristotelische Natur eine zunehmend abstrakte, unanschauliche Rolle.

Zum anderen gewinnt sie in ihrer Bedeutung als Form des organischen Werdens existentielle Nähe. Während es für die Menschheit vermutlich auf lange Zeit hin unmöglich sein wird, den irdischen Lebensraum zu verlassen, können menschliche Lebensprozesse bereits künstlich in Gang gesetzt und unterhalten werden. Doch auch wenn sich die Umwelten des Menschen schon wechselweise in Natur und Technik verwandeln und er selbst diese Metamorphosen beherrscht und für sich auf die Naturbasis seiner eigenen Existenz verzichten mag, bleibt er in den Rhythmus von Geborenwerden und Sterbenmüssen eingelassen. Solange sich aber sein Lebensprozeß im Endlichen vollzieht, ist er an jene Bewegtheit des Wachsens und Vergehens gebunden, durch die sich die aristotelische Natur von aller Technik abhebt. Im Inneren der Lebenswelt bringt sich damit die Formbestimmtheit der Natur unter den Bedingungen der technischen Zivilisation in einer Weise zur Geltung, die nicht ohne ein von Grund auf geändertes menschliches Selbstverständnis aufgehoben werden könnte.

Aristotelisch verstandene Natur scheint also in der Moderne einer gegenläufigen, sie tendenziell zerreißenden Bewegung ausgesetzt. Sie zieht sich als Stoff in ferne Regionen des Planeten zurück und erhält als die jedes endliche Leben immer noch prägende Form letzte Unmittelbarkeit. Vor ihrem Ende würde ihre Zweiteilung hervortreten.

Michael Hauskeller

Ist Schönheit eine Atmosphäre?

Zur Bestimmung des landschaftlich Schönen

»Landschaft«, schreibt Joachim Ritter in seinem bekannten gleichnamigen Aufsatz[1], »ist Natur, die im Anblick für einen fühlenden und empfindenden Betrachter ästhetisch gegenwärtig ist: Nicht die Felder vor der Stadt, der Strom als ›Grenze‹, ›Handelsweg‹ und ›Problem für Brückenbauer‹, nicht die Gebirge und die Steppen der Hirten und Karawanen (oder der Ölsucher) sind als solche schon ›Landschaft‹. Sie werden dies erst, wenn sich der Mensch ihnen ohne praktischen Zweck in ›freier‹ genießender Anschauung zuwendet, um als er selbst in der Natur zu sein.«[2]

Legt man diese Bestimmung zugrunde, ist Landschaft erstens nicht an sich gegeben, sondern immer nur für einen Betrachter, und zweitens nicht für jeden Betrachter, sondern nur für den absichtslosen, »genießenden« Betrachter. Erst wenn man von dem möglichen Nutzen absieht, der sich aus der Natur ziehen läßt, in der rein betrachtenden, zweckfreien Hinwendung zu ihr, wie sie »als sie selbst«[3] ist, wird also Natur zur Landschaft. Schon Jacob Burckhardt hatte das Absehen von der Nutzbarkeit als bestimmende Eigenart der Landschaftswahrnehmung festgehalten und dieses Absehen als »Blick in die Ferne« charakterisiert.[4] Dieser Blick in die Ferne – der mit dem Absehen von der Nutzbarkeit einhergeht, wenn nicht gar identisch ist[5] – sei die »eigent-

1 Joachim Ritter, »Landschaft. Zur Funktion des Ästhetischen in der modernen Gesellschaft«, in: ders., *Subjektivität*, Frankfurt am Main: Suhrkamp 1974, S. 141-190.

2 Ebd., S. 150 f.

3 Ebd., S. 147.

4 Jacob Burckhardt, *Die Kultur der Renaissance in Italien*, 13. Auflage, Stuttgart 1922, S. 218 ff.

5 Deshalb kann Ludwig Klages später mit dem Begriff der Ferne eine auf die (begriffliche und tatsächliche) Aneignung des Wahrgenommenen verzichtende Wahrnehmung kennzeichnen. So gesehen wäre die Ferne nicht nur eine *ästhetische*, sondern auch und zugleich eine *ethi-*

liche Landschaft«. Nun fällt nach Burckhardt die Entdeckung der Landschaft, die er in der italienischen Renaissance lokalisiert und in der Bergbesteigung Petrarcas historische Gestalt annehmen sieht, mit der Entdeckung der landschaftlichen *Schönheit* in eins. Sobald die Kategorie der Nützlichkeit nämlich ganz aus der Naturwahrnehmung verschwindet und die Natur nicht mehr in Nützliches und Wertloses aufgeteilt wird, entrückt die Natur nicht nur in die Ferne und wird so zur Landschaft, sondern sie wird damit dem Betrachter zugleich, wie Ritter sagt, »ästhetisch gegenwärtig«, und zwar nicht mehr nur im Detail, sondern in ihrer übergreifenden Gestalt. Dieses ästhetische Gegenwärtigsein aber ist nach Burckhardt die Schönheit. Warum aber wird die Natur schön, wenn sie absichtslos aus der Ferne betrachtet wird? Und was bedeutet überhaupt die Aussage, daß die Natur schön sei? Petrarca will seinerzeit vor dem Anblick der neu entdeckten landschaftlichen Schönheit verstummt sein, und zwar nicht, »weil der Dichter dagegen unempfindlich wäre, sondern im Gegenteil, weil der Eindruck allzu gewaltig auf ihn« gewirkt habe.[6] Der Blick Petrarcas vom Mont Ventoux hatte noch nichts von dem durch tausend Sonnenuntergänge getrübten Postkartenblick, der die Schönheit der Landschaft neutralisiert. Die Schönheit wird vielmehr nicht nur kühl konstatiert, sondern als ergreifende *Macht* empfunden, die den Betrachter verstummen läßt.

Vor einigen Jahren erschien ein Aufsatz Gernot Böhmes mit dem Titel: »Das Schöne und andere Atmosphären«.[7] Unter Atmosphären versteht Böhme im Anschluß an Hermann Schmitz[8] »ergreifende Gefühlsmächte«, die »unbestimmt in die Weite ergossen« seien.[9] Böhme vertritt nun die Auffassung, daß auch die Schönheit zu den Atmosphären zähle, weil man in sie hineingerate und von ihr als einer Macht ergriffen werde.[10] Die Schön-

sche Qualität. Vgl. M. Hauskeller, »Die Schonung der Bilder: Ludwig Klages und die moderne Ethik«, in: *Scheidewege* 26 (1996/97).

6 Burckhardt, *Die Kultur der Renaissance in Italien,* a.a.O., S. 221.

7 Gernot Böhme, »Das Schöne und andere Atmosphären«, in: ders., *Anthropologie in pragmatischer Hinsicht*, Frankfurt am Main: Suhrkamp 1985, S. 192-207.

8 Hermann Schmitz, *System der Philosophie* III. 2: *Der Gefühlsraum*, 2. Aufl. Bonn: Bouvier 1981, § 149.

9 Böhme, »Das Schöne und andere Atmosphären«, a.a.O., S. 199.

10 Auch in dem späteren Aufsatz »Schön-Sein« (in: Gernot Böhme,

heit sei nicht »irgendeine Eigenschaft an dem schönen Gegenstand, sondern eine Atmosphäre, und zwar die Atmosphäre deutlicher Präsenz, die uns anzieht und das eigene Lebensgefühl steigert«.[11] Nun liegt eine gewisse Ambiguität in dieser Formulierung, weil nicht ganz klar wird, ob der Relativsatz mit zur Definition gehören soll oder nicht. Gemeint ist *entweder*, daß es verschiedene Atmosphären deutlicher Präsenz gebe, unter denen eben *diejenige* als Schönheit bezeichnet wird, die uns anzieht und das eigene Lebensgefühl steigert, *oder* aber, daß die Schönheit bereits diese deutliche Präsenz *sei*, so daß der Relativsatz lediglich als Beifügung zu verstehen wäre und nicht eigentlich mit zur Definition gehörte. So ergibt sich je nach Auslegung eine objektbezogene oder eine eher subjektbezogene Deutung der Schönheit. Im ersten Fall wäre die Schönheit obzwar keine *Eigenschaft*, so doch *etwas* am Gegenstand, von dem wir dann in einer bestimmten Weise betroffen wären (nämlich die deutliche Präsenz). Im zweiten Fall wäre die spezifische Betroffenheit (das Anziehende und eigene Lebensgefühl Steigernde) selbst die Schönheit und der Gegenstand nur der Auslöser, der an sich unbestimmt bliebe. Welcher Deutung ist nun der Vorzug zu geben? Aufschluß könnte der Vergleich mit anderen Atmosphären geben. Bei diesen nämlich, schreibt Böhme, sei es meistens so, daß sie »uns zu dem machen, was sie affektiv sind«. Die melancholische Landschaft mache uns melancholisch, die heitere heiter.[12] Ich selbst halte Sätze wie diese für notwendig, also analytisch wahr: Atmosphären machen uns zu dem, was sie affektiv sind, weil sie eben das und nicht mehr als das sind, zu dem sie uns machen.[13] Die Heiterkeit einer Landschaft *besteht* darin, daß sie uns in der Regel heiter stimmt. Wo sie es nicht tut, ist sie entweder zu keinem Zeitpunkt heiter, oder wir erinnern uns ihrer heiteren Wirkung von einer anderen Gelegenheit her, oder wir empfinden die Heiterkeit als Umstimmungstendenz, die von gegenläufigen Tendenzen (etwa der Verzweifluing über ein verlorenes Glück) neu-

Natürlich Natur. Über Natur im Zeitalter ihrer technischen Reproduzierbarkeit, Frankfurt am Main: Suhrkamp 1992, S. 160-181) wird Schönheit ausdrücklich als »ergreifende Macht« (S. 170) verstanden.

11 Böhme, »Das Schöne und andere Atmosphären«, a.a.O., S. 197.

12 Ebd., S. 194.

13 Zu dieser Behauptung sowie den nachfolgenden Erläuterungen vgl. Hauskeller, *Atmosphären erleben*, Berlin: Akademie 1995.

tralisiert oder gar in ihr Gegenteil verkehrt wird, wobei die Landschaft ihre vormalige Heiterkeit verliert. Man denke nur daran, wie sehr sich die Empfindung der Natur für Goethes Werther verändert, nachdem er die Hoffnung, die von ihm geliebte Lotte für sich zu gewinnen, aufgegeben hat. Die Natur verwandelt sich von einem Spiegel des Göttlichen und einem Garanten menschlichen Aufgehobenseins in der Welt zu einem Sinnbild irdischer Qual und Vergeblichkeit: »... der Schauplatz des unendlichen Lebens verwandelt sich vor mir in den Abgrund des ewig offnen Grabs ... Da ist kein Augenblick, der dich nicht verzehrte und die Deinigen um dich her, kein Augenblick, da du nicht ein Zerstörer bist, sein mußt.«[14] Ob die Natur aber als beglückend oder aber als deprimierend erlebt wird, hängt nicht so sehr von den tatsächlichen Bestimmungen der Natur ab als vielmehr von der individuellen Disposition des Subjekts, das je nach Ausgangslage einen anderen Aspekt *desselben* objektiven Charakters der Natur hervorhebt. In diesem Fall ist es die unaufhörliche Veränderung der Natur, die dem auf Liebesglück hoffenden Werther als stetes Werden erscheint, dem an seiner Liebe und seinem Leben verzweifelnden Werther aber als stetes Vergehen. So ist die Heiterkeit einer Landschaft kein Wesens-, sondern ein Erscheinungscharakter, eine Relationsbestimmung, die ihr nur in der Beziehung zu einem bestimmten Wahrnehmungssubjekt zukommt. Gernot Böhme scheint diese Auffassung jedoch abzulehnen.[15] Er stützt sich dabei auf die These Hermann Schmitz', daß es möglich sei, sinnvoll zwischen einem Gefühl und dem affektiven Betroffensein durch dieses Gefühl zu unterscheiden.[16] Ein Beispiel hierfür wäre die heitere Gesellschaft, in die wir hineingeraten, ohne selbst heiter zu sein noch es zu werden, die wir aber weiterhin als heiter wahrnehmen, um gerade daran Anstoß

14 Johann Wolfgang von Goethe, *Die Leiden des jungen Werthers*, Erste Fassung, Erster Teil, Brief vom 28. August.

15 Verschiedene Subjekte, schreibt Böhme, könnten sich über das Vorliegen einer bestimmten Atmosphäre einigen. Denjenigen aber, die sich nicht dazu bereit fänden, fehle es an der nötigen »Sensibilität« (a.a.O., S. 200). Von mangelnder Sensibilität zu sprechen macht in diesem Zusammenhang aber nur Sinn, wenn die spezifische Atmosphäre wenigstens von der individuellen Wahrnehmung abgekoppelt ist – was ja auch dem Schmitzschen Atmosphärenbegriff entspricht.

16 Vgl. Schmitz, *System der Philosophie,* a.a.O., § 148.

zu nehmen. Hier ist das Gefühl selbst, nämlich als fremdes Gefühl, *Inhalt* der Wahrnehmung, das sich von der *Form* der Wahrnehmung (das heißt dem eigenen affektiven Betroffensein) deutlich unterscheidet. Diese Diskrepanz zwischen Inhalt und Form ist jedoch nur dort möglich, wo Gefühle als von einem anderen Wesen *gefühlte* wahrgenommen werden. Sie ist dagegen nicht möglich, wo der Wahrnehmungsgegenstand seinem Wesen nach nicht selbst von dem Gefühl, das er dem Wahrnehmenden vermittelt, betroffen sein kann, wie etwa im Fall der Landschaft. Die Landschaft empfindet sich nicht selbst als heiter, so daß sie im Unterschied zu einer Abendgesellschaft nur dann heiter *ist*, wenn sie von einem Betrachter so *empfunden* wird.

Die Frage ist nun, ob es sich mit der Schönheit ebenso verhält, oder anders gesagt, ob die Schönheit in *diesem* Sinne tatsächlich eine Atmosphäre ist. Nach Böhme sei es auch der Schönheit als einer Atmosphäre eigen, daß sie uns zu dem mache, was sie selber affektiv sei, nämlich schön.[17] Damit wäre auch dieser Satz analytisch, und Böhmes nachfolgende Identifikation dieser beim Betrachter erregten Schönheit mit der Steigerung des eigenen Lebensgefühls, das mit der Liebe als einem Hingezogensein zu dem schönen Gegenstand einhergehe, würde auf eine Gleichsetzung gegenständlicher Schönheit mit ihrer Wirkung hinauslaufen. Ein Gegenstand wäre demnach schön, wenn und *insofern* er unser Lebensgefühl steigert und (vielleicht ebendarum) Liebe erregt. Wenn dies gemeint sein sollte, unterschiede sich Böhmes Bestimmung der Schönheit der *Art* nach nicht von den bekannten subjektivistischen Positionen etwa Edmund Burkes oder Friedrich Nietzsches. Schon Burke meinte, daß diejenigen gegenständlichen Qualitäten für schön gelten müßten, die eine wohltätige Erschlaffung des Körpers herbeiführten und deshalb Liebe oder zärtliche Zuneigung erweckten, und für Nietzsche galt für schön dasjenige, das dem Selbsterhaltungstrieb nicht zuwiderlaufe und dem eigenen Machtgefühl schmeichle.[18] Nun mag es durchaus zutreffen, daß einige dieser Wirkungen die Erfahrung des Schönen *immer* begleiten und so als *Teil* dieser Erfahrung gelten müssen, doch ließe sich daraus nicht folgern, daß die Schönheit mit

17 Böhme, »Das Schöne und andere Atmosphären«, a.a.O., S. 194.
18 Vgl. *Was das Schöne sei. Klassische Texte von Platon bis Adorno*, hg. von Michael Hauskeller, München: dtv 1994, S. 181 ff.; S. 372 ff.

diesen Wirkungen *identisch* sei. Dies wäre genau das, was George Edward Moore den naturalistischen Fehlschluß nannte, nämlich die Verwechslung von Teilhabe mit Identität.[19] Doch ist anzunehmen, daß Böhme es zu Recht ablehnen würde, auf diese Weise zum Subjektivisten abgestempelt zu werden. Aus seinen weiteren Ausführungen läßt sich nämlich wohl entnehmen, daß er die Schönheit in dem zu finden sucht, was er die »deutliche Präsenz« oder an anderer Stelle das »hervorleuchtende Was-Sein« eines Gegenstandes nennt.[20] Die subjektivistische Deutung seines Bestimmungsversuchs mußte nur deshalb so ausführlich besprochen werden, weil nach Böhmes Auffassung die Schönheit eine Atmosphäre sein soll und er selbst den Vergleich mit anderen Atmosphären sucht, um zu einer Bestimmung vorzudringen. Gerade dieser Vergleich aber ist irreführend, denn wenn die Schönheit etwa einer Landschaft *im gleichen Sinne* eine Atmosphäre wäre wie ihre Heiterkeit oder ihre Melancholie, so wäre die Schönheit der Landschaft nichts anderes als der affektive Wert, den sie für uns hätte, also gerade nicht ihr »hervorleuchtendes Was-Sein« oder ihre »deutliche Präsenz«, wie auch immer dies zu verstehen wäre.

Ich möchte nun in der Folge zweierlei zeigen, nämlich erstens, welche Umstände der Schönheitserfahrung tatsächlich dazu Anlaß geben könnten, Schönheit als Atmosphäre zu begreifen, zweitens aber, in welcher Hinsicht sich Schönheit in charakteristischer Weise von anderen Atmosphären unterscheidet.

Es gibt eine unüberschaubare Anzahl von Gegenständen, aber auch von Handlungen, Geschehnissen und Erlebnissen, die wir als schön bezeichnen. All diese Anwendungen kommen darin überein, daß sich in ihnen eine gewisse Anerkennung und Wertschätzung ausdrückt. Ebendies ließe sich aber auch für die Verwendung des Wortes »gut« behaupten, das eine ähnliche Anwendungsbreite besitzt. Aber »gut« meint nicht das gleiche wie »schön«. Ein gutes Auto ist offensichtlich nicht notwendig auch ein schönes Auto, ein schönes nicht notwendig ein gutes. Weniger offensichtlich, aber gerade deshalb aufschlußreicher, ist der

19 George Edward Moore, *Principia Ethica*, Stuttgart: Reclam 1970, S. 47 ff.: Selbst wenn alles, was gut genannt wird, auch lustvoll zu sein scheint, folgt daraus nicht, daß das Gute mit dem Lustvollen *identisch* ist.

20 Böhme, »Das Schöne und andere Atmosphären«, a.a.O., S. 194.

Bedeutungsunterschied zwischen beiden Prädikaten, wenn sie nicht auf materielle Gegenstände, sondern auf Situationen angewandt werden. So meint etwa der Satz A: »Schön, daß du gekommen bist« etwas anderes als der auf den ersten Blick vielleicht äquivalent erscheinende Satz B: »Gut, daß du gekommen bist«. Zwar wird in beiden Fällen eine Handlung bzw. der daraus folgende Umstand (die Anwesenheit hier und jetzt) gutgeheißen oder belobigt, also ein positives Werturteil über eine Handlung ausgesprochen. Jedoch ist die Art des Wertens unterschiedlich, oder besser: der Standpunkt, von dem aus das Urteil gefällt wird, ist beide Male ein anderer. Satz B stellt das Gutsein des Kommens einer Person *im Hinblick auf etwas anderes*, was es auch sei, fest. Der Satz konstatiert objektiv faßbare Nützlichkeit: daß das Gekommensein, das heißt die Anwesenheit, gut ist, hat einen Grund. Es ist *für etwas* gut. Der Satz meint: Gut, daß du gekommen bist, weil ... (ich deine Hilfe brauche/ Heinz nach dir sucht/ gerade ein wichtiger Anruf für dich da war.) Affektiv kann der Satz selbst neutral bleiben: daß eine Handlung oder ein Umstand als gut beurteilt werden, sagt nichts darüber aus, für wen oder was sie gut sein sollen, also auch nicht darüber, ob der Sprecher des Satzes in irgendeiner Weise von der bewerteten Handlung *gefühlsmäßig betroffen* ist. Dies ist völlig anders bei Satz A. Die Betroffenheit ist hier im Ausdruck selbst enthalten. »Schön, daß du gekommen bist« ist immer aus einer affektiven Beteiligung des Sprechenden heraus gesagt, meint immer: »Ich freue mich, daß du gekommen bist«, und zwar ohne daß damit eine weitere Absicht des Sprechenden, ein Woraufhin des Wertens, irgendeine *Nützlichkeit* des positiv Bewerteten mit angesprochen wäre. Nenne ich einen Umstand wie den der Anwesenheit einer bestimmten Person schön, meine ich den Umstand selbst – daß ich sie leibhaftig vor mir sehe, ihre liebe Stimme höre usw. – der *in sich selbst* wertvoll erscheint, ohne daß sonst noch ein Zweck damit verbunden wäre. Die Frage: »*Warum* findest du es schön, daß ich gekommen bin?« hat darum nur dann Sinn, wenn wir vermuten, daß die freundliche Begrüßung uns nur zur Arglosigkeit verleiten soll, also vorgetäuscht ist.[21] Ähnlich verhält es sich

21 Freilich könnte ich die Frage auch stellen, um noch einmal ausdrücklich bestätigt zu bekommen, daß der andere mich um meiner selbst willen *liebt*, aber dann ist die Frage dennoch falsch gestellt, denn die Liebe ist nicht der *Grund* (als einer unter vielen möglichen Gründen)

bei den folgenden Sätzen C: »Das hast du schön gemacht« und D: »Das hast du gut gemacht.« Auch hier drückt die Formulierung »Das hast du schön gemacht« ein größeres *persönliches* Wohlgefallen, eine stärkere Anteilnahme aus als der ungleich nüchternere und scheinbar objektivere Satz »Das hast du gut gemacht.« Auch das sinnliche Moment der Beziehung zwischen Sprecher und bewerteter Handlung tritt in C stärker hervor; der Satz besagt soviel wie: Es macht mir Freude zu *sehen*, was du gemacht hast. Im »gut gemacht« abstrahiere ich von der konkreten Beziehung, in der ich als mich Äußernder zu dem Gegenstand meiner Äußerung stehe, und nehme einen Standpunkt *außerhalb* ihrer ein. Die Handlung wird danach beurteilt, ob sie einen bestimmten Zweck erfüllt oder nicht.[22] Im ersten Fall wird sie gut genannt, im zweiten schlecht. Der Zweck der Handlung, dessen Erfüllung so beurteilt wird, besteht aber (dem reinen Wortlaut nach, der dies freilich auch nicht ausschließt) nicht darin, Wohlgefallen zu erregen. Dies ist anders, wenn ich sage: »Das hast du schön gemacht.« Hier kann die beurteilte Handlung ausschließlich den Zweck haben, mir zu gefallen. Auch wenn diese Wirkung tatsächlich nicht intendiert ist, so beurteile ich die Handlung doch wenigstens vornehmlich im Hinblick darauf. Ich gebe mein Placet zu erkennen, sage: Ich bin zufrieden mit dir, und trage damit einem wirklichen oder unterstellten Zweck der Handlung Rechnung. Der Ausdruck kann deshalb leicht als herabwürdigend aufgefaßt werden. Man redet so etwa zu einem Kind, das (ungeschickt und farbenfroh) ein Bild gemalt hat. Aber das Beispiel des kindlichen Malens zeigt noch mehr: es wird hier nämlich nicht die korrekte Ausführung (gemessen etwa an einem gegenständlichen Vorbild) gelobt, sondern *die Sache selbst*. Kein

dafür, daß mein Kommen als schön empfunden wird, sondern der eigentümliche *Sinn* dieser Empfindung.

22 Dies gilt selbst für den Fall, daß das Wort »gut« in moralischer Bedeutung gebraucht wird: erstens ist eine Tat moralisch gut unabhängig davon, ob *ich* sie als gut wahrnehme oder nicht, und zweitens kann ich konstatieren, daß etwas in diesem Sinne »gut getan« ist, ohne im geringsten daran Anteil zu nehmen. Ich kann das Urteil allein aufgrund meines sozial erworbenen Wissens fällen, welche Handlungen als gut gelten und welche nicht. Der von mir als erfüllt beurteilte *Zweck* ist dann die Ausrichtung der Handlung am Maß des moralisch Guten.

äußerlicher Maßstab kommt hinzu. Unwichtig ist sogar, wie und was gemalt wurde: Das gemalte Bild ist allein deshalb schön, *weil das Kind es gemalt hat und weil mir das nicht gleichgültig ist.*

Fassen wir die Ergebnisse dieser kurzen Betrachtung zusammen, so zeigt sich das spezifisch Atmosphärische der Schönheitserfahrung. Der Gebrauch des Wortes »schön« deutet auf einen semantischen Kernbereich hin, der versuchsweise wie folgt eingegrenzt werden kann: das Wort »schön« prädiziert eine *aus persönlicher Betroffenheit durch die sinnliche Anwesenheit oder Existenz einer Sache hervorgehende Anerkennung und Wertschätzung dieser um ihrer selbst willen.* Hierbei sind die sinnliche Vermitteltheit des Werturteilens (als realer Beziehung zwischen einem Subjekt und seinem Gegenstand) sowie die Absehung von (fremden) Zwecken im Akt der Anerkennung entscheidende Momente. Nun zielt in den diskutierten Beispielen die behauptete Schönheit aber scheinbar nicht so sehr auf den *Gegenstand* des Werturteils als auf die *Beziehung* zwischen dem Gegenstand und dem urteilenden Subjekt, so nämlich, daß das Urteil nicht zustande käme, wenn das Subjekt ein anderes wäre. Es mag wohl *für A* schön sein, daß B da ist: für Herrn X und Frau Y, die ebenfalls zugegen sind, ist Bs Dasein bedeutungslos und wird nicht als »schön« empfunden. Auch mag selbst A bereits morgen eine andere Haltung gegenüber B einnehmen, so daß dessen Anwesenheit dann nicht mehr für »schön« gilt. Ebenso ist es (im zweiten Beispiel) ja ganz gleichgültig, *was* das Kind malt: ich finde das Bild schön, weil es von ihm gemalt wurde (und es vielleicht mein Kind ist), und andere (etwa die Zeichenlehrerin in der Schule) werden nicht im mindesten das gleiche empfinden wie ich. Beide Male, so scheint es, geht die Schönheit nicht vom Gegenstand aus, sondern im eigentlichen Sinne vom urteilenden Subjekt, dessen Interesse und Zuneigung seinen Blick verwandelt und dort Schönheit zeigt, wo vorher nichts war und für andere nichts bleibt. Daß »die Liebe alles schön mache«, mag darum ebenso banal wie zutreffend sein. Ob aber die durch die Liebe in einem Gegenstand erscheinende Schönheit in diesen nur *hineingelegt* oder aber vielmehr an ihm *entdeckt* wird, so daß das Zuerkennen eines Wertes ein *Erkennen* desselben wäre, ist damit noch gar nicht geklärt. Halten wir aber zunächst einmal fest, daß die Schönheit, falls die oben aufgezeigten Momente allgemeine Gültigkeit beanspruchen können (was zu zeigen einer eingehenderen

Untersuchung bedürfte), daß die Schönheit insoweit atmosphärisch genannt zu werden verdient, als sie den Betrachter erstens zur unmittelbaren, das heißt zweckfreien affektiven Anteilnahme veranlaßt und zweitens ebenso wie die Heiterkeit oder Melancholie einer Landschaft eine bestimmte Disposition des Betrachters als Voraussetzung ihres Erscheinens benötigt. Aber, und das ist der Punkt, auf den es mir hier ankommt, im Unterschied zur Melancholie oder Heiterkeit einer Landschaft geht die Schönheit nicht in der Erscheinung auf, sondern bringt in besonderer Weise den Gegenstand, als *das, was er an sich selbst ist* (mit Böhme zu sprechen: »sein hervorleuchtendes Was-Sein«), zur Geltung. Wie ich zu dieser Behauptung komme, will ich nun ansatzweise erläutern.

Von Barbara Sichtermann stammt die Bemerkung, daß die Demokratisierung der Schönheit zur käuflichen Ware in der (bundesrepublikanischen) Nachkriegsgesellschaft eine »Ästhetik der Fassade« herbeigeführt habe, in der sie zur bloßen »Illusion der Schönheit« verkomme.[23] – Ein offenbares Paradox, denn Schönheit wird hier zugleich als genitivus subjectivus *und* genitivus objectivus angesprochen, als Vortäuschendes und zugleich als das, was vorgetäuscht wird. Schönheit wird damit zur Illusion ihrer selbst, und dies bedeutet, daß sich etwas zeigt, was gar nicht da ist, nämlich das Schöne. Wie läßt sich dieser Widerspruch erklären? Der Ausdruck »Illusion« behauptet eine Differenz zwischen dem, was sich zeigt, und dem, was sich nicht zeigt, aber doch *ist* als ein hinter dem Sich-Zeigenden Verborgenes. Weiter muß das Verborgene von der gleichen Art sein wie das Erscheinende, sonst wäre die Differenz keine Illusion, denn die Illusion gibt ja gerade vor, daß etwas tatsächlich so ist, wie es erscheint. Eine solche Differenz besteht beim Schönen dann, wenn es etwas verbirgt, was sich von ihm nicht der Art, aber dem Wert nach unterscheidet. Was das Schöne hinter seinem Scheinen verbirgt, muß ein Nicht-Schönes im emphatischen Sinne sein, ein Häßliches also: Dieses Nicht-Schöne, das nicht erscheint, trägt die Maske des erscheinenden Schönen. Aber wie weiß man überhaupt von einem Dahinter, wenn dieses nicht erscheint? Nur was

23 Barbara Sichtermann, »Über die Schönheit, die Demokratie und den Tod«, in: Farideh Akashe-Böhme (Hg.), *Reflexionen vor dem Spiegel*, Frankfurt am Main: Suhrkamp, 2. Auflage 1992, S. 27 und S. 28 f.

erscheint, kann auch gewußt werden. Was auf keine Weise erscheint, von dessen Existenz kann nicht sinnvoll gesprochen werden. Um die Schönheit der Warenwelt als bloße Illusion von Schönheit *sehen* zu können, das heißt als ein Häßlichkeit Verbergendes, muß die verborgene Häßlichkeit durch die Oberflächen-Schönheit hindurchscheinen. Die Nicht-Schönheit muß in der Schönheit mit präsent werden, aber doch so, daß primär erscheinende Schönheit und aus dem Verborgenen hervorscheinende Häßlichkeit am selben Gegenstand sich in ihrer Erscheinungsweise unterscheiden. Daß aber überhaupt eine Illusion stattfinden kann, setzt wiederum voraus, daß das unmittelbare Scheinen der Schönheit schon immer über sich hinaus in einen Bereich weist, der sich nicht in der bloßen Äußerlichkeit erschöpft, dessen wir aber mittelbar durch die Schönheit hindurch gewahr werden, indem wir eine *Werterfahrung* machen. Die Möglichkeit der Illusion beruht so auf dem Verweisungscharakter des Schönen, welcher, und dies ist der entscheidende Unterschied zu anderen Atmosphären, den Bereich ontischer Werthaftigkeit erschließt. Die angesprochene Differenz zwischen Sein und Scheinen gewinnt nämlich nur deshalb eine solche Bedeutung, weil sie als *Werte*differenz empfunden wird. Das Sichtbare einer Sache wird in der Rede von der Illusion der Schönheit nicht einfach nur als von ihrem Nichtsichtbaren unterschieden vermutet, sondern in irgendeiner Weise als *wertloser*, sei es als »in Wirklichkeit« nicht schön, sei es als in anderer Weise schlechter. Das verborgene Nicht-Schöne ist dann der Mangel an Wert, der verschleiert wird durch die Schönheit der Oberfläche. Man unterstellt, daß das als schön Erscheinende etwas verbirgt, was nicht erscheinen *soll*, daß es versucht, über das »wahre Wesen« einer Sache hinwegzutäuschen. Durch diese mögliche Doppelbödigkeit und indem es die Täuschung provoziert, hat das Schöne immer auch etwas latent Bedrohliches an sich. Der Apfel, den die böse Königin im Märchen Schneewittchen reicht, ist ein Sinnbild dieser Dimension des Schönen: »Äußerlich«, so heißt es dort, »sah er schön aus, weiß mit roten Backen, daß jeder, der ihn erblickte, Lust danach bekam, aber wer ein Stückchen davon aß, der mußte sterben.«[24] Bemerkenswert ist, daß dies überhaupt als Widerspruch empfunden wird. Warum sollte man sich denn betrogen und getäuscht

24 *Grimms Märchen*, Leipzig: Insel 1988, S. 194.

fühlen, wenn das Schönaussehende über dieses Aussehen hinaus keine anderen Qualitäten besäße, warum genügt es nicht, wenn nur das Äußere gefällt? Statt dessen soll die Schönheit »natürlich« sein, das heißt, sie darf nicht bloß aufgezogen wie eine Perücke, darf nicht bloß eine Eigenschaft unter vielen sein, sondern sie soll den Menschen und Dingen *wesentlich* zu eigen sein, und das bedeutet: sie darf *nicht nur äußerlich* sein. Es ist auffällig, daß wir fast automatisch von der schönen Hülle auf einen »guten« (in beliebigem Sinne: wesensmäßig schönen, brauchbaren, materiell wertvollen, was auch immer) Kern schließen. Anders würde die Illusion als intendierter Betrug auch nicht funktionieren. Zu erfahren, daß der Schluß vom Schönen auf das Gute im Sinne des Wertvollen im Einzelfall zu Unrecht gemacht wurde, ist immer ein Skandal, und zwar deshalb, weil das Schöne, insofern es schön ist, in sich den Anspruch des Guten trägt, das, wie Plotin sagt, »das Schöne wie eine Decke um sich« hat.[25] Die Begegnung mit Schönheit hat darum immer den Charakter eines Versprechens. Hält der schöne Gegenstand nicht, was seine Schönheit verspricht, wird seine Schönheit diskreditiert. Die erfahrene Täuschung macht die Schönheit des Gegenstandes gleichsam durchsichtig auf ihr Anderes. Das Nicht-Schöne scheint durch und bleibt präsent in der Schönheit als Beiklang ihrer Unechtheit. Indem aber die sich nun geltend machende Präsenz der Unechtheit das vorher noch feste Gewebe der Schönheit fadenscheinig werden läßt, verdirbt sie es.[26] Der Widerspruch zwischen dem Bild der Schönheit und dem Bewußtsein ihrer Unechtheit dimensioniert den Wahrnehmungsraum, so daß sich die Schönheit der Oberfläche zu relativieren beginnt. Sie wird bedeutungslos, ebenso wie ein Versprechen, von dem man weiß, daß es nicht eingehalten werden wird. Sie ist noch da, aber sie kümmert uns nicht mehr. Weil Schönes irgendwie »von innen« schön sein soll, erleben wir die moderne Welt, in der Schön-

25 Plotin, *Das Schöne*, *Schriften* 1a, Hamburg: Meiner, S. 25.

26 In diesem Sinne schreibt auch Martin Seel in seiner *Ästhetik der Natur* (Frankfurt am Main: Suhrkamp 1991, S. 113 f.): »Sobald ich die kostbare Einrichtung meiner Wohnung als überladen, angeberisch, neureich oder sündhaft erkenne, ist es mit der schönen Entsprechung vorüber ... Was schön war, weil es das Dasein des Guten schien, ist häßlich geworden, weil es sich als Gestalt des Schlechten erwies.«

heit fast nur noch als Fassade vorkommt, als in dieser Hinsicht defizitär. Ihren *eigentlichen* Platz hat die Schönheit darum auch heute dort, wo ihr Scheinen den Betrachter nicht in die Irre führen kann, nämlich in der bildenden Kunst und in der Natur, wo sich tatsächlich auch der Wert eines Seienden als Schönheit zum Ausdruck bringt.[27]

Zwar lassen sich auch in der Natur Differenzen zwischen Innen und Außen, Sein und Scheinen feststellen. Die erscheinende Natur dient sowohl der Offenbarung wie der Verbergung, und die Täuschung ist ein verbreitetes und wichtiges Kommunikationsprinzip, wie die zahlreichen Fälle von Mimikry im Tier- und Pflanzenreich belegen. Die Naturwesen täuschen aber nicht etwa durch ihre *Schönheit*, sondern allein mittels der relativen[28] Ähnlichkeit ihrer Gestalten und Farben mit denen anderer Naturgegenstände. Die Schönheit, die wir in der Natur erleben, mag uns zwar auch in die Irre führen, wenn wir aufgrund der uns erscheinenden Schönheit auf die Harmlosigkeit des so Begegnenden schließen. Die Täuschung beruht jedoch auf einem Interpretationsfehler. Schönheit verweist zwar immer auf *etwas* Gutes, aber nicht notwendig darauf, daß der schöne Gegenstand auch *für uns*, die wir seiner Schönheit gewahr werden, gut ist. Etwas Derartiges zu unterstellen, mag für angemessen gelten, wenn es um Gebrauchsgegenstände geht, nicht aber, wenn wir es mit in Eigentätigkeit beharrender Natur zu tun haben. Die Natur besteht eben nicht aus Gebrauchsgegenständen. Sie *dient* keinen Zwekken, nicht einmal ihren eigenen. Aber gerade das macht sie schön. Für Brechts Herrn Keuner haben Bäume deshalb »etwas beruhigend Selbständiges, von mir Absehendes, und ich hoffe sogar, sie

27 Das heißt, daß der äußere und der innere Wert übereinstimmen. Der genau ein Jahrhundert nach Petrarca geborene Leon Battista Alberti (1404–1472) unterscheidet in diesem Sinne die echte Schönheit (*pulchritudo*) vom bloßen Schmuck (*ornamentum*). So meint er, daß echte Schönheit »gleichsam dem schönen Körper eingeboren ist und ihn ganz durchdringt« (*Zehn Bücher über die Baukunst*, deutsch von M. Theuer, 1975, S. 293).

28 Die Ähnlichkeit ist bezogen auf den Wahrnehmungsapparat der jeweiligen Adressaten der Mimikry. Ähnlichkeiten bestehen nicht an sich, sondern immer *für jemanden*, das heißt für ein Subjekt mit einer spezifischen Umwelt, innerhalb deren sich die Ähnlichkeit konstituiert.

haben selbst für die Schreiner einiges an sich, was nicht verwertet werden kann.«[29]

Die Bäume gehen nicht im Blick des Schreiners auf. Die Natur ist sich selbst genug: sie bedarf nicht des Menschen zu ihrer Existenz. Ich kann Naturdinge gebrauchen, aber sie warten nicht darauf, daß ich sie gebrauche, und sie erfüllen nicht ihren Zweck durch ihren Gebrauch. Alles, was ich in der Natur vorfinde, ist grundsätzlich mehr als das, was ich mit ihm anfangen kann. Es hat eine Ferne, an die ich nicht herankomme, und diese Ferne, dieses Nicht-für-mich-sein und Für-sich-sein scheint in der Schönheit auf und erweckt im Betrachter eine eigentümliche Scheu, wie sie nach Rudolf Otto nur dem Numinosen eignet.[30] Der Betrachter erfährt so die *Dignität* der Natur, das heißt, er erfährt die Natur (oder den Teil der Natur, den er wahrnimmt) – ohne daß er genau zu sagen wüßte, warum – als etwas, dessen Behandlung und Zerstörung nicht gleichgültig ist. Und diese Erfahrung ist tatsächlich eine *Erfahrung* und nicht etwa nur ein Gedanke, der ihm angesichts der Natur kommt: die Natur, wenn sie als Landschaft und das heißt im übergreifenden Ganzen als schön erfahren wird, *macht* etwas mit dem Betrachter, sie spricht ihn an und nimmt ihm die Worte, wie es Petrarca geschah. Nicht mehr schaut *er* sie an, sondern *sie* zeigt sich ihm, und zwar als etwas, dessen Dasein eine Relevanz hat. Daß das Schöne anspruchslos wirke und »keinen Appellcharakter« habe, »weder dem Willen noch dem Denken etwas zu tun« aufgebe[31], wie Wil-

29 Bertolt Brecht, *Geschichten von Herrn Keuner*, Frankfurt am Main: Suhrkamp 1962, S. 172.
30 Rudolf Otto, *Das Heilige*, Gotha 1917.
31 Wilhelm Perpeet, *Antike Ästhetik*, Freiburg/München: Alber 1961, S. 12. Perpeet bleibt auch später bei dieser Aussage. In seiner Spätschrift *Das Kunstschöne* schreibt er (Freiburg/München: Alber 1987, S. 65): »Was schön ist, ist selbstzwecklich schön. Schönes ist zu nichts nütze, ohne Appellcharakter.« Da Perpeet nun offenbar der Meinung ist, daß es ein und dasselbe sei, einen »Appellcharakter« zu besitzen und zu etwas nütze zu sein, ist die Rede vom Appellcharakter hier zumindest mißverständlich und irreführend, denn zwar mag man anschauliche Nützlichkeit als Handlungsanweisung, als ein So-sollst-du-mit-mir-umgehen, mithin als Appell verstehen, doch ist darum nicht gleich jeder Appell anschauliche Nützlichkeit. Der Anruf des Schönen ist anderer Art, und dem Schönen seinen Appellcharakter abzusprechen führt zur begrifflichen Unterdrückung eines

helm Perpeet mißverständlich schreibt, ist darum in dieser Allgemeinheit sicherlich falsch.

Zu Beginn dieses Aufsatzes stellte sich die Frage nach der Beschaffenheit landschaftlicher Schönheit. Die Beschreibung ihrer Entdeckung im 14. Jahrhundert durch Petrarca wies in eine ähnliche Richtung wie der Vorschlag Gernot Böhmes, die Schönheit als Atmosphäre zu begreifen. Daran ansetzend lautete die Frage, ob – und, wenn ja, inwiefern – die Schönheit wirklich als Atmosphäre verstanden werden könne. Die Antwort, die ich gegeben habe, lautet, daß es tatsächlich eine Atmosphäre *des* Schönen gebe, so nämlich, daß dieses uns machtvoll in seinen Bann schlägt und die Achtung seiner Existenz einfordert. Aber, und dies zu zeigen, darauf kam es mir in diesem Beitrag auch an: die Schönheit ist nicht identisch mit der Atmosphäre, die sie prägt. Wie auch immer wir auf sie reagieren, mit Liebe, Emporschnellen des Lebensgefühls, mit Achtung oder Scheu: die Schönheit ist die Ursache, nicht die Wirkung. Oder anders gesagt: sie bezeichnet nicht wie die atmosphärischen Charaktere Heiterkeit oder Melancholie das *Wie* oder die affektive *Form* der Wahrnehmung, sondern (im Einzelfall zu Recht oder zu Unrecht) ihr *Was*: die Entdeckung eines absoluten[32] Wertes.

seiner wesentlichsten Momente, dessen sich Perpeet seltsamerweise dabei durchaus bewußt ist, denn er fährt fort und erklärt einerseits: das Schöne »mutet einem nichts zu«, um dann überraschend als Begründung für diese Aussage anzugeben: »Eher möchte man es schonen, hüten, pflegen, obgleich es zu nichts zu gebrauchen ist.« Wenn es dem Schönen eigen ist, daß man es schonen, hüten und pflegen *möchte*, so hat es doch ebendarin seinen Appellcharakter. Es mutet einem eben zu, in einer bestimmten Weise mit ihm umzugehen, und wieso sollte dies kein Appell sein?

32 Das heißt eines Wertes, der in keiner internen Beziehung zu irgendeinem Interesse des wertwahrnehmenden Subjekts steht und insofern nicht relativ, sondern absolut ist.

Hermann Schmitz
Situationen und Atmosphären
Zur Ästhetik und Ontologie bei Gernot Böhme

Gernot Böhme knüpft in seinem 1995 erschienenen wichtigen Aufsatzband *Atmosphäre. Essays zu einer neuen Ästhetik* – im folgenden zitiert mit bloßen Seitenzahlen – an meine häufig vorgetragene Auffassung der Gefühle als räumlich – im Sinne tieferer Schichten der Raumerfahrung unterhalb der gewöhnlichen Raumvorstellung – ergossene Atmosphären[1] an. Ein neues Feld erschließt er dieser Betrachtungsweise durch sein Studium der Physiognomik, die ihm nicht für den Rückschluß von Körperformen auf seelische Eigenschaften wichtig ist, sondern durch die Ausstrahlung von Atmosphären aus solchen Formen. Unter den guten Beobachtungen, die das Buch enthält, hebe ich die Bemerkung (auf S. 95) über den »Wahrnehmungsschwenk« als Gelegenheit, mit Atmosphären konfrontiert zu werden, als besonders aufschlußreich hervor. Die begriffliche Differenzierung scheint mir in dem Buch jedoch nicht ganz das von der Sache geforderte Maß zu erreichen. Daher schiebe ich einige Ergänzungen nach.

Situationen

Besonders vermisse ich bei Böhme eine gleichwertige Berücksichtigung der Situationen neben den Atmosphären. »Situation« ist ein zentraler Titel meines Philosophierens.[2] Wie ich das Wort

1 Vgl. besonders: Hermann Schmitz, *System der Philosophie*, Band III: Der Raum, 2. Teil: »Der Gefühlsraum«, Bonn 1969, 2. Auflage 1981; H. Schmitz, *Der unerschöpfliche Gegenstand*, Bonn 1990, 2. Auflage 1995, S. 292-310; H. Schmitz, »Gefühle in philosophischer (neophänomenologischer) Sicht«, in: Hilarion Petzold (Hg.), *Die Wiederentdeckung des Gefühls*, Paderborn 1995, S. 47-81.

2 Vgl. H. Schmitz, *Neue Grundlagen der Erkenntnistheorie*, Bonn 1994, S. 67-84; H. Schmitz, *Der unerschöpfliche Gegenstand*, a.a.O., S. 65-79; H. Schmitz, *Die Liebe*, Bonn 1993, S. 62-100; H. Schmitz,

verstehe, veranschauliche ich zur Einführung gern an einer typischen, aus dem täglichen Leben gegriffenen Situation: der des Autofahrers, der einem drohenden Unfall, zum Beispiel auf regennasser Straße, nur durch augenblickliches Ausweichen, Bremsen oder Beschleunigen entgeht. Er muß mit *einem* Schlage, gleichermaßen im optischen Kontakt mit der Straßenlage (vor, neben und hinter sich) wie im taktilen mit seinem Fahrzeug, die relevanten Sachverhalte, die Probleme der Gefahr und die Programme möglicher Rettung ganzheitlich erfassen und auch schon angemessen beantworten, ohne Zeit, sie aus diesem Ganzen als einzelne herauszuholen, um sich ein Bild der Lage zu machen und danach einen strategischen Plan für seine Rettung zu entwerfen. Eine *Situation* in meinem Sinn ist demgemäß *erstens* durch Ganzheit (das heißt Geschlossenheit und Zusammenhalt) charakterisiert, *zweitens* durch einen binnendiffusen (oder, wie ich terminologisch sage, chaotisch-mannigfaltigen) Hof der Bedeutsamkeit, in dem nicht alles einzeln ist, weil nicht durchgängig feststeht, was darin womit identisch und wovon verschieden ist, und *drittens* dadurch, daß dieser Hof mindestens durch Sachverhalte und meist überdies durch Programme und Probleme gebildet wird; darüber hinaus kann alles Beliebige zu einer Situation gehören, und das gilt insbesondere für Atmosphären des Gefühls, mit denen sie gleichsam geladen sein kann. Von Situationen sind wir auf Schritt und Tritt umgeben. Jedes Ding begegnet uns mit einem typischen oder individuellen Charakter, in dem Sachverhalte als Protentionen – das sind Sachverhalte, auf die man unwillkürlich erwartend gefaßt ist, die sich aber meist erst bei Enttäuschungen einzeln abzeichnen – vorkommen, Programme in Gestalt der anschaulichen Aufforderungscharaktere der Zuhandenheit (das heißt Brauchbarkeit für einen Zweck), der Schicklichkeit, des Prestiges, der Verführung, der Abstoßung usw., Probleme eventuell als Rätsel oder Gefahren; das ist eine Situation. Die eigene Persönlichkeit des Menschen ist eine Situation, in die unabsehbar viele Situationen (zum Beispiel Kristalli-

System der Philosophie, Band III: *Der Raum*, 4. Teil: »Das Göttliche und der Raum«, Bonn 1977, 2. Auflage 1995, S. 411-444; ebd. Band IV: *Die Person*, Bonn 1980, S. 14-19; ebd. Band V: *Die Aufhebung der Gegenwart*, Bonn 1980, S. 43-74. Die ausführlichen Sachregister der genannten Bücher orientieren auch über die damit zusammenhängenden Begriffe.

sationskerne der Erinnerung, Standpunkte, Gesinnung, Lebenstechniken, Wunsch-, Leit- und Schreck»bilder«, die keine Bilder, sondern Situationen sind) eingeschlossen sind und die ihrerseits durch die chaotisch-mannigfaltige Schmiegsamkeit ihres Hofes der Bedeutsamkeit zur Einbettung in gemeinsame Situationen (zum Beispiel die Muttersprache) befähigt wird. Wichtig für den Durchblick sind einige Differenzierungen des sehr abstrakten Begriffs der Situation. Es gibt *aktuelle* und *zuständliche* Situationen, ferner *impressive* und *segmentierte*; beide Einteilungen überschneiden sich, ohne sich ganz zu decken. Eine aktuelle Situation gestattet ständigen Wechsel und für jeden Augenblick eine genaue Bestimmung ihres Zustandes, während eine zuständliche Situation (zum Beispiel eine Sprache, eine Freundschaft, eine Feindschaft, eine Familie) auf Dauer angelegt ist und sich der beliebig feinen Fixierung solcher Querschnitte entzieht. Eine impressive Situation – kurz: ein *Eindruck* – kommt in einem Augenblick ganz zum Vorschein, im Gegensatz zu segmentierten Situationen wie einer Sprache oder Persönlichkeit. Eine impressive, aber zuständliche Situation ist zum Beispiel das »Bild«, das man sich von einem Menschen macht, den man gut zu kennen glaubt. Wichtig ist noch die Unterscheidung zwischen *einsamen* und *gemeinsamen*, nach eigener Erfahrung mit anderen Bewußthabern geteilten Situationen, und bei den gemeinsamen die zwischen *includierenden*, die der Persönlichkeit nur einen Rahmen geben, und *implantierenden*, in die sie hineinwächst und von denen sie durchdrungen wird.

Situationen sind zwar häufig, aber nicht immer mit Atmosphären beladen. Ohne Atmosphäre des Gefühls, dafür aber von intensiven leiblichen Regungen geprägt ist zum Beispiel die beschriebene Situation des Autolenkers in Unfallgefahr. Eine Atmosphäre ohne Situation ist zum Beispiel der Zorn, der in Schillers Tragödie Oberst Buttler, nachdem er die Heimtücke Wallensteins gegen seinen brennenden Ehrgeiz entdeckt hat, in den Ruf ausbrechen läßt: »Nur von ihm trennen? O! Er soll nicht leben!« Statt eines chaotisch-mannigfaltigen Hofes der Bedeutsamkeit bringt diese Atmosphäre also nur ein eindeutiges Programm mit sich, bezüglich auf den Sachverhalt, daß Wallenstein ermordet werden wird; sie wandert fortan von einer aktuellen Situation zur anderen ohne eigene Hülle einer sie ständig begleitenden zuständlichen Situation. In meinem Buch *Die Liebe*

(Bonn 1993) habe ich gezeigt, wie prekär das Verhältnis von gemeinsamer zuständlicher Situation und Atmosphäre des Gefühls ist: Das Gefühl darf weder zu fest noch zu locker in der Situation (gleichsam) aufgehängt sein, sonst versickert oder zerflattert die Liebe. Zwischen Situationen und Atmosphären muß also, auch wo sie sachlich zusammengehören, begrifflich deutlich unterschieden werden. Diese Unterscheidung vermisse ich bei Gernot Böhme. Ich belege das anhand eines kurzen Referates aus seinem vorhin angegebenen Buch mit in Klammern gesetzten Seitenzahlen.

Ästhetik

Böhme fordert im Zeichen einer heute progressiven Ästhetisierung der Realität eine neue Ästhetik (S. 7), deren Thema die ästhetische Arbeit in ihrer vollen Breite als Herstellung von Atmosphären sei (S. 25), nicht mehr nur die Kunst, schon gar nicht die hohe Kunst (S. 15). »Jeder Raum, in dem man sich befindet, jede Blümchentapete, jede S-Bahn-Gestaltung, jede Atmosphäre in Verkaufsräumen etc. ist Ästhetik« (ebd.). Fachleute für ästhetisches »Machen von Atmosphären« (Überschrift für S. 34-39) seien Bühnenbildner, Designer, Dekorateure, Werbeleute, Kosmetikerinnen, Anstreicher, Musiker und Schauspieler (S. 18, 25, 75, 87, 201). Mir wirft er vor, die Einschränkung der Ästhetik auf Kunst nicht aufzugeben (S. 30), die Erzeugbarkeit von Atmosphären zu verkennen (S. 138) und das Verständnis für die Möglichkeit, daß Atmosphären durch dingliche Qualitäten erzeugt werden können, zu blockieren (S. 31). Die neue Ästhetik soll einerseits eine Rehabilitierung des Kitsches gegen das Bildungsbürgertum bewirken (S. 41), andererseits aber auch gegen den Mißbrauch ästhetischer Macht, zum Beispiel in der Politik, als kritischer Wächter fungieren (S. 39-47).

Bei dem, was Böhme als durch ästhetische Arbeit machbare Atmosphären hinstellt, handelt es sich nach meiner Einschätzung um Eindrücke (im eben definierten Sinn), in denen Atmosphären des Gefühls eingefangen sind. Solche Eindrücke können in der Tat jederzeit durch menschliche Initiative zustande gebracht werden. Sie ergeben sich unablässig als gemeinsame Situationen durch die von mir eingehend charakterisierte leibliche Kommunikation der Einleibung[3], oft schon durch ein leises Wort, einen Händedruck, durch den Eintritt eines Menschen, sowohl unabsichtlich (Goethe in *Dichtung und Wahrheit* über die erste Erscheinung Friederike Brions: »In diesem Augenblick trat sie wirklich in die Tür; und da ging fürwahr an diesem ländlichen Himmel ein allerliebster Stern auf«) als auch erst recht bei geschickt inszeniertem Auftreten, für das Böhme (S. 198 f.) ein krasses Beispiel mit dem amerikanischen Filmschauspieler Gary Cooper als Hauptdarsteller bringt. Der kulturell hochstilisierte Ort für solche Inszenierungen ist seit eh und je das Theater. Nicht nur aktuelle, auch zuständliche Situationen können inszeniert werden; dazu gehört das von mir 1977[4] eingehend untersuchte Wohnen als Kultur der Gefühle im umfriedeten Raum, zum Beispiel im Garten oder als Einrichten einer gemütlichen Wohnung. Böhme bezieht sich auf Hirschfelds vom sentimentalen englischen Garten inspirierte Theorie der Gartenkunst, die ich unter dem Titel »Manipulation der Gefühle im Garten« herangezogen habe. Hier ist der Sache nach gar keine Differenz zwischen ihm und mir, nur daß ich anders subsumiere und mich weigere, ein direktes Machen von Atmosphären gelten zu lassen. Übrigens scheint auch Böhme diese allzu grobe Ausdrucksweise zurückzunehmen, wenn er (S. 199 f.) die »atmosphärische Kompetenz ... nicht als ursächliche gedacht werden« lassen will, »sondern als das Wissen um die Bedingungen des Erscheinens und als die Fähigkeit, solche Bedingungen bewußt zu setzen«. Daß er selbst auf dem Weg ist, das Produkt moderner ästhetischer Arbeit in seinem Sinn statt als bloße Atmosphäre als Eindruck zu verstehen, in dem der Hof der Bedeutsamkeit einer gemeinsamen zuständlichen Situation gleichsam zusammengezogen oder in einer aktuellen Situation kondensiert ist, lese ich aus seiner treffenden Bemerkung heraus, daß im »Hochglanzkapitalismus ... Werbung nicht mehr Waren, sondern Lebensstile suggeriert« (S. 45). Sehr bezeichnend ist dafür auch seine treffliche Unterscheidung zwi-

3 Vgl. H. Schmitz, *Neue Grundlagen der Erkenntnistheorie*, a.a.O., S. 123-135; H. Schmitz, *Der unerschöpfliche Gegenstand*, a.a.O., S. 135 bis 140; H. Schmitz, *Die Liebe*, a.a.O., S. 130-140; H. Schmitz, *System der Philosophie*, Band III, 5. Teil: »Die Wahrnehmung«, Bonn 1978, 2. Auflage 1989, S. 95-97; ebd. Band V, S. 23-43.

4 H. Schmitz, *System der Philosophie*, Band III, a.a.O., »Das Göttliche und der Raum«, S. 207-367.

schen den von mir als Brücken der Einleibung beschriebenen synästhetischen Charakteren[5] und den von ihm hinzugefügten gesellschaftlichen Charakteren von Materialien, für die er als Beispiele anführt: prächtig, gediegen, rustikal, elegant, vornehm. Diese Beispiele schöpfen gleichfalls aus dem Bedeutsamkeitshof gemeinsamer zuständlicher Situationen. Nur dadurch, daß das direkt Inszenierbare Situationen und nicht Atmosphären sind, wird auch Böhmes Feststellung (S. 77) verständlich, »daß man durch Worte im Gedicht eine Atmosphäre desselben Charakters erzeugen kann, wie sie sich in der Realität aufgrund dinglicher Qualitäten und im Gemälde etwa aufgrund von Farbenkonstellationen ergibt«. Ich habe gezeigt, daß das Wesentliche der Dichtung eine geschickte Sparsamkeit der Rede ist, die durch vorsichtige Explikation einzelner Sachverhalte, Programme und Probleme aus dem chaotisch-mannigfaltigen Hof der Bedeutsamkeit einer Situation ein so zartes Netz webt, daß die Situation in ihrer Ganzheit unversehrt durchscheinen kann. Der Dichter bringt gleichsam im Käfig der von ihm schonend vergegenwärtigten Situation oder Situationen die darin eingefangenen Atmosphären ebenso zum Vorschein, wie es der ästhetische Arbeiter im Sinne von Böhme oder der Kunstmaler auch ohne solchen Umweg über poetische Explikation von Sachverhalten, Programmen und Problemen aus Situationen leistet: anders als der Dichter nicht durch Explikation, sondern durch direkte Konfrontation mit Bewegungssuggestionen und synästhetischen Charakteren, die als Brückenqualitäten leiblicher Kommunikation die leibliche Ergriffenheit durch Atmosphären (oder deren unechte Randformen) übertragen.

Die Umbestimmung des Gegenstandes ästhetischer Arbeit im Sinne von Böhme, daß sie Atmosphären nicht direkt erzeugt, sondern indirekt durch Gestaltung von Situationen, die solche Atmosphären an sich ziehen oder in sich saugen, hat beträchtliche Folgen für sein Projekt einer neuen Ästhetik. Das Wort »Ästhetik« wurde von Baumgarten unglücklich gewählt, weil es den allgemeineren Sinn einer Wahrnehmungslehre nahelegt; Kant hat in einer Anmerkung zur *Kritik der reinen Vernunft* (A 21 f., B 35 f.) gegen diesen zur Doppeldeutigkeit verführenden Wort-

5 Vgl. H. Schmitz, *System der Philosophie*, Band III, a.a.O., »Die Wahrnehmung, S. 47-69; H. Schmitz, *Der unerschöpfliche Gegenstand*, a.a.O., S. 143-147.

gebrauch protestiert. Ihre Hochblüte, der das Prestige des Wortes entstammt, erlebte die Ästhetik dann in der hochbürgerlichen Kultursynthese des 19. Jahrhunderts zwischen Hegel und dem ersten Weltkrieg, in der die Ästhetik das krönende und einende Heiligtum bildete, mit dem gesellschaftlich gehörigen Theater- und Konzertbesuch statt regelmäßigen Gottesdienstes, der Klassiker- statt Bibellektüre und dem Klavierunterricht für höhere Töchter als säkularisiertem Analogon des Religionsunterrichts. Die hochbürgerliche Kultursynthese ist zerfallen und dabei die Ästhetik als ihr aus heterogenen Stücken geleimter Schlußstein zerbrochen. »›Ästhetik‹ ist der Titel einer zerbröckelnden Disziplin.«[6] Die ästhetische Arbeit, die Böhme in unserer Zeit wuchern sieht, hat andere Motive und Tendenzen. Sie entspringt dem Bedürfnis, die überhandnehmende Zersetzung gemeinsamer zuständlicher, namentlich implantierender Situationen durch solche Triebkräfte wie die Rationalisierung des Zusammenlebens und die isolierende Autonomisierung des einzelnen durch den Geist der liberalen Demokratie mit einem kurzatmigen Trommelfeuer impressiver, aktueller Situationen zu überspielen. Diese ästhetische Arbeit sollte daher eher »Eindruckstechnik« heißen, und die darauf bezügliche Wissenschaft vielleicht »Eindruckstechnologie«. Wenn man den aus einer abgelebten Zeit stammenden anspruchsvolleren Nimbus des Wortes »Ästhetik« dafür einsetzt, verstrickt man sich in die Gefahr, einer Wortmagie zu erliegen, die die spezifischen, der hochbürgerlichen Kultursynthese noch fremden Probleme unserer Zeit vernebelt.

Ontologie

Dem Vorwurf von Böhme gegen meine Phänomenologie, daß sie »der Tatsache der Erzeugbarkeit von Atmosphären« nicht gerecht geworden sei (S. 138), möchte ich damit geantwortet haben. Er nennt ebd. aber noch einen anderen Vorbehalt: »Der zweite Grund liegt darin, daß die Phänomenologie den Atmosphären oder Bildern eine Wirklichkeit jenseits der Dichotomie von Subjekt und Objekt zuweist, sich aber weigert, diese Einschätzung ontologisch zu rechtfertigen.« Ich glaube nicht, daß dieser Vor-

6 Ebd., S. 455

wurf aufrechterhalten werden darf, spätestens seit das erste Kapitel »Ontologische Grundlagen der Erkenntnistheorie« meines Buches *Neue Grundlagen der Erkenntnistheorie* (Bonn 1994) erschienen ist. Ich bekämpfe – namentlich an jeder Spielart des Nominalismus – die Naivität des Vorurteils, daß alles von sich aus ohne weiteres ein Einzelnes (identisch oder verschieden) ist. Dagegen entscheidet nicht nur die schon besprochene chaotische Mannigfaltigkeit, zum Beispiel in jedem Hof der Bedeutsamkeit einer Situation. Vielmehr ist diese selbstverständliche Voraussetzung des Nominalismus das Ergebnis der schlichten Gedankenlosigkeit, sich nicht zu überlegen, was es heißt, einzeln zu sein, egal, ob es sich um ein sogenanntes Konkretum (einen einzelnen Farbfleck) oder eine fälschlich so genannte abstrakte Entität (die Zahl 50, die Gattung *Farbe*) handelt. Einzeln ist etwas als etwas, das zählt, das heißt als Element einer Menge über deren Zahl (Anzahl oder Ordnungszahl) mitbestimmt, weil es bei jeder umkehrbar eindeutigen Abbildung dieser Menge auf eine Menge (zum Beispiel auf sich selbst) als Glied eines Paares vorkommt. Mengen sind aber Umfänge von Gattungen. Einzeln kann daher nichts an sich sein, sondern nur als Fall einer Gattung, oder – wie eine treffende Formulierung Heideggers lautet – indem es etwas *als* etwas (nicht bloß überhaupt etwas) ist. Dabei kommt kein Unterschied wesentlicher oder unwesentlicher Gattungen (im Sinne irgendeines Essentialismus) in Betracht; jedes Einzelne fällt unter unabsehbar viele Gattungen, und jede ist gleich gut dafür, um ihm das Fallsein und damit das Einzelnsein (die numerische Einheit) zu sichern – allerdings nur, wenn der Umfang der betreffenden Gattung eine Menge, das heißt nicht chaotisch-mannigfaltig, sondern im Inneren hinsichtlich Identität und Verschiedenheit vollständig ausdifferenziert ist. Gattungen sind keine Substanzen (Wilhelm von Champeaux), Ideen (Platon) oder reine Wesen (Husserl), sondern Sachverhalte (Abaelard: *status*); die Gattung *Mensch* kann zum Beispiel identifiziert werden mit dem Sachverhalt *Es gibt mindestens einen Menschen*, egal, ob es einen Menschen gibt oder nicht, ob also dieser Sachverhalt eine Tatsache ist. Sachverhalte ihrerseits können charakterisiert werden als das, was in den Weltstoff die Möglichkeit bringt, etwas in Frage zu stellen, und zwar im Hinblick auf Tatsächlichkeit, auch wenn noch keine Behauptung, die faktisch in Frage gestellt werden kann, und kein zum Fragen befähigtes Subjekt vorhanden sind.

Diese Möglichkeit ergibt sich dadurch, daß etwas vor dem Hintergrund der Wirklichkeit als einer Instanz möglicher Entscheidung tritt, und die Aufspannung dieses Hervortretens ist der Sachverhalt. Das Fall-einer-Gattung-Sein ist ein Sachverhalt, die Gattung selbst ein anderer Sachverhalt.

Gattungen haben Umfänge und sind Intensionen, die mit dem betreffenden Sachverhalt identifiziert werden können. Bekanntlich können beliebig viele Gattungen (Intensionen) denselben Umfang haben. Intensionen sind *begrifflich*, wenn sie durch Aufzählung von Merkmalen (zum Beispiel in Definitionen) zergliedert werden können, sonst *vorbegrifflich*. Da die Zergliederung nicht ad infinitum fortgesetzt werden kann, führen alle begrifflichen Gattungen auf vorbegriffliche zurück, die jeder, der etwas als etwas ansprechen (und daher überhaupt erst sprechen) kann, im Griff haben muß, ohne sie analytisch zu durchschauen. Wilhelm Betz sagt von ihnen: »Wir *kennen* diese Begriffe, wir *können* sie, aber wir *wissen* nichts oder fast nichts davon.«[7] Die Hinterlist des Sokrates in den platonischen Frühdialogen besteht darin, seinen Gesprächspartnern, die Kenner von Tugenden als vorbegrifflicher Gattungen sind, die unerfüllbare Forderung, ihre Kenntnis wie bei begrifflichen Gattungen durch Aufzählung von Merkmalen zu beweisen, wie etwas Selbstverständliches zu unterschieben. In der Tat sind vorbegriffliche Gattungen (Intensionen) aber ganzheitliche Situationen mit chaotisch-mannigfaltigem Hof der Bedeutsamkeit; das dürfte wohl auch für den Sonderfall gelten, daß es sich bei ihnen um genaue Arten (wie den Kammerton a) handelt, denn solche Arten dürften sich bei nicht künstlich reduzierender Betrachtung als Eindrücke (impressive Situationen) erweisen.

Hiernach setzt die bloße Möglichkeit, daß irgend etwas einzeln – dieses oder jenes – ist, Sachverhalte und Situationen voraus; sogar die primitive Gegenwart – das einzige Ereignis, das nicht auf eine Gattung angewiesen ist, um als Fall von ihr einzeln zu sein[8] – ist eine Situation. Damit ist die von Böhme vermißte

7 Wilhelm Betz, *Zur Psychologie der Tiere und Menschen*, Leipzig 1927, S. 57. Als Beispiele nennt er: Staat, Geld, Ehre, Verkehr, Schönheit, Schande.

8 Zur primitiven Gegenwart vgl. zum Beispiel (nach vielen anderen Erörterungen von mir seit 1964) H. Schmitz, *Neue Grundlagen der Erkenntnistheorie*, a.a.O., S. 96-110.

Rechtfertigung des Anspruchs auf Wirklichkeit von Atmosphären »jenseits der Dichotomie von Subjekt und Objekt« im Prinzip schon vollbracht. Allerdings muß man auch hier, was Böhme versäumt, von bloßen Atmosphären auf Situationen, die mit Atmosphären geladen sind, zurückgehen. Allen Einzelwesen, darunter allen Subjekten und Objekten, liegen Situationen (chaotisch-mannigfaltige Ganzheiten mit einem Hof der Bedeutsamkeit, zu dem mindestens Sachverhalte, meist auch Programme und Probleme gehören) zugrunde. Es ist verfehlt, diese primär ganzheitlichen (das heißt durch Zusammenhang und Abgehobenheit ausgezeichneten) Situationen als Konstellationen durch Zusammensetzung von Einzelwesen, zum Beispiel als ein Konzert von Dingen, aufzufassen. Die klassische Ontologie gibt die Welt als eine Konstellation von Dingen mit Eigenschaften (Aristoteles, Locke, Leibniz, Kant) oder von Ereignissen (Hume, Mach, Einstein) aus; ich ersetze diese Ontologie der Konstellationen durch eine Ontologie der Situationen. Eine Sprache wäre denkbar, die nur aus Verben im Infinitiv und Adverbien mit einem fein differenzierten System von Adverbialsuffixen bestünde und in dem Sinn gleich ausdrucksstark mit der unsrigen wäre, daß es für alle Sachverhalte, Programme und Probleme, über die wir sprechen können, in ihr synonyme Ausdrücke gäbe; die einzigen Einzelwesen, die dabei erwähnt werden könnten, wären Sachverhalte, Programme und Probleme einschließlich der Situationen, wozu sie sich zusammenschließen, und der Atmosphären, womit diese eventuell geladen sind, aber für Dinge, Subjekte und Objekte stünden keine Namen zur Verfügung. Dieses Gedankenexperiment zeigt, daß Atmosphären inniger als Objekte oder Dinge zu Situationen gehören.

Konkret wird dieser Vorrang der Situationen vor Subjekt und Objekt an der leiblichen Kommunikation, die alle Wahrnehmungen und sozialen Kontakte ermöglicht und durchzieht, in unserer Lebenserfahrung zugänglich; ich habe die einschlägige Theorie mehrfach entwickelt[9] und begnüge mich hier mit dem simpelsten Beispiel: Wenn sich eine wuchtige Masse drohend nähert, springt man unter günstigen Umständen geschickt zur Seite oder dreht den Kopf weg usw., so daß der Zusammenstoß ver-

9 Zum Beispiel in meinen Büchern *Der unerschöpfliche Gegenstand*, a.a.O., S. 135-153, sowie *Neue Grundlagen der Erkenntnistheorie*, a.a.O., S. 123-135.

mieden wird; das gelingt, obwohl man den eigenen Kopf und sonstigen Körper dann nicht zu sehen pflegt, weil leibliche Kommunikation diesen über den (von ihm scharf zu unterscheidenden) eigenen Leib mit dem Gesehenen in optisch-motorischer Koordination ohne merkliche Reaktionszeit zusammenschließt. Gernot Böhme hat meine Behauptung leiblicher Kommunikation als eine »Art Projektionsthese« (S. 94) mißverstanden, da es sich vielmehr um einen Zusammenschluß mit Koagieren ohne Reaktionszeit handelt, zwischen Musikern, Ruderern, Sägern usw. beim gemeinsamen Werk nicht wesentlich anders als zwischen den Gliedern des eigenen Körpers (und dann vom motorischen Körperschema integrierten entsprechenden Inseln des eigenen Leibes) in den raschen Haltungsänderungen beim Balancieren zum Abfangen eines drohenden Sturzes. Jedes Gespräch ist leibliche Kommunikation, der sprachliche Mitteilungen aufmoduliert sind. Solche Kommunikation führt immer in Situationen mit einem Hof der Bedeutsamkeit aus Sachverhalten, Programmen und Problemen, etwa durch die Verteilung der Dominanzrolle, die bei wechelseitiger Einleibung fluktuiert, so, wenn Blicke ineinander tauchen. Schon das Kind im Mutterleib ist durch wechselseitige Einleibung mit der werdenden Mutter zusammengeschlossen, und nach der Geburt blüht diese Verbundenheit auf. Daß wir uns als Subjekte von Objekten abheben, ist sekundär gegenüber der leiblichen Verstricktheit in gemeinsame Situationen.

Böhme stößt sich gleich mir bei dem Versuch, »einen legitimen Begriff von Atmosphären zu bilden«, »an der klassischen Ding-Ontologie« (S. 32), die er aber nicht so konsequent überwindet, wie ich wünschen würde. Er begnügt sich damit, die Eigenschaften der Dinge – mit dem mir nicht ganz plausiblen Beispiel des Blauseins einer blauen Tasse (S. 32, 171) – in Ekstasen umzudeuten: »Die Form eines Dinges *wirkt* aber auch nach außen. Sie strahlt gewissermaßen in die Umgebung hinein … Auf der Basis der so veränderten Dingontologie ist es möglich, die Atmosphären sinnvoll zu denken. Sie sind Räume, insofern sie durch die Anwesenheit von Dingen, von Menschen oder Umgebungskonstellationen, das heißt durch deren Ekstasen, ›tingiert‹ sind. Sie sind selbst Sphären der Anwesenheit von etwas, ihre Wirklichkeit im Raume. Im Unterschied zum Ansatz von Schmitz werden so die Atmosphären nicht freischwebend gedacht, sondern gerade umgekehrt als etwas, das von den Dingen, von Menschen oder deren Konstellationen ausgeht und geschaffen wird« (S. 33).

Der »klassischen Ding-Ontologie« macht Böhme also immer noch das Zugeständnis, die Situationen als Konstellationen »von unten her«, als Zusammenspiel konzertierender Einzelwesen (Dinge oder Menschen) aufzubauen; das habe ich ausgeschlossen. Damit hängt sein Vorwurf zusammen: »Schmitz' Ansatz leidet aber vor allem daran, daß er den Atmosphären gewissermaßen zu große Selbständigkeit gegenüber den Dingen zubilligt.« (S. 30) Das glaube ich nicht. Ich erinnere an die mächtige Atmosphäre einer eindrucksvollen Stille, etwa so, wie ich sie einmal mit dem von Sinkiewicz berichteten Beispiel der in schwüler Tropenhitze aus der Mittagsstille erwachsenden Katastrophenstimmung belegt habe.[10] Andere Beispiele sind die in der Gewissensangst gespürten Atmosphären, etwa das, was Stoker als »ontische Allbekanntheit der Schuld« bezeichnet[11] – dem von richtendem Gewissen gepeinigten Menschen ist so, als ob alle von seiner Schuld wüßten –, und Luther hat es als den Zorn Gottes, der den Schuldigen aus jedem rauschenden Blatt hervor aufschreckt, packend ausgemalt.[12] »Unheimliche Zornmacht wird gefühlt.«[13] Wer von den Menschen, Dingen oder Konstellationen soll denn diese Atmosphäre geschaffen haben oder von sich ausgehen lassen? Niemand ist zornig, allem Anschein nach, aber der von seiner Schuld gequälte Mensch ängstet sich vor einer anonymen, autonomen Atmosphäre des Zorns, der zwar beliebige Dinge als Medium dienen, aber nicht als prägende Quellen, sondern gerade in der Belanglosigkeit ihrer Eigenart wie Luthers dürres, rauschendes Blatt.

Die Ekstasen der Dinge dienen Böhme dazu, seine Produktionstheorie für Atmosphären aus der technizistischen Enge menschlicher Theater- und Reklamemanipulation zu befreien und in die Natur zu übertragen. Ich glaube, daß er damit dynamische Züge des Begegnenden, die in traditionellen Theorien zu kurz kommen, richtig aufgespürt, die phänomenologisch fest-

10 H. Schmitz, *System der Philosophie*, Band III, a.a.O., Teil 2: »Der Gefühlsraum«, S. 290.

11 Henricus G. Stoker, *Das Gewissen*, Bonn 1925, S. 150-152.

12 Vgl. H. Schmitz, *System der Philosophie*, Band III, a.a.O., Teil 3: »Der Rechtsraum. Praktische Philosophie«, S. 640-642.

13 Rudolf Otto, *Das Gefühl des Überweltlichen*, München 1932, S. 147.

stellbare Dynamik der Dinge aber überschätzt hat. Als Ekstase eignet solche Dynamik vielmehr einem in der sinnfälligen Welt den Dingen mindestens ebenbürtig weit verbreiteten, aber bisher von Denkern nicht beachteten Gegenstandstyp, den ich mit dem verlegenen Ausdruck »Halbding« auf den Begriff gebracht habe. Halbdinge sind zum Beispiel der Schmerz, die reißende Schwere, wie sie beim Ausgleiten oder Sturz erfahren wird, die Stimme, der Blick, musikalische Figuren wie Themen und Melodien, der elektrische Schlag, der Wind, die Nacht, das Wetter in gewissen Gestalten, etwa als schneidende Kälte und brütende Hitze, sowie die Zeit, wenn sie bei Langeweile oder gespannter Erwartung hartnäckig aufdringlich wird (»nicht vergehen will«). Von Dingen unterscheiden sich Halbdinge *erstens* dadurch, daß sie verschwinden und wiederkehren, ohne daß es Sinn hat, zu fragen, wo und wie sie in der Zwischenzeit gewesen sind, und *zweitens* dadurch, daß sie als der Einfluß selbst wirken, nicht als Ursache hinter einem Einfluß. Das erste, meist nicht das zweite Merkmal teilen sie mit genauen Arten. Von Sinnesdaten oder Empfindungen unterscheiden sie sich gleich Dingen (siehe oben) durch ihren im Wechsel ihrer Gesichter beharrenden Charakter. Das zweite, dynamische Merkmal der Halbdinge (sehr deutlich auch an gewissen Geräuschen, wie dem Pfiff, dem nächtlichen, am Einschlafen hindernden Tropfen des Wasserhahns und »stechendem« Lärm) ist in den Dingen mehr oder weniger zurückgenommen, wie sich daran zeigt, daß die gegen Kausalität gerichtete Skepsis Humes, der im Horizont seiner Erfahrung den Einfluß als das »Band« zwischen Ursache und Wirkung vermißte, bei Dingen, nicht aber bei Halbdingen einen Angriffspunkt findet. Deswegen glaube ich, daß Böhme die ekstatische Natur zu Unrecht von den Halbdingen auf die Dinge überträgt, in die allerdings mannigfach Halbdinge eingebunden sind.

In eigener Sache

Zum Schluß sei mir gestattet, zwei irreführende Behauptungen über meine Lehre richtigzustellen, da sonst die Gefahr entsteht, daß Böhmes Leser sich ein falsches Bild von meinen Überzeugungen machen. Er schreibt (S. 31): »Die Prägung oder Tönung eines Dinges durch Atmosphären muß, so Schmitz, mit der klassischen subjektivistischen *Als-ob-Formel* gedeutet werden. Ein Tal bezeichnen wir danach als heiter, weil es so aussieht, als ob es leiblich von Heiterkeit ergriffen sei.« Weil hier ein besonders schwerwiegendes Mißverständnis lauert, darf ich wohl ein etwas ausführlicheres Zitat aus *Der unerschöpfliche Gegenstand* (S. 477 f.) dagegenhalten: »Ergriffenheit von Gefühlen ist immer leiblich (6.4.3); die Atmosphäre des Gefühls ergreift Besitz vom Leib oder einzelnen Leibesinseln (3.1.2). Da Gestaltverläufe und synästhetische Charaktere leibverwandt sind (3.2.3), lassen sich, wo sie sich befinden, die Atmosphären des Gefühls ebenso wie in Leibern nieder, also auch in unbeleibten Dingen und Halbdingen (4.2.4) wie Stimmen oder Kunstwerken, auch wenn diese Sitze selbst affektiven Betroffenseins unfähig sind. Wenn die betreffenden Dinge und Halbdinge dann für ein leibliches Subjekt (Mensch oder Tier) zum Gegenstand der Einleibung werden, geht die betreffende Besessenheit des Dinges oder Halbdings, dem die Gestaltverläufe und synästhetischen Charaktere ursprünglich zugehören, auf den in der Einleibung sich bildenden Ad-hoc-Leib über und strahlt in den Leib des Subjektes, das sich so eingeleibt hat, hinein. Das ist der Mechanismus der leiblichen Vermittlung von Atmosphären durch Dinge und Halbdinge, die nicht selbst Subjekte sind ...« Ich sollte meinen, deutlicher hätte ich nicht sagen können, daß ich die Ansiedlung von Atmosphären in Dingen und Halbdingen und ihre Ausstrahlung durch diese Vermittler auf mit ihnen durch leibliche Kommunikation verbundene Menschen und Tiere ganz realistisch, ohne die leiseste Einmengung eines Als-ob-Subjektivismus, verstehe.

Den zweiten Anlaß zur Richtigstellung finde ich (S. 96) in Böhmes Auseinandersetzung mit der Frage, wie Atmosphären wahrgenommen werden: »*Durch Intuition. Ich spüre sie halt.* Es ginge aber zu weit, mit Hermann Schmitz dieses Spüren als eigenleibliches Spüren zu verstehen und damit, wie wir gesehen haben, die synästhetischen Charaktere zu Charakteren des leiblichen Spürens zu machen. Das leibliche Spüren hat schon zu sehr Ansätze der Reflexion, es ist ein *Sich*spüren, während in der Wahrnehmung der Atmosphäre eben doch die Atmosphäre dasjenige ist, was wahrgenommen wird.« Ich möchte das, was hier als meine Meinung ausgegeben wird, so zurechtrücken: Atmosphären des Gefühls werden wie das Wetter, die reißende Schwere, der Wind, der elektrische Schlag *am* eigenen Leibe gespürt, aber nicht als etwas *vom* eigenen Leibe, sondern als etwas, das ihm zustößt oder in gewissem Sinne um ihn ist, aber nicht *bloß*, wie diese Halbdinge, am eigenen Leibe, sondern sie werden unter vielen Umständen obendrein dank leiblicher Kommunikation, vermittelt durch Blicke, Bewegungsanmutungen und synästhetische Charaktere, auch an begegnenden Gegenständen wahrgenommen, darin anderen Halbdingen, etwa den Stimmen, vergleichbar.

Christoph Rehmann-Sutter
Über Relationalität
Was ist das »Ökologische« in der Naturästhetik?

In Gernot Böhmes »neuer Ästhetik« ist es ein Grundzug der Natur, ekstatisch zu sein. Was dies meint, ist nur verstehbar im Zusammenhang mit dem Grundanliegen in Böhmes Ästhetik, eine allgemeine Theorie der Wahrnehmung im Zusammenhang der Naturphilosophie zu entwickeln, die Teil einer erweiterten Ökologie sein soll.[1]

Ich möchte in diesem Beitrag die Entwicklung einiger Grundkonzepte der Naturästhetik innerhalb des Werkes von Böhme nachzeichnen und darin insbesondere den Zusammenhang zwischen Naturtheorie und Wahrnehmungstheorie herausstellen (I). Wenn unter Ökologie ein Bewußtsein der Naturbeziehungen des Lebens und der menschlichen, zivilisatorischen Lebensformen gemeint ist, so ergeben sich eine theoretische und eine praktische Fragestellung. Die theoretische richtet sich darauf, was die Natur und der Mensch sei, allgemein darauf, was *da* sei. In ihr entsteht insbesondere die Frage, wie sich heute ein philosophischer Zugang zur Natur neben, über oder unter den Naturwissenschaften rechtfertigen kann (II). Die praktische Frage richtet sich darauf, was wir Menschen als Verantwortungssubjekte tun können, inwiefern wir uns in der Natur verhalten (III). Dort interessiert besonders, wie sich die Naturästhetik in der Perspektive einer ökologischen Ethik darstellt.

I

Die Ansätze reichen auf einen Aufsatz von 1970 zurück, worin Böhme die aristotelische Kategorienlehre als den historischen Ort identifizierte, an welchem die Entscheidung für die – wie

1 Der Anspruch ist formuliert in: Gernot Böhme, *Für eine ökologische Naturästhetik*, Frankfurt am Main: Suhrkamp 1989, S. 7-16.

Whitehead sie nannte – »Substanz-Qualität-Metaphysik« fiel und worin begonnen wurde, analog der Subjekt-Prädikat-Form der sprachlichen Urteile, die eigentliche Wirklichkeit in der Form individueller Substanzen, die Qualitäten haben, zu sehen. »Mit dieser metaphysischen Voraussetzung bereiten die Relationen zwischen individuellen Substanzen metaphysische Unannehmlichkeiten: Es ist kein Platz für sie.«[2] Für den Aristoteles der Kategorienschrift (ihre Echtheit ist umstritten) ergab sich nach Böhme die Entscheidung für das Substanz-Qualität-Schema notwendig daraus, daß er ein besonderes Verständnis von Sein voraussetzte: Es ist das Vorliegende. Unter dem Vorliegenden zeichnet sich ein Teil dadurch aus, daß es eines anderen Seienden bedarf, um vorliegen zu können, und ein zweiter dadurch, daß es »in seinem Vorliegen selbständig ist«[3], wenn es auch nicht unabhängig von anderem Vorliegenden existieren zu können braucht. Lebewesen brauchen zuweilen Nahrung etc. Das Kriterium für diesen Seinsbereich des Vorliegenden ist, daß in ihm Seiendes als Zugrundeliegendes Subjekt von Prädikaten sein kann.

Böhme folgt[4] nun zum einen Whiteheads Kritik am neuzeitlich vorherrschenden ontologischen Modell, nach welchem den Relationen nur ein abgeleiteter Seinsgrad zukommt und entsprechend die individuellen Substanzen nicht von den Verhältnissen und Beziehungen her, in denen sie zu anderem Seienden stehen, gedacht werden können, sondern als nicht-relationale, in sich verschlossene Entitäten konzipiert werden müssen. Eine direkte Alternativkonzeption dazu entwickelte Böhme bis in seine jüngsten Arbeiten immer deutlicher: »Es gilt also, Dinge nach den Formen ihrer Präsenz zu charakterisieren. Wir sagen mit Absicht nicht zu *bestimmen*, weil mit *bestimmen* traditionell gerade Ein- und Abgrenzen gemeint ist. Formen der Präsenz dagegen sind Weisen, durch die ein Ding charakteristisch aus sich heraustritt.

2 Alfred North Whitehead, *Prozeß und Realität. Entwurf einer Kosmologie*, übersetzt von Hans Günter Holl, Frankfurt am Main: Suhrkamp 1979, S. 261.

3 Gernot Böhme, »Whiteheads Abkehr von der Substanzmetaphysik. Substanz und Relation«, in: *Zeitschrift für philosophische Forschung* 24 (1970), S. 548-553, hier S. 549.

4 Selbstverständlich sind zum systematischen Verständnis der Entwicklung von Böhmes Denken auch andere Strömungen und Autoren maßgeblich. Ich greife hier eine Linie heraus.

Wir wollen sie Ekstasen nennen.«[5] Relationen sind damit nicht nur in den Bereich der eigentlichen Wirklichkeit zurückgeholt, sondern sie sind als deren tragende Sphäre identifiziert: Es sind da nicht einzelne Dinge, die *auch* noch, ontisch gleichrangig, zu anderen Dingen in Bezügen stehen. Die Ekstasen sind vielmehr dafür *grundlegend*, daß etwas überhaupt sein kann.

Zum zweiten wird der Whiteheadsche Begriff der Relation darin aber auch qualitativ weiterentwickelt: Ekstasen sind Formen der Präsenz, die ausmachen, *was* ein Ding ist und sein kann. Sie machen den »Charakter« eines Seienden aus. Sein ist somit, anders als für die aristotelische Kategorienschrift, gedacht als Sein-für. Auf Vorliegendes stößt man bloß, von der Natur in Böhmes Metaphysik wird man hingegen ergriffen, berührt oder angesprochen. Und selbst sind wir als leibliche Subjekte mittendrin, unsererseits anwesend dadurch, daß wir anderes ergreifen, berühren oder ansprechen.

Dies führt zur anderen Seite des Anschlusses an Whiteheads philosophischen Impuls, zur Wahrnehmungslehre. Whitehead zeigte für Böhme überzeugend, daß die Substanz-Qualität-Metaphysik »eine repräsentative Wahrnehmungstheorie erzwingt«.[6] Sinnlichkeit mußte »als Empfänglichkeit gedacht« werden: »Sinnliche Wahrnehmung ist wesentlich Empfindung, das Aufnehmen von Reizen und Signalen, aufgrund deren dann Urteile gefällt werden.«[7] Dies leuchtet unmittelbar ein, denn, wenn die einzelnen Substanzen aufgrund ihrer Verschlossenheit nicht selbst in den Wahrnehmungsakt eingehen und derart »in das Subjekt ›eintreten‹« können[8], bleibt übrig, daß sie aufgrund ihrer Qualitäten bloß Wirkungen auf den Sinnesapparat ausüben können, mittelbar oder unmittelbar. Die rezeptive Funktion des Subjektes besteht dann darin, diese Wirkungen als Daten zu nehmen, um mit ihrer Hilfe eine mentale Entsprechung der wirklichen Gegebenheiten zu erzeugen. Diese mag dann als Abbild der Wirklichkeit (realistische Deutung), als deren Rekonstruktion (kritische Deutung) oder als pragmatisches Erzeugnis (konstruktivistische

5 Ders., *Atmosphäre. Essays zur neuen Ästhetik*, Frankfurt am Main: Suhrkamp 1995, S. 167.
6 Ders., »Whiteheads Abkehr …«, a.a.O., S. 548.
7 Ders., *Für eine ökologische Naturästhetik*, a.a.O., S. 34.
8 Whitehead, *Prozeß und Realität* , a.a.O., S. 95.

Deutung) verstanden werden.[9] Immer bleibt sie eine von der Natur abgetrennte Syntheseleistung des wahrnehmenden Subjekts. Wahrnehmung ist Datenverarbeitung. Das Subjekt steht in einer noumenalen Sphäre außerhalb der Natur.

Böhmes frühe Versuche, eine Wahrnehmungstheorie zu entwickeln, die von der Leiblichkeit des Subjektes ausgeht und die Wahrnehmung als relationalen Prozeß *in* der Natur auffaßt, arbeiteten mit dem Begriff der Information. In einer Arbeit von 1974, welche die Objektivierbarkeit des Verstehens einer Information in einem System zum Thema hat (und zurückweist), gelangt er zum Ergebnis, daß das Verstehen als »eine Modifikation des verstehenden Systems« aufgefaßt werden müsse, mithin nicht als Übermittlung einer Struktur, die sich objektiv, das heißt ohne Rücksicht auf die »Unendlichkeit« des verstehenden Systems und seine singuläre Besonderheit, beschreiben ließe.[10] Obwohl dort explizit nicht von einem Verstehen von Ansprachen der Natur die Rede war (wie später in den Arbeiten zu Paracelsus und Jacob Böhme von 1985[11]), wurde doch später diese Idee der Rezeption als Modifikation im engeren Zusammenhang der Wahrnehmung aufgenommen. Dort erscheint sie zunächst unter dem Titel »der informierte Körper« und nimmt als Ergebnis der Leibphilosophie Sartres und Schmitz' auf, daß es eine Struktur des menschlichen Leibes, das heißt des Körpers, insofern wir er selbst sind, eigentlich nicht gibt. »Vielmehr hat der Leib, so wie man ihn selbst erfährt, je nach Einstellung und Lebenszusam-

9 Der Verzicht auf den Begriff der Repräsentation, welcher für die konstruktivistische Wahrnehmungstheorie typisch ist, führt sie *nicht* aus dem Bannkreis der Substanz-Qualität-Metaphysik heraus. Denn der Konstruktivismus radikalisiert nur die Fremdheit des Subjektes samt seinen Wahrnehmungen und Erkenntnissen vom Wahrgenommenen. Es kann bloß noch davon ausgehen, daß die Kognition so gut ist, daß sich mit ihrer Hilfe die Welt bisher erfolgreich manipulieren ließ. Vgl. den Abriß von Francisco J. Varela, *Kognitionswissenschaft – Kognitionstechnik. Eine Skizze aktueller Perspektiven*, Frankfurt am Main: Suhrkamp 1990, besonders S. 110 ff.

10 Gernot Böhme, »Information und Verständigung«, in: Ernst v. Weizsäcker (Hg.), *Offene Systeme I*, Stuttgart: Klett-Cotta 1974, S. 17-34, S. 27 und S. 30.

11 Abgedruckt in: ders., *Für eine ökologische Naturästhetik*, a.a.O., S. 121-138.

menhang ganz verschiedene Strukturen.«[12] Eine traurige Nachricht verstehen kann heißen traurig werden. Das bedeutet, leiblich in einen anderen Spannungszustand überzugehen. Daraus ergibt sich direkt eine Erklärung des Wahrnehmens als Modifikation der leiblichen Struktur. Das »entscheidende Phänomen« des informierten Körpers sei, »daß wir ein Körper sind, der in seiner Struktur durch das, was wir denken, sehen, hören, wahrnehmen, durch jedes Wort, das uns gesagt wird, modifiziert wird ... Menschliche Wahrnehmung ist nicht einfach Empfangen von Informationen oder Feststellen von Tatsachen, sie ist vielmehr ein Antworten der leiblichen Disposition auf Anblicke«.[13] Es kommt eine Wahrnehmungstheorie ins Blickfeld, die den am Empfangen von Sinnesreizen orientierten Datenverarbeitungsbegriff in zwei Hinsichten auflöst: Es wird (I) »die affektive Teilnahme am Wahrgenommenen« und (II) »die Selbstorganisation durch Wahrnehmung« in den Wahrnehmungsbegriff integriert.[14]

Für die erste Seite (I) findet Böhme 1989 die Formel: Wahrnehmung ist »das sinnliche Sichbefinden in Umgebungen«.[15] Das sinnliche Subjekt ist radikal eingelassen in ein Netz von Beziehungen mit dem Seienden seiner Umgebung. Was da ist und vom Subjekt wahrgenommen wird, ist nicht mehr einfach lokalisierbar »dort« und wird vom Subjekt auch nicht vermittels Signalen oder Reizen erfahren, sondern es ist da in einer Präsenz, die das Subjekt mit einbezieht. Hier wird sichtbar, wie die relationale (ekstatische) Ontologie mit der Überwindung des Datenverarbeitungsmodells der Wahrnehmung aufs engste zusammenhängt, wie zwei Teile eines Puzzles: Der wahrnehmende Körper ist als ein Teil der Natur grundsätzlich mit denselben Begriffen wie die übrigen Teile der Natur zu denken. Wenn die Dinge von ihrem Vorliegen her als selbständige Substanzen mit Qualitäten aufgefaßt werden, muß entsprechend die Wahrnehmung als kausale

12 Ders., *Natur, Leib, Sprache*, Delft 1986 (Rotterdamse Filosofische Studies III), S. 7.

13 Ebd., S. 7 f.

14 Ders., *Für eine ökologische Naturästhetik*, a.a.O., S. 10.

15 Ebd. Hermann Schmitz' Bestimmung der Philosophie als »Sichbesinnen des Menschen auf sein Sichfinden in seiner Umgebung« (*Der unerschöpfliche Gegenstand. Grundzüge der Philosophie*, Bonn: Bouvier 1990, S. 5) klingt hier mit. Philosophie als Naturästhetik ist ein Sichbesinnen des Menschen auf sein Sichfinden im Wahrnehmen.

Interaktion oder Einwirkung von Reizen und als nachträgliche Verarbeitung subjektiver Sinnesdaten erscheinen. Wenn anders das Seiende der Natur von seiner Präsenz her als »Zusammenwuchs«[16] von relationalen Ereignissen aufgefaßt wird, muß die Wahrnehmung als Teilnahme an diesen relationalen Ereignissen erscheinen und subjektiv als Modifikation der eigenen leiblichen Struktur erlebt werden können. Und je auch umgekehrt. Im ersten, für die Neuzeit typischen Natur- und Wahrnehmungsverständnis fällt das Subjekt gewissermaßen aus der wahrgenommenen Natur heraus, obwohl es sich lokal mittendrin (im Körper) befindet. Die Gegenüberstellung von noumenaler Sphäre und phänomenaler Welt, von *res cogitans* und *res extensa*, von »Geist« und »Natur« wird als eigentümliche kulturelle Leistung, als Akt der Auseinandertrennung[17] deutlich gemacht und damit kritisierbar: Es ist, wie Böhme sagt, ein Akt der »Selbststilisierung«, weil im gleichen Zug das Körperliche gegenüber dem Geistigen, das Emotionale gegenüber dem Rationalen abgewertet und die menschliche Identität, also das, was den Menschen wesentlich zum Menschen macht, in seine geistig-rationale Seite verlegt wurde.[18] Die Selbststilisierung durch die Theorie der Wahrnehmung ist auch schon als allgemeine Erläuterung der zweiten Seite (II) zu lesen: Wir organisieren unser Selbst unter anderem darin, daß wir unser Wahrnehmen auf eine bestimmte Art begreifen. Wahrnehmung ist eine Hauptdimension des Mensch-Natur-Verhältnisses, und deshalb spielt das Verständnis von ihr eine Rolle dafür, *als wer* wir uns der Natur gegenüber verhalten. Böhme meint aber auch, daß sich unser Selbst in den *konkreten* Wahrnehmungsakten organisiert: »Wenn Wahrnehmung das sinnliche Sichbefinden in Umgebungen ist, dann stellt der Wahrnehmende nicht nur quasi aus außerweltlicher Position fest, was in seiner Umgebung passiert, er wird vielmehr durch den Zustand seiner Umgebung affektiv betroffen und wird einer so und so beschaf-

16 So übersetzt Böhme (»Whiteheads Abkehr ...«, a.a.O., S. 548) den Whiteheadschen Ausdruck »concrescence«.

17 Whitehead beschrieb ihn als bestimmte Abstraktionsleistung (*Wissenschaft und moderne Welt*, übersetzt von Hans Günter Holl, Frankfurt am Main: Suhrkamp 1984, S. 71 f.).

18 Dazu vgl. Hartmut Böhme und Gernot Böhme, *Das Andere der Vernunft. Zur Entwicklung von Rationalitätsstrukturen am Beispiel Kants*, Frankfurt am Main: Suhrkamp 1983.

fenen Umgebung in seiner eigenen Befindlichkeit bewußt.«[19] Es wird also das Subjekt ebenfalls relational gedacht. Der/die Wahrnehmende ist nicht schon das, was er/sie ist, *bevor* das Wahrnehmen begonnen hat. Im Vollzug des Wahrnehmens als kommunikativen Geschehens stellen sich »leibliche Dispositionen im Verhältnis zur Umgebung« ein[20]; das leibliche Selbst organisiert sich, läßt sich organisieren und wird organisiert, indem es wahrnehmend eingelassen ist in Naturzusammenhänge. Es ist selbst ein Zusammenwuchs aus Beziehungsereignissen. Sichfinden und das Vorfinden von anderem sind nicht mehr voneinander zu trennen: »Wahrnehmung ist ein Anregungszustand, eine Energeia, ein Wirklich-Sein: Wahrnehmend wird man seiner selbst als anwesend in einer Umgebung inne. Wahrnehmung ist geteilte Wirklichkeit. Sie ist Subjekt und Objekt, dem Wahrnehmen und dem Wahrgenommenen gemeinsam.«[21]

II

In einer Zeit der überwältigenden Erfolge und gesellschaftlichen Anerkennung der naturwissenschaftlichen Naturbeschreibung für eine alternative Sicht der Natur zu plädieren ist von vornherein ein anfechtbares Unternehmen. Ist die ökologische Naturästhetik antinaturwissenschaftlich?

Die ökologische Naturästhetik kann nicht auf Phänomene verweisen, für die es keine naturwissenschaftliche Erklärung gäbe oder keine solche zumindest in Aussicht stünde. Am Beispiel der Atmosphären[22] wird deutlich, daß Böhmes Naturästhetik zwar

19 Gernot Böhme, *Für eine ökologische Naturästhetik*, a.a.O., S. 10.
20 Ebd., S. 34.
21 Ders., *Atmosphäre*, a.a.O., S. 177. Arne Naess unternimmt – ebenfalls angeregt durch Whitehead – Versuche in die gleiche Richtung. In seinem »relationalism« werden Sinnesqualitäten konsequent als Verhältnisaussagen interpretiert, nach folgendem Muster: Wenn A ein Ding ist, C ein Teil des wahrnehmenden Körpers und B die wahrgenommene Qualität (Beispiel: A = Wasser, C = Hand, B = warm), so muß gesagt werden: »the relational thing AC has the quality B« (*Ecology, Community and Lifestyle. Outline of an Ecosophy*, Cambridge: Cambridge University Press 1989, S. 55).
22 Jetzt besonders Böhme, *Atmosphäre*, a.a.O., S. 21 ff. Vgl. auch die

Entitäten beschreibt, die in der naturwissenschaftlichen Analyse tatsächlich gewöhnlich fehlen. Es ist aber nicht so, daß die naturwissenschaftliche Beschreibungsweise für die Atmosphären keinen Platz hätte und sie durch ihren Aufweis in Verlegenheit gebracht würde. Sie würde bloß etwa sagen: »Komplexe Muster von Sinnesreizen rufen diffuse subjektive Stimmungen ab«, und verlegte die Atmosphären damit ins Subjekt, während die Naturästhetik etwa sagt: »Wir nehmen wahr, was den Raum mit einem Gefühlston erfüllt«, und die Atmosphären damit als durchaus daseiende Bestände von Umgebungen, die wir unmittelbar wahrnehmen, in der Wirklichkeit verortet. Es ist somit eigentlich ein Konflikt zweier Beschreibungen und Erklärungsweisen eines und desselben Erfahrungsbestandes, zugegebenermaßen mit sehr verschiedenen Schwerpunktsetzungen. – Was spricht dann eigentlich für den vorgeschlagenen Perspektivenwechsel? Und noch dringender stellt sich die epistemologische Frage, wie sich die Resultate der naturwissenschaftlichen zur relationalen Wahrnehmungstheorie verhalten. Läßt sich der naturwissenschaftliche Befund integrieren, und wenn ja, wie? Ich gehe der zweiten Frage zuerst nach, weil es die erste wesentlich erleichtern würde, wenn tatsächlich ein Weg aufgezeigt werden könnte, wie naturwissenschaftliche Erklärungen der Wahrnehmungsleistungen widerspruchsfrei einer naturästhetischen Philosophie *eingefügt* werden können. Sollte dies nicht gelingen und müßte die Naturästhetik den Wahrheitsgehalt naturwissenschaftlicher Ergebnisse bestreiten, so stünde sie allerdings auf schwachen Füßen.

Ich schlage vor, ein typisches Beispiel einer Wahrnehmung heranzuziehen: das Sehen der blauen Farbe eines Bildes oder einer Blume. Man kann sich eines der absolut monochromen blauen Gemälde von Yves Klein vor Augen führen und daneben eine blaue Glockenblume. Die Kognitionswissenschaft[23] erklärt das Entstehen des wahrgenommenen Bildes einer blauen Fläche oder einer blauen Glockenblume heutzutage ungefähr so: Die Ober-

Untersuchung von Michael Hauskeller, *Atmosphären erleben*, Berlin: Akademie 1995.

23 Unter den vielen hervorragenden Lehrbüchern nenne ich nur das von E. Bruce Goldstein, *Sensation and Perception*, Belmont, Cal.: Wadsworth ³1989. Vgl. dazu Gerhard Roth, *Das Gehirn und seine Wirklichkeit. Kognitive Neurobiologie und ihre philosophischen Konsequenzen*, Frankfurt am Main: Suhrkamp 1994.

flächen der in der Umgebung befindlichen Körper absorbieren Licht bestimmter Energie und reflektieren Licht anderer Energie. Die Augen sind Organe, die darauf spezialisiert sind, einfallende Lichtstrahlen nach ihrer geometrischen Verteilung, Intensität und Wellenlänge in Aktivitätsmuster von Neuronen umzusetzen. Diese werden speziellen Regionen der Großhirnrinde (Cortex) zugeleitet, wo aus dem Aktivitätsmuster über verschiedene Zwischenschritte bewußte Wahrnehmungen erzeugt werden. Das »Blau« ist demzufolge das Produkt der Verarbeitung der Reize und dann der neuronalen Muster. Es ist im Gehirn, keineswegs auf der Oberfläche der Leinwand oder in den Kronblättern der Blüte. Daß Bild und Blume blau gesehen werden, ist eine Konstruktionsleistung des Nervensystems und ermöglicht ein erfolgreiches Sich-Verhalten in komplexen Umgebungen. Sowohl Bild als auch Blume sind an der Entstehung des Eindruckes »blau« zwar nicht unbeteiligt, ihr Beitrag ist aber nicht darin zu sehen, blaue Farbe auszustrahlen.

Böhme behauptet, daß »Farbig-Sein eine Ekstase der Dinge« ist: »Sicher ist *Blau-Sein* etwas, das auf die Seite des Dinges gehört und nicht auf die Seite des Subjekts. Dem Blau-Sein auf der Seite des Dinges entspricht das Blau-Sehen auf der Seite des Subjektes.«[24] Dies scheint ein direkter Widerspruch zur wissenschaftlichen Analyse zu sein, so, daß nicht beides zusammen, sondern nur das eine oder das andere wahr sein kann.

Prima facie stehen mindestens drei Wege offen, die beiden Aussagenreihen miteinander zu vermitteln: (I) die perspektivistische Deutung, (II) die Dekonstruktion des naturwissenschaftlichen Blicks und (III) die Unterscheidung zwischen Leistung und Vollzug. Die ersten beiden Wege sind, wie sich schon nach wenigen Schritten zeigt, nur schwer begehbar; der dritte Weg hingegen führt leichter zu einer widerspruchsfreien Integration beider Beschreibungsweisen.

(I) Man könnte versuchen zu sagen, die eine Beschreibungsweise entspringe dem natürlichen Erlebnis jedes selbst wahrnehmenden Menschen und die andere sei ein Resultat von Fremdbeschreibungen, »von außen«, aus der Perspektive eines/einer Beobachtenden, der/die Körpervorgänge studiert. So einleuchtend diese Unterscheidung von Selbst- und Fremdperspektive auch ist

24 Böhme, *Atmosphäre*, a.a.O., S. 171.

und soviel an argumentativem Gewicht auch für die eigenständige Berechtigung der phänomenologischen Methode spricht, die von der exakten Beschreibung subjektiver Erlebnisse ausgeht, so wenig vermag sie den *hier* formulierten Konflikt aufzulösen. Denn die wissenschaftliche Beschreibung der Wahrnehmung aus Fremdperspektive vermag zu erklären, daß es aus der Perspektive des Subjekts, das im Wahrnehmungsakt befangen ist, so erscheinen muß, *als ob* es vom Blau quasi von außen, vom Gegenstand her umgriffen wird. Die Perspektive des/der Beobachtenden hat den Vorteil der Unbefangenheit und Unparteilichkeit. Das Wissen der Naturästhetik bleibt hingegen eingebunden in die Subjektivität der Erlebnisse. Solange aus der Perspektive des Selbstseins bloß Erlebnisse beschrieben werden, besteht kein Konflikt, sobald sich diese aber anheischig macht, in objektivem Sinn zu wissen, was auf die Seite der subjektiven und was auf die Seite der subjektunabhängigen Wirklichkeit gehört, hat sie die schwächeren Evidenzen. Um diese Zuordnung machen zu können, bedarf es zwischen Subjekt und Objekt einer vermittelnden dritten Perspektive.

(II) Der naturwissenschaftliche Blick ist nicht der natürliche Blick. Damit es dazu kommt, daß irgend etwas zu einem Objekt wissenschaftlicher Analyse wird, ist dieses Etwas schon bearbeitet. Es wird insbesondere dekontextualisiert und verobjektiviert; weiterhin ist es nicht selbstverständlich, die Fakten zu erkennen, welche die Grundlage für wissenschaftliche Erklärungen bilden. Es sind dazu Lernschritte und Meßanordnungen nötig, die zusammen einen Prozeß der gesellschaftlichen Konstruktion des wissenschaftlichen Gegenstandes ausmachen und die wissenschaftlich erklärte von der alltäglich erfahrenen Natur abheben.[25] Die kognitionswissenschaftliche Beschreibung der Wahrneh-

25 Einschlägig dazu sind Ludwik Fleck, *Entstehung und Entwicklung einer wissenschaftlichen Tatsache. Einführung in die Lehre von Denkstil und Denkkollektiv*, Basel: Schwabe 1935; Neuausgabe: Frankfurt am Main: Suhrkamp 1980; ders., *Erfahrung und Tatsache. Gesammelte Aufsätze*, Frankfurt am Main: Suhrkamp 1983; Karin Knorr-Cetina, *Die Fabrikation von Erkenntnis. Zur Anthropologie der Naturwissenschaft*, Frankfurt am Main: Suhrkamp 1984; Gernot Böhme, »Die Bildung des wissenschaftlichen Gegenstandes«, in: ders., *Am Ende des Baconschen Zeitalters. Studien zur Wissenschaftsentwicklung*, Frankfurt am Main: Suhrkamp 1993, S. 50-64.

mung ist demzufolge nicht voraussetzungsfrei. Deshalb könnte man versuchen, die beiden konkurrierenden Beschreibungen auf verschiedene Sets von Voraussetzungen zurückzuführen und so nebeneinander stehen zu lassen, daß sie letztlich nicht verschiedene Erklärungen desselben Phänomens sind, sondern in derselben Welt derselben Dinge verschiedene Phänomene zum Gegenstand haben. – Reflexionen dieser Art sind sehr erhellend und führen zu Einsichten in die Begrenztheit des Wissens und in ihre Voraussetzungsgebundenheit. Bezüglich der hier besprochenen Frage bleibt aber unbefriedigend, daß keine Integration beider Beschreibungsweisen zustande kommt, sondern der Konflikt eigentlich noch radikalisiert wird. Er betrifft nicht nur inkohärente Resultate, sondern auch noch die Inkohärenz der Voraussetzungen. Durch die Dekonstruktion des naturwissenschaftlichen Blicks würden seine Evidenzen bloß beiseite geschoben und dadurch ein Freiraum für die naturästhetische Betrachtungsweise erkämpft. Die Legitimität der letzteren wäre erkauft durch eine partielle Außerkraftsetzung der ersteren und setzte ständig eine Abwehr des naturwissenschaftlichen Geltungsanspruchs voraus. (III) Ich glaube, daß ein dritter Weg offensteht, der bestimmte Elemente aus den beiden genannten Strategien (I) und (II) aufnimmt und verbindet, dabei aber von einer anderen Unterscheidung ausgeht. Die kognitionswissenschaftliche Beschreibung versucht zu erklären, wie es zustande kommt, daß im Organismus ein subjektiver Eindruck von Blau entsteht. Es sind eine Reihe von Strukturen und Vorgängen beteiligt, die quasi arbeitsteilig ineinandergreifen und den kognitiven Zustand des Subjekts produzieren: Licht, Absorption, Rezeptoren, Nervenverschaltungen usw. Es ist ein *organischer* Ablauf im wörtlichen Sinne: Die einzelnen Teilprozesse und Teilstrukturen wirken je instrumentell (als Werkzeuge), um auf je andere Prozesse und Strukturen anschlußfähige Wirkungen hervorzurufen. Die kognitionswissenschaftliche Erklärung folgt funktionaler Erklärungslogik[26], auch dort, wo sie nicht mehr linear in Ursache-Wirkungs-Ketten denkt, sondern, wie in der Neurobiologie

26 Die Kapitel 7 und 8 meines Buches *Leben beschreiben. Über Handlungszusammenhänge in der Biologie*, Würzburg: Königshausen & Neumann 1996, bringen eine detaillierte Analyse des Funktionalismus, speziell in der Wahrnehmungstheorie, vor dem Hintergrund der aristotelischen Unterscheidung von *poiēsis* und *praxis*.

zunehmend, von Mustern und Konstellationen ausgeht. Die Muster bzw. Konstellationen bleiben immer noch Strukturen, die Funktionen haben. Und das bedeutet, sie nehmen alle Züge des organischen Geschehens als Leistungen ernst, die nötig sind, um einen kognitiven Zustand zu erzeugen. Damit wird aber eine andere Seite desselben organischen Geschehens gänzlich unbeleuchtet gelassen, nämlich sein Vollzug. Während die Leistungen immer Hervorbringungen von etwas sind, das vom Prozeß des Hervorbringens *verschieden* ist (Lichtquanten lösen Tätigkeiten der Rezeptoren aus, diese wiederum Aktionspotentiale usw.), ist der Vollzug derselbe Ablauf, nun aber als das betrachtet, was er *selbst* ist. Dazu gehören auch seine Leistungen. Der Sinn des Ablaufs wird dann nicht darin gesehen, daß er etwas außer ihm bewirkt oder ermöglicht, sondern darin, daß er zustande kommt und sich vollzieht. Alle Einzelfunktionen sind *Bedingungen*, die es möglich machen, daß die Wahrnehmung sich vollziehen kann. Der Vollzug des Wahrnehmens umfaßt nicht nur einen einzelnen Schritt in diesem funktionalen Netzwerk, sondern alle Schritte zusammen. So läßt sich widerspruchsfrei sagen, das Sehen von Blau beginne bei einer Ansprache durch den als blau erscheinenden Gegenstand *und* das Blau als Farbe sei nur möglich durch die Anwesenheit eines so und so strukturierten und funktionierenden Organismus. Es ergibt keinen Sinn zu sagen, die Leinwand oder die Glockenblume sei blau, ohne daß ein wahrnehmendes Subjekt involviert ist, das »blau« sieht.[27] Blau als Wahrnehmung ist weder dem Gegenstand allein noch dem Subjekt allein zuzuordnen, sondern verbindet beide zu einem Subjekt-Objekt. Wissenschaftliche (funktionale) und naturästhetische (relationale) Beschreibungsweisen verhalten sich zueinander wie Leistung und Vollzug in einem organischen Geschehen und integrieren sich nahtlos. Jede wissenschaftlich aufgewiesene Funktion deutet eine qualitative *Praxis*[28] an, in deren Zustandekommen die Funk-

27 Aus dem Zusammenhang genommen, könnten Böhmes Aussagen zum Blausein in dieser Richtung interpretiert werden: »Sicher ist *Blausein* etwas, das auf die Seite des Dings gehört und nicht auf die Seite des Subjekts.« Er fährt aber fort: »Deshalb muß man aber Blau-Sein *nicht als etwas, was das Ding an und für sich bestimmt*, verstehen« (*Atmosphäre*, a.a.O., S. 171; Hervorhebung Ch. R.-S.).

28 Ich meine hier »Praxis« im eigentlichen (aristotelischen) Sinn als Bewegung, die selbst das ist, um dessentwillen sie ausgeführt wird, im

tion eine Rolle spielt, in deren »Funktionieren« (genommen als Tätigsein) sie besteht. Die Geltungsansprüche beider Beschreibungsweisen schließen sich nicht aus, sondern setzen einander sogar wechselseitig voraus.

III

Nachdem gezeigt ist, wie das Hindernis der scheinbaren Inkohärenz der relationalen Theorie der Wahrnehmung mit deren wissenschaftlicher Erklärung behoben werden könnte, können wir uns nun der Frage zuwenden, was denn eigentlich die Attraktivität der Theorie der ekstatischen Natur und der relationalen Wahrnehmungsauffassung im ökologischen Kontext ausmacht.

Von Kommentatoren wird behauptet, die ökologische Naturästhetik Böhmes trage zu einer »Sensibilisierung der Öffentlichkeit zu einem verantwortlichen Umgang mit Naturressourcen« bei.[29] Die ästhetische Theorie wird in den Kontext der ökologischen Ethik gestellt. Wie soll das möglich sein, kommen doch in Böhmes Diskurs äußerst selten moralische Begriffe vor. Insbesondere spricht er *nicht* davon, daß die ekstatische Natur irgendwie »intrinsisch wertvoll« wäre, eine eigene »Zweckhaftigkeit«, »Würde« oder »Rechtssubjektivität« hätte, oder daß so etwas aus seinen Thesen zu folgern wäre. Im Gegenteil, Böhme wendet sich sogar einmal explizit gegen eine Naturschutzethik: »die Forderung einer Schonung der Natur« komme »in einem Zeitalter fortgeschrittener Naturzerstörung zu spät«.[30] Ich möchte im folgenden argumentieren, daß Böhmes Theorie in der Tat in einen ethischen Zusammenhang fallen könnte, allerdings nicht auf den in der ökologischen Ethik bisher hauptsächlich untersuchten Linien. Insbesondere schlägt sie nicht den von Hans Jonas begangenen Weg ein, mit einer neuen Naturphilosophie metaphysisch zu begründen, daß in der Natur Werte, Zwecke etc. objektiv vorliegen.

Gegensatz zur »Poiesis«. Siehe mein *Leben beschreiben*, a.a.O., Kapitel 5.1.

29 Dietrich Böhler, »In dubio contra projectum. Mensch und Natur im Spannungsfeld von Verstehen, Konstruieren und Verantworten«, in: ders. (Hg.), *Ethik für die Zukunft. Im Diskurs mit Hans Jonas*, München: Beck 1994, S. 244-276, S. 250.

30 Böhme, *Atmosphäre*, a.a.O., S. 11.

Das Verhältnis zwischen Ontologie und Ethik, in welchem ich die ethische Bedeutung sehe, ist anders, gewissermaßen umgekehrt. Ich gehe davon aus, daß speziell die Ontologie und im allgemeinen alle Arten von theoretischer Annäherung an die Natur ein Sich-Verhalten zur Natur darstellen, also selbst schon Tätigkeiten sind: beschreibendes Handeln. Die Praxis folgt der Theorie nicht als zweiter Schritt, sondern hat *in* der Theoriebildung schon begonnen. Jedes Naturbeschreiben etabliert / bestätigt / transformiert / kritisiert eine bestimmte Beziehung zum Beschriebenen, präziser gesagt, ein bestimmtes *normatives Verhältnis*. Die Ethik als Reflexion über Normen kann diese Verhältnisse thematisieren. Aus dem Umstand, daß kein Beschreiben der Natur wertneutral sein kann, folgere ich, daß Ethik nicht in Metaphysik und speziell nicht in Ontologie letztbegründet werden kann. Die Ebene der Praxis ist schon angesprochen, wenn es darum geht, Metaphysiken und Ontologien hinsichtlich ihrer Stringenz zu diskutieren. Ethik ist der Ontologie bei-, nicht nachgelagert.

Wenn ontologische Rede ein ethisch relevantes Verhältnis zur Natur impliziert, kann an eine bestimmte Ontologie die Frage gerichtet werden, wie sie die Natur beziehungshaft vergegenständlicht, das heißt, wie sich in ihr menschliche Subjekte der Natur gegenüberstellen und als was sie die Natur umgekehrt anerkennen. Ich unterstelle damit schon in der Wahrnehmung einen Grad von Freiheit und Wahl. Die Beziehung, in welcher die Wahrnehmung sich vollzieht, kann sogar bewußt gestaltet werden, unbewußt wird sie immer schon durch kulturell vermittelte menschliche Setzungen konstituiert. Derselbe Gegenstand kann innerhalb von verschiedenen relationalen Schemata wahrgenommen und anerkannt werden, als Objekt, Datenquelle, Ding, Gegenüber, Du usw. Je nachdem wird er in spezifischer Weise, als etwas Bestimmtes wahrnehmbar und beschreibbar. Die Relevanzen verschieben sich.[31] Und das Subjekt der Wahrnehmung ist, indem es wahrnehmend aktiv ist, potentiell ein Verantwortungssubjekt. Das heißt, es kann sich über die Qualität der eingenommenen Wahrnehmungsbeziehung gegenüber dem wahrgenom-

31 Ich habe diese These illustriert in: »Weisen des Wahrnehmens: Ästhetik und Ethik«, in: Christoph Rehmann-Sutter, Thomas Lehmann, Barbara Lüem und Daniel Palestrina, *Sinnengegenwart. Essays zur Wahrnehmung*, Bottmingen: R + R Verlag 1993, S. 38-141.

menen Gegenstand Rechenschaft geben. Das Gestalten der Beziehung, worin sich ein Wahrnehmen vollzieht, kann verantwortlich sein, wenn es eine Antwort ist auf das Angesprochenwerden durch das Wahrgenommene. Das Wahrnehmen ist nicht bloße Rezeptivität, sondern ein Hin-und-Her zwischen Öffnen von Festlegungen, neuem Angesprochenwerden und Sich-Einstellen auf den Gegenstand. Der Zusammenhang zwischen Wahrnehmungsweise und Naturbeschreibung läßt sich zu folgender These pointieren: Die ontologischen Begriffe, die bezeichnen, in welcher Weise etwas da ist (eben Objekt, Datenquelle etc.), fungieren als Imperative dafür, in welcher Weise dieses Etwas wahrgenommen werden soll.[32] Die relationale Naturästhetik sagt von der Natur aus, sie sei, indem ihre Entitäten charakteristisch aus sich heraustreten. Gemäß dem ontologischen Gegenmodell sind die Entitäten der Natur in sich selbst organisierte Wesenheiten, die auf anderes hin als Substanzen mit Qualitäten erfahrbar werden. Welche Verschiebung in der wahrnehmenden Vergegenständlichung ist damit verbunden? Wie unterscheiden sich die normativen Dispositionen den Naturwesen gegenüber?

Zunächst gilt es festzustellen, daß im Kontext der ökologischen Naturästhetik die Natur in einem größeren Reichtum erlebt werden kann. Sie ist sozusagen eine vollere Wirklichkeit. Atmosphären gehören dann als Ekstasen mit zur Natur, während sie sonst ausgeschlossen bleiben. Überhaupt sind alle sinnlich erfahrbaren Qualitäten als Wirklichkeiten beschreibbar, auch die traditionell als sekundäre und tertiäre Sinnesqualitäten behandelten und in die Subjektivität verlegten Qualitäten wie warm/kalt, hell/dunkel, die Farben, die Gerüche, das Olfaktorische, die Vibrationen in der »Ausstrahlung« von menschlichen und nichtmenschlichen Lebewesen usw. Zweitens ist festzustellen, daß die Wahrnehmung als Prozeß nicht nur zwischen Menschen und natürlich Seiendem stattfindet, sondern auch innerhalb der nichtmenschlichen Natur eine Rolle spielt. Die Lebewesen sind auch füreinander ekstatisch. Dies erweitert die in der Evolutionstheo-

32 Ebd. S. 92. Vgl. die sprachphilosophische Formel Ludwig Wittgensteins (in: *Philosophische Untersuchungen*, Frankfurt am Main: Suhrkamp 1971, § 373): »Welche Art von Gegenstand etwas ist, sagt die Grammatik. (Theologie als Grammatik)«. Ich übersetze hier Grammatik durch den (praktischen) Beziehungskontext.

rie ernstzunehmenden Wechselbeziehungen zwischen Lebewesen und ihren jeweiligen Umgebungen. Drittens wird Kommunikation zwischen nichtmenschlichen Lebewesen beschreibbar als ursprünglicher Naturprozeß, nicht nur als anthropomorphe Übertragung einer menschlichen Daseinsbedingung auf nichtmenschliche Interaktionen.[33] Insgesamt muß man sagen, daß im Kontext der ökologischen Naturästhetik Natur als wesentlich gehaltvollere Sphäre des Seins anerkannt wird als im Kontext der auf Substanz und Qualität festgelegten Ontologie.

Aber es ist da nicht einfach ein Mehr der Anerkennung, sondern es verwirklicht sich überhaupt eine andere Einstellung zur Natur, ich meine eine andere Qualität der Anerkennung. Ich könnte versuchen zu sagen: Wir treten gleichsam mit einer anderen *Erwartung* an sie heran. Dies ist aber irreführend, weil das Bild des Herantretens eine Unabhängigkeit von Subjekt und Objekt unterstellt, die Natur wiederum in den Kategorien des Vorliegenden denkt. Dennoch kann ich sagen, daß ich die Natur in einer gewissen Weise erwarte. Aber darin erwarte ich sie, daß ich mich selbst in ihr finde als ein gestimmtes Wesen. Ich bin nicht von ihr getrennt, bestimme aber, was »ich« bin und was »Natur« ist, wenn ich, in Umgebungen gestimmt, »mich« finde. Wenn wir wieder an das blaue Bild und die Glockenblume denken, so zeigt sich dieser Unterschied so: Ich spüre mich selbst als ein »blau« empfindendes Wesen gegenüber einem Gegenstand, der durch das Blau charakteristisch aus sich heraustritt, mich mit der Ekstase blau anspricht und stimmt. Dieser Gegenstand ist ein Seiendes mit einem Charakter, der mir von ihm kundgibt und mich mit ihm in eine gemeinsame Präsenz einbindet. Der Gegenstand ist in dieser Einstellung von sich selbst her selbst etwas, das allen meinen Verfügungen vorausliegt, etwas sich Offenbarendes, sozusagen etwas, das von selbst auf mich zukommt. Dazu brauche ich nicht so etwas wie einen »Willen« zu unterstellen, sich mitzuteilen. Das Blau der Glockenblume ist Teil der spontanen Selbstoffenbarung des Lebewesens. Wenn ich philosophiere, werde ich mir dessen bewußt und finde dafür Begriffe, daß sich hier ein Wesen zeigt. Ich sage dann etwa, es sei eine Lebensäußerung der Blume. Dies ist die Situation, in der sich die natürlichen Wesen

33 Vgl. in meinem *Leben beschreiben*, a.a.O., das Kapitel über Kommunikation, und Böhme, *Atmosphäre*, a.a.O., S. 183 ff.

mit einer eigenen Würde zeigen. Aber indem ich auch bloß feststellend wahrnehmen kann, habe ich es sozusagen in der Hand, ob sie sich so zeigen oder ob sie bloße Objekte bleiben, über die ich so, wie ich nur will, verfüge, die meinem verfügenden Willen moralisch keine eigene Wirklichkeit entgegenstellen (sondern bloß technische Hindernisse).

Das Blau des Bildes ist zwar Ergebnis eines durchgreifenden technischen Gestaltungsprozesses: Synthetische Farbstoffe wurden in künstlerischer Absicht auf einem Malgrund verteilt. In einer Hinsicht kann man sagen, alles sei hergestellt. Aber dennoch bleibt die Natur als Gestaltungspartnerin der Technik ständig präsent: die chemische Synthese ist ein technisch arrangierter Naturprozeß; das Erscheinen des Blau als solches ist keineswegs eine menschliche Erzeugung. Insofern ist es hier Materie, die sich zeigt. Und es ist eine Art Würde der Materie, dies zu vermögen.

Ich glaube nicht, daß man so weit gehen könnte zu behaupten, die naturästhetische Auffassungsweise *impliziere* eine eigene Werthaftigkeit der Natur. Soweit möchte ich Böhler widersprechen. Aber es ist doch die Dimension offen, in welcher die Anerkennung eines eigenen Wertes von Lebewesen, von Materie, von »Natur« überhaupt beginnen kann, der nicht durch menschliche Nutzungsinteressen definiert ist und demzufolge intrinsischer Wert genannt werden muß. Die moralische Frage, inwiefern intrinsische Werte von Natur für unsere die Natur betreffenden Entscheidungen eine Rolle spielen sollen, ist für mich aber *gerade* dort wesentlich und dringend, wo es um die Gestaltung von Natur geht und in dieser sozial überformten Natur (zweiter Ordnung) eben nicht nur Menschen *human*, sondern auch die anderen vielleicht 50 Millionen verschiedenen Arten sowie ihre Individuen *artgerecht* leben können sollen.

Die ökologische Naturästhetik wird, um die ethische Dimension zu erschließen, um den Faktor der Moralität menschlicher Subjekte erweitert werden müssen. Das Wahrnehmen ist, gerade wenn es das leibliche Sichfinden in Umgebungen ist, ein Beziehungsgeschehen mit Menschen als aktiven, möglicherweise über ihre Rolle und ihre Möglichkeiten reflektierenden, ihre Freiheit nutzenden Partnern. Der menschliche Anteil in der Beziehung zur ekstatisch ergreifenden und umgreifenden Natur ist nicht nur das passive Gewährenlassen eines organischen Vollzugs, sondern ein aktiver und möglicherweise auch verantwortlicher Bei-

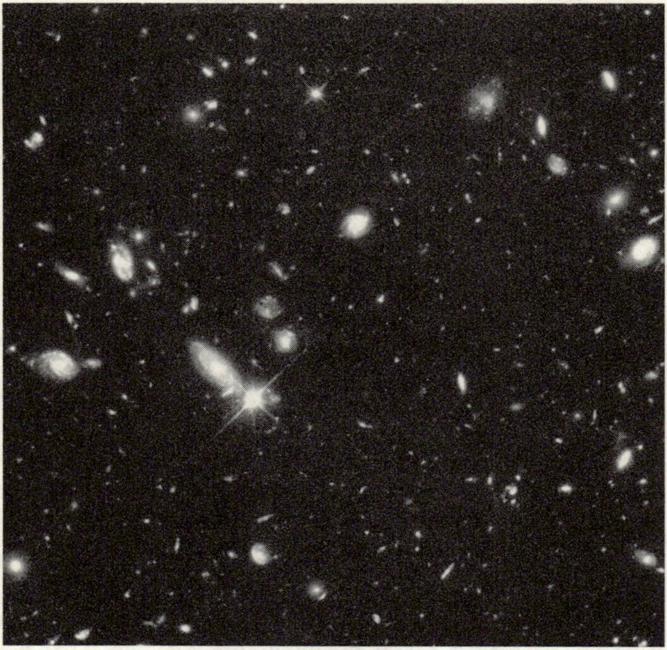

trag. Als in einer Beziehung stehende Wesen sind wir in einer Verantwortung stehende Wesen. Wir sind *als* Wahrnehmende moralische Subjekte. Die Relation, die sich im Wahrnehmungsvollzug verwirklicht, ist eine echt zweiseitige.

Für die Diskussionen, wie intrinsische Werte des Seienden begründet werden können[34], ergibt sich aus den skizzierten Überlegungen vielleicht ein eigenständiger Beitrag: Ich muß mich hier mit einer bloßen Richtungsangabe begnügen. Die Anerkennung eines wahrgenommenen Anderen als eigenständig wertvoll geschieht auf dem Weg seiner Wahrnehmung durch ein leiblich affiziertes Subjekt. Sie begründet sich nicht durch eine Definition

34 Es ist *der* zentrale Diskussionspunkt in der ökologischen Ethik. Vgl. den Focus von Holmes Rolston III: »Value in Nature and the Nature of Value«, in: Robin Attfield und Andrew Belsey, *Philosophy and the Natural Environment*, Cambridge: Cambridge University Press 1993, S. 13-30 (= Royal Institute of Philosophy Supplement, Bd. 36).

Im Dezember 1995 entstanden mit dem Hubble-Weltraumteleskop solche Aufnahmen von einem winzigen Himmelsausschnitt. Das hier gedruckte Bild entspricht nur gut einem Tausendstel desjenigen Ausschnitts aus der sichtbaren Himmelsfläche, die von der Erdoberfläche aus gesehen durch den Mond abgedeckt wird. Hunderte von bisher unentdeckten Galaxien wurden zum ersten Mal »gesehen«. Eine einzigartige Wahrnehmung von Natur im ganz Großen. Robert Williams, der Direktor des Space Telescope Science Institute in Baltimore kommentierte das Ereignis so: »As the images have come up on our screens, we have not been able to keep from wondering if we might somehow be seeing our own origins in all of this.« – Der Kommentar ist ebenso bemerkenswert wie das Bild selbst. Die Wahrnehmungstheorie der Substanz-Qualität-Metaphysik hat keine Möglicheit, die gegenwärtige Anwesenheit dieser Galaxien zu thematisieren, sondern muß das Licht (es wurde im UV-, Blau-, Rot- und IR-Bereich gemessen) als Wirkung behandeln, das zum Teil mehr als 10 Milliarden Jahre, also erdgeschichtliche Zeit brauchte, um bis zum Teleskop zu gelangen. Das Bild zeigt so nur die Vergangenheit. Wenn das Licht aber ekstatisch als charakteristischer Teil der Galaxien betrachtet wird, so ergibt sich eine gemeinsame Gegenwart im Wahrnehmungsereignis, obwohl der Weg der Lichtstrahlen eine so lange Zeit in Anspruch nahm. Was Himmelskörper *sind*, verändert sich: Körper mit Eigenschaften oder Prozesse, die kosmische Räume und kosmische Zeiten erfüllen, Dort mit Hier und Damals mit Jetzt verbinden. (Ich danke Martin Hicklin und der *Basler Zeitung* für die Online-Dokumente aus dem Internet: Press Release No.: STScl-PR96-01. Das Bild wurde erstellt vom Space Telescope Science Institute, Baltimore.)

und durch das Vorliegen von Fähigkeiten oder Eigenschaften eines Kandidaten.[35] Moralische Erheblichkeit von etwas *kommt vielmehr zustande*, wenn Menschen und Wesenheiten sich derart wechselseitig ansprechen und ansprechen lassen, daß das Dasein und Sosein des Gegenübers für die Existenz und die Handlungen des Menschen nicht gleichgültig sind. Es gibt keinen definitorischen Test dafür, ob etwas moralisch erheblich, intrinsisch wert-

35 Kenneth Goodpaster diskutierte in seinem klassischen Aufsatz »On Being Morally Considerable«, in: *Journal of Philosophy* 75 (1978), S. 308-325, eine ganze Reihe von Bedingungsformeln. Vgl. kritisch zum Wert-Ansatz Johannes Fischer, »Zur Differenz zwischen religiöser Ethik und utilitaristischer Wertethik«, in: *Theologische Zeitschrift* (Basel) 51 (1995), S. 357-369.

voll usw. ist oder nicht. Es könnte sich vielmehr erweisen, daß die Anerkennung der moralischen Erheblichkeit die Struktur der Tat hat, die gelingt, wenn sich Selbst und Anderes gegenseitig in einer Beziehung finden. Dies ist wiederum zweiseitig: Die Menschen, denen natürliche (und weshalb nicht auch künstliche?) Wesenheiten im intrinsischen Sinn lieb und teuer sind, finden ihr Gegenüber als intrinsische Werte *und* sich selber als Sorgende.

Michael Hauskeller, Rainer Kamber, Gregor Schiemann und Luzia Sutter Rehmann danke ich für ihre Kritik. Die überarbeitete Fassung vermag nur einigen ihrer berechtigten Anfragen gerecht zu werden.

Klaus Michael Meyer-Abich
Erinnerung an die natürliche Mitwelt

Gegenüber dem cartesianischen Menschenbild – Ich bin Geist und habe einen Körper – atme ich auf, wenn ich mich durch Gernot Böhme an die Leiblichkeit des menschlichen Daseins erinnert fühle. Wir haben ihn nicht nur, unseren Leib, sondern er ist »die Natur, die wir selbst sind«. Dieser Leib *bin* ich, und so gehöre ich zum Ganzen der Natur. Gern folge ich Böhme in der Naturwahrnehmung des Leibes auch über Helmuth Plessner und Hermann Schmitz hinaus. Mein Leitsatz ist der des Nikolaus von Kues: In jedem Geschöpf ist das Universum dieses Geschöpf (*De docta ignorantia* II 5), und so verstehe ich auch mein Natursein als dieser Leib, der ich bin. In der Katze ist das Universum Katze, im Nußbaum ist es Nußbaum, und in Gernot Böhme ist es Gernot Böhme. Wir alle sind je spezifische Individuationen des vielfältig einen Ganzen.

Meint Böhme dies aber auch so, oder ist die Naturerfahrung im menschlichen Leib bei ihm noch ausgrenzend gemeint? Ich denke an Nietzsche, der zwar die Priorität des menschlichen Bewußtseins gegenüber dem Leib und insbesondere der Sexualität bestritten hat, dem es aber doch eigentlich immer nur auf den Menschen ankam, wenn auch in seiner Naturhaftigkeit bzw. Leiblichkeit; die übrige Natur interessierte ihn nie um ihrer selbst willen. Hartmut und Gernot Böhmes Erinnerung an »Das Andere der Vernunft« gegenüber Kants etwas zwanghafter Rationalität steht durchaus in dieser Tradition. Kant hat, bevor er durch Herder auf den Weg seiner nachkritischen Philosophie gebracht worden ist, den menschlichen Leib erbarmungslos dem Determinismus der klassischen Physik überlassen und sich selbst als Bewußtsein in das Reich der Freiheit retten wollen, statt die Natur insgesamt unter Bestimmungen der Freiheit zu denken. Ein Leibphilosoph könnte es so ähnlich halten, indem er nun zwar überdies den Leib zu retten sucht, die natürliche Mitwelt aber gleichermaßen der industriewirtschaftlichen Produktion einer ›herzustellenden Natur‹ überläßt.

Tatsächlich folgt der Bestimmung des Leibs als der Natur, die wir selbst sind, bei Böhme nicht die analoge Feststellung, beispielsweise in diesem Tier hier sei die Natur leibhaftig Katze und in jenem Baum dort sei sie leibhaftig Nußbaum, was dann zur Unterscheidung verschiedener Weisen des Leibseins hätte führen können. Statt dessen gerät ihm die außermenschliche Natur unversehens bloß verneinend zur »Natur, die ich nicht selbst bin«.[1] Dies schließt den Status des bloßen Gehabtwerdens nicht aus. Warum nicht? Mensch sein zu können, indem man die übrige Welt nur haben will, ist die Grundannahme der Anthropozentrik oder des Humanegoismus in der Gemeinschaft der Natur.

Lese ich dann bei Böhme an anderer Stelle[2], »die Natur« sei heute nicht mehr in einem Zustand, den man »als human im Sinn von menschenwürdig bezeichnen kann«, und die Frage sei nun: »Welche Natur wollen wir?«, so vermisse ich neben dem Wir und der Menschenwürdigkeit wiederum, daß hier auch der natürlichen Mitwelt und der Würdigkeit für Andere und Anderes gedacht würde, nicht immer nur der für die Menschen. Ist die Welt etwa nur ›unsere Umwelt‹, so daß wir auf ihre Katzen- und Baumwürdigkeit etc. keine Rücksicht zu nehmen brauchten? Ausgeschlossen ist die natürliche Mitwelt hier bereits durch die industrialistische Redeweise, nun gelte es, »die Produktion von Natur als gesamtgesellschaftliche Infrastruktur« in Angriff zu nehmen – immer nur Wir, als ob die Angeln der Welt sich um uns drehten.

Mir scheint aber, diese Anthropozentrismen sind für Gernot Böhme nicht das letzte Wort. Wenn er in einer philosophischen Arbeit um dieselbe Zeit das Ich und damit doch wohl auch den Leib »im Spüren der Atmosphäre« unbestimmt werden läßt und hinsichtlich der übrigen Welt immerhin »das Mitschwingen in lebendiger Teilnahme« (1996, S. 139 f.) zuläßt, so sehe ich ihn hier auf einem Weg der Versöhnung mit der außermenschlichen Natur. Mein Beitrag gilt der Erinnerung an die natürliche Mitwelt, um diese Versöhnung zu unterstützen.

1 Ich entnehme diese und die entsprechende Bestimmung des menschlichen Leibes beispielsweise Böhme 1992, S. 80, 85.

2 Böhme 1995.

Von der Monadologie zur Mitwelt

Am wenigsten Mitsein gibt es bei Leibniz. Er stellte sich die Welt zwar als durchgängig belebt vor, aber in seiner übergroßen Begeisterung für alles Individuelle zerfiel ihm die Natur in eine unendliche Vielfalt von Monaden, die je für sich als fensterlos angenommen wurden, das heißt in keinem für sie konstitutiven Mitsein lebten. Leibniz' Individualismus lehrte nicht nur die Hofdamen im Herrenhäuser Park, daß es keine zwei gleichen Herbstblätter gibt, sondern er glaubte sogar das Meeresrauschen erst dann deutlich zu vernehmen, wenn er darin jede einzelne Welle heraushören könnte (1714a, § 13). So wie er in diesem Fall vor lauter Wellen das Meer selbst nicht mehr hören würde, ging es ihm auch mit der einen Welt und den vielen Monaden. Als Monotheist aber und mit dem Mut zur absurden Konsequenz, der nach einem Wort Gernot Böhmes und meines Lehrers Carl Friedrich von Weizsäcker den großen Philosophen auszeichnet, fand Leibniz eine Lösung für den Zusammenhang der Welt, die uns heute zwar eher wie eine überspitzte Frage klingt, der er aber sein philosophisches Hauptwerk gewidmet hat: die prästabilierte Harmonie der besten aller Welten.

Nur Gott, so meinte Leibniz bereits im »Discours de Métaphysique« (1686), könne »bewirken, daß das, was für den einen das Besondere (particulier), für alle das Gemeinsame (public) ist« (§ 14 = Bd. I, S. 97), so daß eine gemeinsame Ordnung gilt. Da er sich die Schöpfung nicht als einen fortlaufenden Prozeß, sondern als den Anfang der Welt vorstellte, mußte diese Gleichläufigkeit der Individuen bereits am Anfang vom Schöpfer vorprogrammiert worden sein. Jede Monade kann »mit Recht« verlangen, »daß Gott schon bei der uranfanglichen Regelung der anderen auf sie Rücksicht genommen habe« (1714b, § 51). Seit diesem Anfang aber läuft alles nur so ab, wie es einmal eingerichtet worden ist. Sozusagen zum Trost für ihre Einsamkeit läuft in jeder Monade eine Art Erlebnisfilm, auf dem sie verfolgen kann, wie es wäre, wenn sie nicht so allein, sondern zu den andern hin befenstert wäre, also im Mitsein mit ihnen lebte.

Leibniz' kühne Konstruktion der besten aller Welten ersetzt den ihm noch fehlenden Begriff von Geschichte. Insoweit sein Individualismus nicht nur die menschliche Gesellschaft, sondern den ganzen Kosmos beschreiben sollte, dachte er zwar viel radikaler als Hobbes. So wie aber dieser sich ein menschliches Gemeinwesen durch die Vereinigung von Individuen vorstellte, als ob jemals ein Individuum für sich und außerhalb einer menschlichen Gemeinschaft zum Menschen geworden wäre, sah auch Leibniz nicht, daß alle Individualität sich erst in einem vorgängigen Mitsein geschichtlich bildet. Dies ist ihm nicht vorzuwerfen, weil sich das Geschichtsverständnis – vor allem durch Herder – erst nach seiner Zeit entwickelt hat. Es ist ihm im Gegenteil hoch anzurechnen, daß er gezeigt hat, zu welch abwegigen Folgerungen ein konsequenter Denker gedrängt wird, wenn er noch keinen Begriff von Geschichte hat. Wir aber sind hier in einer andern Lage. Dies hat weitreichende Konsequenzen für die Wahrnehmung des Mitseins nicht nur in der menschlichen Gesellschaft, sondern in der Natur insgesamt. *Alle Dinge und alle Lebewesen sind nur im Mitsein mit Anderen und Anderem, was sie sind.* Ich kann diese These hier nur knapp entfalten und gebe dazu zwei Beispiele.[3]

1. Ein Stein

Manche Menschen freuen sich an schönen Steinen, sei es am Ufer eines Meers oder im Gebirge, und möchten sie zur Erinnerung und zur fortgesetzten Freude mitnehmen. Dies gelingt aber nur selten. Zu Hause ist der mitgenommene Stein wie tot und blickt uns nicht mehr an. Warum? Ein häufiger Fall ist, daß der Stein nur im Meer oder in einem Gebirgsbach so schön war, wie er sich uns zeigte. Wird er trocken, so ist der Glanz dahin. Sucht man dann nur noch Steine mitzunehmen, die möglichst auch unter häuslichen Bedingungen noch schön sind, so zeigt sich bald, daß es nicht nur auf die Feuchtigkeit ankommt. Man hat damit aber doch schon einen sehr wichtigen Schritt getan, nämlich anerkannt, daß der Stein nicht nur das ist, was man aufheben und mitnehmen kann, sondern in seiner Identität über diese Grenze hinausragt. Er ist nur im Mitsein mit anderen er selber. Diese anderen gehören zu ihm als ein Teil seiner Identität. Hatte man gemeint, der Stein sei die Natur, die man hier in die Hand nehmen kann, während seine nicht mitzunehmende Mitwelt die Natur ist,

3 Ausführliche Erörterungen sind in Meyer-Abich 1997 zu finden.

welche der Stein nicht ist, so erweist sich diese Konstruktion nunmehr als ein Irrtum. Der Stein ist sozusagen größer als er selbst. Das Meer oder der Bach, die man nicht mitnehmen kann, sind ein Teil seiner selbst. Der Stein, den man mitnehmen möchte, ist auch das Meer. Zum Selbstsein eines Steins gehört dann aber nicht nur das Wasser, in dem er sich uns zeigt, sondern gehören ebenfalls andere Steine und Pflanzen – wenn auch nicht alle gleichermaßen. Der Stein, den wir meinen, ist auch diese andern. Vielleicht gehört sogar die ganze Landschaft zu ihm.

Die Mitwelt ist ein Teil seiner selbst. Was man in die Hand nehmen kann, ist nur in und mit seiner Mitwelt, was es ist. Dennoch kann es gelingen, einen Stein sozusagen mitzunehmen. Ich denke an die Steingärten einiger Tempel in Kyoto oder an Findlinge beiderseits der Einfahrt eines friesischen Bauernhauses. Vielleicht sind diese Steine in ihrem neuen Umfeld sogar noch mehr zu sich gekommen als dort, wo sie gefunden wurden. Dies kann aber nur gelingen, wenn man von vornherein weiß: der Stein ist auch seine Mitwelt. Was ich mitnehmen kann, ist nur dann wieder ein Stein, wenn es mit seiner neuen Mitwelt eine neue, vielleicht sogar eine gesteigerte Identität bildet.

2. *Ein Haus*

Ein Haus, so könnte man meinen, ist der Raum, den seine Außenmauern umfassen. Dies ist aber ein Irrtum. Ein Haus ist vielmehr etwas, worin man wohnen kann; wer nur innerhalb des umbauten Raums wohnt, der wohnt nicht gleichermaßen auf dem Grundstück bzw. in dem Garten, der dem Haus Raum gibt, in der Straße, in der es steht und in die es passen soll, sowie in dem Stadtteil und in der Stadt, zu der es gehört. Diese Stadt aber ist es, die man auf die Frage: Wo wohnen Sie?, eigentlich nicht nur in dem Sinn nennen können sollte, daß man hier eine Adresse hat, sondern so, daß man wirklich in ihr und nicht nur in der eigenen Wohnung wohnt. Diese Reihe ist noch fortzusetzen. Man wohnt nämlich gelungenenfalls – das heißt, wenn das Wohnen nicht bereits an der Wohnungstür oder an einem der weiteren Umkreise endet – ebenso in einer Region und in einem Land wie in einer Stadt und darüber hinaus auf der Erde selbst. Hier, wo ich wohne, ist nicht nur mein Haus, sondern hier ist auch mein

Garten, meine Straße, die Stadt, in der ich eine Heimat gefunden habe, das Land, dessen Sprache ich spreche, und der Kontinent, in dessen Kultur ich lebe wie der Fisch im Wasser. Hier aber, wo ich wohne – und wo immer ich sonst bin – ist auch die Erde selbst, unser aller Heimat. Ich wohne sowohl in meiner Wohnung als auch in der Straße, in der Stadt, im Land und auf der Erde selbst, alles auf einmal.

Insofern mein Haus der Raum ist, in dem ich wohne, ist es also viel umfassender als der umbaute Raum. Auch ein Haus ist nur im Mitsein mit Anderen und Anderem, was es ist. Ich wohne im Mitsein mit Anderen, und unser Wohnen ist im öffentlichen Raum gemeinsam. Mit Bürgern, die nicht auch im öffentlichen Raum, sondern nur hinter ihren Wohnungstüren zu Hause sind, ist – wie der gegenwärtige Schwund der politischen Öffentlichkeit zeigt – kein Staat zu machen. Mit Bürgern, die nicht auch in ihrem Land und auf der Erde selbst zu Hause sind, kann auf die Dauer die Natur nicht leben, wie die Naturkrise der wissenschaftlich-technischen Welt zeigt. Wer also meint: Meine Wohnung ist der Raum, in dem ich zu Hause bin, und: Die Welt außerhalb meiner Wohnung ist der Raum, in dem ich nicht zu Hause bin, ist zwar ein typischer Bürger der Industriegesellschaft, hat das steinzeitlich kluge Projekt, in der Natur seßhaft und in dieser Weise heimisch werden zu wollen, aber noch vor sich. Daß die Menschheit vor sechs- bis achttausend Jahren seßhaft geworden sei, ist meines Erachtens ein sehr unplausibles Gerücht. Seßhaft sind wir weniger denn je, weil wir mehr denn je die Lebensgrundlagen zerstören. Vielleicht hätte Leibniz sich über diese neue Monadologie gefreut. Alle Individuen oder Monaden sind auch jetzt so groß wie die ganze Welt, aber sie haben Fenster in ihrem geschichtlichen Mitsein.

Menschenbildung im natürlichen Mitsein

Am besten kennen wir die Geschichtlichkeit der Individualisierung beim Menschen. Wie auch Menschen nur im Mitsein mit Anderen in ihrer jeweiligen Individualität zu sich selbst gebildet werden, brauche ich hier wohl nicht weiter zu erklären, soweit es die Mitmenschen angeht. Bloß für mich bin ich nicht Ich, sondern das Ich verdankt sich immer der Begegnung mit Andern.

»Alle Anthropologie kann nur noch von der ursprünglichen Verbundenheit der Menschen ausgehen ...; der Einzelmensch ... ist eine pure Abstraktion« (v. Weizsäcker 1926, Bd. V, S. 122). Dies gilt, wie Viktor von Weizsäcker vielfach dargestellt hat, auch im Krankheitsfall. »Die Krankheit liegt ... zwischen den Menschen, ist eines ihrer Verhältnisse und [eine] ihrer Begegnungsarten« (1947a, Bd. VII, S. 193). Insoweit ist der Leib des Menschen umfassender als der Körper, mit dem die Schulmediziner sich beschäftigen. »Die Haut des Menschen ist nicht länger die Grenze seiner Individualität, denn durch seine Kräfte ist er mit den Kräften seiner Umwelt unlösbar verschmolzen, sich nur gestaltend, indem er sie gestaltet; von ihnen gestaltet, indem er sich gestaltet« (1947b, Bd. VII, S. 208). So wie der Stein nicht nur das ist, was man in die Hand nehmen kann, sondern über diese hinaus auch seine Mitwelt ist, transzendiert der menschliche Leib den Körper, dessen Gewicht die Waage anzeigt.

Zwar gilt in der wirtschaftsliberalen Tradition immer noch das Menschenbild der autonomen Individuen, die je für sich ihre Präferenzen haben und selbst am besten wissen, welches ihre Bedürfnisse sind. Diesem Menschenbild entsprechend verhält sich der Arzt, der den Kranken objektiviert und sich selbst heraushält. Eigentlich aber wissen wir doch, daß jedes menschliche Individuum sowohl gattungsmäßig und naturgeschichtlich zur Species Homo sapiens gehört als auch zu seiner individuellen Bildung auf das Mitsein in der menschlichen Gemeinschaft angewiesen ist. Daß ein Mensch zur Welt und so allmählich zu sich kommt, nimmt mit der Geburt nur seinen Anfang und setzt sich darin fort, daß er von Andern angesehen wird und selber Andere ansieht, mit Andern empfindet, mit ihnen spricht und handelt.

Wie aber steht es – das ist hinsichtlich des zuvor inkriminierten Leibegoismus nun die entscheidende Frage – mit der natürlichen Mitwelt? Ist auch das Mitsein mit Tieren, Pflanzen und den Dingen der sogenannten unbelebten Welt eine Bedingung dafür, daß ein Individuum als Mensch zur Welt kommt? Naturgeschichtlich steht unsere Verwandtschaft zur natürlichen Mitwelt außer Frage. Unserer Abstammung nach gehören wir zu den ›höheren Tieren‹. Wir *sind* höhere Tiere, und als solche erkennt uns auch die Physiologie. Insoweit die Tiere von den Pflanzen abstammen, sind sie im historischen Sinn auch Pflanzen, die nämlich zu Tieren aufgelebt sind. Die Pflanzen wiederum sind aufgelebte Elemente. Erde, Wasser, Luft und Feuer – bzw. Energie oder Licht – sind die Elemente des Lebens, die bis heute genau als das zu erfahren sind, was eine Pflanze in ihrem Dasein braucht. Ein neues Buch von Gernot und Hartmut Böhme (1996) handelt davon, wie die Elemente auch in uns lebendig sind. Wir sind Tiere, wir sind Pflanzen, wir sind Elemente in menschlicher Gestalt. Die herrschende Naturwissenschaft belegt dies, indem sie unsere körperliche Organisation physiologisch beschreibt und beispielsweise feststellt, daß die menschliche DNS von der der Schimpansen nur um weniger als zwei Prozent abweicht. Belegt dies die konstitutive Bedeutung des natürlichen Mitseins für die Menschlichkeit eines Menschen?

Die Phylogenese zeigt, daß die Menschheit – anders als die Industriegesellschaften sich verhalten – nicht als ein interplanetarisches Eroberervolk über die Erde gekommen ist, sondern selbst aus Erdensöhnen und Erdentöchtern besteht. Dieses historische Wissen aber bleibt so lange abstrakt, wie wir die Gegenwart der Naturgeschichte nicht erleben. Wo geschieht dies? Ich denke, die konstitutive Bedeutung des natürlichen Mitseins für die Ontogenese des menschlichen Individuums zeigt sich beim Kleinkind zunächst daran, daß es etwa gleichzeitig laufen und sprechen lernt. Die Fähigkeit zur begrifflichen Kommunikation unter Menschen bildet sich in der Erfahrung des räumlichen Mitseins mit den Dingen und Lebewesen der natürlichen Mitwelt. Später sind Beziehungen zu Landschaften, Tieren und Pflanzen – wenn es sie gibt und in andrer Weise, wenn es sie nicht gibt – prägend für die Persönlichkeitsbildung. Hierher gehören auch Negativbeispiele. Insbesondere gelten in der Konsumgesellschaft die Dinge, die man hat, als konstitutiv dafür, wer man ist. Deshalb versuchen so viele Leute, ihre Persönlichkeit zu arrondieren, indem sie ihre Selbstwertschwächen – wie sie in der Konkurrenzgesellschaft geradezu planmäßig erzeugt werden – durch Warenkäufe kompensieren, das heißt sich sozusagen sich selbst zusammenkaufen. Dabei geht es mittlerweile zunehmend um die eigene Selbstachtung, nicht mehr primär um die Selbstdarstellung gegenüber andern. Was immer man davon hält: Richtig ist, daß die Beziehungen zur – so oder so anthropogen gestalteten – natürlichen Mitwelt konstitutiv dafür sind, wer man ist, und dementsprechend auch zur Selbstdarstellung gefälscht werden können.

Die sensibelste Erfahrung der Bedeutung des natürlichen Mitseins für das Leben des Einzelnen ist das Atmen. Indem wir unsern Atem tauschen, verbinden wir uns mit der natürlichen Mitwelt. Faßbarer wird diese Verbindung, wenn wir ein Lebewesen oder einen Teil eines Lebewesens zwischen die Zähne nehmen, es zerbeißen und verspeisen, um die eigene Lebenskraft zu regenerieren. Weil wir abstammungsgeschichtlich Tiere und Pflanzen sind, können wir uns auch von Tieren und Pflanzen ernähren. Dies ist die unmittelbarste Gegenwart unserer Naturgeschichte. Mit jedem Bissen, durch den eine Pflanze oder ein Tier in mir zu Mensch werden soll, wird mir meine Abkunft von Tieren und Pflanzen gegenwärtig. Die herrschende Naturwissenschaft beschreibt dies nicht als eine individuelle Erfahrung der konstitutiven Bedeutung des natürlichen Mitseins für das menschliche Leben. Sie ist aber ja auch keine Mit-Wissenschaft, das heißt, sie ist nicht an der Erkenntnis der außermenschlichen Natur in ihrem Mitsein mit uns interessiert, sondern steht in der liberalistischen Tradition der vermeintlich autonomen Individuen. So aber verfehlt sie den Menschen bereits im objektivierenden Blick des Mediziners. Wir brauchen also nicht viel darauf zu geben, wenn diese Wissenschaft uns lehrt: ›Der Mensch braucht Kohlehydrate und Proteine etc., um bei Kräften zu bleiben – mit Mitsein hat das nichts zu tun‹. In der Tat, dieses Verständnis der Ernährung hat mit unserm natürlichen Mitsein nichts zu tun, aber darum ist es auch ganz unzureichend, denn wir leben im natürlichen Mitsein, und sonst könnten wir gar nicht leben.

Was folgt daraus, daß ich mein Leben nur um den Preis des Lebens einiger meiner Genossen in der Gemeinschaft der Natur erhalten kann? Die vegetarische Antwort verschiebt das Problem in einer wohl tendenziell richtigen Richtung, löst es aber nicht, denn auch Pflanzen sind Lebewesen. Soviel ich sehe, gibt es keine Antwort auf die Frage, wie ich es vermeiden kann, von anderm Leben zu leben. Ich halte diese Frage aber für unangemessen. Die dem Mitsein in der Gemeinschaft der Natur angemessene Frage lautet meines Erachtens: *Was bin ich dafür schuldig*, daß ich nur um den Preis andern Lebens leben kann? Darauf gibt es Antworten, die ich hier nur andeutungsweise wiederholen möchte. Ich denke vor allem, ich bin den Tieren und Pflanzen, die ich esse, schuldig, daß sie wirklich gelebt haben können, bevor sie getötet werden, also nicht aus der Massentier- und -pflanzenhaltung kommen. Darüber hinaus bin ich ihnen schuldig, mit der Kraft, die sie mir geben, etwas dafür zu tun, daß sie auch in Zukunft wieder leben können.

In dieser Weise wird das natürliche Mitsein konstitutiv für das Leben des Einzelnen. Gleichermaßen konstitutiv ist das mangelnde natürliche Mitsein für diejenigen, denen diese Persönlichkeitsbildung fehlt. Im übrigen kommt es mir hier nicht auf die Konsequenzen des natürlichen Mitseins für das menschliche Handeln an, sondern nur darauf, daß die natürliche Mitwelt zum menschlichen Selbstsein gehört, wenn es sich erfüllt. Sie ist nicht die Natur, die wir nicht sind, sondern ragt wie ein erweiterter Leib über den Körper hinaus. Das Mitsein mit Anderen und Anderem prägt mich nicht nur, sondern es ist ein Teil meiner selbst. Meine Kräfte sind nicht nur die meinen. In ihnen bin ich die Natur, die ich vermeintlich nicht bin. Auf die Liebe bezogen: Meine Frau ist nicht diejenige Hälfte unserer Gemeinsamkeit, die ich nicht bin, sondern wir sind in ihr alle beide, was wir sind. Verlöre einer den anderen, so fehlte ihm dieser als ein Teil seiner selbst. Dasselbe gilt in anderer Weise für das Meer und das Licht, für den Wind und die Bäume, mit denen ich allererst ich selber bin. Ohne sie wäre ich es nicht. Darum sind sie nicht die Natur, die ich nicht bin.

Wenn die Monaden oder Individuen sich allererst im natürlichen Mitsein – also immer schon befenstert – bilden und so zur Welt kommen, hat dies weitreichende philosophische Konsequenzen. Das leibegoistische Subjekt nämlich, das sich selbst nur in der eigenen Haut und nicht gleichermaßen in der natürlichen Mitwelt erkennt, verfehlt sich selbst beinahe so wie das transzendentale Subjekt. Beide sind gleichermaßen einsam. Sich aus der Welt zu abstrahieren und dadurch zu vereinsamen, entspricht dem Subjektivismus der neuzeitlichen Philosophie, ist jedoch ein Irrtum.

Die Freude des Lebens und die Einsamkeit des transzendentalen Subjekts

Ein besonders tiefes Mißtrauen gegen jede Art des subjektivistischen Selbstbezugs hatte Goethe. Sogar das Delphische ›Erkenne dich selbst!‹ war ihm verdächtig, »als eine List geheim verbündeter Priester«, die den Menschen zu falscher Beschaulichkeit verleiten wollen. »Der Mensch kennt nur sich selbst, insofern er die Welt kennt« (1823, HA, Bd. XIII, S. 38). Den entgegengesetzten Ansatz Kants konnte er dementsprechend nicht teilen. In der industriellen Wirtschaft ist Kants Grundsatz, daß wir nur das erkennen, was wir nach eigenem Entwurf selbst hervorbringen, insoweit normativ geworden, als wir im wesentlichen nur noch das gelten lassen, was wir nach unserm eigenen Entwurf hervorgebracht haben, und alles andere zugrunde richten. Insoweit dieses Leitbild in die Naturkrise der wissenschaftlich-technischen Welt geführt hat, haben wir auch aus dieser Sicht allen Anlaß, dem Subjektivismus der neueren Philosophie zu mißtrauen.

Goethes Verhältnis zu Kant und Fichte hat sich im Gespräch mit Schiller entwickelt. Dabei entsprach seiner Abneigung gegen die Selbstbeschau eine ebenso starke Abwehr alles Sinnlichen auf der Schiller-Kantschen Seite. »Ueberhaupt ist seine [Goethes] Vorstellungsart zu sinnlich und *betastet* mir zu viel«, schrieb Schiller an Körner (1. November 1790; in: Jonas 1893, Bd. III, S. 113 f.), nachdem ihm die Natur bereits in »Anmut und Würde« zur ungehemmten Lüsternheit heruntergekommen war. Kants ›kritischer‹ Rückzug auf sich selbst war wohl ähnlich motiviert.[4] Diese Prüderie hat zu einer bemerkenswerten Unsinnlichkeit, Abwaschbarkeit und Sterilität der wissenschaftlich-technischen Welt geführt, die auch durch sexuelle Freizügigkeit im Mitmenschlichen nicht einzuholen ist. Goethe hatte ein ungezwungeneres Verhältnis zu Kants bzw. Schillers Konstruktivismus als diese beiden zu seiner Sinnlichkeit. Ein sehr schönes Zeugnis ist sein Brief vom 18. September 1831 an Staatsrat Schultz: »Ich danke der kritischen und idealistischen Philosophie, daß sie mich auf mich selbst aufmerksam gemacht hat, das ist ein ungeheurer Gewinn: sie kommt aber nie zum Objekt« (HAB, Bd. IV, S. 450).

4 Vgl. Böhme/Böhme 1985 und Meyer-Abich 1997.

Goethe ließ also die Kantische Einsicht in die Anthropomorphie allen menschlichen Erkennens – vernünftigerweise – gelten. Fühlte Kant sich damit nun aber seiner selbst und vor den Objekten sicher, bewertete Goethe die »Kantische Philosophie, welche das Subjekt so hoch erhebt, indem sie es einzuengen scheint« (1817, HA, Bd. X, S. 539), nur um so mehr als eine Herausforderung, ›zum Objekt zu kommen‹. Der kritische oder konstruktivistische Traum, wir könnten uns ohnehin nur so auf die Dinge beziehen, wie wir sie selbst hervorbringen, oder die Fichtesche Vorstellung, die Welt sei – in Schillers Worten – »nur ein Ball, den das Ich geworfen hat und den es bei der Reflexion wieder fängt!!« (an Goethe, 28. Oktober 1794; 1982, Bd. I, S. 172), hatten für Goethe nichts Beruhigendes. Sehr charakteristisch für seine Haltung ist in dem zitierten Brief an Schultz die Begründung, warum wir uns nicht damit zufriedengeben dürften, vermöge der kritischen und idealistischen Philosophie nicht ›zum Objekt zu kommen‹: »... dieses [das Objekt in seiner Gegenwart] müssen wir so gut wie der gemeine Menschenverstand zugeben, um am unwandelbaren Verhältnis zu ihm die Freude des Lebens zu genießen.« (HAB, Bd. IV, S. 450)

Wie die Freude des Lebens immer auf Andere und Anderes bezogen ist, hatte Goethe in dem Brief an Schultz zuvor beschrieben. Die zitierten Sätze sind das Resümee dieser Schilderung. Der alte Goethe, 15 Jahre nach Christianes Tod, blickt aus dem Fenster seines Hauses am Frauenplan auf die Menschen, die sich von der auf dem Platz gelegenen Wasserstelle »das notwendige Ingredienz ihres Daseins abzuholen« kommen.

»Hier ist das Geschäft einfach und doch mannigfaltig: aus dem Becken wird geschöpft, in Butten gegossen, zum Reinigkeitsgebrauche auf dem Rücken fortgetragen. Zum Trinken werden Krüge unter die Röhre gestellt, zu Koch- und feinerem Bedürfnis Eimer untergeschoben. Dabei ist nun die Haltung der Handelnden und Abwartenden nie dieselbe; die Mannigfaltigkeit der Gebärden ist unendlich, die Stellung derjenigen sowohl, die im Besitz des Empfangens ist, als der andern, die auf den Augenblick paßt, bis die Reihe an sie kommen soll, zeigt keine Spur von Ungeduld, alles geht im Takt, und doch ist ein feiner Unterschied zwischen einer und der andern zu bemerken. Salat an Ort und Stelle zu waschen, ist jetzt streng polizeilich verboten. Schade! das gab recht artige häusliche Stellungen, und doch bleibt noch genug übrig, von der früh Ankommenden, Einsamen bis zum Gedränge der höhern Tagesstunden, bis zuletzt die ganze Anstalt wieder verlassen dasteht, und doch endlich noch ein Knabe auf den Rand des Beckens bis zu dem Pfeiler hinaufsteigt, um sich über die Röhre gebückt, unmittelbar aus derselben zu erquicken« (HAB, Bd. IV, S. 450).

Die Freude des Lebens im Mitsein der Wasserholer untereinander und mit dem Wasser, wie sie Goethe hier von seinem Fenster aus teilte, kann man nicht allein an sich selber haben. Einige Jahre zuvor hatte Schultz an Goethe geschrieben: »... wo Sie das Bedeutende im Objecte erkennen, Schiller solches aber nur für einen Akt des Subjectes anerkennen will« (4. Juni 1829; Düntzer 1853, S. 374), und Goethe hatte ihm geantwortet: »... fürwahr hier ist die Axe, um die sich der Correspondenten [Goethe und Schiller] uneinige Einigkeit bewegt« (29. Juni 1829; WA, Abt. IV, Bd. 45, S. 318).

Es ist uns in der Regel nicht bewußt, wie unfähig die industrielle Wirtschaft ihrer Geistesart nach zu einem solchen Blick aus dem Fenster, wie ihn Goethe hier beschrieben hat, und damit zur Freude des Lebens am Andern ist. Charakteristischerweise beginnen industriewirtschaftliche Projekte nicht mit dem Anschauen und der Würdigung dessen, was schon da ist, damit das, was wir in die Welt bringen, in diese paßt und sie möglichst bereichert, sondern mit einem leeren Blatt auf dem Zeichenbrett des Konstrukteurs. Soll dann das nach eigenem Entwurf Hervorgebrachte ins Werk gesetzt werden, so erscheinen in der Regel zuerst die Bagger und die Planierraupen im weitesten Sinn, um den Ort des Geschehens vorab dem leeren Blatt anzugleichen. Diese Art des Wirtschaftens steht noch ganz in der Tradition des kritischen oder idealistischen Narzißmus der neueren Philosophie. Das transzendentale Subjekt ist einsam. Es nimmt nicht im Mitsein wahr, sondern verbindet ein von sich her unbestimmtes Mannigfaltiges zu einem Gegenstand, in dem es nur sich selber spiegelt. Es ist der Inbegriff der liberalen Monade. Seine Einsamkeit fällt nicht so auf wie die der Leibnizschen Monaden, deren Fensterlosigkeit oder mangelndes Mitsein – wie im sich vollbringenden Konstruktivismus – dadurch kompensiert wird, daß sich ihnen in der Bilderfolge ihrer Perzeptionen die prästabilierte Harmonie vorspielt. Das transzendentale Subjekt braucht nicht einmal ein solches Substitut, weil es sowieso nur eines und seiner selbst gewiß ist. Ein unerfahrbares, seine Selbst-Sicherheit nicht mehr gefährdendes ›Ding an sich‹ bewahrt ihm eine letzte Erinnerung, daß es einmal eine Sehnsucht gab, aus sich heraus zum

Andern zu finden. Es kann aber die Dinge nur von sich her konstruieren wie Pygmalion, und so kommt es nie zu einem partnerschaftlich lebendigen Mitsein mit Anderen und Anderem.

Glücklicherweise beruht die Philosophie der Selbstgewißheit auf einem Irrtum. Es stimmt nicht, daß wir nur unserer selbst gewiß sind. Anders gesagt: Der Irrtum ist, daß die Anderen das sind, was ich nicht bin, denn bloß für mich bin ich nicht Ich. Käme ich mit Anderen und Anderem nicht immer schon in einem ursprünglichen Mitsein überein, so wäre ich gar nicht Ich selber. Ich bin immer schon beim Andern, indem ich *zur Welt gekommen* bin, von Tag zu Tag weiter zur Welt komme und mich nur kenne, insofern ich die Welt kenne, denn ich *teile mein Leben* mit Anderen und Anderem. Daran liegt es, daß ich etwas von ihnen wissen kann, nicht daran, daß ich sie nach eigenem Entwurf hervorbringe, damit ich sie nicht zu fürchten brauche. Kant hatte unrecht – bis auf den Grundgedanken, durch den Goethe sich auf sich selbst aufmerksam gemacht sah, auf sich selbst nämlich, insoweit der Mensch den Andern und das Andere gerade nicht findet, sondern verfehlt, wenn er nur bei sich ist. Die Gefahr, den Andern und das Andere subjektivistisch zu verfehlen, ist nicht schon dadurch gebannt, daß man sich als Leib erfährt.

Kant hat in seiner nachkritischen Philosophie – angeregt durch Herder, aber ohne es ihm zu danken – bereits selbst den Weg eingeschlagen, den Goethe dann weiter gegangen ist. Der Irrtum der Kritischen Philosophie entspricht dem des Liberalismus: sich die Menschheit so vorzustellen, daß Individuen, die es als Menschen zuvor schon gegeben habe, sich in Gemeinschaft begeben – was nicht sein kann, weil es sie gar nicht gäbe, wenn sie nicht bereits in dieser Gemeinschaft wären. Ebenso steht es mit der Gemeinschaft der Natur. Indem der Mensch zur Welt kommt, lebt er immer schon im Mitsein mit andern Menschen und mit der natürlichen Mitwelt. Im geschichtlichen Mitsein mit Anderen und Anderem sind wir niemals fensterlos gewesen, sondern allererst vermöge der Begegnungen, in denen wir uns Andern und Andere sich uns öffnen, geworden, was wir sind. Der Mensch kann sich aber diesem Mitsein verschließen, wenn er in ›kritische‹ oder idealistische und selbst leibzentrierte Beschaulichkeit verfällt. Diese Gefahr ist es, der Kant – in seiner ›kritischen‹ Phase – erlegen ist und vor der Goethe sich durch ihn gewarnt fühlte.

Wer aber die ›Atmosphäre‹ spürt, in welcher der Leib beim

Andern ist, hat über die bloße Leiblichkeit hinaus bereits den umfassenderen Weg ins Auge gefaßt. Er zeigt sich »in der Möglichkeit, daß nicht der Mensch Tapferkeit, Trotz, Schicksal« –wie die naturwissenschaftlichen Charaktere der Dinge – »schon an sich gekannt hätte, um diese draußen in der Natur wiederzufinden. Es könnte genau das Umgekehrte der Fall sein. Der Mensch könnte gelernt haben, sich zu verstehen, indem er Mut, Trotz, Altern ›draußen‹ vor Augen hatte« (Böhme 1996, S. 143). Ich denke, so ist es. Nur in der Gemeinschaft der Natur, zu der wir Menschen gehören, können wir wissen, wer wir sind. Die natürliche Mitwelt ist nicht die Natur, die wir nicht sind, sondern wir sind nur in diesem Mitsein wir selber.

Literatur

Böhme, Gernot (1992), *Natürlich Natur. Über Natur im Zeitalter ihrer technischen Reproduzierbarkeit*, Frankfurt am Main: Suhrkamp (es 1680).

– (1995), »Die Natur herstellen. Der Zustand unserer natürlichen Lebensbedingungen als unser geschichtlicher Ort«, in: *Frankfurter Rundschau*, 5. August 1995, S. ZB 3.

– (1996), »Ästhetische Erkenntnis der Natur«, in: Karen Gloy (Hg.), *Natur- und Technikbegriffe. Historische und systematische Aspekte: von der Antike bis zur ökologischen Krise, von der Physik bis* [!] *zur Ästhetik*, Bonn: Bouvier, S. 118-145.

Böhme, Gernot, und Hartmut Böhme (1996), *Feuer Wasser Erde Luft. Eine Kulturgeschichte der Elemente*, München: C. H. Beck 1996.

Böhme, Hartmut, und Gernot Böhme (1985), *Das Andere der Vernunft. Zur Entwicklung von Rationalitätsstrukturen am Beispiel Kants*, Frankfurt am Main: Suhrkamp (stw 542).

Goethe, Johann Wolfgang von (1853), *Briefwechsel zwischen Goethe und Staatsrat Schultz*, hg. von Heinrich Düntzer, Leipzig: Dyck'sche Buchhandlung 1853.

– (1887-1919), *Goethes Werke*, hg. im Auftrage der Großherzogin Sophie von Sachsen, Weimar: Böhlau; Neudruck München: dtv 1987 (= WA).

– (1976), *Goethes Briefe*. Hamburger Ausgabe in vier Bänden, hg. von Karl Robert Mandelkow, 2. Auflage, München: C. H. Beck (= HAB).

– (1981), *Goethes Werke*. Hamburger Ausgabe in 14 Bänden, hg. von Erich Trunz, München: C. H. Beck 1981 (= HA).

– (1982), *Briefe an Goethe*. Hamburger Ausgabe in zwei Bänden, hg von Karl Robert Mandelkow. 2. Auflage, München: C. H. Beck.

Leibniz, Gottfried Wilhelm (1686), »Discours de Métaphysique – Metaphysische Abhandlung«, in: *Philosophische Schriften*, hg. und übersetzt von Hans Heinz Holz, Bd. I, *Opuscules Metaphysiques – Kleine Schriften zur Metaphysik*, Darmstadt: Wissenschaftliche Buchgesellschaft 1965, S. 49-172.

– (1714), *Principes de la Nature et de la Grace fondés en Raison. Monadologie – Vernunftprinzipien der Natur und der Gnade. Monadologie*, hg. von Herbert Herring, Hamburg: Meiner (Philosophische Bibliothek Bd. 253) ²1982 (1714a = *Vernunftprinzipien*; 1714b = *Monadologie*).

Meyer-Abich, Klaus Michael (1997), *Praktische Naturphilosophie. Erinnerung an einen vergessenen Traum*, München: C. H. Beck.

Nikolaus von Kues (1440), *De docta ignorantia*, 2. Buch, in: *Philosophisch-theologische Schriften*, hg. von Leo Gabriel, Studien- und Jubiläumsausgabe, lateinisch-deutsch, Bd. I, Wien: Herder 1964, S. 311 bis 417.

Schiller, Friedrich (1893), *Schillers Briefe*, hg. und mit Anmerkungen versehen von Fritz Jonas, Bd. III, Stuttgart u. a.: Deutsche Verlags-Anstalt.

Weizsäcker, Viktor von (1926), »Seelenbehandlung und Seelenführung. Nach ihren biologischen und metaphysischen Grundlagen betrachtet«, in: *Gesammelte Schriften*, hg. von Peter Achilles u. a., Bd. V, *Der Arzt und der Kranke. Stücke einer medizinischen Anthropologie*, bearbeitet von Peter Achilles, Frankfurt am Main: Suhrkamp 1987, S. 67 bis 141.

– (1947a), »Der Begriff der Allgemeinen Medizin«, in: *Gesammelte Schriften*, hg. von Peter Achilles u. a., Bd. VII, *Allgemeine Medizin. Grundfragen der medizinischen Anthropologie*, bearbeitet von Peter Achilles, Frankfurt am Main: Suhrkamp 1987, S. 135-196.

– (1947b), »Die Medizin im Streite der Fakultäten«, in: *Gesammelte Schriften*, hg. von Peter Achilles u. a., Bd. VII, *Allgemeine Medizin. Grundfragen der medizinischen Anthropologie*, bearbeitet von Peter Achilles, Frankfurt am Main: Suhrkamp 1987, S. 197-211.

Manon Andreas-Grisebach
Idee plus Erfahrung
Goethes Begründung eines neuen Typs von Naturwissenschaft

Goethes Methode der Naturerkenntnis und das von ihm anvisierte Ziel werden bestimmt durch seine Schau der Natur als ein großes Ganzes. Das ist erkenntnistheoretisches und weltanschauliches Leitmotiv. Er verfährt gemäß seiner Forderung: »Müsset im Naturbetrachten / Immer eins wie alles achten« (Gedicht »Epirrhema«) und grenzt folgerichtig keine seiner eigenen Fähigkeiten aus: Idee plus Erfahrung. Und das meint: Vernunft, Verstand und Anschauung. Solches Vorgehen ist an vielen Charakteristika seines Werkes nachweisbar, unter anderem auch und besonders am Beispiel seines Verhältnisses zu Schiller, und hier wiederum steht die Ausarbeitung des Metamorphose-Gedankens an gewichtiger Stelle, nämlich am Anfang der Freundschaft.

Beides, das Verhältnis zu Schiller und die Lehre von der Metamorphose, dient daher im folgenden als Grundlage für die Darstellung einer naturwissenschaftlichen Methode, die seit Anfang des 20. Jahrhunderts zur Aktualisierung verlocken sollte.

Im Bericht »Glückliches Ereignis. Verhältnis zu Schillern« von 1817[1] beschreibt Goethe seine erste tiefwirkende Begegnung mit Schiller nach einem Vortrag in Jena:

»... einstmals fand ich Schiller daselbst, wir gingen zufällig beide zugleich heraus, ein Gespräch knüpfte sich an, er schien an dem Vorgetragenen teilzunehmen, bemerkte aber sehr verständig und einsichtig und mir sehr willkommen, wie eine so zerstückelte Art die Natur zu behandeln den Laien, der sich gern darauf einließe, keineswegs anmuten könne.

Ich erwiderte darauf: daß sie den Eingeweihten selbst vielleicht unheimlich bleibe, und daß es doch wohl eine andere Weise geben könne die Natur nicht gesondert und vereinzelt vorzunehmen, sondern sie wir-

1 Johann Wolfgang von Goethe, »Glückliches Ereignis. Verhältnis zu Schillern«, in: *Schriften zur Morphologie*, hg. von Wilfried Malsch, Stuttgart: Cotta'sche Buchhandlung, Bd. 19, S. 98 ff.

kend und lebendig, aus dem Ganzen in die Teile strebend darzustellen. Er wünschte hierüber aufgeklärt zu sein, verbarg aber seine Zweifel nicht, er konnte nicht eingestehen, daß ein solches, wie ich behaupte, schon aus der Erfahrung hervorgehe.
Wir gelangten zu seinem Hause, das Gespräch lockte mich hinein; da trug ich die Metamorphose der Pflanzen lebhaft vor, und ließ, mit manchen charakteristischen Federstrichen, eine symbolische Pflanze vor Augen entstehen. Er vernahm und schaute das alles mit großer Teilnahme, mit entschiedener Fassungskraft; als ich aber geendet, schüttelte er den Kopf und sagte: Das ist keine Erfahrung, das ist eine Idee. Ich stutzte, verdrießlich einigermaßen: denn der Punkt der uns trennte, war dadurch aufs strengste bezeichnet.«[2]

Im Umkreis dieses trennenden Punktes steht Schillers Drang nach Freiheit und Selbstbestimmung, die, das denkende Subjekt regierend, es über die kruden Tatsachen emporhoben. Goethe hingegen wollte der Erkenntnisbestimmung, die durch das Anschauen der Naturdinge in das Subjekt hineinwirkte, nichts abhandeln lassen. Er hatte schon immer der Natur gegenüber Erfahrung, und das hieß vor allem: Anschauung walten lassen.[3] Er hatte seinen »hartnäckigen Realismus« verfolgt[4]; und zwar um der Natur willen, um den Rechten der Natur zu dienen. Auf sie ging sein Erkenntnisinteresse, sie wollte er ergründen. Ganz im Sinne seiner Unterscheidung in bezug auf Schiller: »er predigte das Evangelium der Freiheit, ich wollte die Rechte der Natur nicht verkürzt wissen«.[5] Schiller aber, so hatte Goethe den Eindruck, verkürzte diese Rechte und verfuhr »undankbar gegen die große Mutter«[6], indem er allein dem Ideen produzierenden Geist vertraute. Und doch: beide fühlten sich bei dem Gespräch so voneinander inspiriert, daß sie ihre Gegensätzlichkeiten benutzten, um den begonnenen Dialog fortzusetzen. Als Schiller gegen den Metamorphose-Plan einwandte: »Das ist keine Erfahrung, das ist eine Idee«, konterte Goethe mit dem etwas sibyllinischen

2 Ebd., S. 101 f.

3 Manon Andreas-Grisebach, »Anschauung als Quelle von Erkenntnis: Erbe und Neubewertung«, in: Manfred Buhr (Hg.), *Das geistige Erbe Europas*, Napoli: Vivarium 1994, S. 387-399.

4 Ebd., S. 102.

5 Goethe, »Einwirkung der neueren Philosophie«, in: *Schriften zur Morphologie*, a.a.O., S. 109.

6 Goethe, »Glückliches Ereignis. Verhältnis zu Schillern«, a.a.O., S. 100.

und raffinierten Satz: »Das kann mir sehr lieb sein, daß ich Ideen habe ohne es zu wissen, und sie sogar mit Augen sehe.«[7]

Mit dieser Antwort hat Goethe die Brücke über die trennende Kluft zwischen sich und Schiller geschlagen und die Verbindung präzisiert: »Wenn er das für eine Idee hielt, was ich als Erfahrung aussprach, so mußte doch zwischen beiden irgend etwas Vermittelndes, Bezügliches obwalten!«[8] Auf dieses »Bezügliche«, dieses »Vermittelnde« kommt es an. Eine Methode der Natur-Erkenntnis, die sowohl der empirischen Beobachtung als auch der Ideen-Produktion verpflichtet ist, könnte vor positivistischem Sammeln einerseits und realitätsfernem Spekulieren andererseits bewahren.

Integration von Idee und Erfahrung

Wenn Gernot Böhme 1993 schreibt: »Was wir heute als Wissenschaft kennen, ist ein Produkt der Abdrängung anderer intellektueller Unternehmungen«[9], dann gehört in dieses Abdrängungspaket auch die Goethesche Kombinations-Methode. Spätere Kritiker haben Goethes naturwissenschaftliche Studien entweder als bloße Ideen abgelehnt: Urpflanze und Urphänomene seien abstrakte Hirngespinste, und seine Farbenlehre nehme die von Newton bewiesenen Tatsachen einfach nicht ernst; oder sie bemängelten die Fülle der Einzelheiten. Goethe habe sich viel zu zeitaufwendig mit dem Kleinkram der gegebenen Natur beschäftigt, mit Knochen, Steinen, Muscheln und Samen. Fast keiner mochte zugeben, daß gerade in der Verbindung von Ideen im Kopf und Einzeldingen in der Natur die Essenz eines neuen Typs von Naturforschung lag.

Wieder war es Gernot Böhme, der in seiner Arbeit über Goethes Farbenlehre den Wert einer auf Subjektivität hörenden, alternativen Wissenschaft herausstellte.[10] Und er hatte einen wich-

7 Ebd., S. 102.

8 Ebd.

9 Gernot Böhme, »Alternativen in der Wissenschaft – Alternativen zur Wissenschaft«, in: ders., *Am Ende des Baconschen Zeitalters*, Frankfurt am Main: Suhrkamp 1993, S. 262.

10 Gernot Böhme, »Ist Goethes Farbenlehre Wissenschaft?«, in: ders., *Alternativen der Wissenschaft*, Frankfurt am Main: Suhrkamp ²1993.

tigen Vorläufer in diesem Engagement: Gottfried Benn. Dieser Denker-Dichter legte wortgewaltig die Antihaltung gegen eine mechanistische Wissenschaftsart à la Newton mit Goethe dar: »Noch einmal die ungetrennte Existenz, der anschauende Glaube, die Identität von Unendlichkeit und Erde ... Newton Imperator, Darwin Rex, und die progressive Zerebration.«[11] Anschauung und Glaube, sagt Benn, das könnte sein: Erfahrung und Idee; Unendlichkeit und Erde: das könnte sein: Idee und Erfahrung. Jedenfalls geht es solchen freiheitlichen Denkern beim Thema Wissenschaft um Integration und nicht um sauberes Abtrennen zum Beispiel des exakt Beweisbaren vom erstmal und versuchsweise Entworfenen, es geht um Kombination vieler intellektueller und sinnlicher Varianten.

Wenn innerhalb eines solchen multimedialen Wissenschaftskonzepts auch das Spekulieren wieder erlaubt ist – nach heutiger Sprachregelung müßte man sagen: das Kreativsein –, dann hat das mit dem zwischen Goethe und Schiller zur Debatte stehenden Bereich von Idee zu tun. Spekulation und Idee waren so gängige Mode-Worte, daß Vorsicht geboten war, besonders im Goetheschen Geist, da hier immer ein Warnschild stand, sich nur ja nicht zu weit von der Wirklichkeit zu entfernen. Und dennoch spekulativ sein? In seinem Aufsatz »Erfahrung und Wissenschaft« (geschickt an Schiller, am 17. Januar 1798) greift er den Begriff »spekulativ« auf: »Eigentlich möchte diese Arbeit nicht spekulativ genannt werden, denn es sind am Ende doch nur, wie mich dünkt, die praktischen und sich selbst rektifizierenden Operationen des gemeinen Menschenverstandes, der sich in einer höhern Sphäre zu üben wagt.«

Immer wieder ist es der gemeine Menschenverstand, den Goethe herbeiruft, um nicht ins Reich der Ideen zu entschweben, immer wieder oszilliert sein Nachdenken zwischen Erfahrung und Idee und kreist um deren Einheit. Auch in einem anderen Beitrag geht er dem Verhältnis nach, in: »Bedenken und Ergebung«[12]:

11 Gottfried Benn, »Goethe und die Naturwissenschaften«, *Gesammelte Werke*, hg. von Dieter Wellershoff, Wiesbaden: Limes 1960, Bd. 3, S. 759.

12 Goethe, »Bedenken und Ergebung«, geschrieben 1818, erschienen 1820 in: *Zur Morphologie*. Ersten Bandes zweites Heft, in: *Schriften zur Morphologie*, a.a.O., Bd. 19, S. 115 f.

»Hier treffen wir nun auf die eigene Schwierigkeit, die nicht immer klar ins Bewußtsein tritt, daß zwischen Idee und Erfahrung eine gewisse Kluft befestigt scheint, die zu überschreiten unsere ganze Kraft sich vergeblich bemüht. Demohngeachtet bleibt unser ewiges Bestreben diesen Hiatus mit Vernunft, Verstand, Einbildungskraft, Glauben, Gefühl, Wahn und, wenn wir sonst nichts vermögen, mit Albernheit zu überwinden.
Endlich finden wir, bei redlich fortgesetzten Bemühungen, daß der Philosoph wohl möchte recht haben welcher behauptet, daß kein Idee der Erfahrung völlig kongruiere, aber wohl zugibt, daß Idee und Erfahrung analog sein können, ja müssen.«[13]

Dieses Analogon zwischen der Natur und dem immer bescheidenen Werkzeug des beobachtenden Menschenverstandes zu suchen bleibt Aufgabe sinnvoller Naturerkenntnis. Zieht man das anfangs zitierte Gespräch mit Schiller von 1794 heran, dann fällt das Gleichlautende auf. Damals habe ihn Schillller »ganz unglücklich« gemacht mit dem Satz:

»Wie kann jemals Erfahrung gegeben werden, die einer Idee angemessen sein sollte? Denn darin bestehe eben das Eigentümliche der letzteren, daß ihr niemals eine Erfahrung kongruieren könne.«[14]

Beide erkennen, daß eine Kongruenz unmöglich ist, aber beide suchen nach einem Ausgleich, nach einer Brücke über die Kluft, die auch diejenige zwischen ihren Personen sein könnte. War für Schiller die Idee, so für Goethe die Wirklichkeit der Natur das Grundlegende für alle wissenschaftlichen Tätigkeiten. Das Handeln mit der Natur war sein »Prüfstein«:

»Also kommt wie bei der künstlerischen, so bei der naturwissenschaftlichen, auch bei der mathematischen Behandlung alles an auf das Grundwahre, dessen Entwicklung sich nicht so leicht in der Spekulation als in der Praxis zeigt: denn diese ist der Prüfstein des vom Geist empfangenen, des vom innern Sinn für wahr Gehaltenen.«[15]

Das ist leicht durch Beispiele verständlich, die Goethe in seiner »Farbenlehre« liefert. Prüfsteine sind dort die verschiedensten

13 Ebd., S. 116.
14 Goethe, »Glückliches Ereignis«, a.a.O., S. 102.
15 Goethe, »Naturphilosophie«, Erstdruck in: *Kunst und Altertum*, VI, 1, 1827.

Gläser, die geschliffen oder roh, geschwärzt oder hell ins Licht gehalten und dann vom Auge lange oder augenblicksweise geprüft werden.

Chaos und Gesetz

Als ein Beispiel dafür, wie nun die verbindende Methode von Goethe gehandhabt wurde, sei die von ihm selbst dafür auserwählte Metamorphose der Pflanzen skizzenhaft vorgeführt. Und zwar in beiderlei Fassung, in der poetischen der »Elegie« und in der prosaisch-wissenschaftlichen seiner Abhandlung.

In der Elegie mit dem Titel »Die Metamorphose der Pflanzen« von 1798, gattungsspezifisch unter die »Lehrgedichte« einzureihen, bringt Goethe seine botanisch-genetischen Erkenntnisse seiner geliebten Christiane näher und will sie, wie er sagt, mittels Poesie für diese Ergebnisse gewinnen. »Abstrakte Gärtnerei« nennt er im Vorspann seine Forschung und kennzeichnet damit bereits die dialektische Einheit seines Vorgehens zwischen Pflanzen- und Gedankennähe. Der »Elegie«-Text beginnt:

»Dich verwirret, Geliebte, die tausendfältige Mischung
Dieses Bumengewühls über dem Garten umher;
Viele Namen hörest du an und immer verdränget,
Mit barbarischem Klang, einer den anderen im Ohr.
Alle Gestalten sind ähnlich und keine gleichet der andern;
Und so deutet das Chor auf ein geheimes Gesetz,
Auf ein heiliges Rätsel. O! könnt' ich dir, liebliche Freundin,
Überliefern sogleich glücklich das lösende Wort!
Werdend betrachte sie nun, wie nach und nach sich die Pflanze,
Stufenweise geführt, bildet zu Blüten und Frucht ...«[16]

Die Menge der Blumen verwirrt: das ist die direkte Wahrnehmung, das Sehen. Dann kommen dazu die verschiedenen Namen, und das heißt die mental festgesetzten anthropogenen Zutaten und die verschiedenen Farben und Formen. Unordnung also. Diese Aussage scheint widersprüchlich im Vergleich mit jener,

16 Goethe, »Die Metamorphose der Pflanzen« (Elegie), Erstdruck in Schillers *Musenalmanach für das Jahr 1799*, zitiert nach der Ausgabe letzter Hand.

die ein Gesetz in all dem Chaos behauptet. Aber genau dieser Widerspruch macht das Lebendige aus und gibt dem Forscher Arbeit. Das Gesetz ist »geheim«, es ist ein »heiliges Rätsel«, und der Beobachter versucht mit seinen Ideen im Kopf, die Ordnung herauszufinden. Er findet sie, indem er zuhört. Nicht »die Natur zum Sprechen bringen« ist der geeignete Ausdruck, denn das rechtfertigte mögliche Foltermethoden, sondern einfach Hinhören und Zusehen. Goethes Geist lauscht der Natur das Gesetz des Werdens ab, des stufenweisen Wachstums: Vom Samen zum Blatt, von Blatt zu Blüte, von Blüte zu Frucht ist dieses Gesetz sichtbar, es ist eine Idee, entwickelt aus den Realien. Weiter wird der Samen ein »beginnendes Vorbild« genannt; etwas wie ein ethisches Muster wird hineingedacht, vom Späteren her wird das Frühere gedeutet, mit inneren Augen vor- und zurückgesehen. Geistige Tätigkeit. Doch dann hat wieder das äußere Sehen Vorrang:

»Ausgebildet, du siehsts, immer das folgende Blatt,
Ausgedehnter, gekerbter, getrennter in Spitzen und Teile,
...
Viel gerippt und gezackt, auf mastig strotzender Fläche,
Scheinet die Fülle des Triebs frei und unendlich zu sein.
Doch hier hält die Natur, mit mächtigen Händen, die Bildung
An und lenket sie sanft in das Vollkommnere hin.«

Die Vorstellung des »Vollkommneren« entstammt nicht dem Nur-Gesehenen. Sie ist Wunsch, vorweggenommenes Ziel und gedachte Zwischenstation auf dem inwendig geschauten Gang der Bildung und Umbildung. Und immer enger wird die Verbindung zwischen direkt Gesehenem und Hinzu- und Hervorgedachtem.

»Daß die Kette sich fort durch alle Zeiten verlänge,
Und das Ganze belebt, so wie das Einzelne sei.
Wende nun, o Geliebte, den Blick zum bunten Gewimmel,
Das verwirrend nicht mehr sich vor dem Geiste bewegt.
Jede Pflanze verkündet dir nun die ew'gen Gesetze,
Jede Blume, sie spricht lauter und lauter mit dir.«

Der Inhalt hält sich von Stufe zu Stufe an den konkreten Wachstumsprozeß der sich entfaltenden Pflanze. Er ist das primär

Wichtige. Aber ihm eingebunden sind die geistigen Andeutungen, sie weisen auf die Wichtigkeit des Gesetzes als Idee. Aber rückgekoppelt: wieder ist die Idee der Pflanze abgehorcht, und je aufmerksamer du lauschst, desto lauter hörst du sie reden.

Die Dichtform dieser »Elegie«, der strenge Versverbund eines Hexameters mit einem Pentameter zu Distichen, trägt zur Festigung des Gesetzmäßigen bei.

Für den organisch wachsenden Inhalt wählte Goethe damit eine scheinbar konstruiert-kontrollierte Form, so als ob die Fülle der Blumen und die Triebkraft der Pflanze nicht das gedanklich klar Erkannte überwuchern dürfe. Und doch sind vielleicht unsere durch Messen und Zählen einseitig geschärften Sinne zu sehr von der Strenge des Metrums beeindruckt, so daß wir das in einzelne Takteinheiten Gesonderte vernehmen, während der Gebrauch dieses Lautmaßes auch das rhythmisch Schwingende über den einzelnen Takt hinaus zu Gehör bringt. In der Antike wurden Hexameter und Pentameter auch gesungen und getanzt. Goethe lag die Musikalität dieser rhythmisch strukturierten Zweizeilergestalt im Ohr und kam seiner Naturansicht von der schwesterlichen Verbundenheit des Ein- und Ausatmens entgegen. In der ersten Zeile atmet der Vers ein , in der zweiten aus und reproduziert so im Rhythmus den Lebensvorgang der Pflanze.

»Im Hexameter steigt des Springquells flüssige Säule,
Im Pentameter drauf fällt sie melodisch herab.«

So fängt Schiller unter der Überschrift »Das Distichon« die Klangqualität ein, wie auch in seinem Distichon »Der epische Hexameter«:

»Schwindelnd trägt er dich fort auf rastlos strömenden Wogen,
Hinter dir siehst du, du siehst vor dir nur Himmel und Meer.«

Die Übereinstimmung beider Dichter geht weiter, denn auch Schiller hat für seine große Darstellung eines Ganges durch Natur und Kultur Distichen gewählt und dem Ganzen gleichfalls den Titel »Elegie« gegeben, später als »Der Spaziergang« überschrieben. Auch dort wird Gegenwärtig-Angeschautes direkt vor der Natur mit Gesetzhaft-Idealem vereint. Es ist dasselbe Amalgam, das auch Goethes Elegie demonstriert.

Die drei Leitideen: Bildung/Umbildung, Einheit, Systole/Diastole

Und jetzt wenige Blicke auf Goethes Prosa-Aufsatz »Die Metamorphose der Pflanzen«, urspünglich mit dem Titel »Versuch die Metamorphose der Pflanzen zu erklären«, 1790. In der »Einleitung« bereits zieht Goethe Bilanz: »... wir lernen die Gesetze der Umwandlung kennen, nach welchen sie Einen Teil durch den anderen hervorbringt, und die verschiedensten Gestalten durch Modifikation eines einzigen Organs darstellt« (3. Abschnitt). Die Gesetze der Umwandlung sind zusammengefaßt in dem entscheidenden Gesetz der »Bildung und Umbildung organischer Naturen«. Goethe stellte es als Motto seinen »Morphologischen Heften« voran. Immer wieder nimmt er in der Abhandlung Bezug darauf. Etwa: »Die Natur bildet also im Kelch kein neues Organ, sondern sie verbindet und modifiziert nur die uns schon bekannt gewordenen Organe« (38. Abschnitt).

Als ein anderes Prinzip und das bedeutet: als eine andere Idee erscheint diejenige von der Einheit der Natur. Diese allgemeine und übergreifende Idee erkennt Goethe im Besonderen der Verwandtschaft aller Pflanzenteile, wie sie nacheinander und auseinander hervorgehen; zum Beispiel schreibt er anläßlich der Kronenblätter einer Blüte und deren Staubwerkzeugen: »Wäre die Verwandtschaft aller übrigen Teile untereinander eben so in die Augen fallend, so allgemein bemerkt und außer allem Zweifel gesetzt, so würde man gegenwärtigen Vortrag für überflüssig halten können« (46. Abschnitt).

Schon den 4. Abschnitt hatte er mit dem Ausdruck »Die geheime Verwandtschaft« begonnen und zu Beginn des Abschnitts »Bildung des Griffels« beruft er sich wieder auf diese Idee, jetzt sogar gesteigert in der Vorstellung von Identität: »War ich bisher bemüht, die innere Identität der verschiedenen nacheinander entwickelten Pflanzenteile, bei der größten Abweichung der äußern Gestalt, so viel es möglich gewesen, anschaulich zu machen ...« (67. Abschnitt). Er holt also die Idee der Einheit aus den vielfältigen Erscheinungen hervor, er lauscht sie ab oder korrespondiert jeweils neue Erscheinungen mit Vorstellungen, die er sich im Laufe seiner Natur-Erfahrungen zurechtgelegt hat.

Als dritte Leitidee wird die Goethesche Erkenntnis des Naturgesetzes von Ausdehnung und Zusammenziehung, von Systole und Diastole vorgeführt. Zum Beispiel in folgendem: »Die oben vorgetragene Bemerkung wird dadurch abermals bestätigt und wir werden auf diese abwechselnde Wirkung der Zusammenziehung und Ausdehnung, wodurch die Natur endlich ans Ziel gelangt, immer aufmerksamer gemacht.« (50. Abschnitt) Oder: »Vom Samen bis zu der höchsten Entwicklung des Stengelblattes bemerkten wir zuerst eine Ausdehnung, darauf sahen wir durch eine Zusammenziehung den Kelch entstehen, die Blumenblätter durch eine Ausdehnung, die Geschlechtsteile abermals durch eine Zusammenziehung« (73. Abschnitt). Beim Lesen solcher Sätze wird Schillers Urteil verständlich, daß Goethe zwar vom »Sehen« spricht, also von einer Tätigkeit der Sinne, daß er aber tatsächlich etwas Geistiges sieht, eben, wie Schiller einwirft: eine Idee. Und sie ist für sich genommen nicht in der Erfahrung gegeben.

Achtet man über diese drei genannten Prinzipien hinaus auf den Anteil der Ideen, die Goethe bei der Darstellung seiner Beobachtungen leiten, dann zeigt sich der ganze Text durchsetzt davon. Der die Natur Schauende spricht von »einer geistigen Leiter, zu jenem Gipfel der Natur« (6. Abschnitt) und sogar von »den Werken der Liebe« (7. Abschnitt). Dazu wird er zwar angeregt durch die empirisch konstatierbaren Geschlechtsorgane der Pflanzen, aber unmißverständlich zielt die Umschreibung auf Seelisches.

Kurzum: Die Leitidee unserer spärlichen Abhandlung, nämlich das Verbinden von Idee und Erfahrung aufzuspüren, bringt ein Grundmuster struktureller Verzahnungen zum Vorschein, das unserem gegenwärtigen Zeitgeist nahe zu sein scheint. Teils als Gegenentwurf zur derzeitigen Wissenschaft, teils als Bestätigung für Alternativen. Als Gegenentwurf tritt es dem einseitig Analytischen und Quantifizierenden, dem Trennungsopportunismus und Rationalitätsfetischismus entgegen, als Bestätigung wirkt dieses Verbindungsmuster in bezug auf qualitative Aspekte eines neuen Wissenschaftstypus und auf das Einbringen normativer Ideen in die Naturwissenschaft selbst. Goethe war, wie wir sahen, das Einführen ethischer Vorstellungen ins Reich der Pflanzen vertraut; genauso wie er keine Schwierigkeit hatte, den Granit mit dem menschlichen Herzen zu verbinden. Und zwar keineswegs metaphorisch, sondern ganz konkret verkuppelte er den

Stein und das Herz: »Ich fürchte den Vorwurf nicht, daß es ein Geist des Widerspruches sein müsse, der mich von Betrachtung und Schilderung des menschlichen Herzens, des jüngsten, mannigfaltigsten, beweglichsten, veränderlichsten, erschütterlichsten Teiles der Schöpfung, zu der Beobachtung des ältesten, festesten, tiefsten, unerschütterlichsten Sohnes der Natur geführt hat. Denn man wird mir gerne zugeben, daß alle natürlichen Dinge in einem genauen Zusammenhange stehen.«[17]

Wenn Gernot Böhme anläßlich einer neuen wünschbaren Wissenschaft von »Verlusten« spricht, die in der Wissenschaftsgeschichte entstanden sind, Verlusten an Wirklichkeit und vor allem an einer »Beziehung zum Guten«[18], dann könnte diese gewünschte ethische Dimension durch Goethes Vorgehensweise gestärkt werden:

- erstens durch die hier zum Thema gemachte Kombination von Idee und Erfahrung (und zu »Idee« zählen auch Werte und Normen);
- zweitens durch einen, mit dieser Kombination getätigten schwellenlosen Gang vom Äußeren zum Inneren (Kern und Schale, Granit und Herz);
- drittens durch ein fundamentales Gerechtigkeitsverlangen (Rechte der Natur), und
- viertens schließlich kann die undogmatische, neuen Forschungen korrespondierende Ethik ermutigt werden durch Goethes Einsicht in die »Bildung und Umbildung organischer Naturen«, wie sie an der Metamorphose der Pflanzen gezeigt wird. Nicht als simplen Transfer zu denken, als naturalistischen Fehlschluß, wohl aber als Urphänomen des Lebendigen. Und diesem Lebendigen sollten ja die alternativen ethischen Entwürfe dienen. Das ist dann die alte Beziehung zum Guten, angereichert mit den Interessen der Natur.

17 Goethe, »Über den Granit«, 1784, in: *Goethes Werke*, hg. von Erich Trunz, München: C. H. Beck 1981, Bd. 13, S. 255.

18 Gernot Böhme, »Alternativen in der Wissenschaft«, a.a.O., S. 264.

Dietrich von Engelhardt
Madame de Staël über Naturphilosophie, Naturwissenschaft und Medizin in *De l'Allemagne*

1. Das Interesse an Deutschland

Auf Madame de Staël übte Deutschland eine starke Anziehung aus – das gilt für das private wie für das politische Leben, für die Künste, für die Philosophie und auch die empirischen Wissenschaften.

In ihrem Werk *De l'Allemagne* (1810/13) entwirft die Französin ein Bild von Deutschland auf diesen verschiedenen Ebenen. Der Wiedergabe der Naturwissenschaften und Medizin, von der wissenschaftshistorischen Forschung bislang nicht beachtet, sowie ihrer Beziehungen zur Philosophie ist ein eigenes Kapitel gewidmet; aber auch an anderen Orten dieser Schrift wird von ihr diese Thematik behandelt.

Die Darstellung der deutschen Wissenschaftssituation um 1800 mit ihren Vertretern und unterschiedlichen Positionen verbindet Madame de Staël immer wieder mit der Formulierung eigener Auffassungen. Beschreibung und Bewertung gehen ineinander über. Wiederholt richtet sich im übrigen ihr Blick auch auf andere Länder.

Die Resonanz von *De l'Allemagne* ist in Frankreich wie allgemein in Europa groß. Für viele Franzosen und auch Angehörige anderer Nationen wird mit diesem Werk zum erstenmal ein sozialkulturelles Porträt von Deutschland entworfen.[1]

1 Ernst Behler, »Madame de Staël à Weimar: 1803-1804. Un témoignage inconnue de K. A. Böttiger et deux billets de Madame de Staël«, in: *Studi Francesi* 13 (1969), S. 59-71; Alfred Götze, *Ein fremder Gast. Frau von Staël in Deutschland 1803/04. Nach Briefen und Dokumenten*, Jena: Frommannsche Buchh. 1928; Gabriel Haussonville und Paul d'Othenin, *Madame de Staël et l'Allemagne*, Paris: Calmann-Lévy 1928; Kurt Kloocke (Hg.), *Madame de Staël. Charles de Villers. Benjamin Constant. Correspondance*, Frankfurt am Main: Lang 1993; David G. Larg, *Madame de Staël. La seconde vie (1800-1807)*, Paris:

Die Beschäftigung mit der Epoche der Naturwissenschaft und Medizin um 1800 in Deutschland besitzt nicht allein ein historisches Interesse. Die intensive und vielseitige Verbindung mit der Philosophie, die in jener Zeit engagiert vertretene Einheit von Natur und Kultur mit einer entsprechenden Verantwortung des Naturforschers für den Umgang mit der Natur und das ganzheitlich-personale Verständnis von Gesundheit, Krankheit und Therapie sind von bleibender und auch heute aktueller Bedeutung. Madame de Staëls Deutschlandbuch kann in dieser Perspektive gegenwärtige Auseinandersetzungen über das Natur- und Menschenbild wie über das Wissenschaftskonzept anregen und selbst als ein wichtiger Beitrag zur Kulturgeschichte der Natur gelten.[2]

Champion 1928; Nachdruck Genf: Slatkine 1974; Hertha Marquardt (Hg.), *Henry Crabb Robinson und seine deutschen Freunde. Brücke zwischen England und Deutschland im Zeitalter der Romantik*, Bde. 1-2, Göttingen: Vandenhoeck & Ruprecht 1964/67; Peter Michelsen, »Der deutsche Traum der Madame de Staël«, in: *Recherches Germaniques* 22 (1992), S. 53-72; Robert Minder, »Madame de Staël entdeckt Deutschland«, in: ders., *Kultur und Literatur in Deutschland und Frankreich*, Frankfurt am Main: Insel 1962, S. 94-105; Pauline de Pange, *Augustus-Guillaume Schlegel et Madame de Staël, d'après des documents inédits*, Paris: Albert 1938, deutsch: Hamburg: Goverts 1940; Georges Solovieff, *L'Allemagne et Madame de Staël. En marge d'un événement*, Paris: Klincksieck 1990. (= Bibliothèque française et romane: Sér. C. Études littéraires, 81); Oskar Felix Walzel, »Frau von Staëls Buch De l'Allemagne und W. Schlegel«, in: *Forschungen zur neueren Literaturgeschichte. Festgabe für Richard Heinzel*, Weimar: Felber 1898, S. 275-333; Peter Winterling, *Rückzug aus der Revolution. Eine Untersuchung zum Deutschlandbild und zur Literaturtheorie bei Madame de Staël und Charles de Villers*, Rheinfelden: Schäuble 1985; Louis Wittmer, *Charles de Villers (1765-1815). Un intermédiaire entre la France et l'Allemagne et un précurseur de Madame de Staël*, Genf: Georg 1908.

2 Gernot Böhme sei diese Studie zum 60. Geburtstag gewidmet. Der gewählte Gegenstand berührt gemeinsame Interessen an der Wissenschaft und Philosophie der Natur in der Epoche der Romantik und des Idealismus; Böhmes *Briefe an meine Töchter* (1995) lassen an die Beziehung von Madame de Staël zu ihrem Vater denken, die sie selbst auf die folgende Weise charakterisiert hat: »Oh! il n'était pas mon père. Il était mon frère, mon fils, mon mari, mon Tout!«

II. Quellen

Ihr Wissen über Deutschland bezieht Madame de Staël aus verschiedenen Quellen. Neben der Lektüre entsprechender Schriften und neben zahlreichen Gesprächen mit Besuchern in Paris und Coppet bieten ihr zwei Aufenthalte in Deutschland die Möglichkeit, sich in unmittelbaren Kontakten ein Bild von den politischen Verhältnissen, der Situation der Künste, Literatur, Philosophie und Wissenschaften zu verschaffen.

Vor allem von August Wilhelm Schlegel, aber ebenfalls von Friedrich Schlegel, Wilhelm von Humboldt, Friedrich Heinrich Jacobi, Charles de Villers, Joseph-Marie de Gérando, Benjamin Constant und Henry Crabb Robinson erhält Madame de Staël in dieser Hinsicht wichtige Hinweise und Anregungen.

Das Verhältnis von Übernahme, Veränderung und eigener Leistung wird sich, wie Margaret R. Higonnet (1986) mit Recht feststellt, nicht leicht bestimmen lassen: »Her own dependence on mediators makes it difficult to determine the extent of her knowledge and the independence of her judgement«.[3] Goethe urteilt in diesem Zusammenhang: »Sie hat sich eine unglaubliche Mühe gegeben, den Begriff von uns Deutschen aufzufassen, und sie verdient deshalb um so mehr Lob, als man wohl sieht, daß sie den Stoff der Unterhaltung mit vorzüglichen Männern durchgesprochen, Ansicht und Urteil hingegen sich selbst zu danken hat.«[4] Ein Beleg für das Spektrum ihres Interesses an Deutschland ist schließlich auch ihre eigene Bibliothek[5], die zahlreiche deutsche Texte der Philosophie, Naturwissenschaften und Medizin wie auch Zeitschriften jener Epoche um 1800 enthält, so zum Beispiel die *Zeitschrift für spekulative Physik* (1800-1801) und die *Neue Zeitschrift für spekulative Physik* (1802). Von Schelling befanden sich in ihrer Bibliothek die Schriften: *Einleitung zu*

3 Margaret R. Higonnet, »Madame de Staël and Schelling«, in: *Comparative Literature* 38 (1986), S. 159.

4 Goethe an J. H. Meyer, 7. 3. 1814, in: *Werke*, 4. Abt., Bd. 24, Weimar: Böhlaus Nachf. 1901, S. 185 f.

5 Simone Balayé, »La bibliothèque de Madame de Staël«, in: *Cahiers Staëliens*, n. s., 22 (1977), S. 59-72, 23 (1978), S. 77-79, 24 (1979), S. 63 bis 79, 11 (1970), S. 48-54; Pauline de Pange, »La bibliothèque allemande de Madame de Staël«, in: *Revue de Littérature Comparée* 20 (1940), S. 152-164.

einem System der Naturphilosophie (1799), *System des transzendentalen Idealismus* (1800), *Bruno* (1802), *Ideen zu einer Philosophie der Natur* (1803) und *Vorlesungen über die Methode des akademischen Studiums* (1803).

Eine erste Reise führt Madame de Staël in neun Monaten im Winterhalbjahr 1803/04 nach Deutschland, eine zweite und kürzere Reise folgt 1807/08 mit einem längeren Aufenthalt in Wien. Erst nach diesen beiden Aufenthalten kommt es zur Ausarbeitung von *De l'Allemagne* in den Jahren 1808 bis 1810. Nach einem Druckverbot durch Napoleon kann das Buch 1813 erscheinen. Wien stattet sie noch einmal 1812 auf ihrer Reise nach Rußland und Schweden einen Besuch ab.

Schon vor der ersten Reise ist Madame de Staël, wie sie an Charles de Villers am 1. 8. 1802 schreibt, von der geistigen Bedeutung Deutschlands in der Gegenwart überzeugt – das trifft ihr zufolge für die Wissenschaften wie die Künste zu: »Je crois avec vous que l'esprit humain qui semble voyager d'un pays à l'autre est ce à present en allemagne.«[6] Villers, dessen Aufsätze und Bücher eine wesentliche Quelle der Kenntnisse über Deutschland in jener Zeit darstellen, hatte am 25. 6. 1802 die Deutschen als »les véritables grecs de l'Europe« bezeichnet, »chez qui seuls la science est organisée«.[7] Bevor sie Deutschland erreicht, lernt Madame de Staël in der Zeit vom 26. 10. bis 8. 11. 1803 in Metz Villers auch persönlich kennen – »l'un des hommes les plus aimables et les plus spirituels que puissent produire la France et l'Allemagne combinées«.[8] Sie wird von Constant begleitet, während Villers Dorothea von Rodde, geb. Schlözer, auf ihrer Reise nach Paris begleitet. In Frankfurt hält sich Madame de Staël bis Anfang Dezember 1803 auf; hier wird ihre Tochter Albertine von dem berühmten Anatom und Arzt Samuel Thomas Soemmerring behandelt, der die Mutter zunächst in große Ängste versetzt, da er die Diagnose Scharlach (fièvre rouge) mit der prognostisch bedrückenden Mitteilung verbindet, daß im Nachbarhaus eine junge Frau von 20 Jahren gerade an dieser Krankheit gestorben sei: »Quelle brutalité allemande dans ce médecin!«[9]

6 1. 8. 1802 an Villers, nach Kloocke 1993, Anm. 1, S. 21.

7 Nach Kloocke 1993, Anm. 1, S. 18.

8 G. de Staël, *Mémoires (Dix années d'exil)*, Paris: Plon ^{2}1845, S. 196.

9 Madame de Staël an Necker, 22. 11. 1803, *Correspondance générale*, Bd. 5, Teil 1, Paris: Hachette 1982, S. 117.

Nach der erfolgreichen Behandlung findet sie aber Worte der Anerkennung: »L'un des hommes les plus instruits de l'Europe, m'a guéri ma fille.«[10] Am 13. 12. 1803 trifft Madame de Staël in Weimar ein. Das Urteil der Dichter und Denker fällt ambivalent aus. Schiller bereitet Goethe in einem Brief vom 21. 12. 1803 auf die Französin vor: »Frau von Staël wird Ihnen völlig so erscheinen, wie Sie sie sich a priori schon konstruiert haben werden; es ist alles aus Einem Stück und kein fremder, falscher und pathologischer Zug in ihr. Dies macht, daß man sich trotz des immensen Abstands der Naturen und Denkweisen vollkommen wohl bei ihr befindet, daß man alles von ihr hören und ihr alles sagen mag. Die französische Geistesbildung stellt sie rein und in einem höchst interessanten Lichte dar.« Die Unterhaltung besitze bei ihrem außergewöhnlichen Sprachtalent allerdings eine gewisse Einseitigkeit: »Das einzige Lästige ist die ganz ungewöhnliche Fertigkeit ihrer Zunge, man muß sich ganz in ein Gehörorgan verwandeln um ihr folgen zu können.«[11] Goethe entzieht sich zunächst bewußt den Kontakten, kommt aber nach dem ersten Treffen am 24. 12. 1803 in den folgenden Wochen noch mehrfach mit ihr zusammen.[12] In den Wochen vom 12. 1. bis zum 25. 2. 1804 bringt ihr der Engländer Henry Crabb Robinson in sechs Vorlesungen die zeitgenössische Literatur und Philosophie nahe – die »new philosophy«, wie er am 30. 1. 1804 seinem Bruder berichtet. Seine Darstellung werde sie für eine Kritik derselben benutzen – »w'ch she will employ unquestionably agt this same Phily in a work she is now writing«.[13] Dem Herzog Karl August

10 Ebd., S. 125.

11 *Briefe an Goethe*, Bd. 1, Hamburg: Wegner 1965, S. 402.

12 Marie Luise Blumenthal, »Die Begegnung zwischen Goethe und Madame de Staël«, in: *Neuphilologische Zeitschrift* 1 (1949) (6), S. 18-38; Bernhard Böschenstein, »Madame de Staël, Goethe und Rousseau. Anmerkungen zu De l'Allemagne«, in: Gerhart Hoffmeister (Hg.), *Goethezeit. Studien zur Erkenntnis und Rezeption Goethes und seiner Zeitgenossen. Festschrift für Stuart Atkins*, Bern und München: Francke 1981, S. 145-155; Jean-Marie Carré, »Madame de Staël, H. C. Robinson et Goethe«, in: *Modern Language Review* 11 (1916), S. 316-320.

13 Nach Edith J. Morley (Hg.), *Crabb Robinson in Germany. 1800-1805. Extracts from his correspondence*, London: Oxford University Press 1929, S. 134.

von Weimar soll Madame de Staël gesagt haben: »J'ai voulu connaître la philosophie allemande, j'ai frappé à la porte de tout le monde, Robinson seul me l'a ouverte«.[14] Drei Vorlesungen werden von Robinson, der selbst 1802-1803 bei Schelling in Jena studiert hat, in der Zeitschrift *The Monthly Register* (1802/03) veröffentlicht. Am 10. 3. wird Madame de Staël in Berlin, nachdem sie wenige Tage Station in Leipzig mit Besuchen bei einigen Universitätsprofessoren (Platner und Erhard) gemacht hat, am preußischen Hof empfangen.[15] In den kommenden Wochen folgen Besuche in den berühmten Salons von Rahel Levin, der Herzogin von Kurland und anderen. Gespräche führt sie mit Fichte, Nicolai, Spalding, August Wilhelm Schlegel, Ancillon; Schleiermacher und Tieck sind zu dieser Zeit nicht in Berlin.[16] Fichte wird von ihr um eine kurze Darstellung seiner Philosophie gebeten; sie sei ihm mit ihren Fragen nach dem praktischen oder moralischen Nutzen der Philosophie, wie sie am 31. 3. 1804 in einem Brief an Friedrich Heinrich Jacobi befürchtet, aber wohl als Hausfrau erschienen – »... femme de ménage quand je m'informe de l'influence de sa métaphysique sur la morale, et le mot d'utilité lui paraît singulierèment prosaïque«.[17]

Die Nachricht von der Erkrankung ihres Vaters läßt sie Berlin am 19. 04. 1804 vorzeitig verlassen; daß er bereits am 10. 4. 1804 gestorben ist, weiß sie noch nicht. Erst in Weimar, wo sie von Benjamin Constant erwartet wird, erfährt sie am 22. 4. (dem Tag ihrer Geburt) vom Tode des geliebten Vaters. Am 1. 5. bricht sie von Weimar, wo es auch noch einmal zu einem Gespräch mit Goethe kommt, nach Coppet auf; »Je pars, je quitte Weimar où mon bonheur a commencé et fini«, schreibt sie an die Großher-

14 Nach Henry Crabb Robinson, *Diary, reminiscences, and correspondence*, London: MacMillan 1869, New York: AMS Press ^{2}1872, New York: AMS Press ^{3}1967, Bd. 1, S. 273.

15 Charles Joret, »Madame de Staël et Berlin«, in: *Revue d'Histoire Littéraire de la France* 2 (1902), S. 1-28.

16 Rahel Antoine Varnhagen von Ense, *Denkwürdigkeiten*, Bd. 8, Leipzig: Brockhaus 1874, S. 664.

17 Madame de Staël an F. H. Jacobi, 31. 3. 1804, in: *Correspondance générale*, Bd. 5, Teil 1, Paris: Hachette 1982, S. 297; vgl. auch Reinhard Lauth, »J. G. Fichte et Madame de Staël: l'entretien de Madame de Staël avec Fichte, Berlin, mars 1804«, in: *Archives de Philosophie* 47 (1984), S. 63-75.

zogin Louise.[18] In Basel stoßen ihr zweiter Sohn und August Wilhelm Schlegel zu ihr, den sie als Erzieher ihrer Kinder gewonnen hat und der sie in den kommenden Jahren mit der deutschen Kultur vertraut machen wird – eine zentrale Basis nicht zuletzt auch für *De l'Allemagne*.

Während der zweiten Reise von 1807/08 macht Madame de Staël in Begleitung von August Wilhelm Schlegel sechs Tage in München Station, sieht den Philosophen Jacobi wieder und lernt Schelling persönlich kennen.[19] Am 18. 12. 1807 wird sie von Schelling zu einem »déjeuner physique« mit dem romantischen Physiker Johann Wilhelm Ritter eingeladen[20]; man wird über Naturphilosophie und Galvanismus gesprochen haben.

Die anschließende Zeit in Wien vertieft zwar ihre Kenntnisse der sozialkulturellen, weniger allerdings der wissenschaftlichen Verhältnisse Deutschlands.[21] Über Prag, Dresden, Weimar (Goethe ist zur Kur abwesend) und Frankfurt kehrt sie im Juni 1808 nach Coppet zurück, wo die Kontakte mit deutschen Besuchern fortgeführt werden.

18 Madame de Staël an Großherzogin Luise von Sachsen-Weimar, 1. 5. 1804, in: *Correspondance générale*, Bd. 5, Teil 1, Paris: Hachette 1982, S. 339.

19 Günther Elbin, *»Sie ist viel gefeiert worden. Madame de Staël in München«*, München 1975 (= Manuskript Bayerischer Rundfunk, Bayerische Staatsbibliothek); Joachim Kuhn, »Madame de Staël à Munich«, in: *Occident et Cahiers Staëliens* 2 (1933) (1), S. 52-53; Pauline de Pange, »Madame de Staël à Munich«, in: Hans Karl Ernst Ludwig Keller (Hg.), *Wahlverwandtschaften*, München: Verlag der Grotius-Stiftung 1962, S. 77-82.

20 Schelling an Madame de Staël, 13.12.1807, nach Pange 1940, Anm. 5, S. 158; vgl. A. Schelling über diesen Besuch an Karl Josef Windischmann, 31.12.1807, in: *Aus Schellings Leben in Briefen*, hg. von G. L. Plitt, Bd. 2, Leipzig: Hirzel 1870, S. 125; vgl. auch Higonnet 1986, Anm. 3.

21 Olga Trtnik Rossettini, »Le séjour de Madame de Staël à Vienne pendant l'hiver. 1807-1808 (d'après le Journal inédit du Cte Charles de Zinzendorf)«, in: *Rivista di Letterature Moderne e Comparate* 20 (1967), S. 305-326.

III. Situation und Positionen

In *De l'Allemagne* entwirft Madame de Staël ein Bild der Naturwissenschaften und Medizin in Deutschland um 1800 in einer Vielfalt von Positionen, die in anderen Wissenschaftsländern zu dieser Zeit nicht anzutreffen ist; insbesondere zeichnet Deutschland nach Madame de Staël eine außergewöhnlich intensive Beziehung zwischen Philosophie und Naturwissenschaften aus.[22]

Philosophie in Deutschland heißt für die Französin idealistische Philosophie. Diese Philosophie habe zu einer »inneren Sammlung« geführt und damit »Scharfsinn« und »Beharrlichkeit in intellektuellen Verrichtungen« in hohem Maße gefördert. Zugleich stellt sich ihr im Blick auf die Naturwissenschaften und Medizin die kritische Frage: »Allein, ist diese Philosophie jenen Wissenschaften, welche auf der Beobachtung der Natur beruhen, ebenso günstig?« (S. 582)

Nach verbreiteter Auffassung falle die Antwort negativ aus: »Ganz allgemein hat man die Fortschritte der Wissenschaften im letzten Jahrhundert dem Empirismus zugeschrieben; und da die Beobachtung auf dieser Bahn in der Tat sehr viel leistet: so hat man geglaubt, man komme um so sicherer in den Besitz wissenschaftlicher Wahrheiten, je mehr Wichtigkeit man auf äußere Gegenstände lege« (S. 582 f.).

Madame de Staël teilt diese Auffassung allerdings nicht. Betrachte man vergangene Entwicklung und gegenwärtige Situation der Naturwissenschaften, müsse man vielmehr zugeben, daß wesentliche Entdeckungen und Erfindungen auf deutsche Forscher zurückgingen, die sich von der Philosophie hätten anregen

22 Die Seitenangaben bei den folgenden Zitaten beziehen sich auf die Ausgabe *Über Deutschland*, Frankfurt am Main: Insel 1985; zur Naturforschung und Medizin im Zeitalter der Romantik vgl. Richard Brinkmann (Hg.), *Romantik in Deutschland*, Stuttgart: Metzler 1978; Andrew Cunningham und Nicholas Jardine (Hg.), *Romanticism and the sciences*, Cambridge: Cambridge University Press 1990; Dietrich v. Engelhardt, »Romantische Naturforschung«, in: ders., *Historisches Bewußtsein von der Aufklärung bis zum Positivismus*, Freiburg: Alber 1979; Werner Leibbrand, *Die spekulative Medizin der Romantik*, Hamburg: Claassen 1956; Urban Wiesing, *Kunst oder Wissenschaft? Konzeptionen der Medizin in der deutschen Romantik*, Stuttgart-Bad Cannstatt: frommann-holzboog 1995.

lassen: »Vielleicht hätte Bacon in unseren Tagen die Nachteile einer rein empirisch ausgerichteten Philosophie gefühlt« (S. 583).

Die negativen Auswirkungen der empirischen Philosophie sollen sich auf verschiedenen Ebenen zeigen: »Sie hat den Gedanken in Empfindung, die Moral in persönliches Interesse und die Natur in Mechanismus verkehrt; denn sie zielte darauf ab, alles herabzusetzen.« Im Unterschied zu anderen Ländern sei man in Deutschland der empirischen Philosophie aber nicht oder in geringerem Maße gefolgt. »Die Deutschen haben ihren Einfluß in den physischen Wissenschaften wie in den Wissenschaften einer höheren Ordnung bekämpft; und indem sie die Natur der Beobachtung unterworfen haben, betrachten sie ihre Phänomene im allgemeinen auf eine umfassendere und geistreichere Weise« (ebd.).

Johannes Kepler, Albrecht von Haller und Alexander von Humboldt seien für die Vergangenheit wie Gegenwart herausragende Beispiele für diese Haltung unter Naturwissenschaftlern und Medizinern Deutschlands. Im übrigen hätten auch die zeitgenössischen Naturphilosophen Schelling, Baader und Gotthilf Heinrich Schubert Abhandlungen veröffentlicht, »in welchen die Wissenschaften in einen Gesichtspunkt gestellt sind, der Reflexion und Einbildungskraft zugleich beansprucht« (S. 584).

Wissenschaft und Gesellschaft hängen nach Madame de Staël zusammen. Der universale oder fächerübergreifende Charakter der Naturwissenschaften in Deutschland im Gegensatz zur Spezialisierungstendenz in Frankreich habe seine nationale oder soziale Voraussetzung in der abweichenden Bedeutung, die der Gesellschaft und dem Denken in beiden Ländern gegeben werde: »Die anziehende Kraft der Gesellschaft ist in Frankreich so stark, daß sie keinem erlaubt, auf die Arbeit viel Zeit zu verwenden. Es ist also sehr natürlich, daß man kein Vertrauen in diejenigen setzt, welche mehrere Arten von Studien vereinigen wollen. Aber in einem Lande, wo das ganze Leben eines Menschen der Meditation gewidmet werden kann, hat man Grund, zur Vervielfältigung der Kenntnisse aufzumuntern« (ebd.).

Neben der Abhängigkeit von der Gesellschaft müssen die Verbindungen zur Philosophie wie Psychologie beachtet werden. Von zwei Konzepten oder philosophischen Annahmen lassen sich nach Madame de Staël die zeitgenössischen Naturforscher in Deutschland besonders leiten: »Zwei große allgemeine Ansichten dienen ihnen im Studium der Wissenschaften zu Führern. Die eine ist, daß das Universum nach dem Modell der menschlichen Seele gemacht ist; die andere, daß die Analogie eines jeden Teils des Universums mit dem Ganzen von einer solchen Beschaffenheit ist, daß dieselbe Idee sich von dem Ganzen beständig in jedem Teile, und so von jedem Teile in dem Ganzen abspiegelt« (S. 585).

Der Gedanke der Einheit findet sich in den Naturwissenschaften und der Medizin Deutschlands nach dieser Auffassung folglich auf zweifache Weise – als Einheit des Physischen und Geistigen wie als Einheit der Naturbereiche und damit auch der ihnen entsprechenden Wissenschaften.

Verschiedene Forschungsergebnisse sollen diese Beurteilung der deutschen Wissenschaftssituation bestätigen. Der Physiker Ernst Florens Friedrich Chladni habe zum Beispiel mit seinen Studien über die Beziehung von Klang und Sandfigur (»Entdekkungen über die Theorie des Klanges«, 1787) nachgewiesen, »daß die Schwingungen der Töne Sandkörner in Bewegung setzen, welche auf einer Glasscheibe vereinigt sind – und zwar so, daß, wenn die Töne rein sind, die Sandkörner sich zu regelmäßigen Gestalten vereinigen, und daß, wenn die Töne unrein sind, eben diese Sandkörner auf dem Glase Figuren ohne alle Symmetrie bilden« (S. 586).

Der Französin ist bekannt, daß die Situation der Naturwissenschaften und Medizin in Deutschland nicht einheitlich ist, daß unterschiedliche Richtungen nebeneinander bestehen, daß es nicht nur metaphysische, sondern auch empirische Forscher gibt: »Man kann die Gelehrten dieses Fachs in Deutschland in zwei Klassen teilen, nämlich in die, welche sich ganz der Beobachtung widmen, und in die, welche Anspruch erheben auf die Ehre, die Geheimnisse der Natur erraten zu haben« (S. 587).

Zu den empirischen Forschern zählt Madame de Staël Abraham Gottlob Werner, Friedrich Wilhelm Herschel, Johann Hieronymus Schröter, Franz Xaver von Zach, Johann Erhart Bode, Martin Heinrich Klaproth und Christian Friedrich Buchholz, zu den metaphysischen Naturforschern Johann Wilhelm Ritter, Franz von Baader, Henrich Steffens, Gotthilf Heinrich Schubert und auch Schelling.

Deutschland besitze aber noch eine dritte Gruppe, deren Vertreter sich jeweils von ihrem Ausgangspunkt aus um eine Vermittlung von Physik und Metaphysik bemühten: »Die vorzüglichsten Geister dieser beiden Klassen nähern sich und verstehen sich; denn die philosophischen Physiker können die Erfahrung nicht verschmähen, und tiefe Beobachter versagen sich nie den möglichen Resultaten hoher Betrachtungen« (S. 587). Zu dieser dritten Gruppe rechnet Madame de Staël vor allem Goethe; seine »Arbeit über die Farben« (ebd.) habe allgemein Anerkennung in der Zeit gefunden. Sie wird auch an Alexander von Humboldt gedacht haben, der in seinem Reisebericht aus Südamerika nach ihrer Einschätzung Wissenschaft und Poesie (S. 725) eindrucksvoll verbunden hat.

Die Tendenz, Naturwissenschaften und Philosophie zur Verbesserung des Naturwissens wie der Menschenkenntnis in einen Zusammenhang zu bringen, sei ein wesentliches Charakteristikum für Deutschland: »Kurz, überall wird in Deutschland der allgemeine Ehrgeiz von dem Wunsch und der Hoffnung angespornt, die Erfahrungs-Philosophie mit der spekulativen zu vereinigen und dadurch die Wissenschaft des Menschen und der Natur zu vergrößern« (S. 587).

Die deutschen Philosophen oder Naturphilosophen Kant, Jacobi, Fichte, Schelling, Baader, Hemsterhuis werden von Madame de Staël in ihren Positionen knapp skizziert. Daß sie für diese Beschreibungen und Beurteilungen Unterstützung erhalten hat und sich anregen ließ, ist offensichtlich, ebenso unzweifelhaft sind aber auch ihre eigene Beschäftigung und ihr eigener Blickwinkel.

Das Verständnis von Madame de Staël für Metaphysik und idealistische Philosophie wird von den Zeitgenossen für begrenzt gehalten. »Je suis mauvaise métaphysicienne«, gibt sie selbst in einem Brief vom 1. 8. 1802 an Villers zu.[23] Robinson spricht ihr einen tieferen Sinn für Philosophie wie Poesie gleichermaßen ab: »She has not the least sense for poetry and is absolutely incapable of thinking a philosophical thought.«[24] In diesem Tenor äußert sich auch Schiller in seinem Brief vom 21. 12. 1803 an Goethe;

23 Madame de Staël an Villers, 1. 8. 1802, nach Kurt Kloocke (Hg.), *Madame de Staël. Charles de Viller. Benjamin Constant. Correspondance,* Frankfurt am Main: Lang 1993, S. 19.

24 Brief an seinen Bruder, 30. 1. 1804, nach Edith Morley (Hg.), *Crabb Robinson in Germany: 1800-1805, Extracts from his correspondence,* London 1929, S. 134.

Metaphysik und Dichtung in deutschem Sinn seien ihr verschlossen, ihr Gefühl und Verstand wie ihre geniale Persönlichkeit würden diesen Mangel aber wettmachen: »In allem, was wir Philosophie nennen, folglich in allen letzten und höchsten Instanzen ist man mit ihr im Streit und bleibt es, trotz alles Redens. Aber ihr Naturell und Gefühl ist besser als ihre Metaphysik, und ihr schöner Verstand erhebt sich zu einem genialischen Vermögen.« Sie suche und verlange Klarheit und lehne Irrationalität entschieden ab, der Geist der Aufklärung sei bestimmend: »Sie will alles erklären, einsehen, ausmessen, sie statuiert nichts Dunkles, Unzugängliches, und wohin sie nicht mit ihrer Fackel leuchten kann, da ist nichts für sie vorhanden. Darum hat sie eine horrible Scheu vor der Idealphilosophie, welche nach ihrer Meinung zur Mystik und zum Aberglauben führt, und das ist die Stickluft wo sie umkommt.«[25]

IV. Beobachtungen, Erklärungen, Theorien

Madame de Staël bleibt nicht bei einem allgemeinen Eindruck der Wissenschaftssituation in Deutschland stehen. Spezifische Beobachtungen, Erklärungen und Theorien der Naturwissenschaften und Medizin werden von ihr vorgetragen und immer wieder mit eigenen Urteilen und Reflexionen verbunden.

Die unter den deutschen Naturphilosophen und Naturforschern verbreitete Auffassung von der Einheit von Mensch und Natur läßt sie selbst eine naturphilosophisch fundierte Konstitutions- oder Temperamentenlehre vertreten. Aus der Parallelisierung von Pflanze, Tier und Mensch mit Vegetation, Reizbarkeit und Empfindsamkeit ließen sich drei unterschiedliche Menschentypen ableiten: »Einige vegetieren wie die Pflanzen, andere genießen oder reizen sich nach Art der Tiere, und die Edelsten endlich besitzen und entwickeln in sich die Eigenschaften, welche die menschliche Natur auszeichnen« (S. 588).

Die Suche nach Einheit hat nach Madame de Staël die Aufnahme bestimmter Wissenschaftspositionen in Deutschland begünstigt. Die Tatsache, daß man die Lehre des schottischen Mediziners John Brown in Deutschland »weit tiefer erforscht [habe] als

25 *Briefe an Goethe*, Bd. 1, a.a.O., S. 402.

sonstwo«, gehe darauf zurück, daß es »auf dasselbe System von Tätigkeit und Zentral-Einheit gegründet« sei, das auch von den Naturforschern und Medizinern der Romantik für wichtig gehalten werde: »Brown glaubte, der Zustand des Leidens oder der Zustand der Gesundheit stehe in keiner Verbindung mit partiellen Übeln, wohl aber mit der Intensität des Lebensprinzips, welches sich schwäche oder hebe, je nach den verschiedenen Wechselfällen des Daseins« (S. 589).

Die Einheitsperspektive habe auch zur großen Beachtung von Franz Joseph Gall mit seiner Aufeinanderbeziehung von Gehirn und Bewußtsein in Deutschland beigetragen: »Gibt es eine Stufenleiter vom Stein bis zum menschlichen Leben: so muß es auch in uns gewisse Fertigkeiten geben, die dem Körper und der Seele gleich nahe verwandt sind« (S. 590).

Auffallend oder verständlich sei ebenfalls die besondere Resonanz der Lehre des Mediziners Franz Anton Mesmer in der romantischen Naturforschung und Medizin. Verschiedentlich sei man in Deutschland über Mesmer noch hinausgegangen, hätte »den Idealismus in der Physik« (ebd.) noch weitergetrieben, hätte die räumliche Fernwirkung, die geistige Beeinflussung des Körpers, die Veränderung der Materie durch den Willen für möglich erklärt. Besonders hervorgehoben wird von ihr in dieser Hinsicht der Mediziner Johann Ferdinand Koreff[26] mit seinen »Betrachtungen über das Prinzip des Lebens, über die Tätigkeit des Todes und die Ursachen des Wahnsinns« (ebd.).

Zugleich schränkt Madame de Staël – und zwar vor allem aus ethischen Gründen – die Auffassung von der Abhängigkeit des Geistigen vom Körperlichen ausdrücklich ein: »Allein der Irrtum würde in dem Augenblick anheben, wo man dem Bau des Gehirns den mindesten Einfluß auf unsere moralischen Eigenschaften einräumen wollte; denn der Wille ist vollkommen unabhängig von allen physischen Vermögen, und in der rein intellektuellen Tätigkeit dieses Willens besteht das Gewissen, welches von körperlicher Organisation frei ist und sein muß. Alles, was uns die Verantwortung für unsere Handlungen zu rauben strebt, würde falsch und schlecht sein« (ebd.).

Bestimmte Ansichten der Astrologie, Alchimie und des Tieri-

26 Simone Balayé, »Madame de Staël et le Docteur Koreff«, in: *Cahiers Staëliens*, n. s. 3 (1965), S. 15-32.

schen Magnetismus werden von Madame de Staël entschieden abgelehnt. Ebenso kritisiert sie begriffliche Unklarheiten und allgemein die in Deutschland verbreitete Neigung zur Psychisierung der Natur: »Wenn die Natur nach den regelmäßigsten Formen kristallisiert: so folgt daraus noch nicht, daß sie Mathematik versteht; wenigstens weiß sie selbst nicht, was sie tut, und das Bewußtsein ihrer selbst geht ihr ab« (S. 591).

Andererseits kann Madame de Staël den Bemühungen deutscher Naturforscher und Mediziner ihre Anerkennung nicht versagen, die über die Vergeistigung der Natur einen ursprünglichen Zustand der Einheit von Mensch und Natur wiederherstellen wollten: »Die Deutschen streben nach der wahren Vervollkommnung des Geistes, wenn sie die Eingebungen der Natur durch die Erleuchtungen des Gedankens wieder zu erwecken suchen« (ebd.).

Der Fortschritt der Wissenschaften bestätige Beobachtungen und Ansichten, die dem Geist der Aufklärung noch absurd oder als Aberglaube erschienen wären: Steinfall vom Himmel; roter Regen; unterirdisches Gewitter (S. 592). Visionen der Vergangenheit würden sich durch neue Einsichten als berechtigt erweisen: »Die Astronomie und die Musik sind die Wissenschaft und die Kunst, welche die Menschen im fernsten Altertum gekannt haben. Warum sollten die Töne und die Gestirne nicht durch Beziehungen vereinigt sein, die von den Alten gefühlt worden sind, und die wir wieder auffinden können?« (ebd.)

In wissenschaftstheoretischer und in forschungsmethodischer Hinsicht weiß sich Madame de Staël in mehrfacher Hinsicht mit den romantischen Naturforschern und idealistischen Naturphilosophen einig, was die Zuordnung der Französin zur Aufklärung relativiert und nach einer differenzierteren Beurteilung nach verschiedenen Themenbereichen und unterschiedlichen Dimensionen verlangt.

Wie die Naturforscher der Romantik hält auch Madame de Staël Empirie für notwendig; auf Beobachtungen und Experimente können Naturwissenschaft und Medizin nicht verzichten. Empirische Forschung bedarf aber darüber hinaus der Führung der Philosophie, »welche das Universum in seiner Ganzheit umfaßt und auch die Nachtseite der Natur nicht verachtet« (S. 593). Die Philosophie, an die Madame de Staël hier denkt, ist spekulativ-metaphysisch und nicht aufklärerisch-rationalistisch. Eine

Naturforschung dieser Art komme der Poesie nahe, unterschiede sich von dieser aber durch das Prinzip der Übereinstimmung mit der Erfahrung.

Die Naturwissenschaften sollen, wovon sie mit den romantischen Naturforschern überzeugt ist, nicht allein vom Verstand, sondern ebenso von der Einbildungskraft abhängen. Die Leistungen der Alten könne man sich nur durch eine Verbindung von Vernunft und Phantasie erklären: »Woher doch diese erstaunlichen Entdeckungen ohne die Beihilfe der neuen Erfahrungen und Maschinen, in deren Besitz die Neueren sind? Daher, daß die Alten, von der Fackel des Genies geleitet, kühn daherschritten. Sie bedienten sich der Vernunft, auf welcher die Intelligenz des Menschen beruht; aber sie befragten auch die Einbildungskraft, welche die Priesterin der Natur ist« (S. 592).

Die Lebenswissenschaften oder allgemein das Leben spielen bei den Naturforschern und Medizinern der Romantik in ihrer Kritik an der Dominanz des cartesianischen Mechanismus im 18. Jahrhundert eine wesentliche Rolle. Unter den verschiedenen Bereichen der Natur wird, was auch Madame de Staël nicht entgeht, in Deutschland das Studium des Organischen mit besonderer Intensität und Hochschätzung betrieben. Sie befürwortet diese Haltung, ihre Zustimmung erfolgt auch aus moralischen Gründen: »In den physischen Phänomenen nimmt das Leben denselben Rang ein, den der Wille in der moralischen Ordnung behauptet« (S. 594 f.).

Unter dem Einfluß der idealistischen Philosophie habe sich in der deutschen Wissenschaft und Kultur schließlich ein Zusammenhang mit wechselseitigen Anregungen und Einflüssen ergeben: »Die Gelehrten ergründen die Natur mit Hilfe der Einbildungskraft; die Poeten finden in den Wissenschaften die wahren Schönheiten der Natur« (S. 595).

Ein endgültiges Urteil über die Bedeutung der philosophisch inspirierten Naturforschung und Medizin in Deutschland kann, wie Madame de Staël betont, aber noch nicht gefällt werden, hier müsse der weitere Wissenschaftsprogreß noch abgewartet werden: »Das neue System allgemeiner Physik, welches in Deutschland der Experimental-Physik als Führer dient, kann nur nach seinen Resultaten beurteilt werden« (S. 595). Eines ließe sich zum gegenwärtigen Zeitpunkt allerdings bereits voller Anerkennung feststellen: »Die deutsche Philosophie führt die Naturwissenschaften in die allgemeine Sphäre der Ideen zurück, wo die kleinsten Beobachtungen wie die größten Resultate an dem Interesse des Ganzen hängen« (S. 596).

v. Wissenschaft im Ländervergleich: Frankreich und Deutschland

Madame de Staëls Darstellung der Wissenschaftssituation in Deutschland erfolgt im Horizont des Vergleichs mit anderen Ländern – vor allem mit Frankreich. Nationalgeist und sozialpolitische Verhältnisse unterscheiden sich nach ihr erheblich in Deutschland und Frankreich; entsprechend abweichend sollen Wissenschaftsorientierung im allgemeinen und spezifische Fachleistungen in beiden Ländern ausfallen.

Theorie und Erfahrung werden in Frankreich und Deutschland auf entgegengesetzte Weise in einen Zusammenhang gebracht: »Von der Theorie steigen die Deutschen zur Erfahrung herab; von der Erfahrung erheben sich die Franzosen zur Theorie« (S. 584). Die Deutschen kritisieren deshalb an den Franzosen bei ihrem großen Fakteninteresse auch eine Vernachlässigung der Systematisierung (ebd.), während die Franzosen bei den Deutschen umgekehrt eine zu geringe »Achtung für die Erfahrung« (S. 593) beklagten. Insgesamt könnte man unter deutschen Forschern einer Verbindung von Eigenschaften begegnen, die bei Wissenschaftlern anderer Länder im allgemeinen getrennt seien: »Geduld und Enthusiasmus« (S. 590). Der »Weltgeist« oder »esprit humain« halte sich zur Zeit in Deutschland auf, hatte sie vor ihrer ersten Deutschlandreise am 1. 8. 1802 an Charles de Villers geschrieben und dabei vor allem an Philosophie und Literatur gedacht: »C'est le pays du monde aujourd'hui où il y a le plus d'hommes distingués comme philosophes, et comme littérateurs.«[27]

Der Blick von Madame de Staël ist aber auch auf andere Länder gerichtet. Im Gegensatz zu ihren deutschen Kollegen folgten die Naturforscher Englands, wie von ihr ausdrücklich bedauert wird, einer materialistischen Philosophie, Hartley und sein Schü-

27 Madame de Staël an Villers, in: *Correspondance générale*, Bd. 4, Teil 1, Paris: Hachette 1976, S. 541.

ler Priestley hätten »die Metaphysik wie die Physik aus einem durchaus materialistischen Gesichtspunkt gefaßt. Zwar wird man behaupten, die Physik könne nicht anders behandelt werden; allein ich wage nicht, dieser Meinung zu sein, was man auch von mir denken mag« (S. 589).

Ihr Urteil ist aber ambivalent; neben einer gewissen Zustimmung zur materialistischen Orientierung werden von ihr Phänomene angeführt – wie zum Beispiel die Leib-Seele-Beziehung –, die sich nach dem Materialismus nicht erklären ließen. »Die, welche selbst aus der Seele ein passives Wesen machen, verbannen mit desto größerem Rechte aus den positiven Wissenschaften das unerklärliche Übergewicht des menschlichen Willens; und gleichwohl gibt es mehrere Umstände, wo dieser Wille auf die Intensität des Lebens und das Leben selbst auf die Materie wirkt« (ebd.).

Der Vergleich der Länder ist in der Zeit verbreitet – im Bereich der Wissenschaften wie der Künste und des Lebens. Rosario Scuderi sieht in seiner *Introduzione alla storia della medicina* (1794) charakteristische Unterschiede in den europäischen Wissenschaftsländern: »La dotta e sagace Italia ... L'ingegnosa e fervida Francia ... la speculativa e fiera Britannia ... l'industriosa e saggia Alemagna.«[28] Bei einer Debatte im englischen Oberhaus über die zunehmende Anzahl von Ehescheidungen wird von einem Bischof »das zunehmende Verderbnis der Sitten« auf die Einführung deutscher Schriften zurückgeführt, »wodurch die loose german moral ausgebreitet würde«.[29] Die Unkenntnis »von transzendentaler Philosophie« in England soll nach Auffassung von Henry Crabb Robinson, der einen entsprechenden Beitrag 1803 in der *Neuen Berlinischen Monatsschrift* veröffentlicht, die englische Nation keineswegs »mehr und mehr brutalisieren«.[30] In seiner für Madame de Staël über die Literatur in Deutschland verfaßten Denkschrift hebt Knebel das große Interesse der höheren

28 Rosario Scuderi, *Introduzione alla storia della medicina*, Napoli: Porcelli 1794.

29 Anonym: »Von der Beschaffenheit der Urtheile der Engländer über die Deutsche Nazion und die Deutsche Literatur«, in: *Neue Berlinische Monatsschrift* (1803), S. 118.

30 Henry Crabb Robinson, »Entgegnung auf den Brief eines Deutschen aus London«, in: *Neue Berlinische Monatsschrift* 10 (1803), S. 190 bis 228.

Gesellschaft in England und Frankreich an den Wissenschaften im Gegensatz zu Deutschland hervor: »Welch ein Unterschied ist da zwischen uns und den Franzosen und Engländern, deren vornehmste Herren nicht nur den Umgang mit Gelehrten und feinen Geistern suchten, sondern selbst Gelehrte und feine Geister waren und es zu sein sich bestrebten.«[31] Nach Friedrich Schlegel besitzt die französische Nation wenig Talent für »Musik, Malerei, Poesie und dergl.«, obwohl sie sich gerade in diesen Bereichen auszuzeichnen bemüht habe, während sie »auf die unsterblichen Männer im Fache der Chemie und Naturgeschichte oder in der Beredsamkeit« nicht weniger stolz sei, »als es die laute Beistimmung der übrigen Nationen Europas rechtfertigen«[32] würde. Sensualismus der Franzosen und Idealismus der Deutschen prägen nach Villers auch die in beiden Ländern spezifische Weise der literarischen Darstellung der Liebe (»Sur la manière essentiellement différente dont les poètes français et les allemands traitent l'amour« 1806). In einer klassischen Formulierung werden von Madame de Staël Deutschland, England und Frankreich einander gegenübergestellt: »La philosophie allemande est l'interprétation de l'univers, la philosophie anglaise, l'utilité, la philosophie française, la destruction.«[33]

VI. Perspektiven

Madame de Staël hat mit ihrem Buch über Deutschland ein weitgespanntes und anregendes Bild der Situation der Naturwissenschaften und Medizin in Deutschland in der Epoche der Romantik und des Idealismus um 1800 entworfen. Grundsätzliche Züge und wichtige Zusammenhänge werden ebenso dargestellt und beurteilt wie spezifische Bereiche und einzelne Leistungen. Zahlreiche Naturforscher, Mediziner und Naturphilosophen werden in ihrer Position wie ihren Leistungen geschildert. Hervorgeho-

31 Karl Ludwig von Knebel, »Eine Übersicht über die Deutsche Literatur von Klopstock bis Goethe aus dem Jahre 1804«, in: *Goethealmanach* (1968), S. 219, auch nach Götze 1928, Anm. 1, S. 66.

32 *Reise nach Frankreich*, 1803, nach Friedrich Schlegel, *Dichtungen und Aufsätze*, München: Hanser 1984, S. 580.

33 Unpublizierter Zusatz im Manuskript, *De l'Allemagne*, Bd. 4, Paris: Hachette 1959, S. 119.

ben wird das für Deutschland charakteristische Spektrum an Beziehungen zwischen Wissenschaft und Philosophie. Historische und sozialkulturelle Hintergründe werden beachtet wie mögliche Entwicklungen der Zukunft skizziert. Dem Vergleich mit anderen Ländern gilt durchgängig die Aufmerksamkeit. Die Beschreibungen der Verhältnisse werden immer wieder durch eigene Beurteilungen ergänzt. Keineswegs dominiert der Geist der Aufklärung; wiederholt wird Verständnis für die neuen Orientierungen in Deutschland ausgesprochen: »Die Erscheinungen der Natur sollen nicht bloß nach den Gesetzen der Materie begriffen werden, wie gut kombiniert diese Gesetze auch sein mögen; sie haben einen philosophischen Sinn und einen religiösen Zweck, dessen Umfang selbst die aufmerksamste Betrachtung nie ganz ausmessen wird« (S. 728 f.).

Verschiedene Aufgaben stellen sich für die zukünftige Forschung. Im Detail müssen Übernahme und eigene Leistung analysiert werden. Die Beachtung weiterer Schriften wie der Korrespondenz von Madame de Staël wird ihr Bild der Naturphilosophie, Naturwissenschaft und Medizin vervollständigen. Wesentlichen Überzeugungen – wie von der Wichtigkeit der Verbindung von Fortschritt und Ethik oder einer analog fundamentalen Bedeutung von Freiheit und Naturwissenschaft – läßt sich auch an anderen Orten ihres Werks begegnen: »Wissenschaftlicher Fortschritt macht moralischen Fortschritt zu einer Notwendigkeit; denn wenn die Macht des Menschen wächst, müssen die Hemmungen verstärkt werden, die ihn davon abhalten, sie zu mißbrauchen.«[34]

Aufschlußreich ist auch der Vergleich von *De l'Allemagne* mit anderen Länderdarstellungen der Zeit: Mit Voltaires *Lettres écrites de Londres* (1737), die stets einen komparativen Blick auf Frankreich gerichtet haben; vor allem mit Heines kritisch-polemischer Reaktion auf Madame de Staëls *De l'Allemagne* in der *Romantischen Schule*.[35] Naturwissenschaft, Medizin und Natur-

34 Madame de Staël, *Mémoires et Considération sur le principaux événements de la Révolution Française*, Paris und Leipzig: Brockhaus 1819, deutsch: Heidelberg: Mohr und Winter 1818.

35 Ruth Jacobi, Heines »›Romantische Schule‹. Eine Antwort auf Madame de Staëls *De l'Allemagne*«, in: *Heine Jahrbuch* 19 (1980), S. 140-168; Eve Jeanne Pocquet, *L'Allemagne de Madame de Staël et celle de Henri Heine*, Phil. Diss., University of Colorado 1971 (Diss.

philosophie werden bei Heine nur knapp und eher am Rande behandelt. Victor Cousin habe über die deutsche Philosophie »sehr viel geistreiches Wischiwaschi«[36] vorgetragen. Soziale Auswirkungen der Naturphilosophie, deren Anhängern Heine selbst wenig abgewinnen kann (»Mummenschanz und Narretei« »Rotte von feigen Schälken und melancholischen Hanswürsten«[37]), seien aber noch in der Zukunft zu erwarten, da sie »mit den ursprünglichen Gewalten der Natur in Verbindung«[38] stünden. In der Gegenwart lasse sich bereits – Heine folgt in dieser Einschätzung Madame de Staël – ein unmittelbarer Einfluß auf die Poetisierung der Natur durch die Naturphilosophen beobachten: »Dann ist auch, seit durch ihn die Naturphilosophie in Schwung gekommen, die Natur viel sinniger von den Dichtern aufgefaßt worden.«[39]

Die Fülle an Beobachtungen und eigenen Reflexionen in Madame de Staëls *De l'Allemagne* beeindruckt, auch wenn diese Darstellung von Einseitigkeiten keineswegs frei ist. Beachtung verdient im übrigen nicht allein, was dargestellt, sondern ebenso, was vernachlässigt und übergangen wurde. Insgesamt stellt *De l'Allemagne* einen wichtigen Beitrag zur Rezeption der Naturphilosophie, Naturwissenschaften und der Medizin in einer wesentlichen Epoche der europäischen Kulturentwicklung dar, deren Bedeutung auch für die Gegenwart im Umgang mit der Natur und im Verständnis von Naturwissenschaft und Medizin zunehmend erkannt wird.

Abstr. Int. 32A [1971/72] 2067); Eve Sourian, *Madame de Staël et Henri Heine, »les deux Allemagnes«*, Paris: Didier-Erudition 1974.

36 Heinrich Heine, *Romantische Schule* (1833/34), in: ders., *Sämtliche Schriften*, Bd. 3, München: Hanser 1967, S. 437.

37 Heinrich Heine, *Religion und Philosophie in Deutschland*, in: ders., *Sämtliche Schriften*, Bd. 3, München: Hanser 1967, S. 630.

38 Heine, *Romantische Schule*, a.a.O., Anm. 37, S. 639.

39 Ebd., Anm. 36, S. 439.

Michael Deneke
Engelbert Schramm
»Soziale Naturwissenschaft«

Zwischen Sozialwissenschaften und Naturwissenschaften

Zwischen 1980 und 1984 bestand an der Technischen Hochschule Darmstadt eine informelle Arbeitsgruppe »Soziale Naturwissenschaft«, die sich regelmäßig – meist in den Abendstunden – bei einem ihrer Mitglieder traf. Gernot Böhme war dabei so etwas wie ein intellektueller »Kristallisationskern«. In dem folgenden Gespräch zwischen den Personen A, B und C beziehen wir uns auf die Diskussionsergebnisse dieser Arbeitsgruppe. Dazu gehörten weiter neben Michael Deneke (Chemie und Hochschuldidaktik) und Engelbert Schramm (Biologie, Umweltgeschichte und Wissenschaftsforschung) Hans Werner Frank (Chemie, Soziologie), Joachim Grebe (Chemie, Umweltrecht), Jörg Hallerbach (Chemie, Volkswirtschaft, Umweltrecht) und Horst Luley (Soziologie, Agrarwirtschaft). Für einige Zeit war auch Wolf Schäfer (Geschichte, Wissenschaftsforschung) dabei. Nach der Veröffentlichung eines gemeinsamen Buches (Böhme und Schramm 1985) mußten die Mitglieder der Arbeitsgruppe aus beruflichen Gründen auseinandergehen.

Für uns beide war damit die Beschäftigung mit »Sozialer Naturwissenschaft« aber keineswegs beendet: Engelbert Schramm beteiligte sich am Aufbau des Instituts für sozial-ökologische Forschung in Frankfurt, Michael Deneke begann mit der Organisation von Ringvorlesungen zur Einführung in die Umweltwissenschaften an der TH Darmstadt und war am Aufbau des Zentrums für Interdisziplinäre Technikforschung (ZIT) an der THD beteiligt. Dies alles wäre ohne die Diskussionen zur »Sozialen Naturwissenschaft« nicht denkbar gewesen.

Das hier dokumentierte Gespräch basiert zwar auf Diskussionen, die wir beide Ende 1995 und Anfang 1996 miteinander geführt haben – und vielleicht kann man in der Person A noch den Chemiker (M. D.) erkennen und in B den Biologen (E. S.) – aber dennoch haben wir unser Gesprächsprotokoll erheblich umgearbeitet und eine dritte, fiktive Person C eingeführt, die an der Arbeitsgruppe »Soziale Naturwissenschaft« nicht beteiligt war und sich über die dort entwickelten Konzepte und ihre Tragfähigkeit und Weiterentwicklung informieren will.

C: Noch immer tun sich viele Naturwissenschaftler schwer mit der gesellschaftlichen Seite des Umweltproblems und umgekehrt Sozialwissenschaftler mit dessen naturaler Seite. Könnten die Konzepte der Arbeitsgruppe »Soziale Naturwissenschaft« weiterhelfen, die ihr Anfang der achtziger Jahre mit Gernot Böhme als »Kristallisationskern« entwickelt habt?

A: Mit der Sozialen Naturwissenschaft hatten wir den Anspruch, eine Wissenschaft von der sozial konstituierten Natur zu skizzieren, die die Umweltproblematik begrifflich transparenter macht und ein unproduktives Nebeneinander von natur- und technikwissenschaftlichen und sozialwissenschaftlichen Ansätzen überwindet. Vermittelnde Schlüsselbegriffe waren Stoffwechsel und Arbeit (Böhme und Schramm 1985).

C: Was ist nach eurem Verständnis »sozial konstituierte Natur«?

A: Zunächst zum Naturbegriff: Wir haben uns weniger für die Natur als Gegenstand der Naturwissenschaften Physik und Chemie interessiert, also eine Natur, die für ihre Untersuchung in Labors präpariert wurde, sondern für die »Natur da draußen«. Es gibt ein Vorverständnis, was das ist: Landschaften, Flüsse, Meere, Klima. Die korrespondierenden Disziplinen sind die Geowissenschaften.

B: Dazu gehören auch Tiere, Pflanzen, Ökosysteme. Sie haben nach traditioneller Auffassung die Eigenschaft, gerade unabhängig von gesellschaftlicher Einflußnahme zu sein. Natur ist das, was das Gesetz seiner Bewegung in sich selber hat. In diesem Sinne ist der Naturbegriff gerade als ein Gegenbegriff zu »Gesellschaft« konzipiert. Darauf hat Gernot Böhme bei verschiedenen Gelegenheiten hingewiesen.

A: An der Umweltbewegung haben wir damals kritisiert, daß sie einen statischen Naturbegriff hat, also noch nicht einmal die längerfristige Entwicklung der äußeren Natur gesehen hat. Von gesellschaftlicher Beeinflussung einmal ganz abgesehen.

C: Wenn man sich klarmacht, daß Natur gerade als Gegensatz zu Gesellschaft verstanden werden kann, und gleichzeitig mitbedenkt, daß die Gesellschaft Dynamik und Geschichte besitzt, ist die Vermutung der zeitlichen Konstanz und Geschichtslosigkeit der Natur schon eher verständlich.

B: Die biologische Ökologie tut sich zudem bis heute schwer, den Gedanken zuzulassen, daß auch Ökosysteme einem Evolutionsprozeß unterliegen. Immer noch ist die Gleichgewichts-Vorstellung vorherrschend, daß eine zeitliche Entwicklung eines Biotops im Prinzip zirkulär läuft; bei gravierenden erdgeschichtlichen Störungen wird der »Idealzustand«, das Klimax-Ökosystem, vorübergehend verlassen und in einem ökologischen Sukzessionsprozeß langfristig wieder ein Klimax-Ökosystem angestrebt.

C: Aber noch einmal: Was ist sozial konstituierte Natur?

A: Das ist zum einen die gesellschaftlich absichtsvoll umkonstruierte äußere Natur und zum anderen die gesellschaftlich absichtslos oder absichtlich beeinflußte Natur. Man kann es auch so ausdrücken, daß es zum einen die bewußte Konstruktion der äußeren Natur gibt und zum anderen deren absichtslose Konstitution. Es gibt aber auch die absichtliche Konstitution. Lassen wir diese Differenz zu, hat das Folgen für das Verständnis sozialer Konstitution: Die konzeptionelle Umstellung besteht dann darin, Konstitution neben Konstruktion zu stellen und nicht mehr als übergeordneten Begriff zu verwenden.

C: »Soziale Naturwissenschaft« wäre dann also die Wissenschaft von der sozial konstruierten und konstituierten Natur! Anders als in eurem Buch von 1985 unterscheidet ihr jetzt also eine soziale Konstruktion der äußeren Natur von deren Konstitution. Was ist Konstruktion der äußeren Natur, und was ist deren Konstitution?

A: Mit Konstruktion bezeichnen wir die bewußte Umgestaltung von Stücken der äußeren Natur zu menschlichen Zwecken durch Arbeit, mit Konstitution deren unbeabsichtigte oder auch beabsichtigte Beeinflussung durch Stoffwechsel.

B: Erläutern wir zuerst das Stoffwechselkonzept: Damit lassen sich zum einen die gesellschaftlich unbeeinflußten Stofftransportprozesse, Stoff- und Energiekreisläufe sowie alle Formveränderungsprozesse in der äußeren Natur bezeichnen. Dieser Begriff von Stoffwechsel ist sehr weit und umfaßt mehr als nur die Veränderung chemischer Strukturen in Organismen. Auch die Evolution, also die Entwicklung des Formenreichtums des Lebens über lange Zeiträume haben wir als Aspekt des Stoffwechsels aufgefaßt. Die Weite unseres Stoffwechselbegriffs und seine ganz unübliche Verwendung hat vermutlich sein Verständnis außerhalb unserer Arbeitsgruppe erschwert.

A: Der für uns wichtige Punkt bestand in der Möglichkeit, mit dem Stoffwechselbegriff auch die naturalen Aspekte der Gesellschaft und insbesondere den Stoff- und Energieaustausch zwischen Gesellschaft und äußerer Natur zu erfassen: Die Gesellschaft ist ja schon zu ihrer Ernährung darauf angewiesen, aus ihrer Umgebung Substanzen zu entnehmen, zu verändern, zu vernutzen und auch wieder an die Umgebung abzugeben. Das geschieht allerdings nicht absichtslos und von selbst, sondern durch bewußte gesellschaftliche Arbeit.

B: Wenn du davon sprichst, daß die Gesellschaft sich ernährt, wird eine Implikation deutlich: Wir denken Gesellschaft analog zu einem Organismus.

C: Die herkömmliche Ideologiekritik würde hier ein Redeverbot aufstellen. Wie seid ihr mit dem Problem umgegangen?

A: Für uns wird Gesellschaft ja nicht zu etwas Nicht-Hinterfragbarem, wenn wir über ihren Stoffwechsel nachdenken. Im Gegenteil: Statt den gesellschaftlichen Stoffwechsel mit der Natur als unveränderlich festzuschreiben, soll er so verändert werden, daß – auch für die kommenden Generationen – die natürlichen Grundlagen unserer Existenz erhalten bleiben.

B: Wir reden ja auch nur am Rande vom gesellschaftlichen Stoffwechsel, sondern vor allem vom gesellschaftlichen Stoffwechsel mit der Natur. Wenn es sich schon um eine organismische Konzeption handelt, dann um eine solche, die die Umwelt des Organismus berücksichtigt. Ihre Problematik liegt darin, daß zwar bei Organismen ihre Grenze zur Umwelt genau angebbar ist, aber nicht die Grenze zwischen Gesellschaft und Natur. Es ist ja schon problematisch, die Grenze von Ökosystemen festzulegen. Eine den Organismen entsprechende physisch ausgebildete Grenze gibt es dort nicht. Die Rede von der Grenze bleibt also metaphorisch. Das bietet aber auch die Möglichkeit, die Grenze je nach zu betrachtendem Problem anders zu ziehen: Man kann die Grenze etwa zwischen »Verdichtungsraum« (Stadt) und »Ausgleichsraum« (Land) ziehen. Wir bleiben auch schon deshalb unscharf bei der Angabe einer Grenze von Gesellschaft und Natur, weil wir mittlerweile eher von einem hybriden Zwischenbereich ausgehen, in dem sich Natürliches und Gesellschaftliches überlagern.

A: Konstitution der äußeren Natur geschieht z. B. durch die Abgabe von Fluorchlorkohlenwasserstoffen in die Atmosphäre. Ihre unbeabsichtigte Wirkung liegt im Abbau des Ozonschildes und damit einhergehend einer Verstärkung der UV-Strahlung.

B: Ein weiteres Beispiel ist das DDT zur Malariabekämpfung und zur Kontrolle von Insektenpopulationen. Seine unbeabsichtigte Nebenwirkung lag in der Anreicherung im Fettgewebe von Vögeln und der Schädigung ihrer Reproduktionsfähigkeit. Wir haben hier zwar Beispiele mit negativen Auswirkungen genannt, aber Konstitution meint zunächst einmal nur einen neutralen Tatbestand und sagt noch nichts über Schädlichkeit oder Unschädlichkeit sowie die Stärke einer Beeinflussung der äußeren Natur aus. Darüber sollten wir später noch reden.

A: Jetzt zum Begriff der Arbeit. Er hängt eng mit dem Begriff der Konstruktion zusammen. In unserem Kontext ist damit zunächst die Umformung von Stoffen zu gesellschaftlichen Zwecken gemeint. Im Hintergrund steht dabei selbstverständlich der jeweilige historische Entwicklungsstand der Gesellschaft. Die Form der Arbeit und der dazu notwendigen Kompetenzen hat sich im Laufe der Geschichte ständig verändert. Ich will hier nicht näher darauf eingehen, sondern nur noch andeuten, daß das Umweltproblem mit der kapitalistischen Produktionsweise eng verknüpft ist (Bernhard und Rothermel 1995). In unserer Arbeitsgruppe »Soziale Naturwissenschaft« haben wir den Arbeitsbegriff erweitert, indem wir ihn nicht nur auf die Umformung von Stoffen innerhalb der Gesellschaft bezogen haben, sondern auch auf die Arbeit an der äußeren Natur.

B: Unser Paradebeispiel waren die Landwirtschaft und die Forstwirtschaft: Durch gesellschaftliche Arbeit können ökologische Systeme so umgearbeitet und neu eingerichtet werden, daß ihre Eigenproduktivität zu gesellschaftlichen Zwecken genutzt werden kann. Wir haben dafür den Begriff des ökologischen Gefüges verwendet. Das heißt aber auch: daß die äußere Natur in einem gewissen Grade zu gesellschaftlichen Zwecken fügbar ist und keineswegs immer den großen ökologischen Zusammenhang darstellt, der durch gesellschaftliche Arbeit nur zerstört werden kann. Es ist auch deshalb unser »Paradebeispiel«, weil es eine Norm für den gesellschaftlichen Naturumgang abgeben kann:

Richtig betrieben, scheinen nämlich Naturproduktivität und Gesellschaftsproduktivität durchaus miteinander vereinbar. Die »erneuerbaren Energien« sind eine energetische Entsprechung dieses Ideals.

A: Mit diesem Beispiel im Hintergrund wurde auch die Naivität des in der ökologischen Diskussion damals weit verbreiteten Verständnisses einer von Gesellschaft unbeeinflußten Natur deutlich: Natur in Mitteleuropa in einer gesellschaftsunabhängigen Version gibt es praktisch nicht mehr. Natur ist durch gesellschaftliche Arbeit hergestellte und durch Arbeit erhaltene Kulturlandschaft (Küster 1995). Aber diese Herstellung arbeitet mit sich selbst reproduzierenden Naturstücken. Deswegen ist ein ökologisches Gefüge auch in einem anderen Sinne hergestellt als ein technisches Artefakt.

C: Das begrifflich als soziale Konstruktion von Natur zu fassen ist aber doch gewagt. Ein technisches Konstrukt enthält nie das Gesetz seiner Bewegung und hat daher kein »Eigenleben«. Zwar habt ihr, wie schon kurz angesprochen, die aristotelische Unterscheidung von Natur und Technik relativiert: Durch Techniken, durch menschliche Arbeit an der Natur können neuartige Prozesse in der Natur installiert werden, die reproduktiv sein können. Das Konstrukt kann sich also weitgehend verändern. Wenn ihr nicht die »Gesetze der Natur« kennt, kann dabei aber doch etwas ganz anderes herauskommen, als ihr beabsichtigt habt.

A: Vor dieser Hybris einer umfassenden Gestaltungsperspektive haben wir uns eigentlich immer zu hüten versucht. Letztlich bleibt die gesellschaftlich konstruierte Natur, zum Beispiel ein ökologisches Gefüge, immer in einen größeren Naturzusammenhang – die Kosmosphäre – eingebettet, der nicht gesellschaftlich hergestellt und nicht einmal gesellschaftlich beeinflußbar ist.

B: Die Produktions- und die Reproduktionsarbeit an einem ökologischen Gefüge kann trotz dieser Argumente weiterhin als Konstruktionsarbeit begriffen werden, wenn ihr ein Leitbild zugrunde legt, wie das ökologische Gefüge aussehen soll oder welche Funktionen es erfüllen soll. In der Landschaftsplanung und selbst im Naturschutzmanagement wird mittlerweile mit ökologischen Leitbildern gearbeitet, die sich ähnlich wie ein technisches Leitbild fassen lassen.

C: Ist es eine bewußte Entscheidung, vom Leitbild und nicht beispielsweise vom konstruktiven Vorbild zu reden? Das konstruktive Leitbild hat schließlich nicht die gleiche Funktion wie ein Modell oder eine Blaupause, nach der im Regelfall Maschinen gebaut werden.

B: Ich habe den Begriff Leitbild bewußt gewählt, auch wenn er zur Zeit in der politischen Diskussion um eine nachhaltige Entwicklung der Industrieländer zu einem wenig reflektierten Modewort wird. Schließlich gibt es in jedem ökologischen Zusammenhang tatsächlich ein »Eigenleben« der Natur. Wir können zwar konstruktiv eingreifen, doch müssen wir berücksichtigen, daß sich hier Widerständigkeiten auftun und keine identischen Kopien von ökologischen Gefügen schaffen lassen. Daher benötigen wir keinen Plan mit Vorbild-Funktion.

C: Ihr redet zwar von Gesellschaft in bezug auf Natur, aber die Gesellschaft bleibt dabei sehr abstrakt und blaß: Weder wird zwischen verschiedenen Kulturen dieser Erde differenziert noch zwischen unterschiedlichen Gruppen innerhalb einzelner Gesellschaften. Man merkt nur, daß ihr euch von bestimmten Naturschützer-Fraktionen der Bundesrepublik absetzt, indem ihr deren Naturbild als »naiv« bezeichnet. Daß etwa Naturbilder und Naturumgang von Frauen anders sein könnten als von Männern, habt ihr überhaupt noch nicht erwähnt; daß die Hochschätzung des Grundwassers als Trinkwasserquelle ein Spezifikum der deutschen Bevölkerung ist, ebenfalls nicht. Es ist auch jeweils etwas anderes, ob ich Natur ökonomisch, juristisch oder kulturell betrachte. Ihr verweist zwar auf die Geschichtlichkeit der Gesellschaft, sagt aber nichts über die historische Entwicklung der realen gesellschaftlichen Naturverhältnisse. Aber nicht nur die gesellschaftliche Seite bleibt erstaunlich blaß, sondern auch die naturale Seite: Euer Konzept der Arbeit an der äußeren Natur ist ja sicherlich interessant und das Konzept des ökologischen Gefüges ebenfalls. Aber habt ihr analysiert, welche Formen der äußeren Natur durch gesellschaftliche Arbeit denn entstehen und welche Formen dem Anspruch der Nachhaltigkeit genügen können?

A: Mit deiner Kritik hast du wohl recht: Die »Soziale Naturwissenschaft« wurde in der Arbeitsgruppe noch nicht wirklich ausgearbeitet, sondern blieb weitgehend Programm, zu dessen Durchführung uns die Mittel gefehlt haben. Die von dir aufgeworfenen Fragen werden aber im Institut für sozial-ökologische Forschung in Frankfurt am Main bearbeitet, in das unsere Programmatik – wenigstens teilweise – eingegangen ist (Schramm 1987, Schramm und Reusswig 1988).

B: Da andere Fragen gestellt worden sind, sind dort allerdings auch konzeptionell Lösungswege entwickelt worden, die von unserem Vorschlag abweichen. Im Zentrum der Frankfurter Untersuchungsrichtung steht die Intervention in den Zusammenhang von sozialen Interessenlagen, Deutungsmustern, technischen Strukturen und wissenschaftlichen Erkenntnismodellen, die zur Erzeugung des Umweltproblems, aber auch zu seiner Bearbeitung und Lösung beitragen. Konzeptionell wird das Umweltproblem als Krise der gesellschaftlichen Naturverhältnisse verstanden. Unter gesellschaftlichen Naturverhältnissen werden die Formen verstanden, in denen Gesellschaften in verschiedenen Bereichen ihr Verhältnis zur Natur kulturell symbolisieren und dabei sowohl sozial als auch materiell regulieren (Jahn 1990).

A: Die symbolische Dimension hat die Darmstädter Gruppe nicht behandelt. Die soziale und naturale Regulation scheint mir dagegen auf den ersten Blick eine Gemeinsamkeit der beiden Ansätze zu sein. Oder gibt es da deutliche Differenzen?

B: Ich denke schon: Die Gruppe um Gernot Böhme hatte die soziale und naturale Regulation des Stoffwechsels von Gesellschaft und Natur im Blick, letztlich sogar die Identifikation von miteinander verträglichen Reproduktionsniveaus von Natur und Gesellschaft. Im Institut für sozial-ökologische Forschung geht es dagegen, wenn von gesellschaftlichen Naturverhältnissen die Rede ist, um die Regulation sozialer Verhältnisse. Zwar ist man sich auch dort bewußt, daß diese sozialen Verhältnisse eine ökologische Dimension haben, so daß ihre Regulation neben einer sozialen immer auch eine materielle Dimension berücksichtigen und enthalten muß. Doch wird nicht mehr systematisch nach der Natur gefragt.

A: Obwohl beide Herangehensweisen davon ausgehen, daß sie einen Hybrid-Bereich beschreiben, wurde in der Darmstädter Konzeption demnach der Fokus stärker auf die Natur gerichtet, in der Frankfurter Konzeption stärker auf die Gesellschaft.

C: Wie hat sich diese Differenz im Hinblick auf die gegenwärtige Situation ausgewirkt?

A: Implizit hat die Darmstädter Arbeitsgruppe mit der Vorstellung einer Umweltkrise gearbeitet – »Krise« verstanden in der klassischen Bedeutung von »Scheideweg«: Entweder gelingt es, nachhaltige Reproduktionsniveaus für Gesellschaft und Natur zu bestimmen und zu etablieren, oder die Umweltproblematik läßt sich nicht lösen.

B: In der Frankfurter sozialökologischen Forschung wurde dieses Krisenkonzept explizit gemacht. Ich denke, daß es nicht nur die Betrachtung der gesellschaftlichen Naturverhältnisse war, was dort den Krisenbegriff zu einem der Kernkonzepte gemacht hat. Das Krisenkonzept ist politisch anschlußfähig und enthält untergründig eine normative Dimension, weil es eine Resonanz sowohl mit der Utopie eines glücklichen Ausgangs als auch mit der Warnung vor dem Scheitern und Untergang herstellt. Die Verwendung des Krisenbegriffes bezieht sich bereits auf die Latenz einer Krisensituation. »Krise« hat jedoch auch eine heuristische Dimension, weil dieses Kernkonzept helfen kann, die Forschung so weit zu treiben, daß zwischen latenten und akuten Krisenzuständen unterschieden und eine Krisendynamik beschrieben (oder doch wenigstens prognostiziert) werden kann.

C: Offensichlich ist es für eine sozial-naturwissenschaftliche Forschung doch ganz davon abhängig, welche »Umwelt-Problematik« zum Gegenstandsbereich der Forschung gemacht wird. Wenn es um die Landschaftsebene geht, kann das Konzept des ökologischen Gefüges sinnvoll sein, wenn es um eine biogeochemische Ebene geht, könnte Euer Stoffwechselkonzept den systematischen Zentralbezug organisieren helfen. Steht die Veränderung des gesellschaftlichen Umgangs mit Ressourcen hin zu einer Nachhaltigkeit im Mittelpunkt, könnte es möglicherweise sinnvoll sein, statt dessen das Konzept der gesellschaftlichen Naturverhältnisse in den Mittelpunkt zu stellen.

A: Noch finde ich es zu früh, so zu relativieren. Der Ansatz der Arbeitsgruppe »Soziale Naturwissenschaft« ist noch längst nicht ausgereizt. Wir hatten vorhin darüber gesprochen, daß die äußere Natur in Mitteleuropa zwar vielleicht auf den ersten Blick aussieht wie gesellschaftlich unbeeinflußte Natur, diese jedoch durch Arbeit hergestellt und durch Konstitution beeinflußt ist. Man kann auch sagen, daß durch gesellschaftliche Arbeit an der äußeren Natur ein hybrider Bereich entsteht, der sowohl gesellschaftlich als auch natural bestimmt wird.

Etwas Ähnliches geschieht mit »Naturkatastrophen«: Unsere traditionelle Vorstellung ist, daß sie durch die gesellschaftlich unbeeinflußte Natur bedingt sind. Nehmen wir die Überflutungen des Rheins im frühen 19. Jahrhundert: Sie waren wohl wirklich rein natural bestimmt. Die Rheinregulierungen des späten 19. Jahrhunderts und frühen 20. Jahrhunderts, der Ausbau des Oberrheins zu einer Wasserstraße sowie die Regulierung der zahlreichen Zuflüsse führten dann aber dazu, daß »Jahrhunderthochwasser« nicht nur einmal pro Jahrhundert auftreten, sondern sich in den letzten Jahren häufen. Aus den ursprünglichen Naturkatastrophen sind durch gesellschaftliche Konstruktion und Konstitution der äußeren Natur »hybride Katastrophen« geworden.

C: Eigentlich müßte das ziemlich starke Auswirkungen auf die gesellschaftliche Wahrnehmung solcher hybriden Katastrophen haben. Es ist ja bekannt, daß gesellschaftlich bedingte technische Risiken gesellschaftlich weit weniger akzeptiert werden als rein natürlich bedingte Risiken (Renn 1995).

B: Interessant ist, wie gesellschaftlich bisher mit solchen hybriden Katastrophen umgegangen wird: Es wird meist nicht versucht, die technischen Ausbaumaßnahmen zurückzunehmen, die zur Verschärfung der Situation geführt haben, und die sozialen Verhaltensweisen entsprechend anzupassen, sondern es werden weitere technische Maßnahmen konzipiert. Im Falle des Rheins die Anlage von Poldern, die bei Hochwasser geflutet werden können und so zu einer Verringerung der Wasserstände führen sollen. Dadurch entstehen weitere gesellschaftlich-naturale Hybridstrukturen. Man kann auch von einer zunehmenden »Technisierung der äußeren Natur« sprechen (Deneke 1988).

A: Ein weiteres Beispiel für eine mögliche zukünftige hybride Katastrophe oder eine Abfolge von einzelnen hybriden Katastrophen sind die Auswirkungen des gesellschaftlich bedingten CO_2-Anstiegs in der Atmosphäre. Der verstärkte Rohstoff- und Energiebedarf der Industriegesellschaft hat zu einer immer stärkeren Ausbeutung fossiler Energieträger (Kohle, Erdöl und Erdgas) geführt. Das CO_2 wird bisher nicht innergesellschaftlich zurückgehalten oder außergesellschaftlich abgetrennt von der übrigen Natur »endgelagert«, sondern als Produkt des innergesellschaftlichen Stoffwechsels an die äußere Natur abgegeben und verändert die dort ablaufenden Stoffwechselprozesse.

B: Ein wichtiger Aspekt ist dabei, ob etwa der gesellschaftlich induzierte Temperaturanstieg der Atmosphäre zu massiven und irreversiblen Veränderungen der äußeren Natur führt oder nicht. Droht zum Beispiel das relativ schnelle Abgleiten der Eiskappen der Antarktis und Grönlands ins Meer mit erheblichen Anstiegen des Meeresspiegels und dadurch ausgelösten weiteren Folgen? Allgemeiner formuliert ist die Frage, ob die Gesellschaft zerstörerische Naturprozesse katalysiert oder nicht. Wir haben also verwirrenderweise beides: Gesellschaftlich und natural akzeptable ökologische Gefüge und fragil erscheinende – möglicherweise sehr empfindliche – natürlich-gesellschaftliche Systeme.

C: Wir sind uns ja wohl einig, daß gesellschaftlich bedingte katastrophale Entwicklungen, wie wir sie gerade als drohende Möglichkeit diskutiert haben, vermieden werden müssen. Und es wird schwer genug werden, einen zu schnellen weltweiten Temperaturanstieg durch gegensteuernde gesellschaftliche und technische Anpassungsprozesse zu verhindern. In der Arbeitsgruppe »Soziale Naturwissenschaft« habt ihr aber mit der Frage »in welcher Natur wollen wir leben?« zum einen so getan, als gäbe es verschiedene reale denkbare und akzeptierbare zukünftige Hybridnaturen (ihr habt damals von verschiedenen Reproduktionsniveaus gesprochen). Zum anderen habt ihr so getan, als wäre darüber in einem herrschaftsfreien Dialog der gesellschaftlichen Gruppen oder der Gesellschaften dieser Erde untereinander produktiv verhandelbar. Ist beides eigentlich realistisch?

A: Vielleicht war das damals Ausdruck einer Hoffnung: daß nämlich die sozial konstituierte und konstruierte Natur der Gesellschaft noch Wahlmöglichkeiten läßt und die Gesellschaft ihre Wahlmöglichkeiten erkennen und nutzen kann. Wir haben oben ja schon gesagt, daß die »Soziale Naturwissenschaft« bisher eher ein unausgeführtes Programm geblieben ist, auch wenn sie als Konzept nicht ganz wirkungslos war: An der TH Darmstadt selbst hat sie das inhaltliche Programm des Zentrums für Interdisziplinäre Technikforschung (ZIT) beeinflußt sowie zum Zustandekommen von interdisziplinären Vorlesungen zur Einführung in die Umweltwissenschaften beigetragen (Böhm und Deneke 1992).

B: Ganz unabhängig von der Frage nach der Wirkung des Konzeptes der »Sozialen Naturwissenschaft« kann man doch sagen, daß unter dem Eindruck des Umweltproblems eine partielle Reorganisation der Sozial- und Naturwissenschaften stattgefunden hat. Es hat sich nicht die eine »Soziale Naturwissenschaft« herausgebildet, sondern die schon vorher existierenden Sozial- und Naturwissenschaften haben sich der gesellschaftlich bedingten Naturprobleme angenommen. Viel stärker als noch vor wenigen Jahren wird die Umweltproblematik auch in der Bundesrepublik interdisziplinär, auch unter Einschluß der Sozialwissenschaften, bearbeitet.

A: Ich denke, daß uns heute die Entwicklung jenseits der Darmstädter Gruppe bestätigt. Wenn wir uns die aktuellen Arbeiten aus dem Bereich wirklich interdisziplinärer Umweltforschung anschauen – egal ob aus dem schon erwähnten Institut für sozial-ökologische Forschung oder aus dem Potsdamer Institut für Klimafolgenforschung –, so müssen wir feststellen, daß es offensichtlich nicht nur eine bestimmte Form einer sozialen Naturwissenschaft gibt, sondern je nach Gegenstandsbereich und methodischen Zugängen hier eine breite Palette von sozialen Naturwissenschaften entsteht.

B: Dazu noch eine weitere Beobachtung: In Diskussionen und auch in Veröffentlichungen von uns und anderen stand häufig nicht »Soziale Naturwissenschaft«, sondern »Soziale Naturwissenschaften«. Sogar wenn der Titel unseres Buchs zitiert wurde, hat sich hier der Plural eingeschlichen (Deneke 1988).

C: Ein Problem begleitet aber die meisten der neu entstandenen Ansätze: Sie betreten konzeptionell kein Neuland, sondern bauen möglichst weitgehend auf den Begriffen auf, die alleine einer der beteiligten Disziplinen entstammen – egal, ob es die Soziologie, die Ökonomie oder die Chemie ist. Diese Gefahr der disziplinären Hegemonie läßt sich mit eurem Ansatz überwinden.

Literatur

Bernhard, Armin, und Lutz Rothermel (Hg.) (1995), *Überleben durch Bildung – Vorarbeiten zu einer ökologischen Fundamentaldidaktik*, Weinheim: Deutscher Studienverlag.

Böhme, Gernot, und Engelbert Schramm (Hg.) (1985), *Soziale Naturwissenschaft, Wege zu einer Erweiterung der Ökologie*, Frankfurt am Main: Fischer.

Böhm, Hans Reiner, und Michael Deneke (Hg.) (1992), *Wasser – eine Einführung in die Umweltwissenschaften*, Darmstadt: Wissenschaftliche Buchgesellschaft.

Deneke, Michael (1988), »Soziale Naturwissenschaften«, in: Fachschaft

Biologie Tübingen, *Ökologie und Politik – vom biologischen Wissen zum politischen Handeln?*; Tübingen.

Jahn, Thomas (1990), »Das Problemverständnis sozial-ökologischer Forschung. Umrisse einer kritischen Theorie gesellschaftlicher Naturverhältnisse«, in: *Jahrbuch für sozial-ökologische Forschung* 1, S. 15-41.

Küster, Hansjörg (1995), *Geschichte der Landschaft in Mitteleuropa*. München: Beck.

Renn, Ortwin (1995), »Wahrnehmung und Verdrängung technischer Risiken«. Beitrag zum Workshop *Verantwortbare Energieversorgung für die Zukunft*, TH Darmstadt.

Schramm, Engelbert (1987), *Soziale Naturwissenschaft als Modell einer sozialen Ökologie*. Sozialökologisches Arbeitspapier 3.

Schramm, Engelbert, und Fritz Reusswig (1988), »Soziale Naturwissenschaft und die wünschenswerte Reproduktion von Gesellschaft und Natur«, in: L. Trepl (Hg.), *Beiträge zum ökologischen Diskurs*, Schriftenreihe des IÖW 15, S. 53-64.

III. Die Natur des Menschen

Hartmut Böhme
Enthüllen und Verhüllen des Körpers
Biblische, mythische und künstlerische Deutungen des Nackten

Der Mensch, so sagte man seit der Antike, ist *zoon logon echon* – das Lebewesen, das den Logos, die Sprache hat –, ein *animal rationale*: der Mensch ist das vernünftige Tier. Man drückte darin eine Art Doppelnatur aus: zum einen die Zugehörigkeit zur Natur, zum anderen die *differentia specifica*, dasjenige also, worin sich der Mensch von allen anderen Wesen unterscheiden solle, die Vernunft und die Sprache. Diese Besonderheit ist als etwas Einzigartiges im Reich der Natur angesehen worden. Ja, der Logos gehöre der Natur gar nicht an, sondern er bezeichne am Menschen dasjenige, was über Natur hinausgeht, also ihr Transzendentes. Diese Auffassung ließ sich mit der christlichen Anthropologie gut verbinden: die Seele ist das Jenseits des Körpers, unsterblich und unstofflich, des Göttlichen teilhaftig wie der Logos. Der Körper hingehen blüht auf, altert und vergeht. Das Fleisch teilt mithin die Natur der Pflanzen. Wie diese erfüllt der Körper den Wortsinn des griechischen Wortes für Natur: *physis* ist das aus sich heraus Aufblühende – aber eben auch unausweichlich Vergehende. Der Körper unterliegt der Immanenz des Fleisches, der Geist und die Seele bezeichnen die Transzendenz des Ego. Mit Recht hat man in dieser Auffassung eine dualistische Anthropologie ausgemacht (sie geht auf Platon zurück), die unsere polaren Begriffsfiguren beherrscht: von Geist (*mens*) und Körper (*corpus*) oder von Seele (*psyché, pneuma, anima*) und Fleisch (*sarx, viscera, caro, carnis*).

Auch in einer profanen Gesellschaft wie der unseren wird weiterhin in derartigen Begriffsdualismen gedacht. Man glaubt überwiegend zwar nicht mehr an die Unsterblichkeit der Seele und vermutlich auch nicht mehr an die Immaterialität des Bewußtseins. Und doch ist man weiterhin Erbe von alten dualistischen Denkmustern, die in vormodernen Gesellschaften aus einem Abwehrmechanismus hervorgehen, nämlich der Abwehr des Todes. Um die Sterblichkeit zu überwinden, war man jedwedes begriffliche Problem hinzunehmen bereit – wie zum Beispiel die vertrackte Unlösbarkeit des *commercium mentis et corporis* (Zusammenhang von Geist und Körper). Durchweg gilt: je radikaler der Schnitt zwischen Körper und Geist, um so rätselhafter das *commercium*; je mehr man Aussicht auf eine immaterielle Instanz oder ein transzendentes Sein (jenseits der Sterblichkeit) gewann, um so unmöglicher und schemenhafter wurde die Einheit der Existenz. Je stärker die Seele in den Bann der Zeitlosigkeit geriet, um so rückhaltloser wurde das Fleisch der Zeitlichkeit unterworfen, zum bloßen Müll der schlackenlosen Reinheit des unsterblichen *spiritus*. Das ist begrifflich unvermeidlich.

Auf dieser Ebene begegnet eine Form des Verhüllens und Enthüllens, der ich hier nicht den ersten Rang einräumen will, obwohl sie mentalitätsgeschichtlich außerordentlich wichtig ist. In der Tradition dualistischer Anthropologie nämlich ist der Körper insgesamt eine Verhüllung, Hülle der Seele. Der Abstieg der Seele ins Fleisch ist gleichbedeutend mit deren Verdunkelung. Ihr Aufstieg aus dem Fleisch (etwa in magischen oder mystischen Ritualen) bedeutet das Freiwerden der Seele zu ihrer unverhüllten Gestalt. Die Trennung von Seele und Körper im Tod befreit die Seele aus ihrem verhüllenden Haus und läßt sie in jene Sphäre wechseln, in der alles offenbar ist: wo nichts Hülle ist und nichts Hüllen trägt. Neben vielen anderen haben Emmanuel Swedenborg und Johann Caspar Lavater[1] in aller Ausführlichkeit diesen Verkehr der hüllenlosen Seelen untereinander entwickelt und behauptet, daß die Seelen dabei in der Sprache der Engel kommunizieren. Was ist dies für eine Sprache? In ihr gibt es keine Differenz zwischen Intention und Ausdruck, zwischen Regung und Mitteilung, keine Differenz zwischen Zeichen und Bedeutung, kein Mißverstehen von Äußerungen; es gibt keine Differenz zwischen Sender und Empfänger und keine Notwendigkeit vermittelnder Übersetzung und zweifelhafter Entzifferung. Sondern alles ist zu allem unmittelbar, es gibt keine Larvierung, Täuschung, Verhüllung. Alles ist luzide, ein jedes wird instantiell und unverstellt im anderen präsent. Diese Art Kommunikation, die eine Kommunion ist, scheint mit der Formel der Erlösung der ans Fleisch gefesselten Seele gemeint zu sein, die nun befreit zu Gott »von Angesicht zu Angesicht« (1. Kor. 13, 12) steht.[2] Es

1 Swedenborg (1869); Lavater (1773/1778).

2 »prósopon pròs prósopon«, »facie ad faciem«.

gibt kein Innen und Außen mehr, nicht die Zweiseitigkeit des Zeichenprozesses, nicht die dreischenklige Zeichenstruktur, nicht den Gegensatz von Wahrnehmenden und Wahrgenommenen. Es gibt keine Heterogenität, sondern Homogenität, nicht Differenz, sondern Identität, nicht das prinzipiell Andere, sondern das immer Eine, nichts Fremdes, sondern nur Vertrautes.

Wir erkennen darin dasjenige, was in unserer Kultur ›der Himmel‹ heißt – es ist der Himmel als Zustand der Erlösung, der Erhöhung, der Befreiung. Wir erkennen darin aber auch, was die Bibel den ›Garten Eden‹, das Christentum überwiegend ›das Paradies‹ nennt. Und wir erkennen schließlich, daß mit diesen Sätzen verschiedene Formen des Utopischen beschrieben werden: die Liebe, das Mystische, das Kommunitäre in allen seinen historischen Erscheinungen. Dieses Utopische bildet im ästhetischen Sinn das Graziöse aus und im moralischen Sinn das Unschuldige.

Es ist sinnvoll, diesen Umweg zum Thema zu nehmen. Deutlich sollte die gewaltige kulturelle Schubkraft werden, die Sehnsucht nach Hüllenlosigkeit; oder umgekehrt gesagt: ein Leiden an der Verhüllung. Entnehmen wir aus der übersetzungs- und hüllenlosen »Sprache der Engel« dasjenige, wovon diese sich abstößt, so gewinnen wir ein ziemlich genaues Bild, was in der abendländischen Kultur als Los des Menschen verstanden und erlitten wurde. Dieses Los klingt pessimistisch und skeptisch:

Innen und Außen sind getrennt; zwischen Intention und Ausdruck, Regung und Mitteilung, Zeichen und Bedeutung schieben sich Medien, die das Verstehen ebenso vermitteln wie verzerren. Alles unterliegt dem Zwang zur Codierung, nichts aber ist eo ipso selbstverständlich oder selbstevident. Nicht die Einheit und das Gemeinsame ist das Gegebene, sondern die Vielheit und das Trennende. Das Fremde ist überwältigend. Das Graziöse ist die Ausnahme, das Schwere die Regel. Die Zeichen sind arbiträr und darum mühsam zu entziffern. Der Täuschungen sind viele: man täuscht fortwährend sich und andere. Man stößt nicht auf Personen, sondern Larven, nicht auf Wesen, sondern Hüllen. Sich zu zeigen ist ebenso gefährlich wie dasjenige, was zur Schau steht, zu verkennen. Nicht nur »Ich ist ein anderer« (A. Rimbaud), sondern auch das Du ist ein anderer. Die Welt ist unvertraut, labyrinthisch, unsicher, ungewiß. Auch das Ich wird sich selbst unvertraut, labyrinthisch, unsicher, ungewiß. Kurzum: wir sind nicht nackt, sondern verhüllt. Ja, alles ist verhüllt: »Die Natur liebt es, sich zu verbergen«, sagt Heraklit im Tribut an die alte Auffassung, wonach das Essentielle der Welt sei, Verhüllung zu *sein*. Das Nackte ist die Ausnahme – wie die Wahrheit die Ausnahme ist im Meer der Täuschungen. Die Erde verbirgt ihre Schätze und Geheimnisse. Die Dinge sind opak. Individuum est ineffabile (das Individuum ist unerkennbar). Wir sind Insassen von Platons Höhle. Unsere Sinne sind blind. Unser Handeln ist nie rein, sondern immer theatral. Unsere Sprache ist eine Maske, unser Gesicht eine Larve. Selbst Gott, der erscheinen will, muß sich verhüllen: in eine Wolke, ins Gewitter, in den Menschensohn. Im besten Fall sind wenigstens unsere Täuschungen und Verhüllungen gemeinsame. Die Wahrheit aber ist: jeder wohnt auf einem anderen Stern (wie schon Büchners Danton wußte).

Wir ahnen jetzt, warum ein Künstler sich *Christo* nennt, indem und weil alles, was er tut, eine Verhüllung des offenbar Gegebenen und Vorhandenen darstellt. *In*, *von* oder *durch Christo* (wie man den Ablativus auflösen mag) erfahren wir, daß die Dinge, indem er sie verhüllt und nach einiger Zeit wieder enthüllt, nichts anderes sind als dieses Zeigen und Nicht-Zeigen, dieses Manifest- und Verborgen-Sein. Sie sind also, physiologisch gesprochen: Haut und semiotisch gesprochen: Zeichen. Gegenüber der christologischen Botschaft, die uns aus unserer Verhüllung zur Koinzidenz von Wesen und Erscheinung erlösen soll, ist das ästhetische Programm Christos der Kontrapunkt: nämlich das Wesen der Dinge als ihre Verhüllung zu erweisen. Die ästhetische Verhüllung *wiederholt* nur die essentielle Verhüllung der Dinge. Diese Hülle ist auch vorhanden, wo sie nicht da bzw. wieder entfernt ist: der Pont Neuf und der Reichstag tragen, nach Ende der Aktion Christos, ihre Nacktheit neu und anders: sie werden immer, so nackt sie sind, eine Hülle tragen (sofern wir es nicht vergessen). Christo wiederholt an Bauwerken, was das Wesen menschlicher Nacktheit ausmacht: daß es sie nämlich nicht gibt. Alles ist Verhüllung, Verhüllung der Verhüllung, Verhüllung der Verhüllung der Verhüllung ... Und das Enthüllen besteht nicht darin, auf einen inneren Kern, auf die nackte Wahrheit zu stoßen, sondern den universellen Mechanismus des Verhüllens zu begreifen, der auch dort herrscht, wo das Verhüllen so unsichtbar geworden ist wie bei des Kaisers neuen Kleidern: nur ein Kind, ein Tier oder ein Gott kann annehmen, daß der Körper des Königs nackt sein könnte, so unbekleidet er sein mag. Der Mann mit dem falschen Namen *Christo* inszeniert mit seinen Aktionen also ein gegenchristologisches Programm, indem er durch das bloß Wiederholende und Selbstreferentielle der Verhüllung grundlegende kulturelle, soziale und semiotische Prozesse zur *Anschauung* bringt: also ästhetisiert – also verkörpert: und mithin nicht auf einen Himmel der Bedeutungen verweist, sondern auf die Erde eines endlosen Spiels holt, Spiel der Zeichen, Spiel der Ver- und Enthüllungen.

Damit werde ich mich im Fortgang beschäftigen. Es ginge auch anders, wenn man dem Menschen auf die Spur kommen will, und daran will ich wenigstens erinnern. Ich hatte begonnen mit der *differentia specifica* des Logos oder der Seele. Das hat sich nun verschoben: der Mensch ist das Tier, das sich verhüllt, diesen Mechanismus der Verhüllung begreift und darin sein Wesen erleidet. Wir kennen auch andere, gut begründete und teilweise ehrwürdige Ausgangspunkte anthropologischer Reflexion: der Mensch ist das Tier, das lachen und weinen kann. Oder: der Mensch ist das Tier, das zu lügen vermag. Oder: der Mensch ist das Tier, das nicht andere *tötet*, sondern Artgenossen und sich selbst *mordet*. Oder, was man seit Platon und vor allem in der Stoa sagt: der Mensch ist das Tier, das aufrecht geht, eine freie Hand hat und den Blick zum Himmel richtet, das heißt der (technischen) »Sorge um sich« (M. Foucault) und der Erkenntnis fähig ist. In diesen ›Grundsätzen‹ stecken viele Wahrheiten, von denen ich aber zeigen möchte, daß ihr symbolischer Kern die Nacktheit und das Verhüllen ist.

Im Garten Eden waren Adam und Eva nackt, ohne es zu wissen. Durchaus identifiziert Adam die aus seinem Fleisch erschaffene Eva: »Das endlich ist Bein von meinem Bein / und Fleisch von meinem Fleisch« (Gen 3,23), sagt er angesichts Evas. Er sieht an ihr, daß sie nicht eines jener gefiederten, bepelzten, schuppigen, hornigen Wesen ist, denen er ihren Namen gab und dadurch von sich unterschied. Eben diese Namenstaufe – von der sprachtheologisch die Idee der adamitischen Sprache ausgeht – löst den Wunsch nach einem *Gleichen* aus, das so ist, wie *er* ist. Als solches Gleichartiges nimmt er Eva wahr, nicht aber in ihrer Unterschiedenheit von ihm; sie ist seinesgleichen, doch nicht eine andere, das heißt er realisiert nicht ihre und seine Geschlechtlichkeit: sie sind nackt, ohne es zu wissen. Mit dem Essen vom Baum der

Erkenntnis, das – wie die Schlange verspricht – »wie Gott« (Gen 3,5: eritis sicut dii) werden lassen und klug machen soll, beginnt ein Prozeß, an dessen Anfang die Scham und an dessen Ende der Mord und die unaufhebbare Zerrissenheit des Bewußtseins stehen.[3]

Adam und Eva »gingen beiden die Augen auf, und sie erkannten, daß sie nackt waren«.[4] Dies ist die Scham. In der Scham soll das verhüllt werden, dessen man sich schämt: sie machen sich einen Schurz. Und Scham löst den Wunsch aus, sich selbst in toto zu verbergen: Adam und Eva verbergen sich vor Gott »unter den Bäumen des Gartens«. In der Scham ängstigt man sich vor dem Angeblicktwerden, insbesondere durch eine höhere Instanz. Gott stellt Adam und Eva *zur Rede*: nämlich *in Frage*; die Frage ist derjenige Sprachmechanismus, der den Befragten sich zu identifizieren zwingt, das heißt sich zu enthüllen, womöglich und gerade in dem, dessen man sich schämt. Darum können Fragen Pein sein und sind es hier, in der Bibel, zuerst. In ihren Antworten erweisen Adam und Eva, daß sie schon jetzt jenseits der paradiesischen Namenssprache stehen, in der Wort und Wesen sich im Namen begegnen. Sie verschieben mittels der Sprache ihr Vergehen von einem auf den anderen: Adam auf Eva, Eva auf die Schlange. Das heißt: sie verhüllen nicht nur Teile des Körpers, die ihre Geschlechtlichkeit markieren; sie verbergen nicht nur den ganzen Körper, um überhaupt ungesehen zu sein; sondern sie benutzen die Sprache als Verhüllung. In dieser Weise von der Scham imprägniert, wird niemals mehr ein Hörer sicher sein können, daß das Gesagte auch meint, was es sagt. Dreifaches Dunkel versuchen Adam und Eva um sich zu schlagen wie einen ummantelnden Schutz: traumatisch und beschämend erfahren sie ihr Identifiziertwerden, dem sie nicht entgehen können. Das heißt: wir können nicht Menschen werden, ohne uns zu identifizieren und zu verkörpern, und wir können dies nur unter den Bedingungen der Scham. Die Scham wird in dieser bald dreitausend Jahre alten Erzählung als etwas so Fundamentales angesehen, daß von ihr der Zwiespalt ausgeht, wonach alles, was erscheint, ein Verhüllen dessen sein kann, was sich zurückzieht und

3 Wurmser (1990); Wurmser (1986); Schüngel-Straumann (1989). Klassische Texte zur Scham: Simmel (1986); Scheler (1957).

4 »et aperti sunt oculi amborum/cumque cognovissent esse se nudos« (Gen 3,7).

versteckt. Nichts als nackt zu sein – ohne Schurz, ohne Versteck, ohne sprachliche Ausflucht – ist furchtbar. Es ist der Ursprung des Leidens – eben die Vertreibung aus dem Paradies schamloser Nacktheit und unschuldiger Namen. Es ist des Lebens Fluch, Arbeit und Schmerz, Feindschaft und Verlust des Friedens. Dahinein werde sie verstoßen, nicht ohne daß Gott den armseligen und beschämten Nackten zuvor Kleidung fertigt, wie um ihnen zu zeigen, daß dies ihr Los sein wird: Verhüllung. »Gott, der Herr, machte Adam und seiner Frau Röcke aus Fellen und bekleidete sie damit« (Gen 3,21).[5]

Sogleich folgt die nächste, furchtbare Beschämung. Hirte und Bauer, die sie sind, bringen die Söhne Abel und Kain dem Gott ihr Opfer. Sie erweisen darin ihr fortgeschrittenes Bewußtsein, indem sie nämlich im Mechanismus des pars pro toto, auf dem das Opfer beruht, sich des symbolischen Prozesses kundig zeigen. Die Selbstsorge, zu der sie verurteilt sind, verstehen sie nicht als Sorge eines Selbst um sich, sondern als Gabe eines anderen, nämlich Gottes, dem sie im Opfer symbolisch zurückerstatten, was sie ihm verdanken, und dem sie darin zugleich, mit ihrer endlichen Existenz identifiziert, ihre Nicht-Autonomie mitteilen. Wer identifiziert ist, aber nicht autonom, bleibt beschämbar. Das erweist sich an Kain, dem von Gott ohne Grund bedeutet wird, daß er nicht angeschaut und angenommen wird.[6] Heiße Scham überläuft Kain – er findet sich in einer grundlosen Verwerfung vor, also ganz preisgegeben, ganz nackt. Als solchen spricht Gott ihn an; vollständig durchschaut er ihn, er spricht ihm zu, daß er den Dämon in sich trage, dessen er Herr werden solle. Seine entsetzliche Beschämung wendet Kain um in etwas, was leichter zu fallen scheint als die absolute Entblößung, in der er steht: die heftige Wut und der Mord.[7] In den Mord verhüllt er seine schreckliche Scham. Schuld verhüllt Scham.[8] Das Stigma, mit dem Gott ihn daraufhin schlägt, bezeichnet ihn und schützt ihn zugleich. In endloser Flucht, heimatlos auf der Erde, ist Kain nichts als das Zeichen seiner Tat: er, der angesichts seiner grundlosen Verwerfung durch Gott seiner Scham nicht entkommen

5 Vgl. allgemein zum Thema Kleidung und Nacktheit: Perniola (1991).
6 »Dominus ... ad Cain et ad munera illius non respexit« (Gen 4,5).
7 »iratusque est Cain vehementu et concidit vultus eius« (Gen 4,5).
8 Das ist es, was Bastian u. a. (1990) als psychologische Tiefendimension in der Erzählung entdecken.

konnte, es sei denn im Mord, wird auf ewig darin fixiert: woraus Kain fliehen wollte, der Scham, wird in eine Flucht verwandelt, auf daß alle ihn ebendarin erkennen. Daß Kain nicht sterben kann, ist die größere Strafe eines bösen Gottes –; denn in der tiefsten Scham, wie die Sprache uns sagt, wünscht man im Erdboden zu versinken. Auf der Erde aber in aller Augen »rastlos und ruhelos« (Gen 4,14) herumzuirren stellt folglich die schrecklichste aller Qualen dar. Dies ist die preisgegebenste aller Nacktheiten – die Hölle auf Erden. Ihr gegenüber steht jene Nacktheit, die sich der Liebe vertraut – und Liebe heißt jenseits von Eden: zu hoffen, daß man nicht verraten wird. Der erste Liebesverrat aber war der Verrat Gottes an dem sich ihm anvertrauenden Kain.

Daß Gott ein womöglich böser oder zorniger Gott ist (wie so viele alte Götter der Religionen) und das Leiden unverdient, dies macht die Schutzbedürftigkeit der ausgesetzten nackten Menschen so heillos. Auf der Linie des Christentums war darum ein neues Opfer notwendig: das Selbstopfer Jesu, dessen Körper am Kreuz alle Nacktheit symbolisch zusammenzieht, um gerade dadurch einen Schutz, einen Mantel um die beschämten, nackten und leidenden Menschenkinder zu legen. Jesus, so wird versprochen, soll als Christus das Kleid einer Menschheit sein, die ihre Nacktheit nur durch immer tiefer sich verstrickende Abwehrmechanismen zu verbergen sucht; durch die Lüge, als dem großen Verhüllungsmechanismus der Sprache, und durch die Gewalt, in der sich die eigene Schwäche, Angst und Nacktheit verbirgt.

In der Paradies-Geschichte wird eine zweite Genesis erzählt, die nämlich des Menschen. Der Mensch wird erst jenseits von Eden. Was heißt dies? Erzählt wird die Geschichte traumatischer Bewußtwerdung: was ist es, Mensch zu sein? Es heißt zuerst, sich entblößt zu erfahren und damit unmittelbar angewiesen zu sein auf Verhüllung. Nichts als nackt zu sein ist entweder bewußtlose Unschuld (dies ist nicht menschlich) oder endlose Preisgabe wie die Kains (dies ist die äußerste Grenze des Mensch-Seins). Auf dieser Skala spielt das gesellschaftliche Leben sein Spiel von Verhüllen und Enthüllen. Auf der Linie biblischer Anthropologie, welche mir die abgründigste und härteste zu sein scheint, wird das Verhüllen und Enthüllen als *der* kulturelle Grundmechanismus dargestellt. Er wird verbunden mit der physischen Nacktheit unseres Körpers, der zu seiner Grenze die Haut hat und die Haut als die Fläche seiner Scham. Jede Kleidung, jedes Haus, im weiteren Sinn: jede Institution und besonders die Sprache substituieren die Haut; sie sind zweite Haut, behalten jedoch ihre Doppelform: Schutz und Grenze wie auch Fläche der Beschämung und Preisgabe zu sein. Aus der Nacktheit also gehen die Mechanismen des Verhüllens und Enthüllens hervor. Das Enthüllen ist darum immer so prekär, weil die primäre Angewiesenheit das Verhüllen ist.[9] Hüllenlos, aber dennoch Leib zu sein hieße sterben. Selbst das Stigma, wie an Kain zu sehen war, ist eine Hülle, die ihn am Leben hält. Ohne dieses Stigma müßte er sterben. Die Scham also, die uns unserer Nacktheit innewerden läßt, ist im tiefsten eine Ankündigung des Todes: d. i. absoluter Hüllenlosigkeit. Wir verstehen nun, warum die Hüllenlosigkeit, welche die christliche Religion erlösend in Aussicht stellt, nur um den Preis des Todes zu haben ist. Leben aber heißt, sich schämen zu müssen (man weiß nicht warum) und ununterbrochen, also lebenslang, an Verhüllungen und immer besseren Verhüllungen zu arbeiten. Fällt die letzte Hülle, so ist der Tod da. In unserer Kultur wird als besonderes Glück gepriesen, wenn die Enthüllung, welche die Liebe wie eine Gnade gewährt, mit dem Tod zusammenfällt: im Liebestod. Dessen kleine Nachahmung wird in jedem Orgasmus vorsichtig, ganz selten auch ekstatisch, herangewunken: so als könne es auf Erden doch Momente schamlosen Glücks und hüllenloser Preisgabe geben.

Auf dem körperlichen Dasein beruhen die wichtigsten kulturellen Mechanismen. Die Nacktheit und die Scham sind es, welche das Verhüllen und Enthüllen hervorbringen und auf allen kulturellen Ebenen generieren. Wir bewohnen viele Kleider – und damit haben wir neben all den Momenten erweiterten Schutzes und augenöffnender Ansicht nackter Wahrheit auch viele Formen von Verhüllen und Enthüllen, von Täuschung und Maskierung, von Lüge und Gewalt, von Hintergehen und Verbergen, von Aufdeckung und Freilegung gelernt. Wir bewohnen viele Kleider – Sprache, Sitten, Häuser, Institutionen, Techniken, Wissensformen, Weltbilder. Könnte es sein, daß die Scham und ihre Abwehr nicht nur einen zentralen Antrieb kultureller Anstrengungen, sondern auch wesentliche Funktionen gesellschaftlicher Einrichtungen erklären? Wissen wir darüber vielleicht auch deswegen so wenig, weil in einer Schamkultur die Scham zwar funk-

9 Knigge (1989).

tionieren soll, nicht aber das Sprechen darüber: denn wir schämen uns der Scham?

Und wie steht es mit der Sprache? Mit den Zeichen? Könnte es sein, daß der am Leiblichen aufgehende Mechanismus von Verhüllen und Enthüllen sich der Sprache aufgeprägt hat? Ist die Sprache in ihrer Doppelheit, zu entbergen und zu verbergen, ist das Zeichen, das zwischen der Maskierung und dem Bedeuten des Sachverhalts sein Spiel treibt – sind also Sprache und Zeichen kultivierte Kleider unserer Nacktheit wie zugleich ihrer Enthüllung? Sind jene sprachtheologischen Traditionen, die bis hin zu Walter Benjamin sich auf die adamitische Namensprache berufen[10], in ihrem emphatischen Versuch, im Wort das Wesen erscheinen zu lassen, nicht dem aussichtslosen Wunsch geschuldet, das Paradies wenigstens in der Sprache wiederherzustellen – jene wunderbare Nacktheit, in der wir schmerz- und anstrengungslos ins *commercium* der Wörter eingetaucht sind wie Adam in den allgemeinen Frieden der Wesen? – Ich will diese Fragen nicht beantworten, sondern statt dessen das Feld wechseln: von der Bibel zum antiken Mythos. Wir lernen dabei eine andere, grundlegende Form von Enthüllen und Verhüllen kennen.

Den vielfach überlieferten Mythos von Aktaion erzählt am aufschlußreichsten Ovid in den *Metamorphosen* (Met. III, 131-252). In der gleißenden Mittagsstille, in der alles ruht und der Königssohn Aktaion mit seinen Genossen die Jagd unterbricht, gerät Aktaion »ziellosen Schrittes« in eine weglose Waldgegend, deren geheime Zeichen er nicht erkennt. Absichtslos nähert er sich einer natürlichen Grotte »im letzten Grund«, in welcher »die Natur in ihrem Ingenium die Kunst nachgeahmt hatte«.[11] Es ist ein heiliger Ort der Artemis, die mit ihren Begleiterinnen ebenhier auch von der Jagd ausruht. Artemis hat sich ihrer Waffen und Kleider entledigt und badet im frischen Quellwasser. Diese Szene hat, wie einen plötzlichen Bild-Einfall, Aktaion vor Augen (Abb. 1). Die nackte Göttin vor des Sterblichen Auge. Scham durchjagt aufschreckend die Nymphen der Artemis, und schüt-

10 Benjamin (1933/1977); Benjamin (1916/1977).

11 »arte laboratum nulla; simulaverat artem / ingenio natura suo«: diese kühne Formulierung ist der kunsttheoretische locus classicus für alle Kunstauffassungen, die »ars« nicht als Naturnachahmung, sondern Natur als Nachahmung der Kunst interpretiert haben.

zend umringen sie die Göttin, um ihren nackten Leib mit ihren Leibern zu verhüllen. Zu spät. »Purpurglut ... färbte Dianas Gesicht, da sie ohne Gewand sich erschaut sah.« Die beschämte Göttin, schutzlos ohne ihren Bogen, schöpft mit der Hand Wasser und besprengt das Gesicht Aktaions, dessen Leib daraufhin sich in den Körper eines Hirsches verwandelt, während seine menschliche Seele sich erhält, wie an der inneren Rede zu erkennen ist. Den Beschämenden erreicht nun die Scham: nicht wagt er, der Hirsch, sich in die Nähe der Menschen, noch wagt er, der Mensch, sich in die Nähe der Tiere. Der Tierkörper, sein Menschsein verhüllend, hindert ihn, sich als Mensch zu verkörpern: so wird er, von seinen Hunden, als Tier identifiziert und erjagt. Der Ausruf »Actaeon ego sum«, Ausruf ursprünglichster Selbstidentifikation, erstickt ausdruckslos im stummen Tierkörper. Während die Hunde ihn zerfleischen und in Stücke zerreißen, entringt sich der Tierkehle der Zwielaut seines Schmerzes, weder Menschenton noch Tierschrei, und »stumme Blicke« läßt er rettungsuchend um sich kreisen im Augenblick seines Todes.[12]

Vermutlich geht diese Szene auf archaische, rituell wiederholte Zerreißungsopfer zurück, die ihre Erinnerungsspuren auch in den Hochkulturen hinterlassen, wie zum Beispiel in den *Bakchen* des Euripides.[13] Hier kommt es auf anderes an: das Tabu, Gott zu sehen, und die Unerträglichkeit göttlicher Präsenz. Nicht ohne Grund fügt Ovid der Aktaion-Mythe die Erzählung von Semele an: Semele, die Geliebte Jupiters, wird von der eifersüchtigen Juno, die sich in die Gestalt der Amme verhüllt, auf den verhängnisvollen Wunsch gebracht, Jupiter in jener Gestalt sehen zu wollen, in der er gewöhnlich mit Juno den göttlichen Beischlaf vollzieht (Juno hat hier die Funktion, welche in der Paradiesgeschichte die Schlange einnimmt). Ahnungslos erbittet Semele damit ihren Tod; schuldlos-schuldiges Opfer wird sie wie Aktaion. Denn Jupiter, der durch Schwur an die Erfüllung des Wunsches gebunden ist, verbrennt im Präsentwerden seiner Göttlichkeit instantiell den sterblichen Leib seiner Geliebten. Noch Schiller ist der Stoff, der das Motiv des Verhüllens und Enthüllens auf die Begegnung von Mensch und Gott hinüberspielt, wichtig genug,

12 Giordano Bruno gibt der Aktaion-Mythe eine völlig neue Deutung, vgl. dazu Böhme (1989); Kastler u. a. (1991).

13 Vgl. dazu Burkert (1972) und Kott (1975).

um daraus ein Drama zu machen, während er das uralte Thema der Wahrheit, die sich offenbart nur als tödlicher Schrecken, im Gedicht »Das verschleierte Bild zu Sais« aufnimmt.[14] Tizian, als er sein Aktaion-Gemälde schuf, scheint den Vorhang in die Bildszene eingeführt zu haben, um auf diesen Zusammenhang hinzuweisen: das Göttliche und die Wahrheit sind nicht unmittelbar zu schauen, es sei denn um den Preis des Todes (Abb. 1).[15] Ähnlich ergeht es dem Helios-Sohn Phaeton, der des göttlichen Lichtes des Sonnengottes teilhaftig zu werden begehrt und, beinahe einen Weltenbrand (Ekpyrosis) auslösend, dafür mit seinem Tode zahlt. Unerträglich ist dem Menschen das Göttliche, nach dem ihm brennend der Sinn steht.

Denn das ist der Kern der Geschichten, daß eine hybride Sehnsucht nach Gottesunmittelbarkeit im Menschen zu lodern vermag, die ihn verzehrt. In den biblischen Erzählungen gilt ein ähnliches Tabu: das Bilderverbot und das Verbot, den Namen Gottes auszusprechen, haben ihren Grund darin, daß Gott, unmittelbar werdend, in den Menschen vernichtend einfiele. Die Verhüllung hat hier die schützende Funktion, Göttliches und Menschliches zu trennen, weil ihre Konfundierung zerstörerisch ist. Darum ist diese Trennung der Sphären, wie sie paradigmatisch Prometheus einführt[16], darum auch ist die Verhüllung des Gottes eine heilsame Schonung des Menschen.[17] Und folglich gibt es im Verkehr zwischen Mensch und Gott eine notwendige Scham, welche über die Trennung der Sphären wacht und ein Verhältnis der Indirektheit sichert.

Nicht anders steht es mit der Wahrheit; nicht mit den Wahrheiten in kleiner Münze, sondern mit der einen und ganzen Wahrheit, die in der europäischen Kultur ebenso zweifelsfrei gesetzt wurde, wie man um sie herum Medien der Verhüllung schuf. Der Jüngling zu Sais, nachdem er der Wahrheit unmittelbar ansichtig

14 Schiller (1782).

15 Zu Tizians Gemälde vgl. Tanner (1974); Ginzburg (1983); Clark (1956); Keller (1968); Vliegenharth (1972); Willemsen (1956).

16 Vgl. Kerényi 1959, S. 48 ff.

17 Sehr schön zeigt Verspohl (1991), daß das Tuch, das dem Moses des Michelangelo zur Seite aufs Bein gerutscht ist, der Verhüllung des Hauptes diente, als er vom Gesetzesberg zum Volk zurückkehrte: denn auf seinem Antlitz lag noch der vernichtende Widerschein Gottes.

wurde, ist mit Stummheit geschlagen wie Aktaion.[18] Das heißt nicht nur, daß der Weise schweigt. Sondern es scheint eine Scheu im Verkehr mit dem Wahren zu geben, die seine Unmittelbarkeit ins Verhüllte mäßigt. Es scheint, als wäre die direkte Berührung des Signifikats nicht nur unmöglich, sondern furchtbar. Darum hat die Einkleidung der Bedeutung ins Spiel der Signifikanten zwar zur Folge, daß das Signifikat prinzipiell und auf immer entzogen ist und die Signifikantenkette niemals geschlossen werden kann – es kann kein Symbolon geben –: doch ist es eben der Signifikant, der in der Sprache die Funktion des Vorhangs und des Schleiers übernimmt, welche in den Szenen der Gottesbegegnung den Menschen vor dem Blitzschlag hüllenloser Offenbarung schützt.[19]

Um den Gott und die Wahrheit gleichermaßen legt sich eine Hülle von Scham, welche der prekären Begegnung mit dem Nackten entstammt und sich den religiösen, philosophischen und sprachlichen Beziehungen aufprägt. Darin steckt auch ein Trost: an den Zeichen des Gottes und der Wahrheit, an ihrer indirekten, medialen Präsenz haben wir genug. Den nackten Gott und die nackte Wahrheit zu sehen (oder auszusprechen oder zu bilden) – das gehört zwar zum Kern des menschlichen Begehrungsvermögens, übersteigt jedoch das Maß dessen, was zu ertragen er vermag. Es wäre von hier aus zu fragen, ob es eine wohltuende Entwicklung ist, wenn im Zeichen von Publizität die rückhaltlose Enthüllung der Wahrheit zum einzigen Ziel der kognitiven Anstrengungen wird, wodurch ebenjene Dezenz und Scham verlorengehen, welche in vormodernen Gesellschaften den Verkehr mit der Wahrheit regulierten.

In der europäischen Malerei wird die naturale Darstellung des nackten Körpers erst in der Renaissance möglich.[20] Dennoch ist das Selbstporträt Albrecht Dürers (Abb. 2) sensationell. Die Entstehungszeit könnte 1500-1505 sein, vielleicht aber auch um vieles später. Die Maße des Blattes sind 29,1 mal 15,3 cm, auf einer Kreidevorzeichnung mit Feder und Pinsel ausgeführt auf grün

18 Allgemein zum Zusammenhang von Scham, Schweigen und Wahrheit vgl. Williams (1993).
19 Vgl. dazu Blumenberg (1960).
20 Vgl. dazu Hinz (1989), der auch auf frühere Beispiele aufmerksam macht.

grundiertem Papier. Man hat allerhand an dem Bild herumgedeutet. Ist es eine Situationszeichnung, die Dürer in einer Badestube zeigt, worauf das Haarnetz deuten mag? Ist es eine Studie für einen gefesselten Christus an der Martersäule, wofür Dürer seinen eigenen Körper zum Modell genommen hat – und worauf die Hautfalte auf der rechten Seite hinweisen soll, an die Stichwunde Christi erinnernd? Andere bemühen das Aussehen des Geschlechtsteils für die Datierung des Bildes oder fragen, ob Dürer vielleicht ein syphilitisches Glied habe. Dies alles erscheint ebenso unzutreffend wie gleichgültig.

Tatsächlich handelt es sich um das erste Bildnis der rückhaltlosen Entblößung einer konkreten Person. Diese Zeichnung steht jenseits jeder Idealität. Der dargestellte Körper hat nichts mit den Proportions- und Symmetriestudien zu tun, mit denen Dürer versuchte, dem Geheimnis der menschlichen Schönheit auf die Spur zu kommen (Abb. 3 und 4). Es ist ein Körperbild jenseits auch antikisierender Stilisierung und jenseits der idealischen Körper italienischer Kunst, die Dürer bestens kannte (Abb. 5 und 6). Es ist auch kein Körper in den üblichen Haltungen und Attitüden, die bereits zur Rhetorik des Nackten gehören. Es ist, wenn man so sagen darf, ein ebenso neugieriger wie kalter Blick auf den eigenen Körper in seiner offenbaren Profanität. Es ist die Inkunabel der Nacktheit.

Nacktheit, so wissen wir aus ethnologischen Studien – wie zum Beispiel Hans Peter Duerrs[21] – oder wir wissen es aus Erfahrungen am Nacktstrand: Nacktheit wird selbst getragen wie ein Kleid. Nacktheit unterliegt Regeln der Haltung, der Inszenierung, des Körperausdrucks – wie umgekehrt die Nacktheit vom anwesenden Betrachter Regeln der Diskretion des Blickes abfordert.[22] All dies sind Momente des unsichtbaren Kleides, das gewöhnlich die Nacktheit umhüllt. All dies gilt hier nicht. Die Nacktheit wird als solche fixiert, wozu auch gehört, daß Arme, Hände, untere Beine und Füße abgeschnitten werden: Dürer amputiert den Körper an dem, was Vermögen des Hantierens und der Automotion darstellt. Es sind die körperlichen Glieder des Weltbezugs, die fehlen. Einmal mehr wird dadurch die ganz bei sich seiende Nacktheit betont.

Die Haare, die sonst bei Selbstporträts Dürers eine fast zeremo-

21 Duerr (1988); dagegen: Elias (1988); Elias (1976).
22 Seitter (1979).

niöse Rolle der Pracht spielen, sind rigoros verborgen. Der Bart Dürers – der Maler wird wegen seiner Extravaganz in Nürnberg als der »haarig partet maler« beleumdet[23] – ist auf den übrigen Porträts fein und markant zugleich ausgeführt; hier jedoch ist der Bart weit von der Bedeutung männlichen Schmucks entfernt. Das halbschräge Gesicht, hager, fast ausgemergelt, wird mit harten Strichen fixiert in allen Merkmalen des Alters und der Endlichkeit. Den dicken, unklaren Mund rahmt der struppige Bart. Das Ohr steht mächtig ab.

Die unregelmäßigen, unruhigen, nirgends Symmetrien erzeugenden Striche haben keine andere Funktion, als die Runzeln, Wulste, Höcker, knochigen Wölbungen und Hautfaltungen plastisch herauszuarbeiten. Diese Haut ist nicht die glatte, schimmernde, zeitlose Fläche, deren Inkarnat den Glanz des Schönen wiedergibt, sondern es ist Haut, in die das Leben sich eingezeichnet und eingegraben hat bis zur Entstellung. Weder Physiognomie noch Haut tragen den Schein des Göttlichen, nicht einmal des Geistdurchwirkten oder den, um 1500 verbreiteten, Ausdruck der saturnisch-genialischen Melancholie. Die verkrümmte Haltung des Körpers steht jedem aufrechten Stolz, die knöcherne Schlankheit jedem Heroismus fern.

Aufs sorgfältigste sind die Geschlechtsteile herausgearbeitet, ohne die gebotene Dezenz, ohne die übliche Verkleinerung, ohne die übliche zarte Regelmäßigkeit. Auch und gerade die Geschlechtsteile, auf denen die besondere Aufmerksamkeit des Künstlers ruht, zeigen nichts von idealischer Schönheit. Sie sind, was der alte Ausdruck »Gemächt« meint. Sie springen ins Auge; das heißt, sie sind gerade in ihrer profanen Betontheit obszön – die Bildszene beherrschend –, wie man, nicht ohne Widerwillen, nach einiger Zeit bemerkt: zwischen Gesicht und Geschlechtsteilen nämlich teilt sich die Aufmerksamkeit des Betrachters. Es ist unmöglich, zum Gesicht einen ruhenden Augenkontakt herzustellen. Dies ist ein Effekt davon, daß die beiden Augen auf verschiedenen Blickachsen liegen, also leicht schielen. Das rechte Auge Dürers sieht den Betrachter inständig, konzentriert und ernst an; das linke Auge ist schräg nach unten über den Bildrand hinausgerichtet. Diese Blickirritation, zusammen mit den unruhigen Strichführungen und dem fast flackernd auf dem Körper liegenden Licht, läßt den Betrachter nicht in Ruhe. Daß man sich

23 Anzelewsky 1980, S. 93.

nicht an den Augen, nicht am Gesicht Dürers halten kann, läßt den Blick immer wieder herunterspringen zu den knolligen Geschlechtsteilen wie zu einem zweiten Gesicht. Und dadurch entsteht eine ganz außerordentliche, von Unruhe erfüllte Kommunikation zwischen Gesicht und Geschlechtsteilen im Medium des Betrachterblickes. Wir können dies als die ästhetischen Zeichen einer intensiven, ruhelosen Selbstbefragung Dürers begreifen, die vor allem im Hin und Her zwischen Gesicht und Geschlecht ihre ebenso dramatische wie ergreifende Szene findet.

Dieses Blatt ist ein einzigartiges Dokument der anthropologischen Selbstreflexion und der neuzeitlichen Entdeckung des Körpers. Es ist seinem Range nach vergleichbar den anatomischen Studienblättern Leonardos, mit denen es den kühnen, wahrhaft experimentellen Blick teilt.[24] Wie die Studien Leonardos ist auch dieses Blatt privat; es ist niemals für die Öffentlichkeit bestimmt gewesen. Das Private ist der Schutz einer Selbstenthüllung, die um 1500 weiter nicht zu treiben war. Die Selbstenthüllung ist jedoch mehr als privat, insofern sie ein Moment des epochalen Bewußtwerdens der Subjektivität darstellt. Sie ist auch deswegen nicht privat – und das unterscheidet sie von Leonardos Anatomie-Studien –, als das Blatt szenisch organisiert ist: der dargestellte Körper, Objekt eines Blicks, blickt selbst den Betrachter an, ist mithin Subjekt des Blickes. Dieser Doppelstatus, Subjekt und Objekt des Blicks zugleich zu sein, entspricht der Form der Selbstreflexion. Sie mag, technisch gesehen, ihren Ort vor dem Spiegel haben, so wie alle Selbstreflexion, strukturell gesehen, aus Spiegelprozessen hervorgeht. Die rücksichtslose Nacktheit demonstriert dabei, daß Selbstreflexion nur radikal sein kann – oder gar nicht. Insofern stellt dieses erste Blatt nicht nur einen qualitativen Epochensprung in der ästhetischen Selbstaneignung des Körpers dar, sondern es setzt zugleich die unhintergehbare Norm aller, auch der philosophischen Reflexivität. Diese hat wahrhaftig und rücksichtslos auf den Grund, nämlich den Körper zu gehen: Selbstreflexion ist ein Vorgang der Enthüllung. Die vibrierende Unruhe des Betrachter-Blickes zeigt zugleich das Prozessuale dieses Vorgangs: es geht nicht um den Gewinn eines (statischen) Bildes, das als Selbstbild anzueignen fortan Identität sicherte. Die infinite Unruhe, die der polaren Spannung von Gesicht und Geschlecht geschuldet ist, zeigt viel-

24 Kemp (1981).

mehr, daß Selbstreflexion ein unabschließbarer Prozeß des Ansichtigwerdens seiner selbst in allen Widersprüchen und Hinfälligkeiten ist. Unabschließbar: wir ›sehen‹ dies daran, daß das Betrachterauge dieses Bild zu keinem ›Sinn‹ abzuschließen vermag. Im letzten stößt das Subjekt im Prozeß seiner Selbstbegegnung auf das Rätsel seines bloßen, entblößten ›Daß‹ und ›Da‹, seiner Gegebenheit in diesem Augen-Blick und dieser alles zeichnenden Endlichkeit. Die Bildstruktur ist dabei mitnichten monologisch und auch darum nicht privat. Wer immer, Mann oder Frau, dieses Blatt ansieht, wird wenn nicht von Abwehr erfüllt, also kommunikativ verblockt, in einen intensiven Dialog von Ich und Anderem gezogen werden, einen Dialog, der seinen Grund in der entblößenden Selbstreflexion des Malers und in der Unruhe der Betrachter-Augen hat.

Nie wieder werden wir andere Selbstporträts Dürers und andere Darstellungen des Nackten mit gleichen Augen ansehen. Deutlich fallen nun die neuplatonischen Züge der Idealisierung zum Beispiel des Urmenschen-Paares auf. Wir erkennen jetzt, daß in der typologischen Festlegung des Genres, im Anschluß an Formideale antiker Skulpturen (Abb. 7 und 8), in der Suche nach Gesetzmäßigkeit der Bildung von Körpern, in der Suche nach Proportion und Harmonie, in der Suche also nach Schönheit – wir erkennen also, daß in diesen ästhetischen Strategien bildnerisch ein Stück jener uranfänglichen Scham liegt, bei welcher im Moment, in dem die Augen geöffnet werden, ein Bedürfnis nach Verhüllung und Distanz erwächst. Dies ist die Verhüllung der Nacktheit durch Schönheit. Schönheit ist der Versuch, ein Stück des Paradieses zu retten – im Medium der Kunst und der schönen Maße, in welche sie die Körper zu fassen sucht (Abb. 9). Das Selbstbildnis Dürers dagegen ist radikal nachparadiesische Kunst. Viel intensiver als die anderen Bilder mobilisiert dieses Blatt die Scham und zugleich und beinahe gewaltsam den Zwang, daß Erkenntnis – Essen vom Baume der Erkenntnis – nur möglich ist in einer neuen Schamlosigkeit, die nichts mehr mit dem Status der Unschuld gemein hat. Es ist nicht die Schamlosigkeit des Noch-nie-Verhüllten, sondern die Schamlosigkeit des rücksichtslos Enthüllten.

Oben hieß es, daß der Moment, wo alle Hüllen fallen, der Moment des Todes ist. So haben wir diesen Gedanken bezüglich des Selbstbildnisses neu zu prüfen. Ist der Tod auf diesem Bild anwesend? Ich meine ja. Denn im Gegensatz zu den Blättern, auf denen die nackten Körper in den Idealformen des Überzeitlichen erscheinen, hält dieses Blatt einen historischen Augenblick an und zeichnet den Körper mit allen Malen der Zeitlichkeit – ganz und gar ist dieser Körper in der Zeit angekommen, ganz und gar ist er der verletzliche und sterbliche Körper.

Wir erkennen jetzt auch, daß ein Stich wie das berühmte Frauenbad von 1496 (Abb. 10) weder etwas mit der angeblichen Schamlosigkeit des Mittelalters noch mit männlichem Voyeurismus zu tun hat. Es ist vielmehr ein Blatt, das ähnlich wie das Selbstporträt abzielt auf die Erfahrung unverstellter Nacktheit im Medium der Selbstreflexion. Diese wird auch in diesem Blatt präsent, indem nämlich auf dem Betrachter die Augenpaare zweier Frauen liegen, wodurch dieser selbst zum Betrachteten, das heißt vor die Frage gestellt wird: wer er denn angesichts dieser Frauenkörper ist. Voyeurismus dagegen ist ein Sehen, das an die Bedingung geknüpft ist, daß das Sehen nicht selbst wieder gesehen wird.[25] Auf diesem Blatt werden dagegen wechselseitig die Augen geöffnet – das heißt, es wird gerade nicht das Schamlose, sondern der Augenblick erwachender Scham, der Augenblick also des Bewußtseins geschildert.

Ganz anders steht es mit dem repräsentativen Selbstporträt (Abb. 11) von 1498, im Format 52 mal 41 cm. »1498 / Das malt ich nach meiner gestalt / Ich was sechs und zwenzig jar alt. / Albrecht Dürer / AD«, vermerkt der Maler unterhalb der Fensterbrüstung. In gelassener Haltung sitzt ein Elegant in Halbschräge am Tisch, nicht in der dunklen schlichten Kleidung eines nürnbergischen Stadtbürgers, sondern in der reichen und modischen Tracht eines venezianischen Edelmanns comme il faut, die Hände in feinste Wildlederhandschuhe gewandet. Prächtig gelocktes, goldblondes Haar rahmt das schmale, hellhäutige Gesicht von statuarischer Ruhe. Inständig und doch distant, leidenschaftslos, unbewegt, fast gleichmütig liegt der Blick auf dem Betrachter: es sind Augen von unbewegtem Gemüt, die Tugend der Ataraxia ausdrückend. Wir haben es mit einem ebenso eleganten wie selbstsicheren, umfassend vermögenden und moralisch gefestigten Mann zu tun. Der schräg perspektivisch gestaffelte, zur Körperhaltung parallel geordnete Innenraum öffnet sich über das Fenster zu einem Ausblick auf eine weite Land-

25 Kleinspehn (1989).

schaft mit ufergeböschtem Fluß, Dorf, Vorgebirge und schneebedeckten Alpen. Die Augen Dürers liegen oberhalb der Horizontlinie: wir werden daran erinnert, daß dieser Mann, der uns anblickt, auch hinter die Alpen geschaut hat: er ist weit gereist, hat die Alpen gesehen, ist Italienkenner, ein Mann auf der Höhe der Zeit.

In bezug auf das Thema des enthüllten und verhüllten Körpers zeigt dieses Individualporträt, daß alles, was den Körper umhüllt und umgibt, nicht einfach Stoffe und Umgebungen ist, sondern vor allem Repräsentationsmodi, Selbstinszenierungen, Zeichen und Codes. Das Leibliche erscheint allein im makellosen Schimmer der Haut, was im Zeitalter der Blattern nicht selbstverständlich ist. Damit aber ist die Haut selbst zum Zeichen geworden, Signum des Makellosen und des Glanzes des Dargestellten. Auch das Leibliche des Gesichtes ist beherrschte Leiblichkeit, habituelle Physiognomie, gesteuerter Ausdruck im Stil eines zeitgenössischen Tugendideals, der Ataraxia und der Bonhommie. Die Kleidung markiert den Reichtum und den erlesenen Geschmack des Trägers. Die edlen Stoffe, die abgestimmt wiederholten Streifungen, das dicht gebieste Untergewand mit der gestickten Bordüre, die Fältelungen des Gewandes und die gepflegten Wellen des Haares: nichts ist nicht erfaßt vom Willen zur selbstbewußten Inszenierung, zur Repräsentation des Ich. Hier ist nichts mehr nackte Natur des Leibes, nichts ist Blöße, Preisgabe, opakes Für-Sich, nichts Beschämendes, sondern alles ist überführt in Darstellung, Haltung, zelebriertes Bewußtsein, überlegenen Ausdruck – kurz: das Gemälde ist vollendeter Ausdruck einer bewußt gehandhabten Semiose von Körper und Kleidung, von Physiognomie und Habitus – und darin ist das Gemälde ein Gegenstück zum Weimarer Blatt des nackten Dürer.

Es wäre zu kurz gegriffen, verstünde man das Gemälde als Verhüllung und die Zeichnung als Enthüllung. Das Gemälde verhüllt nichts, und die Zeichnung enthüllt nicht den wahren Kern unter den Hüllen gesellschaftlicher Codierung. Es geht nicht um den Gegensatz von Sein (Zeichnung) und Schein (Gemälde). Beide Bilder sind wahr. Sie sind beide perfekte und bewußte Wiedergaben dessen, daß der Mensch sowohl beschämbares Leibwesen in ausgesetzter Endlichkeit wie selbstgewisses Subjekt kultureller Semiosen ist. Beide ›Aggregate‹ des Daseins aber sind primär über visuelle Lektüre zugänglich, weil beide fundamental auf den Grundgegebenheiten der Scham, der unausweichlichen Blöße wie der unausweichlichen Verhüllung des Ich beruhen. In welcher Kleidung auch immer, in welcher Nacktheit auch immer – wir sind in diesen Bildern mit-dargestellt, mit-gezeichnet, mit-bezeichnet und mit-gemeint.

Literatur

Anzelewsky, Fedja (1980), *Dürer. Werk und Wirkung*, Stuttgart 1980.

Bastian, Till, Isny Hilgers und Micha Hilgers (1990), »Kain. Die Trennung von Scham und Schuld am Beispiel der Genesis«, in: *Psyche* 44, S. 1101-1114.

Benjamin, Walter (1933), »Lehre vom Ähnlichen«, in: ders., *Gesammelte Schriften*, Bd.II/1, Frankfurt am Main 1977, S. 204-210.

– (1916), *Über Sprache überhaupt und über die Sprache des Menschen* (1916), in: ders., *Gesammelte Schriften*, Bd. II/1, Frankfurt am Main 1977, S. 140-157.

Böhme, Hartmut (1989), »Die Naturphilosophie des Giordano Bruno«, in: Gernot Böhme (Hg.), *Klassiker der Naturphilosophie*, München, S. 117–136.

Blumenberg, Hans, (1960), »Die Metaphorik der ›nackten‹ Wahrheit«, in: *Paradigmen zu einer Metaphorologie. Archiv für Begriffsgeschichte* 6 (1960), S. 7-142, darin S. 47-58.

Burkert, Walter (1972), *Homo Necans. Interpretationen altgriechischer Opferriten und Mythen*, Berlin/New York.

Duerr, Hans Peter (1988), *Der Mythos vom Zivilisationsprozeß*. Bd. 1: *Nacktheit und Scham*, Frankfurt am Main.

Clark, Kenneth (1956), *The Nude, A Study of Ideal Art*, London.

Ginzburg, Carlo (1983), »Tizian, Ovid und die erotischen Bilder im Cinquecento«, in: ders., *Spurensicherungen. Über verborgene Geschichte, Kunst und soziales Gedächtnis*, übersetzt von K. F. Hauber, Berlin, S. 173-192.

Elias, Norbert (1997), *Über den Prozeß der Zivilisation. Soziogenetische und psychogenetische Untersuchungen*, 2 Bde., 20. Auflage, Frankfurt am Main.

– (1988), »Was ich unter Zivilisation verstehe. Antwort auf Hans Peter Duerr«, in: *Die Zeit*, Nr. 25, 17. Juni.

Hinz, Berthold (1989) »Kridia oder Des Aktes erster Akt«, in: Detlev Hoffmann (Hg.), *Der nackte Mensch*, Marburg, S. 51-79.

Hoffmann, Detlef (Hg.) (1989), »Der nackte Mensch. Zur aktuellen Diskussion über ein altes Thema«, in: ders. (Hg.), *Der nackte Mensch*, Marburg, S. 7-29.

Jacobsthal, Paul (1929), »Aktaions Tod«, in: *Marburger Jahrbuch für Kunstwissenschaft* I, S. 1-23.
Kastler, José, und Lemgo-Brake (1991), »Zum ›Diana und Aktaeon‹-Motiv bei Christoph Gertner und Giordano Bruno«, in: *AKK* Heft 2, S. 15-20.
Keller, H. (1969), *Tizians Poesie für König Philipp II. von Spanien* (Sitzungsbericht der Wissenschaftlichen Gesellschaft der Johann Wolfgang-Goethe-Universität Frankfurt am Main, Jg. 7), Wiesbaden.
Kemp, Martin (1981), *Leonardo da Vinci. The marvellous works of nature and man*, London; Repr. 1989.
Kerényi, Karl (1959), *Prometheus. Menschliche Existenz in griechischer Deutung*, Hamburg.
Kleinspehn, Thomas (1989), »Schaulust und Scham: Zur Sexualisierung des Blicks«, in: Detlef Hoffmann (Hg.), *Der nackte Mensch*, Marburg, S. 31-50.
Kott, Jan (1975), *Gott-Essen. Interpretationen griechischer Tragödien*, München.
Knigge, Volkhard (1989), »Die Nackten: das Nackte: der Akt. Psychoanalytische Bemerkungen über Imaginäres und Symbolisches am Nackten«, in: Detlef Hoffmann (Hg.), *Der nackte Mensch*, Marburg, S. 100-117.
Lavater, Johann Caspar (1773), *Aussichten in die Ewigkeit in Briefen an J. G. Zimmermann*, 4 Theile, Bd. 3, Hamburg, S. 48-58.
Lehmann, Hans-Thies (1991), »Das Welttheater der Scham«, in: *Merkur. Deutsche Zeitschrift für europäisches Denken*, München, S. 824-839.
Neckel, Sighard (1993), »Achtungsverlust und Scham. Die soziale Gestalt eines existenziellen Gefühls«, in: Hinrich Fink-Eitel und Georg Lohmann (Hg.), *Zur Philosophie der Gefühle*, Frankfurt am Main.
Ovid (= Publius Ovidius Naso) (1992), *Metamorphosen*. Lateinisch-deutsch. In deutsche Hexameter übertragen von E. Rösch, 13. Aufl., München/Zürich.
Perniola, Mario (1991), »Between Clothing and Nudity«, in: *Fragments for a History of the Human Body*, Part Two, hg. von M. Feher, R. Naddaff und N. Tazi, MIT Press Zone, S. 237-265.
Scheler, Max (1957), »Über Scham und Schamgefühl«, in: ders., *Schriften aus dem Nachlaß*, Bd. 1: *Zur Ethik und Erkenntnislehre*, Bern, S. 65 bis 154.
Schiller, Friedrich (1782), *Semele. Operette in zwei Szenen*, in: *Anthologie auf das Jahr 1782*.
Schmitz, Hermann (1990), *Der unerschöpfliche Gegenstand*, Bonn, S. 115-140, S. 292-310, S. 334-343.
– (1965), *System der Philosophie*. Bd. II/1: *Der Leib*, Bonn.
– (1987), *System der Philosophie*. Bd. II/2: *Der Leib im Spiegel der Kunst*, 2. Aufl., Bonn.

– (1988), *System der Philosophie*. Bd. III/1: *Der leibliche Raum*, 2. Aufl., Bonn.
– (1981), *System der Philosophie*. Bd. III/2: *Der Gefühlsraum*, 2. Aufl., Bonn.
Schüngel-Straumann, Helen (1989), »›Und sie erkannten, daß sie nackt waren‹. Die Frau in den Erzählungen von Genesis 2 und 3«, in: Detlef Hoffmann (Hg.), *Der nackte Mensch*, Marburg, S. 116-131.
Seitter, Walter (1979), »Nacktheit als Kleidung«, in: *Tumult. Zeitschrift für Verkehrswissenschaft*, 2, S. 3-25.
Simmel, Georg (1986), »Zur Psychologie der Scham«, in: ders., *Schriften zur Soziologie.* Eine Auswahl, hg. von Heinz-Jürgen Dahme und Otthein Rammstedt, 2. Aufl., Frankfurt am Main 1986.
Spitznagel, Albert, und Lothar Schmidt-Atzert (Hg.) (1986), *Sprechen und Schweigen. Zur Psychologie der Selbstenthüllung*, Bern/Stuttgart/Toronto.
Swedenborg, Emanuel (1869), *Vom Himmel und seinen Wunderdingen und von der Hölle*, 2. Aufl., Basel/Ludwigsburg.
Tanner, Nancy M. (1974), »Chance and Coincidence in Titan's ›Diana and Actäon‹, in: *Art Bull.* 56, S. 535-550.
Taylor, Gabriele (1985), *Pride, Shame and Guilt*, Oxford.
Verspohl, Franz-Joachim (1991), »Der Moses des Michelangelo«, in: *Städel-Jahrbuch* N. F. Bd. 13, S. 155-176.
Vliegentharth, A. W. (1972), »Einige Bemerkungen zu Rembrandts Aktäon und Kallisto«, in: *Ned. Kunsth. JB* 23, S. 85-94.
Willemsen, F. (1956), »Aktaion-Bilder«, in: *Jahrbuch der deutschen Archäologie*, Inst. 71, S. 29-58.
Williams, Bernard (1993), *Shame and Necessity*, Berkeley/Los Angeles/Oxford.
Wurmser, Leon (1990), *Die Maske der Scham. Die Psychoanalyse von Schamaffekten und Schamkonflikten*, Berlin.
– (1986), »Die innere Grenze. Das Schamgefühl. Ein Beitrag zur Über-Ich-Analyse«, in: *Jahrbuch der Psychoanalyse* Bd. XVIII, S. 16-41.

1. Tizian: Diana und Aktaion. 1556-59. National Gallery of Scotland, Edinburgh.

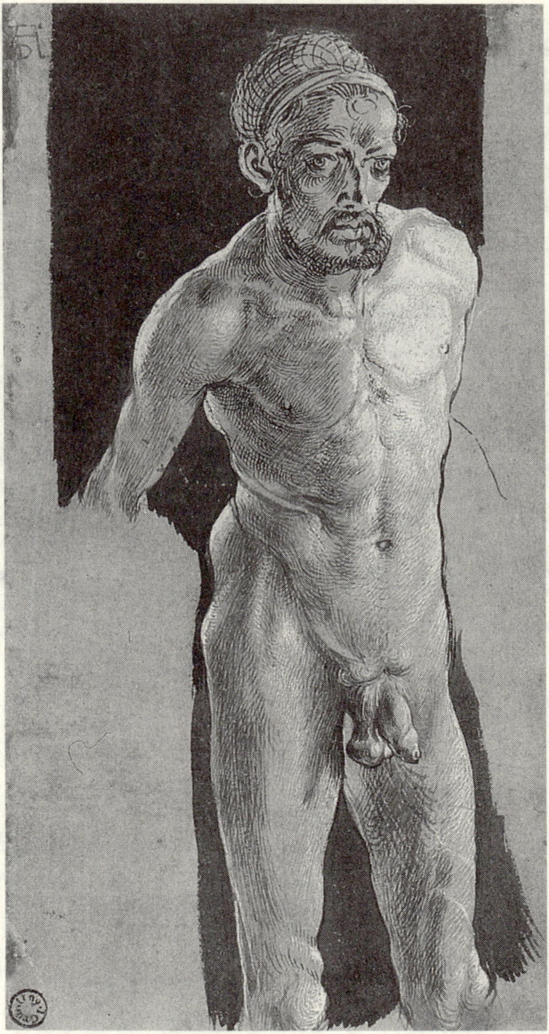

2. Albrecht Dürer: Selbstbildnis als nackter Torso. Vielleicht 1500-1505. Kreide, Feder und Pinsel. 29,1 mal 15,3 cm. Kunstsammlungen Weimar.

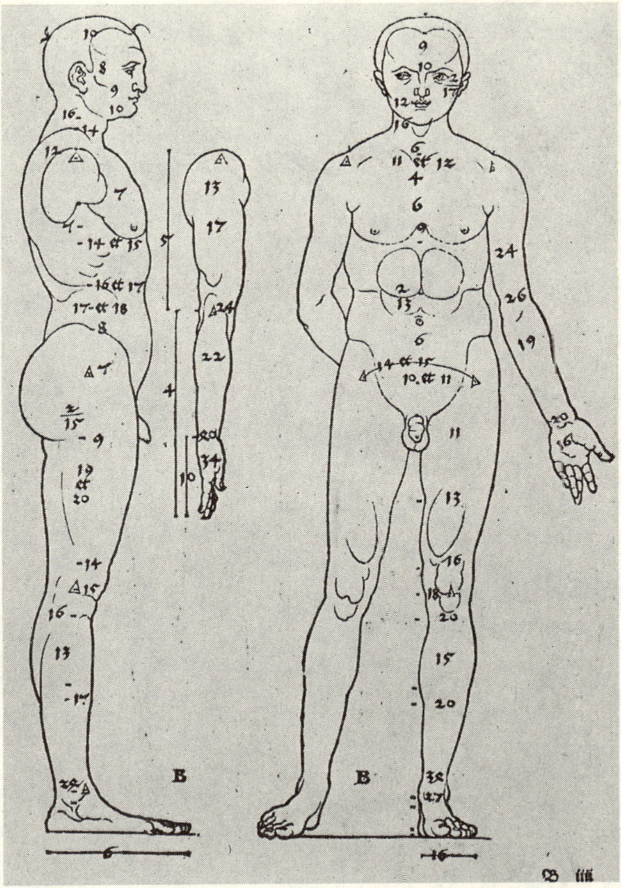

3. Albrecht Dürer: Mann von acht Kopflängen. Holzschnitt zu Albrecht Dürer: Vier bücher von menschlicher Proportion. Nürnberg 1528

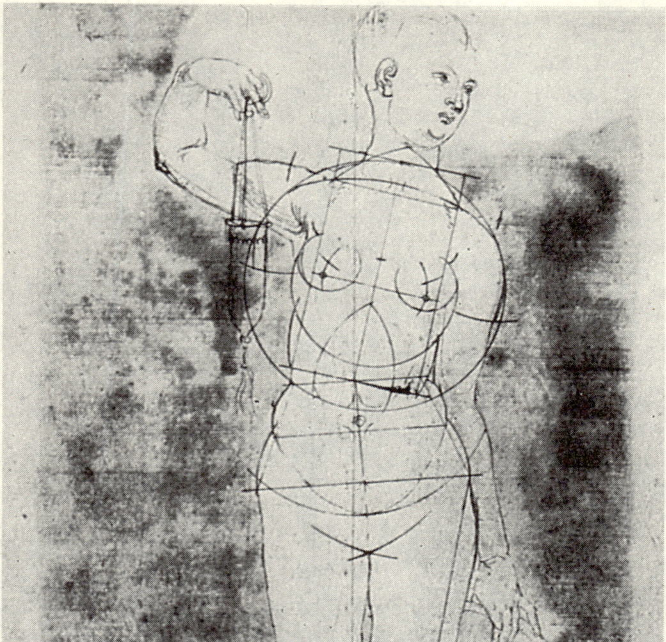

4. Albrecht Dürer: Frauenfigur. Holzschnitt zu Albrecht Dürer: Vier bücher von menschlicher Proportion. Nürnberg 1528.

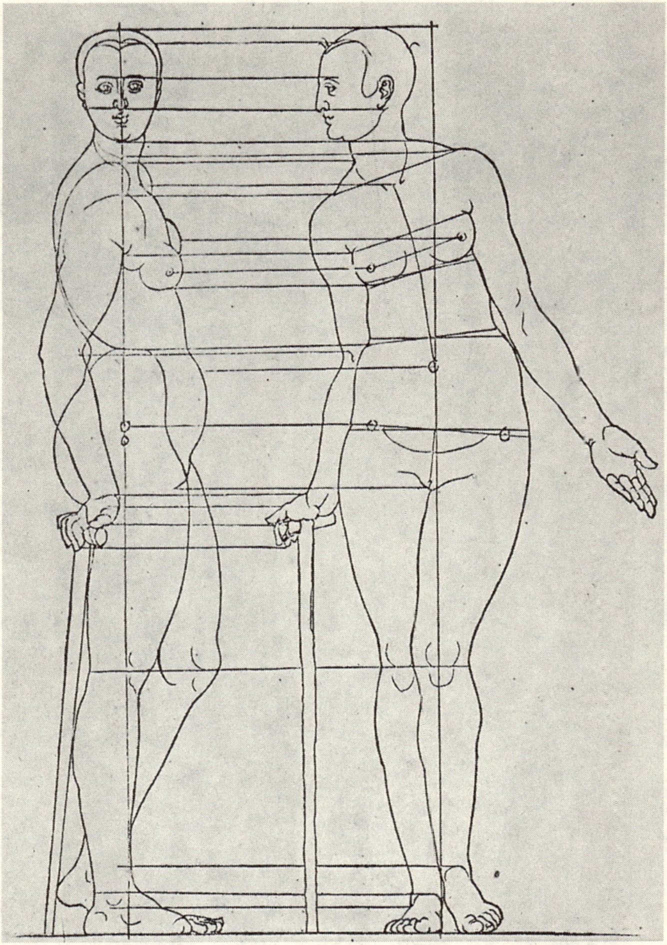

5. Albrecht Dürer: Proportionsstudie. Feder. 30,3 mal 20,5 cm. Kupferstichkabinett SMPK Berlin.

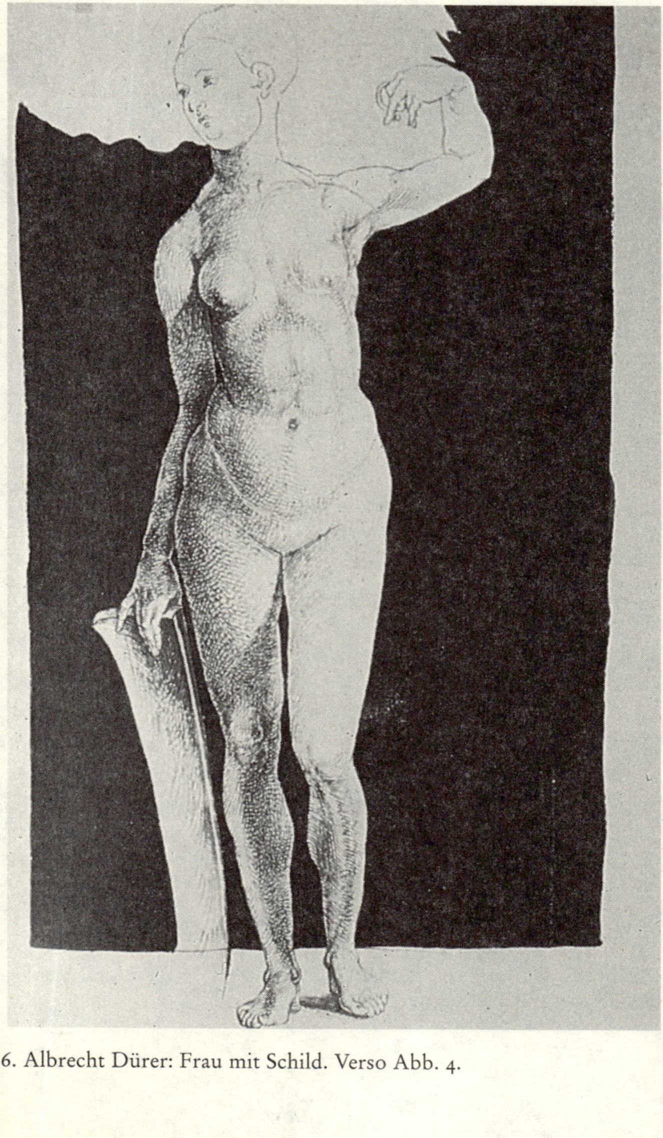

6. Albrecht Dürer: Frau mit Schild. Verso Abb. 4.

7. Albrecht Dürer: Apollo. Um 1500. Feder. 28,5 mal 20,2 cm. British Museum London.

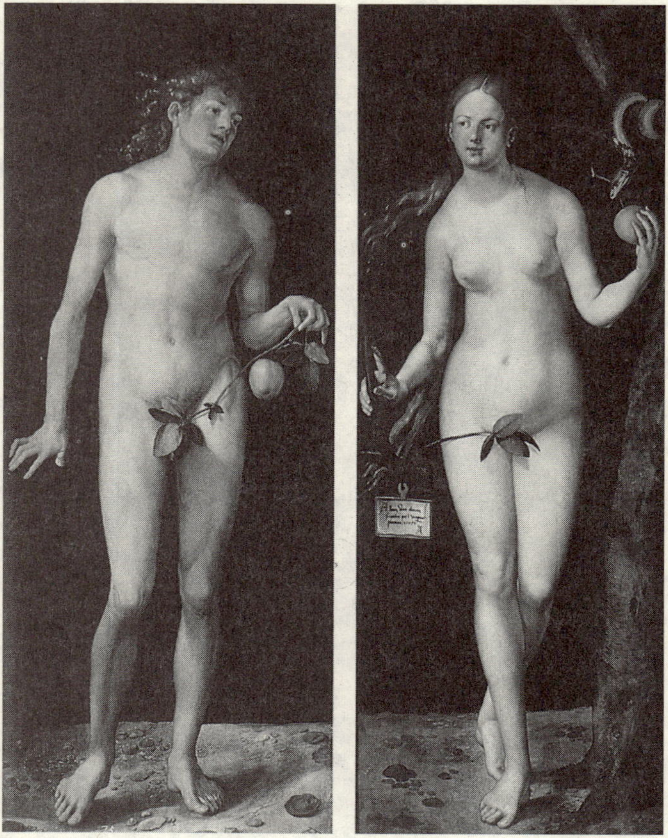

8. Albrecht Dürer: Adam und Eva. Kupferstich. 24,8 mal 19,2 cm. Kupferstichkabinett SMPK Berlin.

9. Albrecht Dürer: Adam und Eva. Vorstufe zu Abb. 8. Feder. 24,2 mal 20,1 cm. The Piermont Morgan Library New York.

10. Albrecht Dürer: Das Frauenbad. 1496. Feder. 23,1 mal 22,6 cm. Verschollen. (Kunsthalle Bremen)

11. Albrecht Dürer: Selbstbildnis. 1498. Gemälde. 52 mal 41 cm. Museo del Prado Madrid.

Rudolf zur Lippe
Eine Logik des gestischen Wissens

> Lorsqu'on dit – les corps tombent – la difficulté n'est pas dans la synthèse – mais bien dans l'analyse préalable dans laquelle on a décomposé un ensemble de phénomènes en Corps et en Chute.
>
> Paul Valéry, *Cahiers*

1. Gestisches Wissen

Wenn der Versuch gemacht wird, einen neuen Begriff einzuführen, tut man immer gut daran, nach der Aufgabe zu fragen, die ihm zugedacht ist. In der Regel deckt sich diese Frage weitgehend mit der anderen, immer entscheidend aufschlußreichen, wogegen der Begriff gesetzt wird. Hier geht es um die Aufgabe, jenes *handwerkliche Können*, das noch zur Zeit der *Encyclopédie de Diderot* einem allgemeinen Begriff von Künsten zugeordnet wurde, aus der Hierarchie von Verstandeserkenntnis, individualen Fähigkeiten und lediglich ausführenden Fertigkeiten zu lösen. Die angelsächsischen Worte »skill« und »tacit knowledge« haben noch nicht eine Konnotation abgelegt, die das Gemeinte auf der untersten oder bestenfalls der mittleren Stufe dieser Hierarchie abhandeln läßt.

Mit der Behauptung, da gehe es, auch, um anderes, geht man die Verpflichtung ein, andere Qualitäten menschlichen Könnens aufzuzeigen und ihr Verhältnis zu den herrschenden Vorstellungen neu zu bestimmen.

In den Natur- und Geisteswissenschaften vom Menschen geschieht dies – etwa seit Buytendijk, seit Portmann, seit Viktor von Weizsäcker – mit einer methodologischen Neubestimmung, deren revolutionäre Bedeutung keineswegs bisher begriffen, geschweige denn umgesetzt worden ist. Die Fülle physiologisch-psychologischer Forschung, die solche Theorie begründet hat, ist außerordentlich ermutigend. Zunächst bei Auersperg, inzwischen bei Maturana liegen wesentliche Aspekte erkenntnistheoretischer Begründungen wie Folgerungen vor.

Mein Vorschlag zu einer Sozialgeschichte und Philosophie des Leibes wie zu einer Wahrnehmungsphilosophie, die sich aus einer Sozialgeschichte des Leibes, spezieller, der Sinne ergibt, ist eine Antwort darauf, die in den letzten zwei Jahrzehnten für viele wesentlich auch an wissenschaftlicher Überzeugungskraft gewonnen hat. Ebenso findet Erwin Straus als Begründer einer phänomenologischen Psychologie oder der Entwurf von Marcel Mauss, dem Vater der französischen Strukturalisten, für die Erforschung der *Techniques du corps* jetzt grundlegendes Interesse. Freilich sind keineswegs alle neuen Interessenten an »Körperwissen« und »Leibgedächtnis« und ähnlichem bereit, sich entsprechend methodologischen und historiographischen Ansprüchen zu stellen. Allzu oft, vielmehr, soll das versäumte Gebiet des abendländischen Bewußtseins von der *conditio humana* durch ein schillerndes Gemisch von tendenziöser Begeisterung und ungeduldiger Befriedigung besetzt werden. Die ihrerseits kaum wirklich entdeckte und allgemein genug übertragend ausgearbeitete Methodologie von Aby M. Warburg im Feld zwischen Kunst und Sozialpsychologie einer anthropologisch begriffenen Geschichte hat dagegen einen sehr soliden und dabei um so aufregenderen Grund bereitet, auf dem wichtige Pilotarbeiten entstanden sind. Nicht zuletzt können die Künstlerinnen und Künstler der Gegenwart – oft an übersehene Dimensionen der Kunst auch unserer Traditionen anknüpfend – sich Phänomenen der Wahrnehmung und des Wahrnehmbaren mit der ihnen eigenen Strenge nähern, die auf andere Weise von anderem ähnlich genau Rechenschaft zu geben erlaubt, wie wir es von den Wissenschaften verlangen können.

Wenn nun auch in einer systematischen Selbstreflexion der Naturwissenschaften aus ihrer Geschichte heraus entsprechende Beobachtungen auftauchen und Fragen gestellt werden, so hat dies zunächst vor allem in zwei Hinsichten grundsätzliche Bedeutung. Längst wissen wir, etwa durch Jürgen Mittelstraß besonders herausgestellt, daß unsere Naturwissenschaften entstanden sind aus Verbindungen von zwei der prinzipiell gegeneinander abgegrenzten Vermögensschichten, nämlich von theoretischen Ansätzen und von Handwerkererfahrungen. Diese Verbindungen sind so vielschichtig wie, meist, pragmatisch-unsystematisch zustande gekommen. Ihre historische Bedeutung wie deren Fortwirken bis in die Konzepte und Praktiken der

Gegenwart dürften ebenso konstitutiv wie unreflektiert in mancher nicht gerade unwesentlichen Beziehung sein. Damit würde aber ein Charakteristikum handwerklichen Könnens und Tradierens, das gestische Wissen, eine endlich anzuerkennende, das heißt auch systematisch anzuerkennende Rolle in den Gebäuden der Naturwissenschaften spielen. Dem gilt es gerecht zu werden, sowohl indem wir das Mitspielen unserer inneren Natur in Erkenntnisprozessen anerkennen, wie auch dadurch, daß wir die theoretischen Formen und Bedingungen dafür klären. Zugleich halte ich, in viel weiterer Sicht, diese Momente für geeignete Statthalter im Betrieb der Naturwissenschaften für ein eben gerade auch dort notwendiges Bewußtsein von dem in der äußeren Natur, das der wissenschaftlichen Erfassung sich entziehen muß, zu einer Beurteilung möglichen, verantwortlichen Vorgehens aber essentiell ist.[1]

Wissen ist eine sehr vielschichtige Kategorie. Die Schichten können nur durch die jeweilige Abgrenzung des Gegenstandsfeldes und die genaue Reflexion auf die jeweiligen Methoden, mit denen sie hervorgebracht werden, bestimmt werden. Damit ist bereits gesagt, daß sie außerordentlich weiten Unterschieden in den jeweiligen historischen Zusammenhängen unterliegen. Wissen kann die Substanz existentieller Weisheit wie experimenteller Gewißheit bilden. Aber noch weiter kann ein Intuitionswissen gemeint sein oder auswendig Gelerntes – um nur zwei weitere Gegensätze zu nennen.

Hier ist etwas zwischen diesen Extremen gemeint, das möglicherweise gerade als eine bestimmte Verbindung verschiedener Schichten zu charakterisieren ist. Das gehört bereits zu der viel schwierigeren Aufgabe einer eingrenzenden Bestimmung. Sicher läßt sich sagen, was nicht gemeint sein kann; und dies ist in der gegenwärtigen Lage ohnehin zunächst erforderlich. Gestisches Wissen kann nicht aus Theoremen, aus Axiomen abgeleitet werden. Es kann auch nicht rekonstruiert werden, wenn damit eine beliebig reproduzierbare, verstandesgemäße Rekonstruktion gesucht wird. Es kann auch nicht in Meßzahlen und deren Pro-

1 Der Vergegenwärtigung dieser Dimensionen dient mein Aufsatz »Natura sive deus«, der kürzlich zu diesem Zwecke in dem Band *Culture within Nature* der Schweizerischen Akademie der Geistes- und Sozialwissenschaften erschienen ist.

portionen wiedergegeben werden, obwohl Zahlen durchaus eine Schlüsselrolle spielen können dafür. Gestisches Wissen ist vor allen Dingen nicht unabhängig, nicht absolut, selbst in bezug auf ein eng definiertes Anwendungsgebiet. Es ist gebunden an Zeitgestalten, an Ortsgestalten, an die Person der Wissenden – oder Lernenden –, und zwar in deren ganzem existentiellen Zusammenhang. Mit Zusammenhang ist sowohl die innere, lebensgeschichtliche wie die äußere, gesellschaftliche Verbindung von Vermögen und Unvermögen einerseits, von gelebten und von nicht gelebten Beziehungen andererseits gemeint. Das wird an sich schon mit dem Begriff der Geste gesagt, wie ich ihn in dem Kapitel über »die authentische Geste« in dem allgemeineren, ästhetisch-anthropologischen Zusammenhang des *Sinnenbewußtseins* entwickelt habe.

Geste soll für die Einheit eines menschlichen Aktes stehen. Sie ist eins, das heißt unteilbar in der Zeit. Obwohl sie in sich differenziert ist, bildet sie eine zeitliche Einheit und macht, wenn dies nicht ohnehin der Fall ist, die Raumkoordinaten, in denen sie stattfindet, zu einem Ort ebenfalls als Einheit. Henri Bergson, dem wir die frühesten Überlegungen von systematischer Bedeutung dazu in der Moderne verdanken dürften, nennt als Beispiel eine Melodie und versteht darunter einen nicht weiter teilbaren Bestandteil eines Musikstückes, der sich eben nicht aus isolierten Momenten addieren ließe, oder eine Handbewegung, die, würde man sie in ihrem Verlauf anhalten, eben in zwei Bewegungen zerfiele. Es sei zur Vermeidung von Mißverständnissen bemerkt, daß eine dieses Namens würdige Pause sehr wohl konstitutives Moment einer Geste sein kann – etwa im Sinne der »durchkomponierten Pause« oder einfach des Wechsels von »voller und leerer Zeit«, die erst zusammen einen Rhythmus bilden. Die Geste ist physiologisch dem »biologischen Akt« von Viktor von Weizsäcker, psychologisch dem Begriff der Gestalt verwandt, die Goethe eine Bildung zu nennen vorzog. In Wahrheit ist das, was wir hier als die Einheit der Geste zu beschreiben versuchen, ein existentielles Ereignis. Als solches hat es, unter entsprechenden Gesichtspunkten, Aspekte, die wir zeitlich und räumlich nennen können, sogar messend festhalten. Das sind aber nur Zugänge.

Am deutlichsten wird die Vorstellung von einer Geste vielleicht in der Abbildung auf unsere Zeitvorstellungen. Dann ist sie unsere Äußerung während der Dauer einer Aufmerksamkeit. Bei einer Geste darf eben »nichts dazwischenkommen«. Es gibt in der Geste keinen Punkt, von dem aus ein Teil von ihr als zur Vergangenheit oder als zur Zukunft gehörig betrachtet werden kann – oder gar müßte. Eine Geste findet immer in der Gegenwart statt, einer Gegenwart, die sich damit über die bloße Trennwand zwischen Vergangenheit und Zukunft, als die sie der analytischen Betrachtung erscheinen muß, ausdehnt. Jeanne Hersch nennt dies »die kleine Weile«. Sie ist definitorisch wohl kaum von Ewigkeit zu unterscheiden, weil beide sich nicht in allgemeinen und gleichbleibenden Einheiten abmessen lassen. In solcher Gegenwart ist der Mensch, der sich in der Geste äußert, anwesend. Anwesend zu sein bedeutet in diesem strengen Sinne, existentiell anwesend zu sein. Das bedeutet, daß wir uns als ganzer Mensch gemeint, ja, getroffen wissen. Und das wiederum bedeutet, daß wir gleichzeitig nicht einfach unbeteiligter Beobachter mit der abschätzbaren Distanz von außen sein können. Wie dann die eigene Beziehung unseres Verstandes zu dem Gegenstand noch einmal entfaltet werden kann in der Verbindung von Anwesenheit und Reflexion, das wird sehr aufmerksam am jeweiligen Fall der Praxis zu bestimmen sein. Zweifellos macht eine solche Spannung zwischen unseren verschiedenen Vermögen als Einheit mit der Geste das aus, was oft die Souveränität des Meisters genannt wird. Er muß schon »ganz bei der Sache sein«, auch wenn er gleichzeitig sich deren abstrakteste Bedeutung vergegenwärtigen kann.

Auch für diese uns im allgemeinen ungewohnte Frage gibt es eigene, sehr geeignete Denkformen. Goethe hat sie in dem Stufengang von »Erfahrung und Wissenschaft« vorgelegt, der vom »empirischen« zum »wissenschaftlichen Phänomen« und zum »reinen Phänomen« aufsteigt, seine Erfüllung aber im Wiedereintauchen findet, wenn das klare Bewußtsein der höchsten Abstraktion sich in der Anschauung der vielfältigen Wirklichkeit erst wahrhaft ereignet, erlebt und bewährt hat. Die gleiche Figur, nach der die Erfüllung der Stufen nicht in der letzten Steigerung der Abstraktion gedacht wird – das hieße kantisch, im Transzendentalen, – sondern in der Begrenztheit und Vielfalt der – nie »reinen« – Wirklichkeit, finden wir auch bei Gregory Bateson. Sein Vorschlag allerdings, in diesem Zusammenhang das Zusammenspiel unserer Vermögen mit dem mathematischen Begriff der »Kalibrierung« zu bezeichnen, scheint doch zu schematisch auszufallen. Er ist daher interessant in der grundsätzlichen Überzeugung, daß dieses an sich existentielle Zusammenspiel systematisch begriffen werden kann.

11. Gestisches Wissen ist bedingtes Wissen

Wir müssen noch weiter gehen, als es die aufgezeigten Abhängigkeiten zum Ausdruck bringen. Gestisches Wissen ist an die Menschen gebunden, die es erworben und ausgebildet haben. Und es ist, als nicht rekonstruierbares, nicht wirklich verbalisierbares, in seinen Vollzug gebunden. »Ich muß es dir zeigen, und du mußt aufpassen.« Es ist abhängig vom Gesamt geeigneter Situationen, woraus sich durchaus Schwierigkeiten für »Demonstrationen« ergeben. Es muß gelebt werden. Das bedeutet wieder zumindest zweierlei. Der Vollzug der Geste kann Arbeit und Lebensäußerung, Hervorbringung und Darstellung des Wissens, Anwendung und Entfaltung, Erinnerung und Weiterentwicklung in einem sein. Sie ist so begrenzt gültig wie alles Konkrete. Ihre Bedingtheit kann die Voraussetzung zum Beglückenden sein; sie hält indessen der Aufforderung zur diskursiven Rechenschaft nicht stand.

Entscheidend ist nun, sich nicht auf diese falsche Alternative zu fixieren. Diskursive Rechenschaft ist gut und nötig; gestisches Wissen ebenso. Sie können nicht gegeneinander ausgespielt werden – oder sie zerfallen am falschen Legitimationsanspruch.

Der entsteht dadurch, daß wir beim einen oder beim anderen Wissen vergessen, daß jedes Wissen seinem Gegenstandsfeld und seinen Produktionsmethoden entsprechend, wie Nicht-Wissen ebenso, konstituiert wird. So allgemein gilt die Begrenztheit von Wissen nämlich für jede Art von Wissen, von Erkenntnis. Das geht zwingend aus der begrenzten Reichweite und, vielleicht noch wesentlicher, aus den begrenzten Modalitäten unserer menschlichen Vermögen hervor. Unsere Freiheit ist dieses Wissen, mit der Möglichkeit, unsere begrenzten Vermögen in diesem Bewußtsein einzusetzen und fortzubilden. Wesentlich ist, zu begreifen, daß wir es jeweils sind, die über die Grenzziehung zwischen erreichbar und unerreichbar und, mehr noch, zwischen mit diesem Vermögen und mit jenem Vermögen Erreichbarem entscheiden. Die erkenntnistheoretische Grundlage für die Anerkennung des bedingten gestischen Wissens bildet die Grundeinsicht aller Hermeneutik. Alles Wissen ist zugleich konstituiert durch unaufhebbares Nicht-Wissen. Eigentlich haben schon Kant und Jaspers, so klar aber hat erst Jeanne Hersch gezeigt, daß dies aus logischer Untersuchung der »conditio humana« allgemein zwingend hervorgeht.

Ich will das weder als eine »postmoderne«, beliebige »Pluralität« genommen wissen, noch halte ich es für gerechtfertigt oder anständig, die nun auftretenden Fragen, wie nämlich die Methoden der verschiedenen Vermögen und deren Ergebnisse folgerichtig aufeinander bezogen werden können, dadurch zu unterdrücken, daß man bei der alten »Hierarchie« Zuflucht sucht. Ich sehe unsere Aufgabe vielmehr darin, in theoretischer und erprobend praktischer Reflexion auf die konkrete historische Lage jetzt das Versäumte aufzuholen und Zusammenhänge zu durchdenken. Marx hat mit seinem schönen Wort vom »bornierten Kunstsinn des Handwerkers« ein brauchbares Modell angedeutet. Die kritische Erkenntnis, daß da ein zu viel weiterer Kunst befähigter Sinn faktisch borniert wird, fordert dann zu einer Reihe von Fragen auf, was da borniert wird und wie eine Entfaltung möglich sein, wozu sie verhelfen könnte.

III. Zur Komplementarität verschiedener Wissensformen

Wissen, das ubiquitär und zeitlos unabhängig von bestimmten Menschen gilt, darf nicht zum Maßstab für Wissen überhaupt gemacht werden. Quantitative Messungen und formelhafte Abstraktion überwinden zweifellos mit wichtigen Vorteilen lebensgeschichtliche, landschaftliche, kulturelle Grenzen. Andererseits zerstört ihr Vorherrschen solche Formen des Wissens, deren Begrenztheit im konkreten Bedingtsein liegt – während jene mehr durch die Modi logischen Erfassens des Wissens begrenzt sind, so daß deren Begrenztheit sich als Abstraktion niederschlägt und dem Erkenntnistheoretiker weniger ins Auge fällt. Verschiedene Vorgänge und Schulen, Traditionen des Farbenanrührens, der kalligraphischen Pinselführung oder einer Temperaturbestimmung, also bestimmte Gattungen von gestischem

Wissen, eignen sich dennoch zu Vergleichen; allerdings unter Einbeziehung der Kontextabhängigkeit. Zur Stilisierung von Normen ist es sehr viel weniger geeignet. Das hat andererseits den Vorteil, daß die Illusion weniger nahegelegt wird, absolute Normierung und Normativität wäre immer das erste Ziel und könnte eigene Reflexion auf die Bedingungen neuer Umsetzung ersparen.

Gestisches Wissen als solches verbindet das je spezifische Wissen auf seine Weise mit der Organisation des gesellschaftlichen und der Ordnung des naturhaften Lebens. Dabei unterliegt es seinen eigenen Gefahren konservativer Unbeweglichkeit – durchaus im Sinne der *idées sociales* und *faits sociaux* von Emile Durkheim. Es bietet aber eine gesellschafts- und lebenspraktische Ebene kritischer Reflexion. Wesentliche Momente dieser Verbindungen werden zumindest ohne eine hinzukommende eigene Aufmerksamkeit implizit bleiben. Was zu komplex für die Rekonstruktion ist, also jedes Zusammenspiel etwa unserer Organe wie dieser mit unseren anderen Vermögen bis hin zur Vernunft, kann implizit besser oder einzig sich ausdrücken. Existentielles Erfahren und Einstehen für ein solches Wissen ist ein Vorzug, wo es um die einzelne Lebensgeschichte oder um diese als Stellvertreterin für die Geschichte der Menschen oder des Lebens auf der Erde überhaupt geht. Derselbe Umstand wirkt nachteilig im Hinblick auf Vorhersage, Planung und Standardisierung, soweit es um diese gehen muß. Die Antwort kann offensichtlich nur sein, zum Abwägen aufzufordern und die einen Methoden durch die anderen zu überprüfen, zu ergänzen.

IV. Erweiterung über die Identitätslogik hinaus

Der Begriff der Logik wird hier in einem erweiterten oder zu erweiternden Verständnis eingeführt. Er soll den Anspruch strenger Beziehungsverhältnisse, Schrittfolgen etc. im Sinne von Möglichkeiten und Bedingungen deutlich machen. So ist es unlogisch, von den »niederen« im Verhältnis zu den »höheren« Vermögen für Sinnesorgane und Verstand zu sprechen, weil die einen von den anderen weder abgeleitet noch ihrem Wesen entsprechend übergriffen werden. Ebenso ist die immer wieder auftretende Vorstellung von den »Sinnestäuschungen« unangebracht. Sinne haben ihre eigene, eben mitlebende Funktionsweise und bilden das ihnen Begegnende nicht klappsymetrisch ab, sondern antworten mit einem eigenen Bild darauf – so wie der Verstand mit seinen eigenen Begriffen zu erfassen sucht. Es kommt darauf an, möglichst gut und genau die jeweiligen Grenzen der Organe zu kennen und in ihrem Gebrauch zu setzen.

Logik wird hier als systematische Forderung nach »richtigem Denken« verstanden. Dazu gehören entscheidende Instrumente, die zum Teil seit Aristoteles und immer schematischer als allgültig erklärt werden, gerade nicht. Es geht nicht um *logos* als Wort, sondern als Ordnungsgefüge. Die Ausdrücke Gefüge und Spiel – oder Zusammenspiel – weisen darauf hin, daß in diesen Ordnungen auch nicht-deterministische Elemente eine Rolle spielen. So werden etwa Widersprüche nicht unter dem Satz des Ausschlusses – entweder/oder – begriffen, sondern als notwendige Pole von Spannungsfeldern. So wird der Identitätssatz, daß A immer gleich A sein muß, auf seine Funktion bei Aristoteles begrenzt, wo die identische Bedeutung *eines Begriffes* in verschiedenem Zusammenhang gefordert wird. Daneben muß eine »Identität im Werden« durch Verwandlung anerkannt werden, wie sie in allem Lebenden Bedingung für Kontinuität ist. Statt des euklidischen reinen Nebeneinanders der Körper im leeren Raum kann auch ein In- und Miteinander gedacht werden – wie bei der Zelle, die während des Teilungsvorgangs noch eine und, in bestimmter Hinsicht, schon zwei ist oder doch wird *und* zugleich die kommende, übergreifende Einheit vorbereitet.

Als *Konstitutionslogik* weiß diese Logik etwas von den notwendigen Bedingungen und bedingten Möglichkeiten, von Voraussetzungen und übergreifender Ordnung. Als Demonstration kann dafür eine Übungsfolge zum »zweiäugigen Sehen« dienen nach Bateson, Pennington, Kükelhaus, Lippe.

Als zeitliche Logik weiß sie etwas von Vorgeschichten und Konstellationen, von Bedingungen für Koinzidenz oder zum Beispiel einen »Quantensprung«; von wechselseitigen Abhängigkeiten in der Zeit; von *timing*, »rechtem Augenblick«, Dauer, von Irreversibilität. Als Demonstration kann die »Philosophie Poilâne« herangezogen werden, die theoretische und praktische Lehre des Pariser Bäckers, der in seinen vielen Betrieben das Thermometer abgeschafft hat. Die Menschen sollen wieder erfahren, daß ihr eigenstes, erlebend gewonnenes und arbeitend ausgebildetes Wissen unersetzlich ist. Das ist die theoretische Seite. Praktisch erweist sich das stündlich, wenn die Bäcker mit der Hand am besten die geeignete Wärme des Brotteigs und seine Konsistenz bestimmen; wenn sie an der Wärmeausstrahlung, an der Farbe, an verschiedenen Rückwirkungen der Glut am besten wissen, wann welcher Teig in den Ofen zu schieben ist.

Als Logik des Wirklichen, des Kann statt des Könnte, unterscheidet sich diese Methode vom Gedankenexperiment, wie es die Methodologie zum Beispiel der Nationalökonomie mit der Unterstellung von *ceteris paribus* zum Überspringen von stillgestellter Zeit zur Grundlage macht. Sie weiß aber auch, daß »ein Unterschied nur ein Unterschied ist, wenn er einen Unterschied macht« – nämlich in bezug auf jemanden oder etwas; sonst wird er vielleicht gedacht, existiert aber nicht, wie Bateson, in *Mind and Nature* zeigt. Dazu gehört das Denken in *co-evolution* (Bateson) und *co-history*, *co-existence* (Maturana), weil gelebte Gesten immer aus gelebten Geschichten ihre Aussagekraft ziehen.

Die Aufgabe, gestisches Wissen in seiner grundlegenden Bedeutung für die Praxis und in der Theorie zu begreifen, ist so vielleicht deutlich genug dargestellt, um als ein Entwurf wirksam zu werden. Die vorherrschende Tendenz, in geradezu ideologischer Einseitigkeit alles Unkalkulierbare durch automatische Apparaturen zu ersetzen, macht die rasche, intensive Ausarbeitung von Gegenentwürfen zu einer dringenden Aufgabe. Unter der Automatisierung der letzten Jahrzehnte ist so viel an gestischem Wissen in der Produktion verdrängt worden, daß heute schon der hergestellte Mangel zum Ersatz herausfordert. Daran ist keineswegs nur die vorgebliche Unrentabilität von Menschen mit gestischem Wissen schuld. Vielmehr handelt es sich auch um eine Ideologie, die der mangelnden Wertschätzung dieses Wissens folgt. Diese aber folgt wesentlich auch aus der Verdrängung gestischen Wissens durch Wissenschaftler, die sich auf hohem oder weniger hohem Niveau unfähig gemacht haben, Vorgänge zu begreifen und anzuerkennen, die sie nicht rekonstruieren können. Das geht so weit, daß sie wesentliche Schritte ihrer eigenen Wissenschaft falsch beurteilen müssen.

v. Also eine Logik des gestischen Wissens

Wie alle Konstitutionslogik handelt die des gestischen Wissens nicht von Denkformen, die von Denkformen abgeleitet werden. Vielmehr stellen ihre Formen einerseits den Versuch dar, Bewegungsformen der organischen, aber auch der anorganischen Manifestationen, die wir unter dem Begriff Natur zusammenzufassen gewohnt sind, benennend zu folgen und nach Gefügen von Bedingungen und Möglichkeiten zu fragen. Wir wollen sie im Stile gesetzesförmiger Aussagen darstellen. Bewegungsformen bilden die Ansichten von der Natur, die wir als *natura naturans* kennen. Formen der *natura naturata* betrachten wir folglich als Niederschlag oder als geronnene Bewegungen. Strukturen interessieren uns durch die Frage, welche Bewegungen und Bewegungszusammenhänge zu diesen und keinen anderen Strukturen geführt haben oder welche Bedingungen und Möglichkeiten sie für weitere Bewegungen darstellen. Andererseits folgen wir unter den gleichen Fragen den Bewegungen und Manifestationen des menschlich-geschichtlichen Lebens, sowohl für individuelle wie für Situationen und Geschichten von Gemeinschaften. Besonders interessant werden solche Übersetzungen von wirklichen Vorgängen in logische Figuren und Begriffe im Bereich der Begegnungen, Übergänge, Verbindungen zwischen dem menschlich und dem naturhaft Geschichtlichen.

Genau hier haben wir die Gesten aufzunehmen. Wir vollziehen Gesten aus unseren Sinnesorganen heraus und im Medium unserer inneren Natur. Gesten sind dabei wesenhaft menschlich und damit geschichtlich im historischen Sinne. Wir müssen uns an eine Konstitutionslogik halten, wenn wir die je besonderen Übergänge von der Physiologie unserer Sinnesorgane zum Gesamt unserer Bewußtseinsschichten bestimmen, wenn wir die Wechselbeziehungen solcher Übergänge, umgekehrt, zu den Prägungen von Wahrnehmungen und Äußerungen der Sinnesorgane durch das geschichtliche Bewußtsein klären wollen. Es ist ein Zusammenspiel wie im atmenden Austausch von innen und außen. Während »die Natur der lebendige Leib des Menschen ist«, wie Marx sagte, haben wir ihr zugleich mit Händen und Werkzeugen und Gedanken so unsere menschlichen Formen gegeben, daß uns an ihr ein Bewußtsein vom Menschen entgegentritt, wie wir es anders kaum präsent haben. Unsere Vorstellung von einem

Baum wie unsere Vorstellung von unserem Herzen drohen sich uns an die Stelle von Baum und von Herz zu setzen. Indessen sind eben auch umgekehrt die Rhythmen unseres Leibes, die Sympathie unserer fühlenden Haut mit einer vertrauten Wärme und das Staunen unserer Augen im Rot eines glühendes Eisens im Spiel, wo wir meinen, aus wissenschaftlichen Experimenten objektive Messungen in rationale Erklärungen übersetzen zu können.

Zunächst hatte ich im Zusammenhang des *Sinnenbewußtseins* einen Begriff von der authentischen Geste eingeführt. Ich suchte nach einem Gemeinsamen menschlicher Äußerungen, die sich im Sinnenhaften bilden und in bestimmten Fällen zu dem gehören, was wir Kunst nennen, in anderen Fällen weder kunstvoll noch kunstlos sind, sondern soweit gültige Antworten von Menschen auf eine Frage des Lebens geben. Ein Blick, eine Umarmung, eine Bewegung über Papier und ihre Spur, eine Abwendung, eine plötzliche Melodie. Mit der Frage nach dem Authentischen einer Geste wollte ich ebenso eine gelingende Zeichnung eines Kindes von seinem Gekritzel unterscheiden wie sie mit der eines großen Künstlers vergleichen können. Von da kam ich dazu, mich zu fragen, wie solches Gelingen und Mißlingen Teil unseres Bewußtseins wird. Vielleicht gewinnen wir irgendwann eine Vorstellung, einen Begriff davon. Aber das kommt dann hinzu. Wesentlich ist die genauer gefaßte Frage, wie denn solches Gelingen und Mißlingen in uns fortlebt.

Selbst wenn wir uns des Gelingens einer Tanzbewegung, mit der wir eine Schrittfolge zusammengefaßt haben, oder eines winzigen, insistierenden Einhaltens beim Einsetzen einer Schraube deutlich, wie es uns scheint, erinnern, ohne die Bewegung neu zu vollziehen, werden wir immer nur von unserem Wissen wissen; aber das Wissen selbst wird nicht zur Gegenwart kommen. Es wird im Modus der Vergangenheit oder der Möglichkeit oder des Irrealis verbleiben.

Gestisches Wissen tritt nur in der Geste wieder hervor. Das hat der Wissenschaft, besonders den exakten Wissenschaften, die sich ausschließlich rekonstruierbaren, also rational kontrollierbaren Schritten verdanken wollen, doppeltes Unbehagen bereitet. Wissen, das in die Geste, also in einen Lebensvollzug selbst, gebunden ist, entzieht sich dem Gebot der beliebigen, willkürlichen Reproduktion. Dies allein wäre für Physiker oder Chemiker Grund zur Flucht genug. Währenddessen zeigt sich immer deutlicher in der Wissenschaftsgeschichte eine Grauzone in wesentlicher Bedeutung, wo sie sich wirklich auf die Wiederbelebung von Experimenten einläßt, die irgendwann einmal zur Formulierung eines Gesetzes gedient haben, inzwischen aber längst zu Papier geworden sind – wie die Siege, die unsere Nationalhymnen endlos weiter feiern. Der Ausdruck der Grauzone kann hier ganz in seinem üblichen Sinn verstanden werden. Die seitlichen Zwischenfelder heißen so zwischen dem Sehfeld vor uns und einem Fühlfeld im Rücken. Wir sehen da keine Farben: Wir nehmen aber auch in Grauwerten nur wahr, was nicht festgestellt ist, sondern sich bewegt.

An diesem empfindlichen Punkt unserer Reflexion auf die Bedingungen unseres Wissens mag die andere Seite des Unbehagens, näher und mutiger betrachtet, sich als eine Hilfe anbieten, wenn auch in Gestalt einer grundsätzlichen Herausforderung. Was ich die Tiefendimensionen des Ästhetischen nenne, wird uns durch so viel Wissen aus den Naturwissenschaften vom Menschen sicher nicht rekonstruierbar, aber greifbar verständlich gemacht, daß wir uns für das Gestische nicht allein den Erfahrungstraditionen etwa der handwerklichen Geschicklichkeit anzuvertrauen brauchen. Diese finden eine Ergänzung in einer Beschreibung der Lebensbewegungen, auf die wir die Forderungen unseres Verstandes wenigstens so weit richten dürfen, daß wir nach Bedingungen und Möglichkeiten, nach strengen Folgen einander bedingender beziehungsweise aufeinander aufbauender Schritte fragen können. Wir werden zur Antwort erhalten, welche von verschiedenen Möglichkeiten unter dem Einfluß welcher zusätzlichen Momente wirklich, welche nicht wirklich geworden sind; wie sich im Wechselspiel der Einwirkungen, Abweisungen und Einladungen, die von außen kamen, mit den Antworten des untersuchten Wesens – oder Organs – diese eine, nun differenziertere Fähigkeit ausgebildet hat.

Im Gegensatz zu der Logik, die sich allein im Reich des Denkmöglichen und Denknotwendigen bewegt, wird allerdings nie die Summe der notwendigen Bedingungen, wie gut immer sie gegeben sein mögen, mit der Unweigerlichkeit des Schlusses den nächsten Schritt ergeben. Das ist das Problem in Hegels Realphilosophie des Geistes, wenn er die Gattungsgeschichte in logischen Figuren zu rekonstruieren versucht. Er nimmt einfach an, daß immer, wenn ein unbestimmter Wille auf einen bestimmten Gegenstand seiner Begierde trifft, sich eine bestimmtere Beziehung einstellt und diese sich in einer gegenständlichen Ausrichtung des allgemeinen Willens niederschlägt, nun Trieb genannt. Der »Trieb« stellt eine Verallgemeinerung des einzelnen Vorgangs dar. Aus dieser Allgemeinheit wird gefolgert, daß auch allgemein eine Fähigkeit entstanden ist, dem Willen Gegenstände zu bestimmen, also weitere »Triebe« möglich werden. Diese Möglichkeit wird bei nächster Gelegenheit dann auch verwirklicht usw. Und so weiter heißt, die wieder nächste Stufe wird möglich. Sie besteht nicht darin, daß einige oder viele weitere »Triebe« hinzukommen. Vielmehr wird eine strategische Dimension, die in der Beziehung desjenigen Willens, genannt Trieb, der sich ein Ziel bestimmt, zu seinem Gegenstand angelegt ist, als solcher hervortritt: Arbeit, bewußter Einsatz bestimmter Mittel, um einen bestimmten begehrten Gegenstand zu gewinnen.

Diese Schritte werden so dargestellt, als ob sie mit Notwendigkeit sich ereignen, weil die Denkmöglichkeit zeigt, daß sie wirklich werden können. Selbst wenn der Weltgeist da einmal an einer Stufe ins Stolpern geraten würde, würde er doch immer die Treppe hinauffallen. Von noch wichtigerer grundsätzlicher Bedeutung ist es, daß bei Hegel diese großartige theoretische Betrachtung unter dem unausgesprochenen Verbot heraufgeführt wird, nie den Blick, geschweige denn den Fuß rückwärts zu wenden.

Gerade dies tun wir, indem wir eine Figur wie das gestische Wissen zulassen. Keineswegs ist die Kehrtwendung endgültig, wie es offenbar immer befürchtet worden ist. Es geht nur darum, im vollen Stande eines entfalteten und zu begrifflicher Arbeit fähigen Bewußtseins uns erneut den Momenten menschlicher Tätigkeit zuzuwenden, in denen die Sinnesorgane als Mitspieler auftreten. Ich habe dies unter dem Begriff einer progressiven Regression weiter erläutert.

So kann gestisches Wissen als existentielle, aber auch kognitive Verbindung von Informationsverarbeitung und Mimesis begriffen werden. In diesem Sinne wird der Begriff inzwischen von Autoren der Naturwissenschaftsgeschichte übernommen. Als gestisches ist das bedingte Wissen, etwa des Handwerks, nicht so sprachlos, wie das Wort *tacit knowledge* es sehen will. Ein weiteres und vielschichtigeres Vermögen der Menschen kann damit bezeichnet werden als mit den Wort *skill*, das von Geschicklichkeit bei der Fertigung spricht, aber eigentlich nicht wirkliche Fähigkeiten zu achten gebietet. Konstitutionslogisch begriffen, haben wir es nämlich nicht mehr mit einer bestimmten Schicht in der Hierarchie der Gemütsvermögen, wie sie Kant mit letzter Klarheit aus den gegeneinander definierten Schichten von Sinnen, Verstand, Vernunft rekonstruiert hat, zu tun. Vielmehr rückt jetzt in unser Vorstellungs- und Begriffsvermögen ein eigener Typus des Zusammenwirkens dieser Schichten. Daß aller Begriff ohne Erfahrung leer sei, hat Kant uns warnend klargemacht. Begriffslogisch konnte aber Erfahrung doch wieder nur formal gefaßt werden. So ist ein Typus des Zusammenwirkens entstanden, der unter der Vorherrschaft der Verstandesbegriffe steht. Die Geschicklichkeit ist durch das Vorurteil blockiert, das damit auf die Beteiligung der Sinnesorgane fallen muß. In der historischen Arbeitsteilung hat Marx genau dies mit dem Begriff vom »bornierten Kunstsinn des Handwerkers« kritisiert. An diesem Typus jegliches Wissen zu messen wäre ebenso falsch, wie es sinnvoll und notwendig ist, im Vergleich mit ihm die ergänzenden Möglichkeiten und die mit diesen ihrerseits gegebenen Begrenzungen zu bestimmen.

Konstitutionslogisch können wir eben Praxis als Reflexionsebene fassen. Genau dies tut Hegel, wenn zum Beispiel er das Werkzeug als *tote Mitte* und das Wissen, wie mit ihm umzugehen sei, als *lebendige Mitte* auf der logischen Stufe einer Allgemeinheit auffaßt, auf der der Geist den Boden unter die Füße bekommt, von dem aus er zu dem nächst höheren Schritt ansetzen kann. Offensichtlich bedeutet dann höher, was Hegel vielleicht gar nicht betont hat, nicht höher in der Hierarchie isolierter Vermögen, sondern differenzierter in den Anlagen zu komplexerem Aufnehmen und Entwerfen und Verwirklichen. Diese Komplexität hat die Kybernetik Rückbezüglichkeit genannt. In der Kritik an darin fortgesetzten mechanischen Vorstellungen und aufbauend auf der Gestaltkreislehre von Viktor von Weizsäcker hat Alfred Prinz Auersperg dies anders fassen wollen. Er hat dafür den Begriff der Rückbeziehungen gebraucht, der das Existentielle jedes solchen Reflexionsereignisses in der lebendigen Welt bewußtmachen soll und systematisch darauf verweist, daß von der biologischen bis zur höchsten menschlichen Bewegung immer ein Moment von Indeterminismus im Spiel ist. Das bedeutet zugleich, daß gestisches Wissen nicht simuliert werden kann, weil es nie nur reproduktiv auftritt, sondern immer als letztlich doch einmalige Antwort auf nur vergleichbare, nicht identische Situationen.

Wir können sehr wohl verstehen, was in sich selbst verständlich ist. Dazu dürfen wir eben nur nicht allein einen äußeren Standpunkt einnehmen wollen. Insofern bleibt der Geste etwas Geheimnisvolles, obwohl wir die Rätsel ihres Zustandekommens lösen können. Auch das gestische Wissen ist noch nicht da, wenn seine Denkmöglichkeit da ist. Es will vollzogen sein. Damit gehört es in das Bewußtseinsfeld, zu dem Goethe, »epirrhematisch«, sagt: »Drum ergreife ohne Säumnis heilig öffentlich Geheimnis.«

Literatur

Auersperg, Alfred Prinz, und Ludwig von Bertalanffy (1985), »Über die Wahrnehmung«, in: *Zeit und Stunde.* Festschrift für Aloys Goergen, Münden: Mäander Verlag.

Augustinus, Aurelius, *Confessiones.*

Bateson, Gregory (1980), *Mind and Nature. A Necessary Unity*, New York: Dutto; deutsch: *Geist und Natur. Eine notwendige Einheit*, Frankfurt am Main: Suhrkamp 1982.

Bergson, Henri (1934), *La pensée et le mouvant. Essais et Conférences*, Paris: Librairie F. Alcan 1934; deutsch: *Denken und schöpferisches Werden*, Meisenheim am Glan: Westkulturverlag 1948.

Buytendijk, Frederik J. (1958), *Das Menschliche. Wege zu seinem Verständnis*, Stuttgart: Koehler.

Goethe, Johann Wolfgang von (1948 ff.), *Hamburger Ausgabe*, Bd. 13, hg. von Dorothea Kuhn und R. Wankmiller

Hersch, Jeanne (1995), *Menschsein, Wirklichkeit, Sein*, hg. von Rudolf zur Lippe, Berlin: Akademie Verlag.

Kükelhaus, Hugo (1975), *Fassen, Fühlen, Bilden. Organerfahrungen im Umgang mit Phänomenen*, Köln: Gaia Verlag.

Marx, Karl, und Friedrich Engels (1845), *Die Deutsche Ideologie,* in: *Werke* (*MEW*), Bd. 3, Berlin: Dietz 1969, I: Feuerbach.

Mauss, Marcel (1935), »Les techniques du corps«, in: *Journal de Psychologie Normale et Pathologique* 32, S. 3 f.

Polanyi, Michael (1978), *Implizites Wissen,* Frankfurt am Main: Suhrkamp 1985.

Portmann, Adolf (1956), *Biologie und Geist*, Zürich: Rhein Verlag.

Raphael, Max (1974), *Theorie des geistigen Schaffens an marxistischer Grundlage*, Frankfurt am Main: Fischer.

Straus, Erwin (1956), *Vom Sinn der Sinne. Ein Beitrag zur Grundlegung der Psychologie*, Berlin: Springer.

Warburg, Aby M. (1979), *Ausgewählte Schriften und Würdigung*, hg. von Dieter Wuttke in Verbindung mit Carl Georg Heise, Baden-Baden: Verlag Valentin Koerner.

Weizsäcker, Viktor von (1940), *Der Gestaltkreis. Theorie der Einheit von Wahrnehmen und Bewegen*, Leipzig: Thieme.

zur Lippe, Rudolf (1987), *Sinnenbewußtsein. Grundlegung einer anthropologischen Ästhetik*, Reinbek bei Hamburg: Rowohlt.

– (1995), »Natura sive deus«, in: Beat und Beatrix Sitter-Liver (Hg.), *Culture Within Nature*. Proceedings of the symposium staged by the Swiss Academy of Humanities and Social Sciences at The Swiss Pavilion of EXPO '92, World Exhibition in Seville, Spain, Basel: Wiese.

Rudolf Wolfgang Müller
Gernot Böhme – *Anima naturaliter japonica*

Wenn wir heute vom Natursein des Menschen sprechen, so ist das häufig die Absage an eine immer noch sehr mächtige Haltung und Wissenschaftsauffassung, die in der ersten Hälfte dieses Jahrhunderts völlig dominant war. Gerade Gernot Böhme hat in seinen Schriften der letzten zehn, zwanzig Jahre den lange verkannten Zusammenhang von innerer und äußerer Natur in vielen Hinsichten detailliert herausgearbeitet. Immer wieder hat er dabei Auffassungen vertreten, die ich aus der Welt des japanischen Alltags, der japanischen Sprache und der japanischen Auffassung von Kunst kenne, zu kennen glaube. In diesem Sinn verstehe ich den Titel dieses Beitrags: Gernot Böhme, ein von seiner Werdung her japanisch gesinnter Geist. (In der ursprünglichen Verwendung bezieht sich *Anima naturaliter christiana* auf jene vorchristlichen Philosophen und Dichter, wie Platon, Vergil, Seneca, die nach der Auffassung antiker christlicher Kirchenväter ›eigentlich‹ schon beinahe Christen waren, weil sie nicht an viele Götter und Götzen, sondern an *einen* Gott glaubten.)[1]

Aber was heißt *japanisch gesinnt*? Diese Frage stellt sich um so dringlicher, als *Japan* und *japanisch* für Europäer – und in besonderer Weise für Deutschsprachige – von einem bunten Vorhang von Vorurteilen verdeckt ist; allerhand erkenntniskritische Reflexion und nicht bloß Kenntnisse sind erforderlich, um sich in diesem Gestrüpp dem eigenen Ort anzunähern und derart auch des Gegenstands ansichtig zu werden. Was ich selbst, heute, darunter verstehe, in jenem Land aufgewachsen und in der alten Bundesrepublik wissenschaftlich damit befaßt, das hoffe ich von Fall zu Fall deutlich machen zu können. Vorweg nur soviel. Wenn sich fast jedem eingereisten Europäer dort zunächst der Eindruck eines irritierenden und widersprüchlichen und erst noch zu klärenden Nebeneinanders von japanischer Tradition und westlicher Moderne aufdrängt, so möchte ich dem entgegen-

1 Vgl. Klaus Kienzler, Artikel »Anima naturaliter christiana«, in: *Lexikon für Theologie und Kirche*, Freiburg/Basel/Rom/Wien: Herder 1993, Sp. 680 f.

halten, daß sich ein solches Nebeneinander und Gegenüber der großen Mehrzahl moderner Japaner nicht darstellt.[2] In fast jedem Element des Alltags, in fast jedem japanischen Menschen ist ein *jeweils spezifisches Amalgam* aus akzeptierten, neubelebten, umfunktionierten oder auch entschieden verworfenen Traditionselementen einerseits und ebenfalls selektiv rezipierten, ein- und umgebauten oder auch verworfenen Bestandteilen der westlichen Moderne andrerseits entstanden. Es gibt in Japan heute eine *Andere Moderne*[3], ein wirkliches, sicher auch widersprüchliches und krisenträchtiges, aber insgesamt recht funktionstüchtiges Amalgam der Amalgame, ein unscheidbares Neues, und das in ständiger, rascher Fortentwicklung. Und es gibt japanische Tradition in einem sogenannten reinen Sinn allenfalls in gewissen, quasi musealen Resten, die ohne Alimentierung aus dem modernen Bereich schwerlich überlebt hätten. Mancher Shintô- oder buddhistische Priester ist ›tagsüber‹ ein ganz gewöhnlicher Berufstätiger, zum Beispiel Universitätsprofessor oder Ingenieur.

Hier stellt sich dann freilich die rückbezügliche Frage, ob das in Europa so durchaus anders ist. Sind etwa die offiziellen Glaubensbekenntnisse der Kirchen, etwa die von Nicäa oder von Augsburg, anderes als museale Reste? Oder etwa die teuer gepflegten Repräsentationsbauten Alteuropas?[4]

Diese hier nur sehr knapp angedeutete Rück-Frage läßt sich auch anders lesen. Die detailliert begründete Verabschiedung von tiefverankerten Traditions- und Glaubenssätzen Alteuropas, die sorgsame Freilegung von andersartigem Zugang zu Wirklichkeit, etwa als eine ›Aisthetik der Natur‹ oder als ein vom ›Sein der

2 Vgl. dazu meinen Aufsatz »Tradition und Moderne. Zum Verhältnis von Vorurteil und sozialwissenschaftlichem Begriff«, in: Ulrich Menzel (Hg.), *Im Schatten des Siegers: Japan. Kultur und Gesellschaft*, Bd. 1, Frankfurt am Main: Suhrkamp 1989, S. 243-276. Vgl. auch Karl Löwith, »Bemerkungen zum Unterschied von Orient und Okzident« (1960), in: ders., *Sämtliche Schriften*, Bd. 2, Stuttgart: Metzler 1983, S. 571 ff., insbesondere S. 591 f. – Meine Verweise auf Literatur sind sehr uneinheitlich, weil mir durch einen Umzug der Zugang zu vielen Titeln fehlt.

3 Vgl. Irene Hardach-Pinke (Hg.), *Japan – eine andere Moderne*, Tübingen: Konkursbuch-Verlag 1990.

4 Vgl. Rudolf Wolfgang Müller, »Tradition und Moderne ...«, a.a.O. S. 268 ff.

Dinge unabhängiges Sein der Bilder‹, wie sie Gernot Böhme in vielen Vorträgen und Schriften unternommen hat, könnte den Übergang zu einer Anderen Moderne in Europa bedeuten; welche freilich Berührungspunkte mit der weit entwickelten Anderen Moderne in Japan hat. Einer Moderne übrigens, in der wiederum Elemente einer Tradition aufgehoben sind, die in manchem ›unserer‹ vorchristlichen Antike nahesteht.[5]

Was mir bei Gernot Böhme in verschiedenen Schriften, Vorträgen und Gesprächen aufgefallen ist, das möchte ich zur ›Japannähe‹ an einem einzigen, besonders charakteristischen Aufsatz (wie mir scheint) erörtern, der »*Ästhetik des Ephemeren*« (1987).[6]

Erst in einem »Nachspiel« ganz am Schluß der kleinen Schrift (S. 187-189), in dem er sich auf Hermann Fränkel bezieht, kommt Gernot Böhme auf die Herkunft des Wortes *ephemer* zu sprechen: in der frühgriechischen Lyrik, bei Archilochos oder Pindar, und auch schon bei Homer[7] bezeichnet es eine »Grunderfahrung des menschlichen Daseins« (187), eine dem ›jeweiligen Tag ausgesetzte‹ [*eph' hêmerân*] Weise des Daseins, welcher der Sinn der Menschen unterworfen ist, labil, prekär, ephemer:

»Unser Menschenherz nimmt solche Art an, o Leptines' Sohn
Glaukos, wie der Tag, den Zeus heraufziehen läßt, beschaffen ist,
und wir denken solches, wie uns Wirklichkeit entgegentritt.«
Archilochos (Fragment Diehl, S. 68; Übersetzung Fränkel, S. 28)

5 Dieser Punkt ist besonders Kurt Singer und Karl Löwith aufgefallen, zwei philosophischen Geistern, die sich in den dreißiger Jahren als Emigranten in Japan aufhielten. Vgl. Kurt Singer, *Spiegel, Schwert und Edelstein. Strukturen des japanischen Lebens* (ca. 1950), übersetzt und hg. mit Einführung von Wolfgang Wilhelm, Frankfurt am Main 1991; Karl Löwith, *Sämtliche Schriften*, Bd. 2, a.a.O., in fast allen der dort abgedruckten Aufsätze, die Japan betreffen.

6 Zuerst als Vortrag in Darmstadt 1987. Im folgenden werden jeweils im Text die Seitenzahlen von Böhmes Aufsatzsammlung *Für eine ökologische Naturästhetik*, Frankfurt am Main: Suhrkamp 1989, S. 166-189, angegeben.

7 Odysseus als Bettler im eigenen Palast: »Einstmals war auch ich erfolgreich, war ich selbstbewußt und rücksichtslos ...«; nach Hermann Fränkel, *Dichtung und Philosophie des frühen Griechentums. Eine Geschichte der griechischen Epik, Lyrik und Prosa bis zur Mitte des 5. Jahrhunderts*, München: Beck ²1962, S. 148 f.

Gegen diese »Erfahrung der Hinfälligkeit und Ausgesetztheit menschlichen Daseins« (S. 187) hätten dann Sokrates und Platon, habe die klassische griechische Philosophie versucht, »im Menschen eine unabhängige und stabile Instanz zu errichten«. (Ich habe übrigens einige von Gernot Böhme nicht verwendete Verse von Archilochos zitiert, weil sich gerade an ihnen zeigt, daß sich, indem er diese Situation benennt und sich, in anderen Versen, gegen diese Wechsel zu behaupten sucht, bereits erste Anfänge der bei Platon ganz unübersehbaren Entwicklung beobachten lassen.)[8] Diese stabile Instanz »sollte der Verfallenheit an den Augenblick enthoben sein und gegenüber den Affekten eine herrschende Instanz bilden. Bruno Snell spricht hier von der Entdeckung des Geistes, Hermann Schmitz von der Erfindung der Seele« (S. 188). Das ist für die westliche Welt »zur selbstverständlichen Voraussetzung gesellschaftlicher Normalität« geworden, also: »ein identisches Ich zu sein, eine verantwortungsfähige Person, eine planungskompetente Instanz, ein berechenbarer Akteur« (ebd).

Aber Gernot Böhme erinnert, *Anima naturaliter japonica*, an die andere Seite, an die mühselige Errichtung dieser Instanz in jeder Kindheit (ich möchte hinzufügen: das nicht so seltene Verfehlen dieses Ziels) und an das Illusionäre dieser Daseinsform überhaupt; »der Tod konnte auf diesem Weg humaner Entwicklung nicht abgeschafft werden«. Wir bleiben dennoch *ephêmeroi*: »Die Ästhetik des Ephemeren mag ... dazu dienen, gelegentlich einen Blick auf diese Wahrheit des Menschen zu werfen. Vielleicht ist ja das Glück in der Erfahrung des Ephemeren das Glück des Wiederfindens, des Einverständnisses mit einem Dasein, das beständig zu leugnen uns die moderne Lebensform zwingt« (S. 188 f.). Diese Gedanken klingen vielfach an Japanisches an; vor allem kann man sich das an ästhetischen und dem Ästhetischen nahen Erfahrungsweisen vergegenwärtigen, wie sie auch heute in Japan nicht selten sind. Und von der anderen Seite läßt sich das am geringen japanischen Interesse für bestimmte Formen des aus Europa hereingeholten Denkens zeigen. Bevor ich das ein wenig verdeutliche, muß ich aber zur *Anima naturaliter*

8 Vgl. das Kapitel zu Archilochos (III B 5) in meinem Buch *Geld und Geist. Zur Entstehungsgeschichte von Identitätsbewußtsein und Rationalität seit der Antike*, Frankfurt am Main/New York: Campus [2]1981.

japonica einiges einschränkend sagen. Wenn ich sie Gernot Böhme zuschreibe, so heißt das nicht, daß die für mich faszinierende Ähnlichkeit ihm selbst in jeder Hinsicht bewußt sein muß. Und von der anderen Seite: die *Anima japonica* selbst weiß in aller Regel auch nichts von ihrer japanischen Natur. Das gilt gerade für japanische Wissenschaftler. So intensiv haben sie westliche Wissenschaften und in erstaunlichem Ausmaß die dazugehörige seelische Verfassung erlernt, daß sie von den Voraussetzungen und den Kosten dieser Entwicklung wenig, sehr wenig wissen; ich hebe hervor: *wissen*. Solches Wissen gehört so wenig zum Bereich des *bewußten* Erlernens wie in Europa. Soweit es eine Erfahrung und eine Ästhetik des Ephemeren unter Japanern, unter japanischen Wissenschaftlern gibt, läuft sie in anderen, oft alltäglichen Lebensformen mit. (Wäre das nun eine Beobachtung des unvermittelten Nebeneinander, die ich anfangs abgewehrt habe?) Schließlich, *Anima japonica*, überraschende Anklänge, das heißt nicht: Ähnlichkeit in jeder Hinsicht. Einige in Japan recht verbreitete Haltungen fehlen bei Gernot Böhme; etwa ein unreflektierter Narzißmus des Beisichseins oder eine wenig gehemmte Bewunderung für Mächtiges, Modernes.

Nun zu diesen Anklängen an Japanisches im einzelnen. Da ist zum einen Böhmes vorsichtige Relativierung bestimmter traditioneller Grundlagen des europäischen Denkens. Als deren entscheidendes Zentrum sehe die europäische philosophische, theologische und wissenschaftliche Tradition einen sich gleichbleibenden, der Zeit enthobenen Kern der Person, die Lehre von der Unsterblichkeit der Seele, die Definition des Menschen als Vernunftwesen, bis hin zu ihren Ausläufern in der modernen Identitätspsychologie (S. 188). Gewissermaßen gleichsinnig, wenn auch keineswegs gleichartig begründet, hat die japanische Rezeption westlicher Errungenschaften und speziell der Wissenschaften diese zentralen Grundlagen, so wird man zusammenfassend sagen dürfen, insgesamt wenig beachtet, sich eher pragmatisch auf das unmittelbar Brauchbare daran beschränkt. Was hätte etwa die Vorstellung einer Unsterblichkeit der Seele bedeuten können, wo ihr Garant, der einzige Schöpfergott, allen vorhandenen religiösen Vorstellungen denkbar fern war? Und was die moderne Identitätspsychologie betrifft: gerade in den letzten zwei, drei Jahrzehnten ist in einer vom wirtschaftlichen Wiederaufstieg beflügelten, publikumswirksamen Diskussionsströmung (*Nihon-*

jinron) gegen die westlichen Vorstellungen von der Einzigartigkeit der Individualität die grundsätzliche Gruppenorientiertheit japanischer Individualität herausgestellt worden, nicht selten mit dem Tenor japanischer Einzigartigkeit.[9] Man kann die Differenz (aber auch Gernot Böhmes Argumentation zum Begriff der Zeit und ihrem Übergewicht in der traditionellen Ästhetik) auch auf einer ganz elementaren Ebene verdeutlichen. Zusammen mit anderen westlichen Institutionen wie der Eisenbahn ist vor über hundert Jahren in Japan auch die moderne westliche Disziplinarzeit eingeführt worden und in der Bevölkerung sehr erfolgreich verankert worden; eine wesentliche Voraussetzung für den wirtschaftlichen Erfolg, und in Gestalt exakt eingehaltener Termine manchem europäischen Besucher als anstrengend bekannt. Aber in der Alltagspraxis gibt es dennoch eine Vielzahl anderer Umgangsformen mit der Zeit und mit den Aufgaben, oft mit Prisen aus der Tradition oder was von Interessierten dazu erklärt worden ist. Jeweilige Amalgame eben.

Nun zur Erfahrung des Ephemeren, zu einem Einverständnis mit dem Dasein, wofür Gernot Böhme in dem Aufsatz »Ästhetik des Ephemeren« eine Reihe von Hinweisen gibt. Ich berichte von Anfang der achtziger Jahre in Japan mehrfach Erlebtem, mit Vorbedacht aus dem gewöhnlichen Alltag dieser modernen Industriegesellschaft. Ein moderner Vorortbahnhof morgens zur Berufsverkehrszeit, alle fünf Minuten hält ein langer Zug, Richtung Tokyo, Zentrum. Hunderte stellen sich an ihrer gewohnten Stelle auf dem Bahnsteig auf, um auf ›ihren‹, schon recht vollen Zug zu warten. Aber einige der die Treppe zum Bahnsteig Hinabsteigenden bleiben auf einem Absatz stehen. Die großen Fenster dort gehen nach Westen, und häufig kann man von hier aus den Fuji

9 In deutscher Sprache zugängliche und in Japan sehr verbreitete Texte von Wissenschaftlern zum Thema *Nihonjinron* (oder *Nihonron*, Japantheorien): Chie Nakane, *Die Struktur der japanischen Gesellschaft* (engl. 1970), Frankfurt am Main: Suhrkamp 1985; Takeo Doi, *Amae. Freiheit in Geborgenheit. Zur Struktur japanischer Psyche* (jap. 1971), Frankfurt am Main: Suhrkamp 1982 (von beiden Autoren auch Beiträge in dem von Menzel hg. Band *Im Schatten des Siegers. Kultur und Gesellschaft*, a.a.O.); neuerdings auch Bin Kimura, *Zwischen Mensch und Mensch. Strukturen japanischer Subjektivität* (jap. 1972), übersetzt und hg. von Elmar Weinmayr, Darmstadt: Wissenschaftliche Buchgesellschaft 1995.

erblicken, wie er majestätisch über den Wolken erscheint, zu erscheinen geruht. Die Stehengebliebenen blicken dorthin, eine halbe oder ganze Minute, zwei Minuten vielleicht; dann geht es weiter, hinunter zum Zug. – Daß so ein Stückchen meditative Versenkung im japanischen Berufsgetriebe häufig zu beobachten wäre, möchte ich nicht behaupten; in Deutschland allerdings kann ich mir so etwas gar nicht vorstellen.

›Zu erscheinen geruht‹, ›majestätisch‹: damit will ich zweierlei andeuten. Dieser Berg spielt, immer noch, eine überragende Rolle in der Ästhetik (im doppelten Sinn, auch als Aisthetik), im kollektiven Bildervorrat und der Symbolik vieler Japaner. (›Immer noch‹? Meine Skepsis läßt mich fragen: Ist er vielleicht dazu erst im Prozeß der Bildung der modernen Nation gemacht worden? War seine Bedeutung vorher anders? Womöglich *nur* ästhetisch, in einem westlichen Sinn einer abgehobenen Ästhetik Gebildeter? Dagegen sprechen andrerseits die vielen Ortsnamen in und um Tokyo, die den Bestandteil *Fujiblick* enthalten.)

Und wenn man auf japanisch sagt: *Ich kann den Fuji sehen!*, so gibt es in diesem Ausdruck nicht bloß keine Bezeichnung der Person durch ein Personalpronomen *ich* und auch keine Verbalendung dafür (man sagt also nur *Fuji sehen können*)[10], sondern man kann die Wendung *Fujisan ga miëru* ebenso auch übersetzen: »Der Fuji gibt sich zu erkennen, tritt in Erscheinung, läßt sich sehen«. Die vielleicht indoeuropäische, in Europa jedenfalls seit langem etablierte philosophische und grammatische Notwendigkeit der klaren Subjekt-Objekt-Scheidung besteht in der japanischen Alltagssprache bis heute vielfach nicht, und die Unterscheidung von Aktiv und Passiv – wichtige sprachliche Basis für eine klare Vorstellung von Instrumentalität und Kausalität – ist eine durch die Übersetzung aus westlichen Sprachen erzwungene, recht junge Errungenschaft, die alltagssprachlich am ehesten von jüngeren Sprechern praktiziert wird und die in vielen Wendungen fehlt.

Daß das Objekt des aktiven Vorgangs des Betrachtens zum Subjekt wird (wir müssen dies in unserer Sprache dichotomieren,

10 Zur Ersetzung von Personalpronomina durch eine Vielzahl, die jeweilige Rangstellung klar bezeichnender Wörter: Takao Suzuki, *Japanese and the Japanese. Word in Culture* (engl. 1973), Tokyo: Kodansha 1978 (Kapitel 5: Words für Self and Others); Kimura, *Zwischen Mensch und Mensch*, a.a.O. S. 94 ff.

einen Übergang vom A zum B konstatieren), das ist in unserer Tradition indes nicht völlig unbekannt. Böhme spricht von der Verwandlung des Blicks, die »wie eine *Aktivität des betrachteten Gegenstandes*« wirke (S. 185, keine Hervorhebung im Original). Bei Bruno Snell in seinem Buch *Die Entdeckung des Geistes*[11] wird von entsprechenden Beobachtungen bei den homerischen Verben des Sehens berichtet; lange Zeit hielten sich Erkenntnisvorstellungen, bei denen die Gegenstände kleine Bildchen ihrer selbst zum Betrachter sandten. Und wir können von einem ›drohend blitzenden Blick‹ sprechen.

Wie dem auch sei – in der japanischen Sprache sind solche Möglichkeiten des Wirklichkeitsverständnisses im Alltag völlig präsent, und nicht nur in einem gesteigerten ästhetischen Blick. Sie existieren unter dem erfolgreich praktizierten zielbewußt-aktiven Zugriff auf Welt weiter, und wahrscheinlich nicht nur *unter*, sondern auch *neben* und *mit* diesem, wie sich aus allerhand erfolgreichen Handlungsstrategien und Managementpraktiken ablesen läßt.

Doch auch hier wieder die Rück-Frage: ist *uns* das, zum Beispiel als Technikern, so vollkommen fremd? Beim bastelnd-probierenden Zugriff, bei der Suche nach einer tatsächlich funktionierenden Lösung unterlaufen oft Wendungen wie »Das Ding will einfach nicht!« Und wenn das nur ein ›unsauberer‹ Sprachgebrauch sein sollte: »Eine derartige Vermenschlichung ist keineswegs so irrational, wie sie zunächst erscheinen mag. Nur wenn man sich nicht allein mit dem Verstand, sondern auch mit dem Gefühl auf die Arbeitsabläufe einläßt, ist man in der Lage, in unberechenbaren Situationen souverän zu handeln.« So in einem Bericht über »subjektivierendes Arbeitshandeln« als einer neuen bzw. neuerdings anerkannten Schlüsselqualifikation, wo es weiter heißt: »Gerade Experten gehen dabei mit Gegenständen und Geräten nicht nur instrumentell, sondern im Sinne eines ›Dialogs‹ oder einer ›Interaktion‹ wie mit Personen um.« Der reduzierte Begriff der Erfahrung müsse im Sinne des »›Erfahrens‹« erweitert werden, mit »Gefühl, Empfinden und subjektivem Erleben.«[12]

11 Bruno Snell, *Die Entdeckung des Geistes. Studien zur Entstehung des europäischen Denkens bei den Griechen*, Göttingen: Vandenhoeck & Ruprecht, [4]1975.

12 Fritz Böhle (Institut für Sozialwissenschaftliche Forschung und Uni-

Mit Vorbedacht habe ich, wie gesagt, den Eingang von den Niederungen alltäglicher Praxis her gesucht; immerhin ging aber der Blick vom nüchternen Vorortbahnhof auf den erhabenen Fuji. Gernot Böhme nimmt in dem hier zur Rede stehenden Aufsatz den Ausgang von einem Bericht über »das entscheidende Erleuchtungserlebnis« des Mystikers Jakob Böhme und zeigt, wie sich dem »ästhetischen Blick« der »Schimmer auf der Oberfläche« eines schlichten Gebrauchsgegenstands und in »alltäglicher Umgebung« erschließt, gerade indem dessen »Dienlichkeit« als Gerät in der Erfahrung eines »Blickumschlags« schwindet, indem also die instrumentelle Zielgerichtetheit, wie sie im Augenzugriff des »modernen Leistungs-Ichs« stattfindet, anderen Befähigungen Platz macht: »das samtige Schimmern eines Pfirsichs, das Daliegen eines Messers, der Reflex auf einem Kristallglas« (S. 166 ff., 184; dies alles freilich, im Unterschied zu dem hier an Japanischem Herangezogenen, »wie ein Blitz«, »durch den Riß der Plötzlichkeit hindurch«, S. 167). In der Gattung des Stillebens wurden gerade in jener Epoche solche Gegenstände aus der Gefangenschaft des zunehmend zweckdienlich zurichtenden Blicks emanzipiert zu den Sujets der hohen Kunst. Es ist wohl eher diese hohe Ebene, welche den Japanliebhabern, zumal den Künstlern und Sammlern, seit der gewaltsamen Öffnung des Landes um 1860 vor Augen trat und sie gerade in dem Maße faszinierte, wie sich in Europa der instrumentell zurichtende Blick alles zu unterwerfen suchte. Der Blick auf einen ›hingetuschten‹, steil-felsigen Bergeshang mit der Hütte eines Eremiten. Ein mit dem Ochsen, besser: zusammen mit ihm pflügender Bauer; doch der Schweiß seines Angesichts und die Niederungen des Alltag kleben nicht daran. Eine mit großer Getreulichkeit ins Holz geschnittene Detailszene mit Blumen, Blättern, farbig; eben nimmt eine Libelle dort Platz, mit so menschlichem Gesicht, daß man sie ansprechen möchte.[13] »Das Ephemere – wovon soll da

versität München), »Die zentrale Rolle von ›Erfahrungswissen‹. Warum bislang bestimmte Schlüsselqualifikationen für den Arbeitsplatz der Zukunft verkannt werden«, in: *Süddeutsche Zeitung* Nr. 64, 16./17. 3. 1996, S. V1/1.

13 Vgl. die Wiedergabe bei Utamaro Kitagawa, *Im Garten ein Summen. Die Bilder und Gedichte des Ehon Mushi Erabi* (engl. New York 1984), hg. und übersetzt von Claudia Delank und Hanna Moog. München: Eugen Diederichs 1988, S. 20 f.

die Rede sein? Von dem Schein, der an einem Zinngefäß spielend spürbar werden läßt, wie es da steht. Von dem Schatten, der über eine Statue gleitend ihr Leben verleiht. Von dem Flimmern, das unter Frühlingsbäumen eine Treppe ins Schweben bringt. Von dem Bellen eines fernen Hundes, das den abendlichen Raum aufspannt ... In jedem Fall handelt es sich um Flüchtiges, Beiherspielendes, das die Dinge berührt, das zwar nicht zu ihnen gehört, aber ihnen doch Stimme verleiht und sie hervortreten läßt; das sie vereinzelt, aber gerade so, daß sie als Knotenpunkt im zufälligen Geflecht von allem anderen hervortreten ... Das Entzücken, das den Menschen in der Erfahrung des Ephemeren ergreifen kann, das Gewahren des eigenen Daseins im Spüren des anderen ...« (S. 169 f.).

Aus anderen Bereichen ließen sich Belege für eine solche Daseinsweise heranziehen, auf die man in Gernot Böhmes Formulierungen immer wieder hingeführt wird. Das »Loslassen«, die Enthaltung vom Zugriff auf Welt, auf aktive Wahrnehmung (S. 184) ist ein zentrales Moment gerade bei den verschiedenen Künsten oder ›Wegen‹ (*dô*) aus der Zen-Tradition, darunter besonders den Kampfkünsten. Eine Praxis der Meditation ist hier wesentlich, aber nicht wie im Westen eine mit Konzentration auf bestimmte Gedanken verbundene (etwa in der Kreuzwegmeditation), sondern eher das Sich-Lösen, die Nichtintentionalität, die Leere – was blitzschnelles und doch quasi zufälliges Umschlagen in volle Präsenz nicht ausschließt, etwa beim Reagieren auf einen Angriff oder beim ›Loslassen‹ des Pfeils. Unzählige Wiederholungen der immergleichen Abläufe und quasi instinktive Gesamtwahrnehmung der Situation des Gegners oder Partners wirken zusammen. Vollkommene ›Körper-Beherrschung‹ drängt sich in unseren Sprachen auf und ist doch verfehlt, weil die strikte Trennung von Körper, Seele und Geist und die darauf fußende ›Herrschaft des obersten Teils‹ (Platon) kulturell nicht etabliert ist. Die intensive und gelassene Einübung solcher Meditationspraxis bezieht den Leib vollkommen mit ein, ohne ihn als unteren oder sündigen Teil zu kasteien, und sie zieht keine scharfe Grenze zur Umwelt, sondern nimmt sie als Kosmos (im vorchristlich-antiken Sinn des Worts) in die Wahrnehmung mit auf. Daher die Bedeutung der Atemübungen; aber der Atem ist eher Odem, kosmisch-menschliche Strömung von Kräften, der sich der einzelne anheimgibt.

Außer dem fast untergegangenen Wort ›Odem‹ gibt es im Deutschen noch einige heute gebräuchliche Wörter, die anscheinend ähnlich zwischen ›Subjektivem‹ und ›Objektivem‹ stehen, die Scheidung, wie sie zu den Dominanten unserer Weltauffassung und Sprachen gehört, nicht aufgenommen haben. So etwa ›wittern‹ und ›Witterung‹, ›Grollen‹, ›Stimmung‹, auch wohl ›Atmosphäre‹; wozu Gernot Böhme einiges bemerkt hat. Es gibt sicher noch andere Retraiten in unseren Sprachen, im Vokabular, in grammatischen Bildungen und vor allem in der Poesie. Insgesamt aber geben die modernen westlichen Hochsprachen ein enges Korsett für die Wiedergabe solcher Erfahrungen vor, geordnet, diszipliniert, rational, sachlich, zielorientierend, wozu sie in einem jahrtausendelangen – aber besonders die letzten Jahrhunderte zählen – Lehr- und Lernprozeß geworden sind, gemacht worden sind: Rhetorik, Grammatik, Logik als Basisbildung: *ut pueri didicimus et pueros docuimus*, wie Augustinus über die *tria tempora* Vergangenheit, Gegenwart, Zukunft sagt. Entsprechend tiefsitzende Vorbehalte und Widerstände haben wir gegen die Annahme solcher Erfahrungen, entsprechend schnell ziehen wir uns auf das sichere Terrain des Allgemeingültigen und seiner Analyse zurück (vgl. S. 176).

Böhme führt zur klassischen Ästhetik aus (S. 169 ff.), wie sie das Ephemere aus systematischen Gründen nicht zum Thema hat werden lassen können, von Platon bis zu Brecht und Adorno. Wobei dieser wenigstens im Irrealis daran rührte; er zitiert diesen Satz aus der *Ästhetischen Theorie*: »Nähme sie [die Kunst] die eigene Vergänglichkeit aus Sympathie mit dem ephemeren Lebendigen in sich hinein, so wäre das einer Konzeption von Wahrheit gemäß, welche diese nicht als abstraktes Beharren supponiert, sondern ihres Zeitkerns sich bewußt wird« (S. 176).[14] Und kurz vorher bemerkte Adorno: »Manche Kunstwerke höchster Art möchten sich gleichsam an die Zeit verlieren, um nicht ihre Beute zu werden«, und er erinnere an die »unübertreffliche Noblesse des Feuerwerks …, das als einzige Kunst nicht dauern wolle, sondern einen Augenblick lang strahlen und verpuffen«

14 Theodor W. Adorno, *Ästhetische Theorie*, Frankfurt am Main 1973, S. 50 (hier nach Böhme, a.a.O.). (Es fällt auf, daß Adorno den Irrealis im Nachsatz zum Realis werden läßt, *nähme/wird*; nach einer im anspruchsvolleren Grammatikunterricht der ›klassischen‹ Sprachen eingeübten Abmilderung logischer Exaktheit.)

(S. 176).[15] Für einen Augenblick rühre Adorno an etwas, was er sich dann wieder, mit allen anderen Ästhetikern, verbiete: »Es ist die Verlockung des Trivialen«, fügt Böhme hinzu, »der Verschwendung ans Vergängliche, des Sich-Verlierens an die Sinnlichkeit. Es sind mächtige Widerstände, die verhindern, daß sich entfaltet, was im ästhetischen Schein erscheinen möchte. Die Widerstände sind um so schwieriger zu identifizieren, als sie außerästhetisch sind. Die Ästhetik hätte, um sie selbst werden zu können, jene Schranken zu durchbrechen, die ihr von Ontologie, Anthropologie und bürgerlicher Gesellschaft gesetzt sind. Ontologisch heißt es, daß Kontingenz nicht das Sein ist, erkenntnistheoretisch, daß Dasein kein Prädikat sei. Anthropologisch wird alles darangesetzt zu zeigen, daß der Mensch nicht ephemer ist, sondern Vernunft, Seele, Identität, Person. Und die bürgerliche Gesellschaft verbietet sich jene Verschwendung ans Vorübergehende …« (S. 176 f.).

Mono no aware, liegt mir auf der Zunge, eine bekannte Vorstellung japanischer Ästhetik, die nur umkreist, sicher aber nicht definiert werden kann. Vielleicht mit *Das Ah! der Dinge* (aber das *Ah* müßte kurz sein, *A! ihr So-sein*, oder *Ach!*). Wobei ich es bei ihrem Anblick sage oder die Dinge selbst es sprechen. Also nicht nur Aussage, und nicht nur Eigenschaft; und die ›Dinge‹ sind irgendwie belebt, selbst als Steine. (»'s Wegle hat mi anglächelt« berichtet Carl Friedrich von Weizsäcker von einer Erfahrung als Bub.) Robert Schinzinger gibt in seinem Wörterbuch der deutschen und der japanischen Sprache[16] als Übersetzung für *mono no aware* »Einfühlung des Menschen in die Welt der Dinge, die Sympathie aller Dinge« (das Subjekt wechselt in dieser Zeile von den Menschen zu den Dingen). Er schreibt *aware* mit einem chinesischen Zeichen, das er mit *Trauer*, *Kläglichkeit*, *Mitleid*, *Erbarmen* übersetzt; den Ausdruck *mono no aware* unter dem Stichwort *aware* als »Mitfühlen mit allem, Rührung«. Dieses Mitgefühl hat als Hintergrund die Vergänglichkeit, und davor

15 Adorno, *Ästhetische Theorie*, a.a.O., S. 49.

16 Robert Schinzinger, Akira Yamamoto, Monoru Nambara, *Wörterbuch der deutschen und japanischen Sprache. Japanisch-deutsch*, Tokyo: Sansyusya 1980, S. 757 und S. 47. Von Schinzinger (von 1925 bis zu seinem Tode 1988 in Japan als Hochschullehrer tätig) ist hier noch zu erwähnen: *Japanisches Denken. Der weltanschauliche Hintergrund des heutigen Japan*, Berlin: Erich Schmidt Verlag 1983.

das So-sein, jetzt und hier, den Mitfühlenden mit eingeschlossen.[17] Der Psychiater Doi erwähnt diese Bedeutungsvariante nicht, sondern hebt den Zusammenhang mit der für ihn zentralen Erscheinung des *amaëru* (etwa: Sich-lieb-Kind-Machen) hervor, die »Empfänglichkeit für Schönheit«: »*Aware* heißt, von einem bestimmten Objekt – sei es ein menschliches oder eines in der Natur – bewegt zu sein und still und tief mit diesem Objekt eins zu werden.«[18] Er stellt auch die Verbindung zu den – im Vergleich zu »anderen Völkern« – »stärkeren ästhetischen Neigungen ... der Japaner« her, mit deren »berühmten Ingredienzen«, dem *wabi* und dem *sabi*.[19]

Die weiterführenden Wurzeln in der japanischen Geistes- und Kulturgeschichte kann und möchte ich hier nicht vorstellen. Dazu ist in europäischen Sprachen recht viel geschrieben worden, etwa über verschiedene Wege der Zen-Meditation, die gewiß viel in die ästhetische Praxis ausgestrahlt hat. Aber die gegenwärtige Popularität verschiedenster, vom Zen abgeleiteter Praktiken im Westen, so bemerkenswert sie an sich ist, darf nicht darüber hinwegtäuschen, daß Zen in Japan eine Rolle am Rande spielt. Für den Alltag, und den oft als wahrnehmenswert gar nicht bewußten Alltag, spielen andere Lebensformen eine wichtigere Rolle, darunter die grammatischen Usancen der Alltagssprache (die auch in Japan sehr von der Macht grammatischer Normen zugedeckt bleibt, und diese sind in nicht geringem Maße von der westlichen Sprachwissenschaft beeinflußt). So scheint mir das *Kleine Japan* für unseren Zusammenhang beachtlicher als das *Große Japan*. Also etwa die im Alltag verbreitete ästhetische Haltung gegenüber den Speisen und ihrer Anrichtung (es heißt, die Hälfte der Ausbildungszeit von Köchen werde für dieses kunstvolle Anrichten in stilgerecht ausgewählten Gefäßen aufgewendet); zumal festliche Essen erinnern an das, was Adorno über die »Noblesse des Feuerwerks« bemerkte, das im Augenblick schönsten Erscheinens bereits zu schwinden beginnt. Oder die überaus ›künstliche‹ Ausgestaltung der sogenannten Höflichkeitsformen

17 Vgl. die Hinweise bei Weinmayr, a.a.O., S. 185 f.
18 Takeo Doi, *Amae*, a.a.O., S. 98.
19 Ebd., S. 94 f. *Wabi* und *sabi* sind bestimmte hochgeschätzte ästhetische Zustände; Schinzinger (*Wörterbuch*, a.a.O., S. 1321 bzw. S. 938) übersetzt: »... altersgrau; verwittert; schön verlassen« bzw. »die Patina; die in sich ruhende Schönheit«.

in Sprache, Stil, Kleidung, Körperhaltung und dergleichen. Die im Westen viel belächelte Hingabe von Millionen an bestimmte Kunstformen, etwa die Haikudichtung, die Teezeremonie, die Pinsel-Mal-Schreib-Kunst (belächelt, weil doch zur Trivialität verurteilt, wo Millionen daran teilnehmen). Das hohe Ansehen der Gartenkunst.

Gernot Böhme spricht von den »Nichtigkeiten«, in denen das Ephemere erscheinen könne. Er verdeutlicht das an den von van Gogh gemalten Stiefeln. Ein fabrikneuer Schuh, schreibt er (S. 177), verschwindet gewissermaßen hinter seinem Begriff: »Seine Erscheinung signalisiert nur seinen Tausch- oder Gebrauchswert, er ist abgelöst von Raum und Zeit, ein Schuh überhaupt.« Das wirkliche Da-sein jener Stiefel wird gerade in ihrem Alt- und Schlechtgewordensein deutlich – und wir werden an ihm unseres Daseins und unserer Vergänglichkeit gewahr. Susan Sontag bemerkte einmal mit Bedauern, daß die künstlich enorm beschleunigte Obsoleszenz der Dinge in der Stadt New York in kaum einem Haushalt noch gealterte Dinge, einen Topf etwa, übriggelassen habe, von dem zu sagen wäre: Großmutter hat mit ihm gekocht! Brauchen wir nicht diese Spuren an den Dingen, diese Hinweise auf das Ach! unserer Vergänglichkeit, um nicht in atemloser Betriebsamkeit einem spurlosen Ende entgegenzuhasten?

Abschließend einige Verse von Archilochos, die aus der Paradoxie der Heiterkeit über den Verlust eines ›Wertgegenstands‹ leben.

(Nach dem Rückzug)
Mit dem Schild, den ich ungern bei einem Busche zurückließ,
Einem vortrefflichen Stück, prahlt nun ein saïscher Mann;
Aber mein Leben trug ich davon. Was liegt mir an diesem
Schild? Fahr er hin! Demnächst kauf ich den gleichen mir nach.

Archilochos (Diel, Fragment 6; Übersetzung H. Fränkel)

Gegen die Ehre der homerischen Heldenwelt (auch eine Art von ewigen Werten, von Ewigkeit) besteht Archilochos auf der ›Erleuchtung‹ jenes Augenblicks, auf dem Aufgehen in der Situation. Ihm hat sie, gerade im Loslassen des scheinbar hohen Werts, sein wirkliches und einziges Leben gerettet. Indem er ephemer ist, lebt er über den Tag hinaus, lebt er wirklich. In diesem Abschied des Söldners von der ›Ritterehre‹ steckt ein Funken des neuen Ich-Bewußtseins, oder vielmehr: indem er als Dichter diesen Augenblick in Worte faßt. Indem er den hohen Wert entwertet, verleiht er diesem Schild ein Stück unverwechselbarer, konkreter Präsenz, durch die Jahrtausende. Ich meine jedenfalls diesen Schild in einem Busch liegen zu sehen, er blickt mich an, etwas angekratzt, verbogen und mit Patina, Spuren des Alters.

Gisbert Hoffmann
Das menschliche Sein als mediales

1. Böhmes drei Seinsweisen

Seit Beginn der achtziger Jahre stilisiert sich Böhme zum Kritiker der Vernunft, des Bewußtseins und zum Verfechter der Natur bzw. des Anderen der Vernunft.[1] Entsprechend führt er in die Philosophie die *mediale Seinsweise* (A 14; K 237) ein, die Kosten und Nachteile der bewußten Seinsweise vermeiden soll. Sie heißt mittlere, weil sie gemäß der altgriechischen grammatischen Verbform »Medium« in der Mitte »zwischen« den Seins- oder Lebensweisen[2] *Bewußtheit* und *Unmittelbarkeit* liegt (A 14); diese prägen, als extreme, Besonderheiten aus, die die mediale in sich vereinigt. »Zwischen« meint hier so viel wie »weder das eine noch das andere«, sondern eher »beides sein«. Als Vereinigung darf diese Mitte nicht als Mittelmäßigkeit gedeutet werden. Das mediale Sein ist auch Leitbild.

Das mediale Sein liegt als Mitte zwischen Aktivität und Passivität. Böhme charakterisiert es als ein eigentümliches Sich-lassen (A 14, 134, 137, 217, K 238). Wer sich läßt, verfällt weder in Aktionismus, der ihn von seinen Gefühlen und Empfindungen absperrt, noch nimmt er tatenlos hin, was geschieht, wie jemand, der den Lauf der Welt ohnehin nicht beeinflussen zu können meint. Vielmehr über-läßt er sich dem, was ihn betrifft, und handelt aufgrund dieser Betroffenheit entschlossen.[3] Wer zum Beispiel trauert (über den Tod eines entfernten Angehörigen), ist insofern passiv, als er die Traurigkeit nicht selbst schafft und sonderlich nicht deren Anlaß. Er ist aber auch aktiv, weil er sich einer Situation aussetzt (etwa durch Betreuung), die er hätte vermeiden können.

1 Vgl. den Titel des Buches *Das Andere der Vernunft*, das Böhme mit seinem Bruder zusammen geschrieben hat (1983).

2 Böhme verwendet statt »Seinsweise« auch die Ausdrücke »Lebensform« (WLW passim), »Lebensweise« (WLW passim), »Lebensführung« (WLW 198), ferner auch »psychologischer« (A 32 ff.) oder »anthropologischer Zustand« (S 33, A 13).

3 Zur Kategorie »Betroffenheit« vgl. insbesondere NN 83 ff.

Die mediale Seinsweise vereinigt ebenso Unmittelbarkeit und Bewußtheit in sich.[4] Der Trauernde kann durchaus auch unmittelbar genannt werden, wenn er weint, weil Tränen nicht reflexiv erzeugt werden und weil er sich nicht verstellt.[5] Indessen ist Trauern ein Zeit brauchender Vorgang, dessen der Weinende gewahr zu werden nicht umhinkommt. Und trotz und in dieser Bewußtheit gibt er sich der Traurigkeit hin, scheut nicht die Öffentlichkeit und weint, statt die Tränen zurückzuhalten, wie er es vielleicht gelernt hat.

Der Mediale lebt ferner nicht in der Vergangenheit, hofft nicht auf die Zukunft, sondern überläßt sich der Gegenwart und stellt sich dem Andrang der Welt. Er distanziert sich nicht, sich bewußt werdend, von den Dingen, sondern steigt zu ihnen hinab. Gegenteilig wehrt er sich gegen Abstand und Entfremdung, geht in Situationen auf und genießt geradezu sinnliche Erfahrungen, zum Beispiel die Wahrnehmung einer Blume, eines Sonnenuntergangs, ganz Auge werdend. Böhme bringt diese neue Erfahrung auf den Nenner: Nicht wird das Dasein zum Bewußtsein gebracht, sondern das Bewußtsein zum Dasein (A 219 f., WLW 207).

Wer die Gegenwart lebt, schätzt auch leibliche Anwesenheit. Der Mediale gewinnt nicht nur ein engeres Verhältnis zur Außenwelt, indem er sein Wahrnehmungsbewußtsein modifiziert, er weiß, daß auch für alle kommunikativen (mit-teilenden) Akte Präsenz, Dasein und Leiblichkeit bedeutsam sind. Im Zeitalter der Tele-Kommunikation spürt er der Atmosphäre nach (WLW 209 f., T 37), die von den anderen ausstrahlt, und setzt sogar seine eigene Ausstrahlung, sie gewahrend, im Umgang mit anderen ein. Gegenüber den geltenden Alltagsregeln, nach denen Affekte und leibliche Reize unterdrückt werden sollen, sucht er neue Audrucks- und Austragungsformen (WLW 195) und verändert so die gesellschaftlichen Kommunikationsmuster.

Der mediale Mensch nimmt den anderen als anderen ernst und

4 Die Ausdrücke »Unmittelbarkeit« und »Bewußtheit« werden doppeldeutig verwendet. Sie charakterisieren sowohl einzelne Handlungen als auch habitualisiertes Handeln, Zustände oder Seinsweisen (siehe auch Anm. 9).

5 Böhme versteht Unmittelbarkeit durchaus im Gegensatz zu Dissimilation, Sich-ein-Ansehen-Geben (mehr scheinen als sein), Sich-Verstellen (WLW 152 f.).

anerkennt Fremdheit als eigene Spielmöglichkeit. Er teilt gern mit anderen (Zeit und Raum), weil er sich selbst als Teil eines übergreifenden Ganzen, der Natur versteht. Statt sich immerfort »ich-ich«-sagend von anderen und der Umwelt abzugrenzen, akzeptiert er gelassen sein Teil-Sein (WLW 192, T 101; vgl. Teilhaftigkeit WLW 192, 211).

Das mediale Sein ist kein geschlechtsspezifisches. Es geht aller Ausdifferenzierung vorher und vereinigt in sich auch die polaren Gegensätze, die lange Zeit als männlich oder weiblich galten, wie Geben und Nehmen, Verfolgen und Fliehen, Tat und Pathos, Denken und Fühlen, Vernunft und Sinnlichkeit.

Weil wir heute gesellschaftlich eher im Zustand der bewußten Affektverdrängung leben, entwickelt der Mediale gegenläufig eine größere Affinität zu Emotionalität und Leiblichkeit. Aus seiner Sozialisation erwachend, sich der Verdrängungen, in denen wir leben, bewußt werdend, möchte der Mediale sich die Natur, die wir als unser Leib selbst sind (T 49), der wir uns aber im Laufe unserer Geschichte und Sozialisation entfremdet haben, wieder aneignen (T 50, 53). Er möchte die Natur, die er ist, auch *sein*. Aber der Wunsch ist noch nicht seine Realisation. Unmittelbarkeit, gekonnte Natürlichkeit gibt es nicht mehr (T 149; NN). Vielmehr bedarf es eines mühsamen Umdenkungsprozesses. Präsenz, Dasein muß erst wieder gelernt, eingeübt, erarbeitet werden (A 35, T 50; vgl. T 149 und WLW 189 ff.).

Da aber nach landläufiger Meinung diese Unmittelbarkeit und Sinnlichkeit eher den Frauen eignet, denen seit alters eine größere Neigung zum Pflanzenhaften (T 37, 50) und Atmosphärischen (T 36 f.) als dem Mann zugeschrieben wird, obwohl auch beim Mann zwischen Realität bzw. Natur und Stilisierung unterschieden werden muß (T 81, 93), mag der Mediale manchen sogar eher weibliche Züge anzunehmen und auszuprägen scheinen.

Lernen führt zum Können, zur Kompetenz. Der Mediale weiß zu leben. Böhme kennzeichnet dieses Sein paradox, wenn er von gekonnter Unmittelbarkeit spricht, von Leibsein als Aufgabe (WLW 174 ff.) oder von der Fähigkeit, bewußt eine Seinsweise (Natürlichkeit) an den Tag zu legen, die man nur ist, in der Weise, sie nicht zu sein.

Er nennt diese gekonnte Daseinsweise auch Souveränität und zeichnet mit ihr ein neues Leitbild (A 205, 287 ff., WLW 189 ff., T 103), das die althergebrachten philosophischen Ideale der Ataraxie, Apathie und vor allem der Autarkie und Autonomie (A 11, WLW 24, 163, 181 ff., T 101 ff.) ersetzt. Während der sokratisch-bewußte Philosoph seine Affekte unterdrückte, bis er sie nicht mehr empfand, bis sie ihn zumindest nicht mehr verwirrten und nicht mehr zu antirationalen Handlungen verleiteten, die er später bereuen sollte, lebt der mediale Philosoph heute mit seinen Affekten und Bedürfnissen. Er ist sich ihrer bewußt, kaschiert sie nicht, sondern setzt sich ihnen gewährend aus, genießt sie gar. Er strebt nicht mehr an, Herr im eigenen (psychischen) Haus zu sein (WLW 176), sondern er- und anerkennt Unvollkommenheiten und Abhängigkeiten, läßt das Ziel biographischer Selbstbestimmung fahren und sich auf Kontingenzen ein. Seine Haltung zeichnet sich durch ein Sich-lassen aus, durch Ge-lassenheit gegenüber eigenen Affekten und Schwächen ebenso wie gegenüber denen der Anderen. Diese Gelassenheit läßt ihn in allen Situationen überlegen erscheinen. Er schielt nicht mehr nach den Anderen, wenn er handelt, sondern tut, was ihm richtig zu sein scheint. Sein und Seinsverständnis decken sich. Er dissimiliert sich nicht (WLW 152), sondern führt ein ungebrochenes, unabgelenktes, unverfälschtes, im rechten Sinn verstanden bewußt-unbewußtes Leben; er lebt (wieder) seinen Leib, die sich äußernde Natur, die er ist.

Die neue philosophische, mediale Lebensform wird gewonnen im Gegenzug gegen den Zustand der *Bewußtheit* (WLW 147 ff.), die Böhme hart kritisiert. Aber Bewußtsein ist ein vieldeutiger Begriff, in dessen Vieldeutigkeit man sich leicht verlaufen kann. Böhme nennt selbst folgende Deutungsmöglichkeiten (WLW 24 ff., vgl. A 31 ff.):

Jeder psychische Akt, jede Empfindung, jedes Erlebnis kann nach dem Vorbild des Descartes als »Bewußtsein von ...« gefaßt werden; zum Beispiel nennt man die Wahrnehmung eines Baumes auch Bewußtsein des Baumes. Dieses Bewußtsein ist unkritisch, obwohl umgangssprachlich ungewöhnlich.

Jedes anthropologisch-selbstbezügliche Wissen aber erhebt den Wissenden über den bloß Seienden. So erhebt das Wissen, daß wir sterben müssen, uns über das factum brutum unserer Sterblichkeit (A 46), einen Schnitt zwischen Sein und Bewußtsein (von Sein) setzend (A 30).

Doch dieses Wissen bleibt häufig noch allgemein und unwirksam. Erst wenn es reflexiv, das heißt individuell und meines wird, verändert es auch das Handeln und Denken. Dann nämlich erst registriert der Wissende seine Triebe und Affekte bereits im Entstehen und in ihrer Wechselwirkung mit der Außenwelt; er wird sich seiner Leiblichkeit bewußt. Dieses Bewußtsein ist Selbstbewußtsein, das eine Distanz zu mir selbst und einen Abstand zur Umwelt (WLW 23 f.) schafft, so daß ich mich meiner Affekte enthalten bzw. meine Reaktionen inhibieren kann.

Wird das Selbstbewußtsein habituell, etabliert sich im Bewußtsein eine Kontrollinstanz, ein Gewissen (WLW 150)[6], das zwischen erlaubten und unerlaubten, erwünschten und unerwünschten Handlungen, zwischen dem, was ich bin, und dem, was ich sein will bzw. sein soll, unterscheidet. Dank dieser Differenz bin ich imstande, mein leiblich-natürliches Leben in den Griff zu kriegen. Ich lebe in einem Zustand der Selbsterhellung, der Selbst-Bewußtheit. Das Ich kontrolliert als Walter des Realitäts- und Sollensprinzips die eigenen Emotionen und Wünsche; es unterdrückt alles Spontane, Leibliche und Natürliche in uns; es verdrängt das »Andere der Vernunft«. Der Mensch wird zum selbstbeherrschten und disziplinierten (WLW 24) Macher, entscheidungsstark, willensbestimmt, der sich weder von den Anderen noch von der Umwelt sein Handeln diktieren läßt, sondern autark selbst bestimmt, was er tut. Zugleich aber entfremdet er sich von sich selbst. Der eigene Leib wird zum Körper und wird analog dem Körper des Anderen verstanden. Wir sind nicht mehr unser Leib, sondern gebrauchen ihn, um etwas zu erreichen. Der Leib wird Instrument.

Schließlich entfremdet uns dieses Bewußtsein auch dem Alltag, dem durchschnittlichen gesellschaftlichen Leben und Treiben (WLW 25), der Welt mit ihren Reizen, natürlichen, ästhetischen, technischen, politischen usw. Wir werden fremd unter Fremdlingen. Die momentanen Geschäftigkeiten gelten nichts vor der Zukunft. Der Bewußte spart sich auf; er erwartet von der Zukunft mehr als von der Gegenwart. Sich beständig auf das Leben

6 Böhme versteht die inner-menschliche Differenz als Folge der Kontrolle; erst die kontrollierende Instanz produziert die Bewußtheit von Vorstellungen (A 40, 42) und zerstört so die Unmittelbarkeit. In WLW allerdings errichtet die Reflexion eine die Persönlichkeit verändernde Kontrollinstanz (WLW 157, 207). Die Kontrollinstanz ist also einmal Folge und einmal Produzentin des Selbstbewußtseins bzw. der Reflexion.

vorbereitend, ist er über die Gegenwart und den Alltag hinaus, beide überspringend.

Der Bewußte »ist« nicht mehr schlicht, was er ist, sondern stilisiert sich, das heißt, er verändert im Grunde seine Weise zu sein; er lebt nicht mehr unmittelbar, sondern gebrochen, reflektiert. Seine Bewußtheit setzt ihn instand, unabhängig von der Situation, wider Erwarten der Andern, losgelöst »aus den Befangenheiten des Alltags, der Affekte, der gesellschaftlichen Verstrickungen« (WLW 24) erstaunlich frei zu handeln (A 35). So können die Anderen den Bewußten nicht mehr nehmen, wie er sich zeigt, sondern sie müssen mit Verstellungen rechnen; er könnte traurig sein, obwohl er lacht; wenn er schöntut, wider sie agieren. Die Differenz zwischen Ich- und Er-Perspektive, zwischen Sein und Schein hat hier, in dieser Bewußtheit, ihren Ursprung.

Die Lebensform *Unmittelbarkeit* wird von Böhme nicht eigens dargestellt. Unmittelbarkeit ist durch Bewußtheit, durch Reflexion verlorengegangen (A 34 f., 210, T 93; vgl. WLW 158). Wir müssen sie aus seiner Kritik an der Bewußtheit und aus der angestrebten medialen Seinsweise erschließen.

Unmittelbarkeit wird zweifach verstanden als natürliche, ungefilterte Reaktion auf Reize von außen und als Spontaneität, als direktes Ausleben von Antrieben und Bedürfnissen. Sie geht dem Zustand der Bewußtheit voraus. »Man ist ... nur einfachhin« (WLW 157). Böhme versteht die Unmittelbarkeit als Natur-Sein, unter welchen Begriff er alles subsumiert, was »aus dem eigenen Inneren aufsteigt« und über das man nicht verfügt (T 115). Das Leben verläuft inert. Unsere Bedürfnisse werden nicht abgelenkt, reflektiert, inhibiert oder gar verfälscht, sondern unmittelbar (aus)gelebt. Stimulation und Handlung bilden einen Kreis von Wechselwirkungen, in dem die Handlung der weltlichen Reizung verzuglos folgt, wie umgekehrt jedes Handeln eine weltliche Veränderung erzeugt. Ich und Welt sind ebenso ungeschieden, wie das Ich eine leiblich-seelische, differenzlose Einheit ist. Atmen, Essen, Schlafen zum Beispiel unterliegen als leibliche Prozesse nicht der willentlichen Steuerung; sie sind nur partiell beeinflußbar. Diese natürlichen oder leiblichen Bedürfnisse *ist* der Mensch. Der Mensch ist sein Leib, seine Natur (S 58; NN 77 ff.; WLW 37, 93), die als gegeben hingenommen wird (WLW 96 f., T 115). Wir bilden aber auch mit den anderen eine Einheit: Anders als der Bewußte »ist« der Unmittelbare, wie er sich zeigt. Die anderen nehmen die anderen, sich gegenseitig, wie sie erscheinen. Wer lacht, ist mir freundlich gesinnt; wenn Du traurig bist, bin ich es auch. Ich- und Er-Perspektive sind noch identisch.

Die anthropologischen Zustände »Bewußtheit« und »Da-sein« entwickeln sich onto- und phylogenetisch aus der »Unmittelbarkeit« oder »Natürlichkeit«. Letztere gibt es heute nicht mehr. Bewußtheit als Verlust der Unmittelbarkeit (A 34 f.), als Verlust des Vertrauens in die Natur (WLW 98), als »Mangel an Leibsein-*Können*« (WLW 98) hat uns befallen und ist in Gestalt von Stilisierung, Steuerung und Manipulation unser Schicksal geworden (A 32 f.).

Gleichwohl fallen wir von Zeit zu Zeit vorübergehend in die Unmittelbarkeit zurück. Umgekehrt gelingt es dem Bewußten auch zuweilen, in die Souveränität überzuwechseln.

Während die Unmittelbarkeit und die Bewußtheit empirisch vorfindbare und gewonnene Seinsweisen sind, ist die mediale ein, obzwar aus Erfahrungen, konstruiertes Leitbild. Das Natur-Sein bekommt dialektischen Charakter, indem Böhme zwischen ihm als Faktizität und als Selbstsein unterscheidet. »Wir sind unausweichlich Natur« (T 119) bedeutet, daß wir früher Natur waren, sie verloren haben und heute bewußt erst wieder zurückgewinnen müssen.

2. Kritik

Der hier skizzierten Auffassung der drei Seinsweisen und des Vorrangs der medialen liegen Voraussetzungen und Behauptungen zugrunde, auch scheint sie Ungereimtheiten einzuschließen, die der Aufdeckung und Prüfung bedürfen, wollen Autor und Kritiker sich und einander besser verstehen:

Als ersten Problemkreis erörtere ich Böhmes Definition des menschlichen Seins. Das Sein nämlich der drei Seinsweisen bleibt unbestimmt. Die Seinweisen werden nicht als Weisen zu *sein* ausgewiesen. Die Unmittelbarkeit ist bloße Natur und nichts weiter, die mediale Seinsweise wird als »Zwischen« charakterisiert und die Bewußtheit eher vom Sein abgespalten. Böhme nennt die Bewußtheit selbst nirgends Seinsweise; vielmehr unterscheidet er sie vom Sein. Der Bewußte ist nicht (einfach so), nimmt sich nicht hin als das, was er ist, sondern ist sich bewußt

(A 29, 30, WLW 157).[7] Bewußtheit ist gar keine Seinsweise, sondern eher ein psychologischer Zustand (A 32 ff.), ein Persönlichkeitsniveau (WLW 24).

Diese begriffliche Unbestimmtheit dokumentiert sich auch in Böhmes ambivalenter Einstellung zu der überkommenen Definition des Menschen als Natur- und Geistwesen (*animal rationale*). Einerseits schließt er sich ihr an, indem er gleichfalls den Menschen als ein Wesen nimmt, das durch die Bestandstücke Vernunft und Natur, von ihm Humana genannt, bestimmt ist; allerdings vermehrt er sie um eine sich geschichtlich ändernde Anzahl.[8] Andererseits diskreditiert er die Definition, wenn er nicht zwischen Wesen als Einzelding (*animal*) und als begriffliches Merkmal (Vernünftigkeit), das das Wesen zu diesem besonderen macht, unterscheidet. Sie zeichne mittels Identifikation von »wesentlich« und »menschlich«, »unwesentlich« und »unmenschlich« einseitig die Vernunft aus und verdränge die animalische Leiblichkeit als unwesentlich aus dem Wesen des Menschen (A 29 ff., S 33).

Mit dieser Doppeldeutigkeit konform definiert er selbst das, was er »Seinsweise« oder »anthropologischer Zustand« nennt, als »Organisationsform innerhalb der Menge der Humana, zu dem insbesondere die Differenzierung von Wesen und Nichtwesen des Menschen« gehört (S 33, vgl. A 123).[9] Klar ist, daß wer den Menschen als ein Ensemble von Humana versteht, diese auch in einem spezifischen Verhältnis zueinander, in einer spezifischen Weise organisiert denkt. Dieses Verhältnis schließt nun nach Böhmes Definition eben die Auszeichnung eines oder mehrerer Humana, eine Hierarchisierung aufgrund von Artikulation und Verdrängung, wie er sagt, ein (S 33 f., A 29, 123). Das gilt dann aber nicht nur für die sokratische Bewußtheit, die Böhme

7 Vgl. ferner A 46 die Differenz von Sterblichkeit und Bewußtheit (Wissen), sterben zu müssen, oder A 281 den Ausdruck »Wissen in der Differenz zum Sein«.

8 Neben Vernunft und Leiblichkeit nennt er unter anderem noch Arbeit, Geschlechtlichkeit, Sprache, Schrift, Seele (S 33).

9 Unter »Zustand« begreift Böhme sowohl vorübergehende, zeitlich begrenzte Handlungs-Zustände wie das Schlafen oder den Vollzug leiblicher Liebe (A 36, 131 ff., WLW 175) als auch den anthropologischen Zustand »Bewußtheit«, der doch wohl zeit- und lebensübergreifend gedacht ist (siehe auch Anm. 4).

im Auge hat, sondern auch für die vorsokratische und ebenso für die von ihm favorisierte mediale Seinsweise, in der sich nur das Verhältnis von Vernunft und Leiblichkeit zugunsten der Leiblichkeit verschieben soll. Über die unvermeidliche Organisation, sprich Hierarchisierung der medialen Seinsweise indessen verliert er kein Wort.

Problematisch scheint mir auch Böhmes historisierende These der Entwicklung des Menschen von einer natürlich-unmittelbaren zur bewußten Seinsweise zu sein. Ebenso bedenklich ist aber auch deren Kopplung mit der soziologischen These, daß das heute vorherrschende, aber zu überwindende Verständnis des Menschen aus dem Bewußtsein und seine Definition als Vernunftwesen ein Selbst- und Mißverständnis von Sokrates und in der Folge der intellektuellen Eliten sei, die sich von den πολλοί, der Menge, absetzen und ihr Arbeitsinstrument (die *ratio*) und damit sich selbst als herrschende Instanz etablieren (A 29 ff.) wollen.

Denn erstens beginnt der Weg in die Bewußtheit nicht erst mit Sokrates. Schon der homerische Odysseus wird von Athene geliebt, weil er ἀγχίνοος (geistesgegenwärtig) ist (Od XIII 332), das heißt, auch in Gefahren selbst-bewußt bleibt und Möglichkeiten des Handelns und der Rettung sieht (vgl. T 84).[10]

Zweitens schließt die Ermittlung dessen, der das derzeit gültige Menschenbild entworfen hat, noch nicht seine Falsifizierung ein. Und ebensowenig besagt der Aufweis der Geschichtlichkeit eines Menschenbildes, daß das abgelöste eine adäquate Beschreibung der Wirklichkeit lieferte. In Böhmes Beispiel gesprochen, die Auffassung Homers, daß Apollo Hektor die Hand geführt habe, besagt nicht, daß Apollo tatsächlich Hektor die Hand geführt hat und daß das sokratische oder unser Verständnis falsch wäre (S 34). Vielleicht ändert sich das Selbst*verständnis*, nicht das Selbst, das verstanden werden soll.[11]

10 Auch Penelope ist die Fähigkeit zur Dissimilation (Verstellung) nicht fremd; vgl. Od II 88 ff., besonders 92: »νόος δὲ οἱ ἄλλα μενοινᾶ« (»ihr Sinn aber steht nach anderem«), und XIX 124 ff., besonders 137: »ἐγὼ δὲ δόλους τολυπεύω« (»ich aber schmiede Listen«).

11 Ein anderes Beispiel: Wenn die Gesprächspartner des Sokrates nicht zwischen dem, *»was einem nur angehört, und dem, was man selbst ist«*, konkret gesprochen, nicht zwischen dem Fuß, den sie gebrauchen, und sich selbst, die den Fuß gebrauchen, unterscheiden (S 55 f.), folgt daraus weder, daß sie sterben, noch daß sie zu sterben glauben, wenn sie ihren Fuß verlieren.

Drittens wollte Sokrates sich keineswegs elitär von den πολλοί absetzen (A 34, S 79 ff., WLW 149,182 f.). Er behauptete nicht, daß nur der Weise und im besonderen er selbst aufgrund seines überlegenen Wissens und seiner Bewußtheit handelt, sondern daß alle, auch die πολλοί, nach Maßgabe ihres im Moment des Handelns höchsten und besten Wissens handeln, nur daß ihr Wissen sich nachträglich als Nicht- oder Scheinwissen als falsche Doxa erweist. Sokrates nahm vielmehr an, daß jeder, der sich auch nur ein wenig bemühte, tugendhaft werden könnte. Blieben allzu viele schlecht oder unwissend, scheiterte jedes Zusammenleben, scheiterte die Polis.

Viertens unterscheidet Böhme nicht genügend zwischen der Bewußtheit des Sokrates, der Ratio als menschliches Vermögen und dem Wissen der Eliten. Die in der Definition genannte Ratio (λόγος) meint ein Humanum, ein formales, allen Menschen zukommendes Vermögen, wie etwa die Sprache, das Denken, die situationsunabhängig zur Verfügung stehen und wirken. Die Eliten mögen zwar einiges Wissen erworben haben, dieses Wissen entlarvte Sokrates aber oft genug elenktisch als nur beschränkt gültiges Fachwissen (τέχνη, ἐπιστήμη) und unterschied es von dem Lebenswissen, der φρόνησις. Diese sokratische Phronesis ist, wenn überhaupt, ein Wissen, das dem Handeln untrennbar inhäriert und das nur durch individuelle, situationsgerechte Reflexion zugänglich und veränderbar wird. Das Wissen der Wissenschaftler dagegen resultiert überwiegend aus Fremdbeobachtung, wenn es gleich teilweise reflexiv einsetzbar ist; es läßt sich additiv vermehren und eignet sich daher – anders als das sokratische – zum Einsatz als Herrschaftsinstrument. Nur indem man beide Begriffe von Wissen, Wissen und Bewußtheit, durcheinanderwirft (vgl. 1.2), kann man Sokrates und die Reflexion für die Einführung eines Menschenbildes tadeln, das eine bestimmte intellektuelle Schicht mit einem bestimmten Wissen zur Herrschaft brachte.

Des weiteren ist auch die sich empirisch gebende These der Trivialisierung der philosophischen Errungenschaften, die eine Verfestigung des Zustandes »Bewußtheit« bedeutet, mit der Folge zunehmender Affektverdrängung, -armut und Leibfremdheit anfechtbar (WLW 149 ff.). Mag man gleich zugeben, daß sich Kontrolle und bewußte Steuerung des Verhaltens und Handelns in den modernen Industriegesellschaften verstärkt haben, beobachten wir gleichzeitig eine wachsende Bestimmtheit durch Bedürfnisse und Affekte, einen beispiellosen Kult des Leibes und seiner Accessoires. Die steigende Zahl von Diäten, die rasch wechselnden Kleidermoden, die freizügige Sexualität, betonte Genußsucht sowie unverhohlene Geld- und Machtgier weisen auf ein ausgesprochen leibbewußtes und -orientiertes Leben hin. Und von dieser jede Verdrängung aufhebenden Interessenleitung sind die Eliten, auch wenn sie ihre ratio instrumentell einsetzen, keinesfalls ausgenommen, wie ein neuer Sokrates problemlos jederzeit demonstrieren könnte. Niemand aber möchte diesen Zustand mit dem angestrebten medialen verwechseln.

Die Entwicklungsthese wird ferner auch dadurch fraglich, daß die bewußte und die gekonnte Seinsweise sich nicht ohne weiteres auseinanderhalten lassen. Die neue Unmittelbarkeit setzt nämlich Bewußtheit voraus (T, passim, aber auch WLW 207, 211), und zwar exakt das Bewußtsein, das Böhme in seiner »Anthropologie« mißbilligt. Gerade wenn und weil der industrialisierte moderne Mensch triebverdrängend, natur- und leibfremd lebt, das Andere der Vernunft leugnend, bedürfen Projektierung und Realisierung der mittleren Seinsweise eines gesteigerten Bewußtseins und Selbstbewußtseins, mittels dessen ebendiese Verdrängung bewußtgemacht und das Verdrängte wieder freigesetzt werden kann.

Und auch im medialen Leben selbst braucht der Souveräne zum Beispiel Eigenschaften wie Disziplin und Selbstbeherrschung, die Böhme anderweitig dem Zustand »Bewußtheit« anlastet, wenn er nämlich unabhängig von der eigenen Motivation und Stimmung soll arbeiten können (T 103, 107 f.). Nimmt man aber diese Fähigkeit zur Ichspaltung und Instrumentalisierung in die mediale Seinsweise hinein, reduziert sich die Unterscheidung von der Lebensform »Bewußtheit« auf die generelle Einstellung zu den Affekten und deren Bewertung.

Auch insofern Böhme die mittlere Seinsweise als Leitbild unter dem Titel Souveränität versteht, das unser Leben leiten soll, aber nicht leitet, nivelliert er den Unterschied zur bewußten Seinsweise. Denn mittels der Figur des Leitbildes fordert er geradezu in die Differenz von Sein und Sollen hinein, die er doch als sokratischen Sündenfall kritisiert und rückgängig machen will (A 32).

Als letztem Problemkreis wende ich mich Böhmes These von der instrumentalisierenden Funktion des Bewußtseins zu. Das kontrollierende (Selbst-)Bewußtsein distanziert (mich von mir), entgegenwärtigt, entfremdet und instrumentalisiert nach Böhme; es ist lebensfeindlich, bionegativ. Das Gegenteil ist wahrscheinlich. Bewußtsein nimmt vorausschauend Gefahren wahr, so daß man ihnen ausweichen oder begegnen kann. Es kompensiert Schwächen und bewahrt das Leben[12], allerdings auch, indem es die Realisierung von Interessen in die Zukunft verschieben und Affekte, Bedürfnissse, Gefühle, wie zum Beispiel Angst, deren es sich bewußt wird, überwinden hilft. Bewußtsein ist eine Funktion des Lebens.

Der Mensch ist keine Unmittelbarkeit, keine struktur- und differenzlose Einheit, sondern Pluralität, Vielfalt, wie seine Bestimmtheit durch Humana bereits bezeugt. Und die Humana können durchaus in Differenz und Gegensatz zueinander treten. Ihr Zueinander bedarf der Organisation (siehe 2.1). Und nicht nur das. Auch die Humana selbst sind in sich different. Zum Beispiel nehmen Nah- und Fernsinne auf jeder Entwicklungsstufe unterschiedliche, potentiell unvereinbare, und doch handlungsrelevante Reize wahr. Und diese Unvereinbarkeit zwingt zur Auswahl, zur Koordination, Beurteilung und Entscheidung.[13]

Böhmes Angriff gegen die Bewußtheit mit der Fähigkeit zur Distanz und Differenz gründet darin, daß er ohne weiteres Bewußtheit und Distanz von und zu Affekten mit deren Beherrschung und Unterdrückung, mit Entfremdung von der Natur und Instrumentalisierung des Leibes identifiziert. Diese Begriffe implizieren durchgängig eine Wertung, genauer eine Abwertung dessen, was unterdrückt und instrumentalisiert wird. Abwertung und Bewußtheit sind jedoch unterschiedliche, getrennte Vorgänge, schließen einander geradezu aus. Bewußtsein erwächst aus Bedrohtheit aufgrund einer Tendenz zur Bewahrung. Der Bewußte instrumentalisiert nicht, sondern lebt eine intime Einheit

12 Auch Böhme räumt die mögliche Nützlichkeit des Bewußtseins ein (A 30, T 66 f., 85 f.).

13 Den Zwang zur Entscheidung sieht Böhme auch. Er gibt selbst zu, daß zum Beispiel das angestrebte Leibbewußtsein nicht allen Situationen angemessen ist (WLW 208). Aber er sagt nichts daüber, wer, welche Instanz entscheidet, wann es angemessen ist und wann ein anderes Bewußtsein, das ichliche und gegenständliche, aktiv werden soll.

mit seiner Leiblichkeit, die er gegen die Bedrohung bewahren möchte.[14] Abwertende Instrumentalisierung ist ein Zeichen von (schlechter) Unmittelbarkeit. Man könnte sogar behaupten, der Moderne mangele es noch an Bewußtheit. Die abendländische Körperver- und Naturmißachtung mit ihren selbstschädigenden Folgen ist also kein Ingredienz der Bewußtheit, sondern eine Folge der Wertsetzung, deren Überprüfung seit Nietzsche immer wieder angemahnt wird.

Auch die Instrumentalisierung selbst ist doppelwertig. Denken wir an das Verfolgen von Zwecken. Wer Zwecke setzt, so scheint es, setzt sich außerhalb des Lebens; das jetzige, strömende Leben genügt ihm nicht, er wertet den Augenblick ab, nimmt sein Leibsein nicht als Vollzug, sondern spart sich auf, entgegenwärtigt das jetzige leibliche Leben für eine (vermeintlich) bessere Zukunft. Dagegen möchte Böhme das ephemere, sich selbst genügsame, augenblicksorientierte Leben in der Weise der Gekonntheit zurückgewinnen. Aber auch diese Differenz von Gegenwart und Zukunft ist keine die Präsenz abwertende, sondern anthropologisch unvermeidbar. Zunächst nimmt der Mensch im Kreis von Wahrnehmen und Handeln nicht wahr, was er tut, sondern was er nicht tut, was zu tun ist. Und in Gestalt von Vorsorge bewahrt Instrumentalisierung durch ebendie Distanzierung Leib und Leben.

Die Differenzen, die Böhme überwinden will[15], tun weder der Leiblichkeit Abbruch, noch heben sie die Unmittelbarkeit des menschlichen Lebens völlig auf, wie er selbst weiß, wenn er mit dem medialen Sein eine neue Unmittelbarkeit gewinnen will. Vorsicht aber ist gegenüber der Einheit von Wert und Bewußtsein geboten, weil dieser Wert als Wertung jederzeit in Abwertung umschlagen kann.

Böhme verkennt aber auch die Abgründe des Menschen, die Nacht- und Schattenseiten des Unbewußten, die Züge des Bösen, des Hasses und des Selbstzerstörerischen, die alle hervorbrächen, würde man der schlichten Unmittelbarkeit das Wort reden und diese zu Wort kommen lassen. Der Mensch ist ein Gemeinschaftswesen, das, unselbständig, in den ersten Jahren auf andere

14 Bedenke auch, daß Böhme selbst der Bewußtheit bezüglich des medialen Lebens eine durchaus positive Rolle zuweist (vgl. in diesem Abschnitt weiter oben).

15 Zu weiteren Differenzen siehe Abschnitt 3.

angewiesen bleibt. In der langen Abhängigkeitsphase entwickeln sich Verhaltensweisen, Eigenschaften und Gewohnheiten, die mit der natürlichen und gesellschaftlichen Realität nicht immer vereinbar, die dem Über- und Zusammenleben sogar abträglich sind und deswegen des Ab- und Ausgleichs bedürfen. Dieser Ausgleich setzt aber Bewußtheit und Abstand zu sich selbst voraus, die es ermöglichen zu entscheiden, was zu tun, welchen Bedürfnissen man zu welchem Zeitpunkt und wem gegenüber nachgehen kann, darf und will. Wer instrumentalisiert, verbannt mit den negativen Affekten alle, der Bewußte unterscheidet, pflegt die einen und versucht, die anderen platonisch zu zähmen.

3. Neubestimmung des medialen Seins

Die Kritik hat durchgängig gezeigt, daß die Differenz von Sein und Bewußt-sein tief in die Bestimmung des Menschen hineingehört. Das menschliche Sein kann zwar nicht als Vernunft (Bewußtheit), aber auch nicht als bloße Natur (Unmittelbarkeit) begriffen werden. Es ist diese Differenz, und diese Differenz schließt weitere ein, nämlich die von Wesen und Unwesen, Sein und Sollen, Schein und Sein, Bewußtsein und Handeln, Werden und Sein. Überdies ist die Dichotomie von Leiblichkeit und Vernunft durch das Ensemble von Humana zu ersetzen, wodurch sich zusätzliche Differenzen ergeben, etwa die zwischen Sprache und Denken oder Leiblichkeit und Sprache.[16]

Die Vielfalt der Humana und die auftretenden Differenzen fordern unaussetzbar interne Abstimmung, Bewertung und Entscheidung von unterschiedlichen Auffassungen, Alternativen, Handlungen. Diese Entscheidungen kann aber kein Humanum allein fällen, etwa die Vernunft, noch weniger die Leiblichkeit, eben weil sie alle und die entscheidende Instanz selbst betreffen. Das menschliche Sein trägt als ganzes immerfort diese Differenzen aus, existiert als deren Vermittlung. Diese Vermittlung ist vielfältig selbstreferent, wodurch es sich erst eigentlich von einem rein animalischen Leben unterscheidet.

16 Böhme vernachlässigt das Humanum Sprache. Mit der Sprache wird bereits die Unmittelbarkeit gebrochen, treten bereits Differenzen auf, die nach Böhme erst der reflexiven Bewußtheit entspringen.

Die angedeutete Vermittlung leistet das von Böhme beschriebene mediale Sein. Das mediale Sein ist das Sein des Menschen überhaupt. Es hält vermittelnd die Mitte zwischen allen erwähnten Zuständen, insbesondere zwischen Aktivität und Passivität, Unmittelbarkeit und Bewußtheit, zwischen Vergangenheit und Zukunft, zwischen Männlichkeit und Weiblichkeit. Es eint alle Differenzen in sich und ist deren Austrag. Diese selbstreferente Vermittlung stellt sich geschichtlich je und je anders dar. Es sind durchaus Formen denkbar, in denen das Bewußtsein kulminiert, ausschließlich der Leiblichkeit gehuldigt wird oder das Ansehen, der Schein mehr gilt als das Sein. Niemals aber darf diese Vermittlung selbst eindimensional gesehen werden; sie ist Faktum und Leitbild zugleich.

Statt ressentimental die Tatsache des Bewußtseins und seiner Differenzen als Verlust der Unmittelbarkeit zu beklagen, sollte sie Böhme vielmehr als Schicksal hinnehmen (A 32). Es gälte, die Vielfalt der Differenzen herauszuarbeiten und die Mehrdeutigkeit des Bewußtseins einschließlich seiner Möglichkeiten, das Leben zu bewahren und zu prolongieren, zu beschreiben. Auch wäre zwischen Bewußtsein und Instrumentalisierung zu unterscheiden. Nicht alles Bewußtsein entfremdet, instrumentalisiert. Die Auffassung des Leibes als Körper, die Abdrängung des Anderen der Vernunft sind Zeichen eines unzureichenden, fälschlich wertenden Bewußtseins, das sich in sich selbst verfängt. Auch die Wiederaneignung der entfremdeten Natur, die Böhme im medialen Sein anstrebt, ist nur mittels des reflexiven Bewußtseins möglich.

Wird aber diese, wegen der weltweit herrschenden Entfremdung, notwendig zu verstärkende reflexive Tendenz der mittleren Seinsweise betont, sollte auch die geänderte Bewertung von Natur und Natürlichkeit, Leib und Leiblichkeit, Affekt und Affektivität keinesfalls außer acht gelassen werden. Böhme ist zuzugeben, daß man auch heute noch trotz aller Aufklärung eher die Affekte bei anderen wahrnimmt als bei sich selbst. Insofern tragen Reflexivität und Bewußtheit noch zu kurz. Die eigene Affektation muß in die Helle der Bewußtheit rücken, das Gespür für sie stärker entwickelt werden.

Dabei sollte allerdings nicht vergessen werden, zwischen zerstörenden und bewahrenden Affekten zu unterscheiden.

Ferner ist es an der Zeit, konkret und beispielhaft den Austrag der Differenzen darzustellen. Insbesondere wäre zu zeigen, daß der Mensch in jedem Augenblick mehrere Differenzen zugleich austrägt. So nimmt er handelnd nicht nur wahr bzw. handelt er nicht nur wahrnehmend, wobei Handlung und Wahrnehmung differieren, sondern handelnd-wahrnehmend ist er zugleich auch mit anderen Dingen beschäftigt, denen er bisweilen sogar Vorrang zubilligt.

Nehmen wir als Beispiel einen Tennisspieler: Während der Ballwechsel klaffen Bewegungs- und Wahrnehmungsebene auseinander, so daß der Spieler seinen Schlag immerfort nach der akuten, sich fortwährend ändernden Situation hin korrigiert. Sein Spiel basiert aber nicht allein auf Wahrnehmungen, sondern auch auf Antizipationen, die sich wiederum von seinen Wahrnehmungen unterscheiden. Er versucht, sich in die Absichten des Gegners hineinzuversetzen und sie zu erraten. So resultiert sein Spiel aus dem Abgleich dessen, was er wahrnimmt, mit dem, was er antizipiert.

Manchmal indessen ist er nicht ganz konzentriert, wie sich aus *unforced errors*, die ihm unterlaufen, erschließen läßt. So denkt er vielleicht spielend an eine Frist, die abläuft, oder ihn beunruhigt ein wichtiges bevorstehendes Telefonat mit seiner Freundin, im Pausengespräch reifen geschäftliche Pläne usw. Selbst dieses harmlose Tennisspiel ist also keine einfache Angelegenheit des unmittelbaren Aufgehens im Spiel, sondern stellt sich bei näherer Betrachtung als ein mehrdimensionaler Komplex von Bewußtseins-Leistungen und ausgetragenen und auszutragenden Differenzen dar, die der Beschreibung harren.

Böhme bestimmt selbst seine Philosophie als »oblique« (A 13 f., 121, 281). Oblique meint rückbezüglich, abhängig und schräg (K 238). Wer oblique denkt, bleibt sich reflektierend des anonymen Hintergrundes, aus dem her sein Denken und Blikken kommt, bewußt. Dieser Hintergrund, den der Reflektierende nicht selbst schafft, den er aber existiert, ist das Andere der Vernunft. Diese Unvernunft nicht zu übersehen oder zu verdrängen, sondern in die Beschreibung einfließen zu lassen, gehört zur Aufgabe obliquer Philosophie. So versteht sie sich als Äußerung des Lebens, auch des medialen, als selbstreferenter Ausdruck von Differenzen, die sie einholen möchte, aber niemals vollständig einzuholen vermag. Oblique Philosophie ist und bleibt Programm.

Literatur

Böhme, Gernot, *Anthropologie in pragmatischer Hinsicht, Darmstädter Vorlesungen*, Frankfurt am Main: Suhrkamp 1985 (zitiert: A).

–, *Philosophieren mit Kant. Zur Rekonstruktion der Kantischen Erkenntnis- und Wissenschaftstheorie*, Frankfurt am Main: Suhrkamp 1986 (zitiert: K).

–, *Der Typ Sokrates*, Frankfurt am Main: Suhrkamp 1988 (zitiert: S).

–, *Natürlich Natur. Über Natur im Zeitalter ihrer technischen Reproduzierbarkeit*, Frankfurt am Main: Suhrkamp 1992 (zitiert: NN).

–, *Weltweisheit, Lebensform, Wissenschaft. Eine Einführung in die Philosophie*, Frankfurt am Main: Suhrkamp 1994 (zitiert: WLW).

–, *Briefe an meine Töchter*, Frankfurt am Main und Leipzig: Insel 1995 (zitiert: T).

Böhme, Hartmut, und Gernot Böhme, *Das Andere der Vernunft. Zur Entwicklung von Rationalitätsstrukturen am Beispiel Kants*, Frankfurt am Main: Suhrkamp 1983.

Homeri *Odyssea*, rec. P. von der Mühll, Basel: Helbing & Lichtenhahn, ^{2}1956 (zitiert: Od).

Ekkehard Martens

»Natürlich« denken?

Heideggers Pseudosokratismus als Irrationalismus

Die ökologische und soziale Krise der Moderne läßt sich auf den gemeinsamen Nenner der Instrumentalisierung von allem und jedem bringen, verstanden als lückenloses, exaktes Begreifen- und Beherrschenwollen von uns selbst und von der Natur, die wir auch selber sind. Ist möglicherweise, wie die gängigen Topoi der aktuellen Vernunft- oder Aufklärungskritik lauten, unser instrumentelles oder »rationales« Denken die Wurzel allen Übels, und sollte es besser durch ein »natürliches« Denken ersetzt werden? Vielleicht ist bereits die Annahme, daß wir durch ein verändertes Denken und Selbstverhältnis nicht nur ein verändertes Handeln bewerkstelligen, sondern auch die ökologisch-soziale Krise in den Griff bekommen könnten, nicht nur hoffnungslos naiv oder unrealistisch, sondern bereits selber Ausdruck der kritisierten instrumentellen oder rationalen Grundhaltung. Wenn einem aber daran gelegen ist, die Welt und sich selber in ihr besser zu verstehen, um sie zumindest nicht zu verschlechtern, ist auch das Begriffsnetz unserer Krisendeutung auf mögliche Verzerrungen hin zu prüfen, etwa der Begriff des »rationalen« oder »natürlichen« Denkens.

Zu den möglichen Verzerrungen gehören auch begriffsgeschichtlich undurchdachte Voraussetzungen.

Als eine Schlüsselfigur in der europäischen Entwicklung des menschlichen Selbstverständnisses als denkendes oder rationales Lebewesen gilt »Der Typ Sokrates«, wie ihn vor allem Gernot Böhme herausgearbeitet hat.[1] Heidegger dagegen gilt in der Regel als die typische Gegenfigur zum Rationalisten Sokrates. So beruft sich etwa Hubert L. Dreyfus bei seiner Kritik der »künstlichen Intelligenz« auf Heidegger als Kritiker von »Sokrates' Überzeugung, Weisheit sei alles, was sich in expliziten Prinzipien

1 Vgl. Gernot Böhme, *Der Typ Sokrates*, Frankfurt am Main: Suhrkamp 1988.

oder Definitionen ausdrücken lasse«.[2] Stimmt aber, um wenigstens einen kleinen Knoten im Netz der Interpretationen von Interpretationen zu entwirren, die Interpretation von Heidegger als einem strikten Anti-Sokratiker? In seiner Selbstinterpretation jedenfalls versteht sich Heidegger – was in der philosophiehistorischen Begriffsarbeit bisher nicht ausreichend beachtet wurde und bei Dreyfus sogar ins Gegenteil verkehrt wird – gerade nicht als Anti-Sokratiker, sondern als Sokratiker, allerdings, wie sich zeigen läßt, zu Unrecht. Vielmehr ist Heidegger ein Pseudosokratiker und als solcher ein Irrationalist im negativen Sinne eines Anti-Rationalisten.

Sokrates vertraut auf die Kraft der Rationalität oder des kritischen »Rechenschaftgebens« über die eigenen handlungsleitenden Begriffe, ist sich aber zugleich der Grenzen einer derartigen Rationalität bewußt und mißt auch Mythen und Bildern einen Erkenntniswert bei; insofern ist er zugleich Irrationalist oder, neutral gesagt, Arationalist. Heidegger dagegen vertraut kritiklos auf ein undifferenziertes Seins-Geschick und kritisiert das begriffliche Denken als Ausdruck menschlicher Anmaßung; insofern ist er nur Irrationalist, und zwar in einem negativen Sinne als Anti-Rationalist. Sokrates von einem falschen Sympathisanten zu bewahren gebietet daher nicht nur die hermeneutische Redlichkeit, sondern auch das Bemühen, bei der notwendigen Begriffsarbeit – etwa an der unklaren, möglicherweise schiefen Alternative »rationales« versus »natürliches« Denken – mit Sokrates auch weiterhin ein Klärungsangebot für die aktuelle Problemlage zu haben.

In seiner Vorlesung von 1954 »Was heißt Denken?« – nach Hannah Arendt die »einzige Stelle seines Werkes, an der er unmittelbar über Sokrates spricht«[3] – identifiziert sich Heidegger ausdrücklich mit dem Denken des Sokrates. Die Frage seiner

2 Hubert L. Dreyfus und Stuart E. Dreyfus, *Künstliche Intelligenz. Von den Grenzen der Denkmaschine und dem Wert der Intuition*, Reinbek bei Hamburg: Rowohlt 1987, S. 20 (engl. *Mind over Machine*, 1986), zu Heidegger ebd., S. 23 f.; zur Kritik an Dreyfus siehe Ekkehard Martens, »Sokratisch-platonische Tradition im ›Expertensystem‹«, in: *Zeitschrift für philosophische Forschung* 1/1992, S. 56-75.

3 Hannah Arendt, *Vom Leben des Geistes.* Bd. 1: *Das Denken*, München: Piper 1979, S. 174 (engl. *The Life of the Mind*, Bd. 1: *Thinking*, 1977).

Vorlesung »Was heißt denken?« versteht Heidegger im Sinne von »Was heißt uns denken?«[4] »Heißen« versteht Heidegger nicht in einem begriffsanalytischen Sinne von »bedeuten«, sondern im heute eher ungebräuchlichen Sinne von »befehlen« oder »rufen«. Denken ist für ihn weder ein rein neuronaler, psychologischer oder mentaler Akt, sondern Zuwendung des Menschen zur »Natur«. Heidegger will nun nicht etwa mit einem »natürlichen« Denken eine bessere ökologische und soziale Praxis bewirken, die das »Wesen der Technik« als Instrumentalisierung von allem und jedem überwindet: »Das Wesen der Technik ist keine nur menschliche Machenschaft, die eine menschliche Überlegenheit und Souveränität bei geeigneter moralischer Verfassung bändigen könnte.«[5] Technikethik hat Heidegger wie jede Ethik als subjektzentrierte Verstiegenheit abgelehnt. Dennoch ist auch Heideggers Auseinandersetzung mit dem Begriff »Denken« von der im Grunde aufklärerischen Hoffnung getragen, daß angemessenes menschliches Denken eine notwendige Vorbedingung dafür ist, daß sich das Geschick insgesamt zum Besseren hin wendet. Die Wende zum Besseren selbst dagegen entzieht sich menschlicher Verfügung, sei es im Denken oder sei es im Handeln. Was wir allerdings tun können, ist »natürlich« denken oder, wie man Heidegger nach einem Vergleich aus dem Neuen Testament verstehen könnte, uns wie die klugen Jungfrauen auf die mögliche Ankunft des Herrn vorbereiten.

»Natürlich« denken hat allerdings bei Heidegger nur sekundär etwas mit »ökologisch« denken zu tun. Vielmehr »heißt uns denken«, so beantwortet Heidegger die von ihm gestellte Frage, die »Natur«, verstanden im Sinne der vorsokratischen Denker als »das von sich her Aufgehende (physis)«.[6] Die »Natur« aber oder das »Sein« sei zugleich das »Sichentziehende«, und beide Bestimmungen fänden sich im Denken des Sokrates wieder: »Sind wir auf das Sichentziehende bezogen, dann sind wir auf dem Zug in das Sichentziehende, in die rätselvolle und darum wandelbare Nähe seines Anspruchs. Wenn ein Mensch eigens auf diesem Zug

4 Martin Heidegger, *Was heißt denken?* Tübingen: Niemeyer 1954, S. 80.

5 Ebd., S. 155.

6 Ebd., S. 135; vgl. ders., »Vom Wesen und Begriff der Physis. Aristoteles Physik B 1«, in: *Il Pensiero* III (1958) 2, S. 131-156, (1958) 3, S. 265-289.

ist, dann denkt er, mag er noch so weit von dem Sichentziehenden entfernt sein, mag der Entzug wie immer auch verschleiert bleiben. Sokrates hat zeit seines Lebens, bis in seinen Tod hinein, nichts anderes getan, als sich in den Zugwind dieses Zuges zu stellen und darin sich zu halten. Darum ist er der reinste Denker des Abendlandes.«[7]

Daß die Frage nach der dem Menschen angemessenen Denkweise die zentrale Frage des Sokrates war, ist unumstritten. Umstritten dagegen ist die Interpretation und Bewertung seiner Antwort. War er mit seiner Was-ist-das-Frage oder der Frage nach der angemessenen Definition ethischer Begriffe ein Rationalist, wie ihm Aristoteles als positive Begriffsklarheit attestiert und wie ihm Nietzsche genauso wie Dreyfus als engen Rationalismus ankreiden? Oder war er es weder im negativen noch im positiven Sinne, sondern wollte bei aller notwendigen Begriffsklarheit gerade einen engen Rationalismus überwinden? Heidegger jedenfalls sieht in seiner Vorlesung »Was heißt Denken?« in Sokrates einen Kronzeugen seines eigenen Denkens. Denken versteht Heidegger nach Art des griechischen *logos* und grenzt es gegen die lateinische Übersetzung als *ratio* sowie gegen das darauf beruhende rationalistische, römisch-neuzeitliche Denken ab. Das rationalistische Denken, so Heidegger, zielt darauf ab, das Seiende in exakten Begriffen zu erfassen und schließlich in der Technik, zum Beispiel im Computer, in einem Programm von Einzelschriften zu beherrschen und zu verändern. Das griechische Denken dagegen sei »kein Greifen, weder ein Zugriff auf das Vorliegende, noch ein Angriff dagegen«[8], sondern ein »Vorliegenlassen«.[9]

Bei seiner Interpretation des griechischen Logos-Denkens bezieht sich Heidegger in einer *deskriptiv*-phänomenologischen Methode auf Erfahrungen mit der griechischen Landschaft: »Meer und Gebirge, Stadt und Insel, Tempel und Himmel, liegen vor und erscheinen aus ihrem Vorliegen.«[10] Eine derartige Erfahrung des Seienden aber ist, wie Heidegger offensichtlich behaupten möchte, für die Griechen der Antike zugleich eine *fundamental*-phänomenologische Erfahrung des Seins oder der »Natur«

7 Heidegger, *Was heißt denken?*, a. a. O., S. 52.
8 Ebd., S. 128.
9 Ebd., S. 125.
10 Ebd., S. 171.

insgesamt, und zwar als »Kosmos«, das heißt als Schmuck und Ordnung der Welt, wie beispielsweise auf dem berühmten Schild des Achill bei Homer (*Ilias* XXII, 481-608). Man kann zwar, so Heidegger, das *viele* Seiende *im* Kosmos zu benennen und zu ordnen versuchen, das *eine* Sein *des* Kosmos aber entzieht sich uns. Das Sein einer duftenden, blühenden Rose beispielsweise kann nicht durch eine botanische Definition oder durch genetische Programme begriffen oder für unsere Zwecke manipuliert werden. Das Sein der Rose ist vielmehr »das von sich her Aufgehende (physis)«.[11] Genauso entzieht sich nach Heidegger das Sein jedes Seienden dem rationalistischen, begrifflich zergliedernden Zugriff.

Als Begründung für seine Einschätzung des sokratischen Denkens als Physis- oder Seins-Denken führt Heidegger die Schriftabstinenz des Sokrates an: »Deshalb hat er nichts geschrieben. Denn wer aus dem Denken zu schreiben beginnt, muß unweigerlich den Menschen gleichen, die vor allzu starkem Zugwind in den Windschatten flüchten.«[12] Aufgeschriebenes Denken wird, so fährt Heidegger fort, zur »Literatur«, und dieses wird »über die doctrina des Mittelalters zur scientia der Neuzeit«. Heidegger behauptet nicht, wie er in seinen »Stundenübergängen« seine Bemerkung zu Sokrates' Schriftabstinenz erläutert, daß Sokrates auch der »größte« Denker war, sondern nur, daß er der »reinste« Denker war.[13] Worin die besondere Reinheit im Denken des Sokrates bestanden hat, deutet Heidegger allerdings lediglich an: Sokrates hat sich *ausschließlich*, *sein Leben lang* und vor allem *ohne etwas zu schreiben* dem Denken gewidmet. Die beiden ersten Kennzeichnungen lassen sich als Indizien für die existentielle Intensität und Ernsthaftigkeit des Denkens des Sokrates verstehen und akzeptieren. Die von Heidegger behauptete Schriftabstinenz dagegen als Indiz für die besondere Reinheit des sokratischen Denkens ist erläuterungsbedürftig.

Auch Heideggers eigene Schriftkritik bezieht sich offensichtlich nicht auf jede Schriftform, sondern lediglich auf die rationalistische oder wissenschaftliche, auf die »scientia der Neuzeit«. Sokrates hat, so ist Heidegger daher zu verstehen, sein Denken nicht auf exakte Begriffe oder Lehrsätze reduziert und schriftlich

11 Ebd., S. 135.
12 Ebd., S. 52.
13 Ebd., S. 56.

fixiert. Allerdings muß Schriftlichkeit weder notwendigerweise »szientistisch« sein, noch ist der Umkehrschluß von der Schriftabstinenz auf die besondere Reinheit des Denkens zwingend. Es kann viele Gründe geben, warum jemand nichts schreibt, etwa um der Vergeßlichkeit, Interpretationswillkür oder Verfügbarkeit für jedermann zu entgehen (vgl. Platon, *Phaidros* 274 b – 277 a). Außerdem haben auch andere »reine« Denker, etwa die von Heidegger besonders hoch geschätzten Vorsokratiker oder Dichter wie Hölderlin, etwas geschrieben, ohne in ein enges rationalistisches Denken zu verfallen – schließlich ist auch Heidegger selbst kein bloß mündlicher Denker.[14] Nicht zuletzt ist auch die mündliche Rede keineswegs vor Fixierungen geschützt, wie beispielsweise Sokrates die »lange Rede« der sophistischen Rhetoriklehrer kritisiert. Für ihn ist am ehesten der mündliche Dialog das geeignete Medium des Denkens. Die schriftliche Aufzeichnung oder Nachkonstruktion der mündlichen Dialoge dagegen, etwa in den Dialogen Platons, sind der zweitbeste Weg, das Denken des Sokrates wenigstens nachträglich mit zuerfahren.[15]

Von den sokratischen Dialogen Platons behauptet Heidegger: »Ein Dialog Platons ist nicht nur für die Nachwelt und die von ihr ausgehenden wechselnden Auffassungen, sondern er ist von sich her, seinem Wesen nach, unausschöpfbar.«[16] Zwar hat also Sokrates als »reinster« Denker in der Tat, soweit wir wissen, überhaupt nichts geschrieben, aber worin die besondere Reinheit seines Denkens wie des Denkens überhaupt besteht, kann man auch nach Heidegger offensichtlich aus den schriftlichen Dialogen Platons entnehmen. Zwischen der schriftlichen Dialogform und der Reinheit des Denkens besteht entgegen Heideggers apodiktischen Behauptungen keine zwingende Verwandtschaft, sondern beides ist ihrem Wesen nach »unausschöpfbar« und entzieht sich dem rationalistischen Zugriff in Begriffen und Sätzen oder einem von Heidegger an Platon kritisierten subjektzentrierten »Ideenblick«.[17] Dabei kann auch Heidegger nicht verkennen,

14 Siehe zu Heideggers Nähe zur dichterischen, auch zur japanischen Sprach- und Denkweise ders., *Unterwegs zur Sprache*, Pfullingen: Neske 1959.

15 Vgl. Ekkehard Martens, *Die Sache des Sokrates*. Stuttgart: Reclam 1992, besonders Kapitel 3 »Mündlichkeit und Schriftlichkeit«.

16 Heidegger, *Was heißt denken?*, a. a. O., S. 69.

17 Vgl. Martin Heidegger, *Platons Lehre von der Wahrheit*, Bern: Fran-

daß Sokrates in seinen mündlichen Dialogen die Begriffe und Sätze seiner Unterredner über die *arete* genau prüft und insofern auf Begriffsarbeit vertraut. Inwiefern aber läßt sich die sokratische Prüftätigkeit von Begriffen mit der von Heidegger behaupteten besonderen Reinheit des Denkens vereinbaren? Ist Sokrates' »rationales« Denken möglicherweise zugleich ein »natürliches«?

Für Sokrates ist ein Leben nicht lebenswert (vgl. Platon, *Apologie* 38a), das die konventionellen Vorstellungen über die *arete*, blind übernimmt. Daher drängt er ständig auf eine Prüfung der schon längst brüchig gewordenen Definitionen und der eigenen Praxis des Gerechten, Frommen oder Tapferen. Andrerseits besteht das sokratische Wissen und Handeln nicht in der Orientierung an einem Definitionswissen. Vielmehr bleibt, wie Heidegger zu Recht sagt, das in den sokratischen Dialogen praktizierte Denken »unausschöpfbar«. An keiner Stelle ist Sokrates mit einer Definition zufrieden, sondern sämtliche Dialoge Platons – zumindest die sokratischen Frühdialoge – enden mit einer Aporie. Dennoch wird im Umriß sichtbar, was die gesuchte *arete* für Sokrates ist: eine Lebensweise des einzelnen in der Polis in Orientierung an der Physis als Kosmos oder Ordnung des Seins im Ganzen (vgl. Platon, *Gorgias* 503 e ff., *Politeia* IV). Der Umriß läßt sich in Begriffen und Sätzen ausdrücken und gegen extreme Verkürzungen abgrenzen, gegen eine naturalistische – dionysische – Lebensweise als ungezügelte Herrschaft der Begierden einerseits und gegen eine rationalistische – apollinische – Lebensweise als reine Vernunftherrschaft andrerseits. Wir Menschen sind vielmehr Lebewesen, die unter anderem auch

cke 1947; dagegen sieht Hans-Georg Gadamer auch bei Platon einen Rest des sokratischen Nichtwissens aufbewahrt: »Es scheint mir bemerkenswert, daß Plato sonst zwischen dem Begriff der ›Idea‹ und dem Begriff des ›Eidos‹, zwischen dem Begriff des Hinblicks und dem Begriff des Anblicks meist überhaupt keinen Unterschied macht. Dagegen wird Plato nicht vom ›Eidos‹ des ›Agathon‹, dem Anblick des Guten sprechen. Da redet er von der ›Idea‹ des ›Agathon‹, von dem Hinblick auf das Gute (idea tou agathou). Das ist die große Lehre, die Plato aus dem sokratischen Vorbild für sein eigenes Denken gezogen hat« (ders., »Sokrates' Frömmigkeit des Nichtwissens«, in: ders., *Griechische Philosophie. III. Plato im Dialog*, Tübingen: J. C. B. Mohr 1991, S. 107).

Vernunft haben und eine »gemischte« Lebensweise leben (vgl. Platon, *Philebos*). Auch Sokrates selbst wurde bereits zu seinen Lebzeiten als »weiser Silen« oder Erzieher des Weingottes Dionysos stilisiert. Nicht nur in seiner eigenen Existenzweise aber, sondern auch in der Form seines Denkens verbindet Sokrates Rationalität und Natürlichkeit.

Was *arete* »heißt« oder »von Natur aus« ist, läßt sich, so wird aus Platons Dialogen sichtbar, nur aus dem gelebten Leben selbst in einem praktische Sinne wissen, aber nie in einer für alle Einzelfälle gültigen Formel eines theoretischen Definitionswissens.[18] Das theoretische Wissen der Begriffsprüfung ist allerdings – wie Heidegger generell und an Sokrates speziell verkennt – gerade in einer krisenhaften Situation problematisch gewordener Deutungsmuster – gegenwärtig nicht anders als zur Zeit des Sokrates – notwendig. Es ist aber nicht hinreichend – wie Heidegger wiederum zu Recht hervorhebt. Auch Sokrates hat sich, anders als Sophokles' *König Ödipus*, nicht blind über die Grenzen menschlichen Wissens und Daseins getäuscht und sich nicht eingebildet, über sein Schicksal grenzenlos verfügen zu können. Andrerseits aber hat Sokrates auch erfahren und zeit seines Lebens bekräftigt, daß es notwendig und möglich ist, die Bedingungen der eigenen Existenz zu verstehen, zu prüfen und verantwortlich zu verbessern – soweit es geht.[19]

Sokrates ist ein rationalistischer Denker, der sich seiner eigenen Grenzen bewußt ist. Nicht er, sondern seine Unterredner sind nach sophistischer Manier in Platons Dialogen von ihren eigenen Arete-Definitionen überzeugt, ohne die Schwäche ihrer jeweiligen Definitionen und eines Definitionswissens überhaupt zu erkennen, geschweige denn die »Natur« der menschlichen Daseinsweise angemessen zu erfahren. Sokrates dagegen hat zwar die Methode der rationalen, begrifflich-argumentativen Prüfung

18 Siehe zu Heideggers eigenen Unterscheidung von »zuhandenem« und »vorhandenem« Wissen: ders., *Sein und Zeit*, Tübingen: Niemeyer [15]1979, § 15.

19 Sokrates läßt sich geradezu als Musterbeispiel für das Bewußtsein der Zerbrechlichkeit menschlicher Existenz lesen, das Martha Nussbaum an der griechischen Tragödie hervorhebt und an Sokrates vermißt; siehe dies., *The fragility of goodness. Luck and ethics in Greek tragedy and philosophy*, Cambridge etc.: Cambridge University Press 1986.

unseres Wissens geschätzt – und in ihren sophistischen Verzerrungen karikiert –, aber er hat zugleich das menschliche Nichtwissen im Gefüge der Physis und angesichts der Sterblichkeit des Lebewesens Mensch erkannt und anerkannt.

Sokrates hat einen, so könnte man sagen, aufgeklärten Mythos praktiziert, nicht aber einen Mythos der Aufklärung oder einen unaufgeklärten Mythos. Auch in der aktuellen Vernunftkritik geht es darum, die notwendige Kritik an einem verengten Rationalismus nicht als Kritik *an* der Aufklärung, sondern als Kritik *durch* die Aufklärung zu verstehen. Genauso kann auch die Kritik an der »künstlichen Intelligenz« und dem Computer-Denken insgesamt keine Negation, sondern nur eine »Aufhebung« durch ein »natürliches« Denken sein, das sich der Leib- und Zeitgebundenheit des sterblichen Lebewesens Mensch bewußt ist und somit, sekundär, auch Raum für ein ökologisches Denken im engeren Sinne eröffnet.

Kann sich also Heidegger in seiner eigenen Rationalitäts-Kritik zu Recht auf Sokrates berufen und als Sokratiker gelten? Teils ja, teils nein. Heidegger kann sich selbst *zu Recht* als Sokratiker verstehen, insofern er wie Sokrates gegen den unbegrenzten »Zugriff« der *ratio* das Nichtwissen als Anerkennung der Grenzen menschlicher Existenz und menschlichen Wissens im Gefüge der Physis betont. Dagegen ist er *kein* Sokratiker, insofern er die Kraft des rationalen Denkens generell und bei Sokrates speziell negativ bewertet. Während für Sokrates das *logon didonai* als kritische Prüfung auf eine dem Logos gemäße Lebensform abzielt, ist für Heidegger »das römische rationem reddere« und die deutsche Übersetzung: »Rechenschaft ablegen, den Grund angeben« ganz im Gegenteil »nicht eigentlich griechisch« gedacht. Das griechische *logos* zielt, so behauptet Heidegger, nicht etwa auf eine kritische Wissensprüfung und ein entsprechendes Leben, sondern ist ein »versammelndes Vernehmen«.[20] Mit seiner Interpretation des sokratischen Denkens wird Heidegger nur der einen, arationalen Seite des Sokrates gerecht und verkennt die andere, rationalistische Seite seines Denkens und Lebens. Damit wird die von Heidegger favorisierte »natürliche« oder – jeder willkürlichen Auslegung ausgelieferte – Physis-orientierte Denk-

20 Martin Heidegger, *Der Satz vom Grund*, Pfullingen: Neske 1957, S. 181.

weise zu einem antirationalistischen Pseudosokratismus, der alles so läßt, wie es ist, soziale und ökologische Krisen, und keine Kriterien für ein humanes Leben zuläßt.[21] Der Typ Sokrates als weiser Silen dagegen ist beides, rational und natürlich zugleich – wie der Typ Gernot Böhme.

21 Vgl. Annemarie Gethmann-Siefert und Otto Pöggeler (Hg.), *Heidegger und die praktische Philosophie*. Frankfurt am Main: Suhrkamp 1988.

Helmut Fleischer
Naturalität ohne Naturalismus
Zum lebensweltlichen Fundus jeder höheren Erkenntnis-Artistik

Die Vernunftphilosophen haben es sich mit der Natur und dem Natürlichen im Gedanklichen annähernd ebenso schwer gemacht wie die Natur mit sich selbst: wie das ganze natürliche Kosmo-chaos (Κοσμοχαος) dessen, was da in eine sonst unorganische Welt hineingeboren wird, sein eigenes Dasein in praktisch-energetischer Beziehung erlebt, dieses zuletzt immer tödlich endende Ringen um das je eigene Lebenkönnen. Wie in diesem *Leben der Natur* selber wechseln die philosophisch-weltanschaulichen Gestimmtheiten hin und her zwischen dem Lobpreis der Mutter Natur und dem Ruf zurück zu ihr und dem entgegengerichteten »Los von der Natur!«, dem manischen Verlangen, sich über sie zu erheben und an einer höheren Sphäre teilzuhaben: mit den Flügeln der Seele oder des Geistes, mit den Leistungen der Kultur und der Geschichte.[1]

1 Mitunter wechseln sich beide Strebungen in ein und demselben Denker ab. Der 22jährige enthusiastische Feuerbachianer Friedrich Engels hat in der vormärzlichen Freiheitsmorgenstimmung von 1842 die Natur selber zum Sprechen gebracht: »Die Natur schließt sich auf vor uns und ruft uns zu: Fliehet doch nicht vor mir, ich bin ja nicht verworfen, nicht abgefallen von der Wahrheit, kommt und sehet, es ist euer innerstes, eigenstes Wesen, das auch mir Lebensfülle und Jugendschönheit gibt! ... Und das liebste Kind der Natur, der Mensch, als freier Mann nach den langen Kämpfen des Jünglingsalters, nach der langen Entfremdung zur Mutter zurückkehrend, sie schirmend gegen alle Phantome der im Kampfe erschlagenen Feinde, hat auch die Trennung von sich selber, die Spaltung in der eignen Brust überwunden« (Friedrich Engels, in: Karl Marx und Friedrich Engels, *Werke* [*MEW*], Berlin: Dietz 1958 ff., Ergänzungsband II, S. 219 f.). Zwei Jahre später, nun tiefer in die Geheimnisse der modernen Wirtschaftsgesellschaft eingedrungen, beschwört Engels die Chaotik der Konkurrenz und findet, das Gesetz von Angebot und Nachfrage sei »ein reines Naturgesetz, kein Gesetz des Geistes«, »ein Naturgesetz, das auf der Bewußtlosigkeit der Beteiligten beruht«, die »als zersplitterte Atome

– Ein klassisches Stück von *Naturüberwindung* haben wir in Kants »reiner Moralphilosophie«, die von allen anthropologischen und empirischen Elementen »gesäubert« ist. Wo Kant im Blick auf die *Ethica* die Erfahrung als die »Mutter des Scheins« abqualifiziert, sieht man deutlich, welchen reduzierten Begriff von Empirie er dabei in Ansatz bringt. Wenn er es »höchst verwerflich« findet, »die Gesetze über das, was ich *tun soll*, von demjenigen herzunehmen ..., was *getan wird*«, rückt er die menschliche Handlungswirklichkeit (als bloße Faktizität genommen) in die verengte Perspektive des externen Beobachters, in welcher auch Hume seinen Bescheid erteilt hatte: aus dem *is* folge niemals ein *ought*. Seitdem ist man dem Vorwurf des »naturalistischen Fehlschlusses« ausgesetzt, wenn man – auf einer tieferen konstitutiven Ebene, die sich im *modus participationis* erschließt – das *Sollen* in einem *Sein* begründet sehen will.
– In der Erkenntnisphilosophie zeigt sich der antinaturalistische Affekt in dem Bestreben, zur höheren Ehre der Logizität und der Sprachform die *Wahrnehmung* zu depotenzieren. Allgemeiner gefaßt ist es die Emanzipation der *wissenschaftlichen* Erkenntnisleistungen aus den »Netzen der Lebenswelt«, ihre autonome systemische Selbstorganisation unter Kriterien der Rationalität. Bei Kant ist es nicht nur das Übergewicht der transzendentalen Logik und die Atrophie der transzendentalen Ästhetik: die Logik selbst leidet darunter, daß die Kategorien der Erfahrungskonstitution kurzschließend von den »Urteilsformen« hergeleitet sind, statt auf die distinkten Leistungen einer ursprünglichen Subjektspontaneität in der synthetischen Einheit von Welterfahrung und Selbstbetätigung zurückgeführt zu werden.
– Was eben schon bei Kant zu bemerken war, die Befangenheit im Gegenständlichen von Außenansichten, dürfte ganz allgemein vom vorherrschenden kognitiven Habitus der Human- und Sozialwissenschaften gelten, ihrem »Objektivismus« und Objektivitätskult mit seinen Begründungs- und Rechtfertigungsritualen. Indessen kann nach Kant (und trotz der Enge von Kants Vorgaben) eine »Erkenntnistheorie«, welche die

ohne Gattungsbewußtsein« produzieren (*MEW* Bd. 1, S. 514 f.). Eine solcherart dissoziierte Gesellschaft entwickelt sich *»naturwüchsig«*.

anthropo-ontologische Differenz von *Gegenständlichem* und *Ungegenständlichem* nicht schon in ihrem Ansatz aufnimmt[2], schwerlich noch bestehen.

- Diese Vorherrschaft der objektivierenden Erkenntnisart und Wahrnehmungsweise ist nur die Kehrseite eines Defizits, das untergründig etwas mit der sozialen Positionalität der institutionellen Wissenschaften zu tun haben muß. Es ist der Mangel an *Reflexionskultur*, die einen partizipativen Direktzugang zu Elementen des lebensweltlichen *praktischen Wissens* (und damit auch zur lebensweltlichen Praktizität des Wissenschaftsbetriebs selbst) eröffnen könnte. Dem sich zu entziehen ist sichtlich nicht leicht, und im Blick auf einen der notorischen Fluchtversuche möchte man sagen: Was hülfe es dem Menschen, wenn er sich – wider den Kolonialismus der Systemimperative – zum Anwalt der kolonisierten Lebenswelt machte, sich dabei aber ganz in der Sprache der Systemfunktionen verlöre?
- Dergleichen führt zu besonders nachhaltigen Verfremdungen und Kollisionen in der Geschichtswissenschaft und in der öffentlichen Wahrnehmung von Geschichte.

Einigen dieser fragwürdigen Emanzipationen möchte ich im folgenden nachgehen und Modalitäten einer lebensweltlichen Fundierung und Integration von Philosophie und Wissenschaft zu skizzieren versuchen. Das bedeutet im Blick auf das zu Bedenkende: Weiterarbeit an der Aufhebung der Dualismen von Seiendem und Wesen, Natur und Vernunft (Geist, Kultur), Subjekt und Objekt, Sein und Seinsollen. Zu leisten ist die Integration nur, wenn das denkende Wesen diese Instanzen aus ihrer vergegenständlichend-thematischen Abstraktion reflexiv in sich zurücknimmt und sich selbst als eines *wirklichen Teilhabers* eingedenk ist.

2 Das Kapitel »Gegenständliches und Ungegenständliches« in August Brunners 1950 erschienenem Buch *Der Stufenbau der Welt. Ontologische Untersuchungen über Person, Leben und Stoff* finde ich noch immer lesenswert.

1. Zur »organischen Zusammensetzung«[3] der Erfahrungserkenntnis

Für Kant gliederte sich der Welthorizont in die zwei Reiche auf, deren eines von *Gesetzen der Natur* regiert ist (deren Regiment – als sinnliches Begehrungs- und Wahrnehmungsvermögen – auch weit in die Menschensphäre und in das menschliche Erkennen hineinreicht), und das andere Reich, in dem *Gesetze der Freiheit* walten, deren Lehrgestalt einzig die Ethik ist, die diese Gesetze als *moralische Gesetze* (oder genauer: als das Eine Grundgesetz der praktischen Vernunft) bezeugt.[4] Man kann diese und alle weiteren Stücke der Kantischen System-Architektur inzwischen für undiskutabel erachten. Das muß jedoch nicht den gewichtigen und weittragenden Anfangsgedanken tangieren, der da lautet: »Wenn aber gleich alle unsere Erkenntnis *mit* der Erfahrung anhebt, so entspringt sie darum doch eben nicht alle *aus* der Erfahrung. Denn es könnte wohl sein, daß selbst unsere Erfahrungserkenntnis ein Zusammengesetztes aus dem sei, was wir durch Eindrücke empfangen, und dem, was unser eigenes Erkenntnisvermögen (durch sinnliche Eindrücke bloß veranlaßt) aus sich selbst hergibt.«[5] Geht man danach, was Kant aus diesem Leitgedanken gemacht, wie er die Subjekt-Spontaneität als einen (wiederum statisch, nicht aktivisch genommenen) *Formen*bestand von räumlich-zeitlicher Anschauung plus eine Kollektion von vier mal drei »reinen Verstandesbegriffen« (Kategorien) spezifiziert hat, die »synthetische Urteile a priori« ermöglichen – dann wird man an allen Ecken und Enden unzufrieden sein. Man wird bezweifeln, ob sich auf diesem Boden ein Begriff von (vorwissenschaftlicher) Alltagserfahrung »rekonstruieren« läßt.[6] Anders wird sich die Sache darstellen, wenn man fragt, was sich aus jenem Grundgedanken systematisch-prospektiv ohne die Kanti-

3 Die Rede von einer »organischen Zusammensetzung« stammt aus einem anderen analytischen Kontext, doch läßt sich der Ausdruck ebenso auf die beiden Quellen der Erfahrungserkenntnis beziehen.

4 So in der Vorrede der *Grundlegung zur Metaphysik der Sitten.*

5 Im zweiten Absatz der für die zweite Auflage (B, 1787) neu gefaßten Einleitung zur *Kritik der reinen Vernunft* (B 1).

6 Gernot Böhme, *Philosophieren mit Kant. Zur Rekonstruktion der Kantischen Erkenntnis- und Wissenschaftstheorie,* Frankfurt am Main: Suhrkamp 1986, S. 113 f.

sche Fixierung *machen läßt.* Zu eng ist schon die Fixierung an einem bloßen »Erkenntnisvermögen«. Der Ansatz gewinnt einen größeren dimensionalen Reichtum, wenn man – wo es schon um eine *Spontaneität* geht – als ihren Operativraum die *Gesamtorganisation des Handlungswesens Mensch* im Blick hat. Das Kantische Repertoire der Anschauungsformen und Kategorien (diese offenkundig unangemessen als »Verstandesbegriffe« signiert) ist notorisch defizitär, der Anspruch auf systematische Vollständigkeit ganz und gar hinfällig (und auch unnötig). In ihrer Formen-Statik dementieren sie nicht nur die ihnen nachgesagte *Spontan*funktion; sie zeigen auch keine Spur davon, daß sie so etwas wie eine arbeitsprozessuale Herkunft oder Genesis in primordinalen Analysis- und Synthesis-Handlungen des Subjekts haben könnten. Alle diese Verengungen wären aufzubrechen, wenn ein vollerer Begriff von den inneren Aktiv-Voraussetzungen[7] des erkennend-handelnden und handelnd-erkennenden Wesens herauskommen soll. Das handelnd-erkennende Wesen figuriert dann nicht bloß abstrakt als »Erkenntnisvermögen«, sondern ebenso in seiner leiblichen Vitalität, in seiner gegenständlichen Tätigkeit, in seiner praktischen Vergesellschaftung oder Sozialität und in seiner geschichtlichen Prozessualität. Sowohl in seiner geschichtlichen Variabilität als auch in seiner sozialen Differentialität ist das Repertoire der kategorialen Dispositive nur in seinen elementarsten Leistungen eine gattungs-allgemeine Konstante.

Alles in allem: Das abstraktive Konstrukt einer »Vernunftnatur« – diese bestimmte Kultur des Vernehmens und Sich-vernehmlich-Machens – hebt sich in der Gesamtheit von »menschlicher Natur« auf. Sie ist das »Prius«, das nicht nur »Urteile a priori« ermöglicht, sondern auch praktische Legislativen der verschiedensten Art.

Schon früh hat man bemerkt, daß Kants Erkenntnis-Analytik im Grunde nur eine Theorie der *mathematisch-naturwissenschaftlichen* Erfahrung sei, und sich (im südwestdeutschen Neukantianismus) um eine transzendentalphilosophische Erschließung der »Kulturwissenschaften« bemüht. So etwas konnte nicht nur Sache eines akademischen Theorieprogramms sein. Für eine Geschichtsphilosophie gilt wohl ebenso wie für die Geschichts-

7 Eine Unbeholfenheit in Kants Terminologie ist es ferner, diese inneren Spontanquellen als »Bedingungen der Möglichkeit« zu charakterisieren.

wissenschaft und für das öffentliche Geschichtsbewußtsein analog das, was Fichte von den konstitutionellen Voraussetzungen einer Philosophie gesagt hat: Was für ein Geschichtsbild und Geschichtsdenken jemand ausbildet, hängt davon ab, wie er – aktiv wie rezeptiv – an den geschichtlichen Bewegungen seiner Gegenwart seinen Anteil nimmt, was für ein Zeitgenosse er ist. Aber welcher nachkantianische Philosoph war denn schon mit der Aktivseite geschichtlichen Wirkens im heraufkommenden massendemokratischen Zeitalter hinreichend vertraut, und sei es auch nur nach der rezeptiven Seite seines Wahrnehmens? Wie ist eine transzendentale Historik möglich, welche die *Spontanquellen der geschichtlichen Apperzeption* freilegt? An der konkreten Anschauung einer Geschichte (retrospektiv) und in einem aktiven Geschichtsdenken (prospektiv) wird die Verwurzelung jeder höheren Wissenschafts-Artistik im Fundus einer »vorwissenschaftlichen«, praktischen Personal-, Sozial- und Wissenskultur deutlicher als im »Natur«-Segment in seiner schlechthin konstitutiven, verfassunggebenden Bedeutung faßbar.

Der Hauptmangel von Kants Transzendentalphilosophie ist es, daß sie sowohl die Logik der Praxis als auch die Logik der Erkenntnis vom Fundus der lebensweltlichen Primärerfahrung losgelöst hat, statt auch diesen human-naturalen Fundus vermittels einer transzendentalen Reflexion aufzuschließen. So entspricht es einer Philosophie, die mehr in ihrer eigenen Institutionalität zentriert als im Medium einer gebildeten Öffentlichkeit angesiedelt ist. Die Philosophenkorporation kann eine solche Öffentlichkeit nicht »herstellen«. Eine solche kann sich nur auf einer breiteren Aktivbasis ausbilden, wenn eine nicht im voraus definierbare Problemlage neue Initiativkräfte freisetzt.

II. Zur »organischen Zusammensetzung« von Geschichtsbewußtsein und historischem Wissen

Der Grundgedanke, daß unsere Erfahrungserkenntnis sich aus einem Rezeptiv-Anteil und aus einer subjekt-eigenen Spontanquelle »zusammensetzt«, gewinnt womöglich eine noch höhere Aktualität, wenn wir damit von der Naturerkenntnis zur Erkenntnis der Menschenwelt weitergehen.[8] Für dieses Feld läßt er

8 Es kommt nicht von ungefähr, daß das Autonom-Werden des bürger-

sich etwa so spezifizieren: Auch unser Erfahrungswissen von vergangener Geschichte und unser Nachdenken über sie ist ein *Zusammengesetztes* aus dem, was uns Zeitzeugen über diese Geschichte mitteilen und was eine professionelle Geschichtswissenschaft über ihre Tatbestände ermittelt, und dem, was unser innerer geschichtlicher Sinn, was die Organik unserer geschichtlichen Wahrnehmungsweise wie auch der Modus unserer existenziellen Teilhabe an einem gegenwärtig-geschichtlichen Geschehen aus sich selber hergibt. (Das ist im übrigen nicht, wie Kant es nennt, eine »Zutat«, sondern vielmehr eine *Vorgabe* oder Vorleistung.)

Knüpfen wir die Verbindung nun weiter. Bei Kant dreht sich im Horizont der Naturerkenntnis alles um eine Korrespondenz zwischen dem Erkenntnisvermögen und den Gegenständen der Erfahrung. Was ist aber der Gegenstand historischer Erfahrung? Er ist überhaupt kein *Gegenstand* im eigentlichen Sinne, sondern ein Gegenüber von Personen-Ensembles einer näheren oder ferneren Vergangenheit, die in den verschiedensten Aktionen begriffen, in Interaktionen verwickelt gewesen sind und dabei ebenso verschiedene gegenständliche und institutionale Objektivationen ihres Tuns gezeitigt, auch vermittels solcher Objektivationen aufeinander eingewirkt haben. In alledem haben sich die *lebendigen Kräfte* der diversen Beteiligten ausgewirkt, und alle Wirkungen haben für die Akteure selbst wie auch für die rezeptiv davon Betroffenen ihren bestimmten *lebenspraktischen Sinn* gehabt, in der Antagonistik vieler dieser Interaktionen oft genug auch einen lebensverneinenden oder lebensvernichtenden Sinn.

lichen Denkens sich zuerst an der *Naturerkenntnis* versucht und hier seine Geisterkämpfe gegen die vorbürgerlichen Mächte ausgefochten hat, bevor es – und in Deutschland noch etwas später als im europäischen Westen – sich die Domäne von Gesellschaft, Geschichte und Politik erschloß. Kants Kritizismus hat seinen Ort in diesem Übergang. Doch mit seiner transzendentalphilosophischen Disziplinarität reichte Kant zwar weiter als mit seiner öffentlichen Praxis, jedoch auch im Gedanklichen nicht sonderlich weit in das Reich hinein, in dem die »Gesetze der Freiheit« regieren. Seine ethische Autonomieposition ist von einer eigenartigen Konstitutionsschwäche. Und was die »allgemeine Geschichte in weltbürgerlicher Absicht« betrifft, kam er über ein rhapsodisches und in seiner Faktur *vor-transzendentales* Konstrukt nicht hinaus; es hielt sich in den Grenzen der »moralischen Weltanschauung«.

Wir bewegen uns hier in einem Gegenüber als lebendige Individuen zu anderen, geschichtlich früheren lebendigen Individuen, und die Erkenntnisleistungen, die in diesem Gegenüber statthaben, erschöpfen sich meistens nicht in einem bloßen Zur-Kenntnis-Nehmen: sofern wir als lebendige Individuen von dem, was jene Anderen vollführt haben (oder was ihnen widerfahren ist), in einer nicht-indifferenten Weise berührt, angesprochen, zur Anteilnahme, Würdigung und Anerkennung aufgefordert sein können. Es findet in der historischen Apperzeption dann eine eigentümliche Art von *historischer Kommunikation* statt.

Ohne jetzt auch nur andeutungsweise auf deren verschiedene Modalitäten eingehen zu können, wollen wir jetzt fragen, wie sich diese lebensweltlich eingefaßte Erkenntnisart (unter dem Blickwinkel unseres Kantischen Leitgedankens) in die transzendentale Kompositionsformel eintragen läßt. Zunächst ist natürlich zu sagen, daß wir es in diesem Erkenntnis- oder Erkennungsfeld mit geschichtlich-sozial-personal *differentiellen*, nicht mit schlechthin gattungs-allgemeinen Dispositiven zu tun haben. Das muß ihrer erkenntniskonstitutiven feld-erschließenden Bedeutung keinen Eintrag tun. Offenkundig ist ferner, daß hier das »Erkenntnisvermögen« als integrales Moment des *Handlungsvermögens* und der *Kommunikationskultur* fungiert.

Mit welchen »Anschauungsformen« und »Kategorien« (oder auch »Existentialien«) die soziale und historische Erfahrung ihre bestimmte Faktur erhält, ist jetzt nicht weiter zu verfolgen. Die Zentralstellung wird den Personen-, Handlungs- und Erlebensbegriffen zukommen, die alle eine hermeneutische Dimension haben, und nur subsidiär werden den Personenbefunden neutralisierte, objektivierte Ereignis-, Prozeß- und Strukturdaten beigeordnet sein. Sie alle haben einen kardinalen Bezug zu den aktiven und rezeptiven *Lebensbedeutungen,* die im Felde sozialer Interaktionen allem und jedem zukommen. Die Rede von »Tatsachen« erfüllt erst dann ihren vollen Sinn, wenn die generierenden »Tathandlungen« mitbenannt sind. Ihre Benennungen werden, auch wenn sie mit gewichtigen Transformationen und Korrekturen einhergehen, die Innenansichten der Beteiligten und Betroffenen, soweit sie mit-überliefert oder analog erschließbar sind, niemals übergehen. Die Beweggründe kommen als annähernd und notfalls hypothetisch vergegenwärtigte *Motivationen*, nicht als »Ursachen« zur Sprache.

In dieser Weise läßt sich ein Kanon der kultivierten historischen Apperzeption aufstellen, jedoch nicht als allgemeine Norm verbindlich machen. Zwar lassen sich Kriterien angeben, unter denen sich eine Kulturform der historischen Apperzeption von anderen ihrer kommunikativen Reichweite und Eindringtiefe nach unterscheidet. Die Kulturformen unterliegen aber einer geschichtlichen Relativität, die man (im Hinblick auf die bekannte historische Vorlage) die »Fichte-Relativität«[9] nennen kann. Sie umschreibt gewisse Korrespondenzen und Divergenzen zwischen dem Subjekt der historischen Wahrnehmung und dem historisch Wahrgenommenen, und sie läßt sich wie ein »oberster Grundsatz« formulieren: Was für Anschauungsformen, Kategorien und hermeneutische Modalitäten bei der Wahrnehmung von Gesellschaftlich-Geschichtlichem in Funktion treten, hängt davon ab, wie die betreffende Person lebenspraktisch am gesellschaftlichen Lebensprozeß ihrer Gegenwart partizipiert. – Ich räume diese soziokulturelle Positions-Relativität bei mir selbst ein und unterstelle sie (tentativ) ebenso auch bei anderen.

So hört die *»historische Apperzeption«* in ihrer eigentümlichen Vitalität und Intimität auf, lediglich Sache eines historischen *Wissens* zu sein. Sie wird zu einem quasi-praktischen, symbolisch-praktischen Aktvollzug, eben zum Aktverbund *historisch-transtemporaler Kommunikation,* worin Erkenntnisse zugleich Anerkenntnisse und (wie auch immer bemessene) Würdigungen sind. Die kommunikative Apperzeption bewegt sich in den Gliederungen und Positionalitäten des gesellschaftlichen Feldes, zu denen ein Zeitgenosse eine positive Affinität haben, die er sich als seine eigene Vorgeschichte zuordnen kann, oder auch in den Bezügen von Gleichgültigkeit, Fremdheit oder Antiposition:

(a) In dem historisch vergegenwärtigten Feld selbst walten die verschiedensten interaktiven Personen-Gruppen-Verhältnisse: von intensiver Gemeinschaftlichkeit bis zur Todfeindschaft.

(b) Der Nachgeborene nimmt Anteil an den Koalitionen und Antagonismen des vergangen-geschichtlichen Sozialraums, und er hat zu den verschiedenen Positionen in diesem Raum – in der Art von symbolischer Partizipation – wiederum ein je eigenes und differentes quasi-praktisches Verhältnis.

9 Ich meine die Sentenz aus der Ersten Einleitung in die *Wissenschaftslehre* von 1794: Was für eine Philosophie man wähle, hängt davon ab, was man für ein Mensch ist.

(c) Dieses aber bewegt sich in eben den Modalitäten, nach denen er in seinem gegenwärtigen sozialen Lebensraum vergesellschaftet ist.

III. Der lebensweltliche Fundus historischer Erkenntnis

Das Geschichtsbild und Geschichtsverhältnis ist in dem hier umschriebenen Verständnis, das heißt im Selbstverständnis eines geschichtsbewußten Individuums, eine organische Repräsentation seiner soziopersonalen Daseinsweise. Soweit es eben auch ein Geschichts*bild* ist, stellt es doch nicht einfach ein »Abbild« des betreffenden Stücks Geschichte dar. Es ist eben ein *Zusammengesetztes*. Und der Anteil, der aus dem *sensorium historicum* des geschichtsbewußten Subjekts kommt, ist nicht einfach seine Projektion. Denn dieses Sensorium ist in einem jeden Individuum selbst etwas vom »Leben« *der* Geschichte, um deren Wahrnehmung es zu tun ist, nur eben einer *anderen Geschichte*: ihr verwandt und unverwandt zugleich, wie auch die Wahrnehmung jedes Zeitgenossen der eines anderen. Zwischen mir und der Geschichte, der ich mich zuwende, besteht so etwas wie eine *analogia* (oder *anapraxia*) *entis.* Historisches Wissen kommt zu einem gewichtigen Teil als eine Art von *Mitwisserschaft*[10] aus einem Verhältnis der *Teilhabe* an einem Fundus eigener lebensgeschichtlicher Kommunikationserfahrung. Nur ist dieser Fundus eben nicht schon das Gesamtvermögen. Was aus dem Fundus ich beim Anderen »einlösen« will, unterliegt stets der Gegenzeichnung des anderen Selbst. Der neuscholastische Systematiker August Brunner hat 1948 eine *Erkenntnistheorie* vorgelegt, die das »Wesen« menschlichen Erkennens nicht an einer Grundkonfiguration von Subjekt und Objekt zu bestimmen sucht, sondern am Gegenüber des eigenen Selbst mit einer anderen Person, die etwas Bestimmtes über mich sagt – eine erhellende und anregende »Versuchsanordnung« jenseits des abgenutzten Modells von

10 Das lateinische Wort hält diese Bedeutung fest, wie das deutsche Wort den doppelten Seinsindex des Wissens im Wissenden wie im Ge- (oder Be-)wußten; wobei das Präfix »be-« auch noch den Aktiv- und Approximationscharakter des Aktes von Bewußtwerden und Bewußtmachen in Erinnerung hält.

Ding und Vorstellung, Objekt und Subjekt.[11] In der materialen Entscheidung über Zutreffendes und Nichtzutreffendes kommt man auf diesem Weg zwar nicht leichter zu einem »letzten Wort«, man ist aber sogleich in einer kategorial (oder »existential«) angemessenen Dimension.

Die professionelle, institutionalisierte Geschichtswissenschaft ist eine Fortsetzung der lebensweltlichen Kommunikationskultur mit anderen Mitteln, nämlich mit einem beliebig steigerungsfähigen Mitteleinsatz in einem raumzeitlich ebenso erweiterungsfähigen wie intensiv ausdifferenzierbaren thematischen Bezugsfeld. Gegenüber den Ansprüchen einer fachlich hochgerüsteten, verwissenschaftlichten Historiographie können ihre mehr »altväterischen« Vertreter geltend machen, sie kämen in ihrer Arbeit sehr wohl mit den Mitteln des *Common sense* und der Lebensklugheit aus.[12] Zutreffend dürfte daran jedenfalls soviel sein, daß die methodisch und expansiv betriebene wissenschaftlich-historische Forschung jeder lebensgeschichtlich erworbenen Geschichtserfahrung eine Unmenge von Erfahrungsdaten voraus hat, daß der Historiker also unendlich viel mehr weiß als der historische Laie. Nicht so sicher ist, ob dies auch vom Volumen an *historischer Einsicht* gilt. Hier *kann* es sich wohl auch umgekehrt verhalten.[13] Man könnte dagegenfragen, ob so etwas wie »Einsicht« überhaupt wissenslogisch bestimmbar ist. Solche Akte wie »Selbstverständigung« und »Rechenschaftsle-

11 Das Buch erschien im Verlag J. P. Bachem Köln; die besagte Explikation beginnt S. 55.

12 Das war die Position von Golo Mann in einer Debatte mit Hans-Ulrich Wehler. Es ging dabei speziell um die Theoriebedürftigkeit der Historie. Aufgebote von *nomologischer* Theorie verwarf Mann, und Theorie war für ihn einfach die Summe von menschlichen Erfahrungen, die ein Historiker aus seinem Vorleben präsent hat. Vgl. *Beiträge zur Historik*, Bd. 3, *Theorie und Erzählung in der Geschichte,* hg. von Jürgen Kocka und Thomas Nipperdey, München: dtv 1979.

13 In der Einleitung zu seinem Buch *Geschichtsdenken im 20. Jahrhundert* nimmt Ernst Nolte eine differentielle Funktions- und Charakterbestimmung für die drei Beschäftigungszweige Geschichtswissenschaft, Geschichtsphilosophie und Geschichtsdenken vor. Dieses erfüllt als Mitgehen in der Mitbetroffenheit von einer gegenwärtig fortgehenden Geschichte einen ausgesprochen *lebensweltlichen* Charakter.

gung« sind es ebensowenig. Vielleicht gewinnt aber alles wissenslogisch bestimmbare Wissen erst auf dem Fundus solcher lebensweltlichen Akte seine volle Bestimmungsdichte.

Für die wissenschaftliche (oder verwissenschaftlichte) Historie ist die vorwissenschaftliche, lebensweltliche Geschichtserfahrung nicht nur Vorstufe, sondern vor allem ein *Fundus* von hermeneutischen und kategorialen Voraussetzungen. Aus diesem Fundus kann auch ein philosophisches Geschichtsdenken schöpfen, wenigstens ebensoviel wie aus der Zufuhr geschichtswissenschaftlich ermittelter Ereignisdaten. Freilich wird der philosophisch Geschichtsbeflissene heute nicht mehr wie einst die vorhegelsche Geschichtsphilosophie über Geschichten philosophieren, über die er positiv nur herzlich wenig weiß.

Wissenschaft erfüllt ihren höchsten Sinn, wie es scheint, darin, daß sie zur *Theorie* wird oder ein Ensemble von Theorien in sich vereinigt. Dieser Zug ist auch in dem Bestreben wirksam, Geschichte als »historische Sozialwissenschaft« mit einem expandierenden Corpus von nomologischen Sätzen neu zu orientieren. Indessen ist zu bezweifeln, ob dergleichen wirklich als das Höchste gelten muß. Der Titel »Theorie« wird im übrigen auch reichlich inflationär ausgespielt – etwa nach der Devise: Wo zwei oder drei allgemeine Sätze über eine Sache zusammenkommen, wird auch gleich eine Theorie daraus. Eine Aufweichung war auch die Folge, als Max Horkheimer den Titel »Kritische Theorie« installierte. Damit wurden auch praktische Sätze zu Be- standstücken einer »Theorie« und erhielten den Status der »Wahrheitsfähigkeit«, also ob *praktische Dignität* nicht vielmehr etwas Eigenes und Höheres sei. Ich nehme ebenso daran Anstoß, daß man (im Singular) von der »Marxschen Theorie«[14] spricht. Bei einer kla-

14 Die eigentlich theoretischen Sätze bilden bei Marx einen engeren Bezirk diesseits oder jenseits der Expressionen, in denen sich seine praktische Intentionalität auf eine unmittelbare, allzu unmittelbare Weise ausspricht. Sie haben ihren Sitz nicht im Umkreis der futuristischen Antizipationen oder Projektionen, die ein Erbteil aus der einstigen »Bestimmung-des-Menschen«-Geschichtsphilosophie sind. Man kann darüber streiten, ob Karl Marx sie noch fortgeführt hat oder ob er schon über sie hinausgegangen ist – nach meinem Befinden ist er *nicht* mehr diesem Typus zuzurechnen, oder nur mit ein paar Residuen in seinen Frühschriften. Die 1845/46 entstandenen Manuskripte zur Kritik der *Deutschen Ideologie* sind bereits eine entschie-

ren Rechenschaft von der Fundierung theoretischer Akte in einem lebensweltlich-praktischen Nexus erübrigen sich solche fragwürdigen Anreicherungen. Historische Sätze zumal können sehr theoretisch sein, ohne daß sie Sätze einer Theorie sein müßten. Sehr theoretisch können auch die Sätze sein, in denen eine Praxis ihren Sinngehalt expliziert, selbst wenn in ihnen praktische Interessen formuliert werden. Möglich ist dies, wenn die Sätze in höchstmöglicher geschichtlicher Konkretion ausgesprochen werden, wenn wenigstens okkasionell eine Tateinheit von Praxis und Begreifen dieser Praxis[15] erreicht ist.

Nachbemerkung: Ein Seitenblick auf die Artistik ethischer Theorie und die lebensweltliche Wahrnehmung des Ethos

Auf die härteste Probe ist die lebensweltlich-naturale Wahrnehmung der Menschenwelt sicherlich dort gestellt, wo es um etwas vom menschlich Höchsten zu tun ist, um die Belange der »Sittlichkeit«. Die moralphilosophische Ethik ist eine reichlich angstbesetzte Veranstaltung geblieben: Nur ja der Willkür (dem Dezisionismus), der Skepsis und dem »naturalistischen Fehlschluß« keinen Raum zu geben. Ein Höchstmaß an intellektueller Anstrengung wird aufgeboten, durch eine »Letztbegründung« moralischer Verbindlichkeit jeden Fluchtweg abzuschneiden. Als Ethiker machen die Moralphilosophen mit gutem Grund geltend, daß sie sich nicht (wie Moralsoziologen) in einer Beobachter-, sondern in einer Teilnehmerperspektive bewegen. Ihr perspektivischer Ort ist indessen der *moral point of view*, und das ist ein Ort im Binnenraum des »moralischen *Bewußtseins*« und im Umkreis von dessen Requisiten: Moralprinzip, moralische Werte und Normen, moralische Argumentation, Wahrheitsfähigkeit moralisch-praktischer Sätze. Es gilt nahezu als selbstverständlich, daß sich alles in diesem abgezirkelten Bereich zu bewegen

dene Abkehr von der vormals repetierten Teleologie des »menschlichen Wesens« und seiner »Verwirklichung«.

15 Das ist eine Formel aus den Feuerbachthesen von Marx.

hat. Wer will denn aus ihm ausbrechen? Kein Nietzsche schreckt die Leute mit seinem »Immoralismus«. Die praktisch-normative Integration der Menschenwelt unter dem Moralprinzip ist angesagt, nicht die gedanklich-konzeptive Integration des Moralprinzips in eine lebensweltliche, »kultur-natürliche« Sicht auf die Menschenwelt.

Wer geschichtlich denkt, wird dieser ethischen Bewußtseinslage ihre situative Triftigkeit nicht abstreiten – nur die Verbindlichkeit für Alle. Er wird die Formel der »Fichte-Relativität« im Blick auf die *Ethica* so oder ähnlich variieren: Was für eine ethische Theorie jemand ausbildet, in welchen Anschauungsformen, Kategorien und hermeneutischen Modalitäten er Belange der Sittlichkeit theoretisch und in pragmatischer Absicht angeht, hängt davon ab, wie er lebenspraktisch am gesellschaftlichen Lebensprozeß des Ethos seiner Gegenwart partizipiert.

Nun »gibt es«, wenigstens in besonderen Kulturlagen, außer der im Moralbewußtsein zentrierten »ethischen Optik« noch anders angelegte Sichtweisen, wie unter anderem diejenige, die unlängst Hans Krämer unter dem Titel einer *Integrativen Ethik* zur Diskussion gestellt hat, und einige Jahre zuvor (in einer anderen Lesart) der Verfasser dieser Betrachtungen.[16] Man kann die Topographie des »sittlichen Seins« als eine Trinität von (1) Essentialien des Sittlichen, (2) Orientierungen des Moralbewußtseins und (3) Wirklichkeit des gelebten Ethos anzeichnen, und man kann ihre Verknüpfungen unterschiedlich sehen. So kann man eine Sequenz von den Essentialien über das Bewußtsein zur Praxis ansetzen, oder man kann nach Art konzentrischer Kreise in der Praxis des Ethos die konkrete Totalität sehen und die anderen als integrierte Momente.

Mit dem Titelwort »Ethos« ist so etwas wie das »Andere der Moralität« angesetzt. Es bezeichnet in seinem strengsten Verständnis – als »gelebtes Ethos« – eine jeweils geschichtlich be-

16 Erschienen 1992 in Frankfurt am Main bei Suhrkamp. Dazu kam, ebenfalls bei Suhrkamp, 1995 ein Diskussionsband *Zur Grundlegung einer Integrativen Ethik* heraus, an dem ich mich mit einem Beitrag »Notizen über Ethik und Ethos« beteiligt habe. Darin ist die Lesart, die ich im vorliegenden Text nur anzeige, etwas eingehender und umfänglicher vorgestellt als in meinem 1987 bei Fischer erschienenen (inzwischen vergriffenen) Buch *Ethik ohne Imperativ. Zur Kritik des moralischen Bewußtseins.*

stimmte *Wirklichkeit* von vielfältig ausdifferenzierten *Gesittungsweisen*, von Kulturformen eines auto-normativ oder hetero-normativ gestimmten Verhaltens in den Güterverhältnissen menschlichen Einzel- und Zusammenlebens. Soweit wir es überblicken können, bewegt sich das Ethos bis jetzt in einer raumzeitlichen Pluralität von *Ethos-Formationen*, die insgesamt – und jede in sich selbst – eine heterogene »*Gemengelage*« bilden, in der Felder einer gelungenen gesittungsnormativen Integration, Felder einer nur mühsam und unvollständig gelingenden Integration und Felder der ethischen Nichtverbindlichkeit aneinander und ineinander gelagert sind.

Das gelebte Ethos einer Großgesellschaft, ihre integrale Kulturform von Personalität, Sozialität und zivilisatorischer Lebensausstattung, ist eine vielfältig parzellierte Gemengelage aus Klein- und Großräumen. Es ist ein *Kraftfeld*, in dem von jedem Punkt ein energetischer Impetus ausgeht und umgekehrt an jedem Punkt – verstärkend oder abschwächend – etwas aus dem Gesamtfeld sich auswirkt. Dieses Gesamtfeld ist eine Extension und interaktive Potenzierung der Maßbestimmungen, die für den Stand der allgemeinen Personal- und Sozialkultur charakteristisch sind. Die wichtigsten Feldparameter sind die Potentialstärken – man möchte sagen: die mittleren Pegelstände und Pegelschwankungen – solcher Verhaltensdispositive wie Kollektivprägung und Individuationsspektrum, Ichstärke, Suprematiestreben, Kooperationsfähigkeit (bzw. Kooperationsuntauglichkeit), Befriedungsstand und Rivalitätspotentiale, Enge oder Weite des Raumes positiver Verträglichkeit und Solidaritätsfähigkeit.

In einer solchen (nur ausschnitthaften) Umschreibung mag sich mein Konzept wie eine rein deskriptive moralhistorische Außenansicht ausnehmen, wie eine *Physiologia moralis*, die sogleich die Frage herausfordert: Wo bleibt hier das, was erst eine Ethik ergibt, nämlich das Aktivische der Teilhabe an einer sittlichen *Normativität*? Nun, es ist in den angeführten Sätzen methodisch zurückgenommen, es fehlt aber nicht schlechthin; es hat in der Topographie der ethisch bedeutsamen Instanzen nur einen anderen Ort erhalten. Ein kleiner Blickwechsel genügt, damit man aus der Positur des theoretisierenden Ethikers in die »natürliche« Position eines Mitbeteiligten und Mitbetroffenen gelangt, in die eines Co-agens im besagten normativen Kraftfeld, des Trägers eines bestimmten, individuierten personalen Ethos und des Mitträgers einer gemeinschaftlichen Ethosformation. Doch nehme ich mich darin nicht nur »idealräumlich« im Modus eines prinzipien-orientierten Moralbewußtseins wahr, sondern sozialräumlich als konkrete Person mit einem limitierten Vermögensstand an Gesittungsweisen, die sich in einer interaktiven Praxis manifestieren.

Noch mehr »Naturalität« kommt ins Spiel, wenn man nicht nur die »Wurzelgründe« eines sittlichen Sollens in einem kultur-natürlichen Wollen, sondern auch noch die Modalitäten der Ausbildung und der sozialen Proliferation von Gesittungsweisen in den Blick nimmt. Dann zeigt sich, wie in den Weisen des gesittungsrelevanten Wirkens und Erwirkens viel mehr von einem Wachwerden und Wachsen als von einem Machen am Werk ist.

So ist, wenn man die »Sache« nicht engherzig auffaßt und sie nicht »naturalistisch« in eine unnatürliche Distanz zum eigenen Selbst versetzt, auch hier alles *natürlich Natur* – Selbstmanifestation der allgemeinen und sich geschichtlich vielfach modifizierenden Menschennatur, welche zuinnerst in *bewußter Lebenstätigkeit* besteht.

Verzeichnis der Veröffentlichungen Gernot Böhmes

1. Bücher

1. *Über die Zeitmodi. Eine Untersuchung über das Verstehen von Zeit als Gegenwart, Vergangenheit und Zukunft mit besonderer Berücksichtigung der Beziehungen zum zweiten Hauptsatz der Thermodynamik*, Göttingen: Vandenhoeck und Ruprecht 1966 (Diss. phil. 1965).
2. *Zeit und Zahl. Studien zur Zeittheorie bei Platon, Aristoteles, Leibniz und Kant*, Frankfurt am Main: Klostermann 1974 (Habilitationsschrift).
3. (Hg.) *Protophysik. Für und wider eine konstruktive Wissenschaftstheorie der Physik*, Frankfurt am Main: Suhrkamp 1976.
4. (zusammen mit Wolfgang van den Daele und Wolfgang Krohn) *Experimentelle Philosophie. Ursprünge autonomer Wissenschaftsentwicklung*, Frankfurt am Main: Suhrkamp 1977.
5. (zusammen mit Wolfgang van den Daele, Rainer Hohlfeld, Wolfgang Krohn und Wolf Schäfer) *Starnberger Studien I, Die gesellschaftliche Orientierung des wissenschaftlichen Fortschritts*, Frankfurt am Main: Suhrkamp 1978.
6. (Hg., zusammen mit Michael von Engelhardt) *Entfremdete Wissenschaft*, Frankfurt am Main: Suhrkamp 1979.
7. *Alternativen der Wissenschaft*, Frankfurt am Main: Suhrkamp 1980, 2. Aufl. 1993.
8. (zusammen mit Wolfgang van den Daele, Rainer Hohlfeld, Wolfgang Krohn und Wolf Schäfer) *Finalization in Science. The Social Orientation of Scientific Progress*, hg. von W. Schäfer (erweiterte Übersetzung von *Starnberger Studien I*), Dordrecht/Boston: Reidel 1983.
9. (zusammen mit Hartmut Böhme) *Das Andere der Vernunft. Zur Entwicklung von Rationalitätsstrukturen am Beispiel Kants*, Frankfurt am Main: Suhrkamp 1983; Taschenbuchausgabe: Frankfurt am Main: Suhrkamp 1985, 2. Aufl. 1992.
10. *Wissenschaft – Technik – Gesellschaft. 10 Semester interdisziplinäres Kolloquium an der THD* (THD-Schriftenreihe Wissenschaft und Technik, Bd. 25), Darmstadt 1984.
11. *Anthropologie in pragmatischer Hinsicht. Darmstädter Vorlesungen*, Frankfurt am Main: Suhrkamp 1985, 2. Aufl. 1987, 3., erweiterte Aufl. 1991, 4. Aufl. 1994.

12. (Hg., zusammen mit Engelbert Schramm) *Soziale Naturwissenschaft. Wege zur Erweiterung der Ökologie*, Frankfurt am Main: Fischer 1985.
13. (Hg., zusammen mit Nico Stehr) *The Knowledge Society*, Boston/Dordrecht: Reidel 1986.
14. *Philosophieren mit Kant. Zur Rekonstruktion der kantischen Erkenntnis- und Wissenschaftstheorie*, Frankfurt am Main: Suhrkamp 1986; koreanische Übersetzung von S. H. Koo: *Kant wa duburu Chulhakhagi*, Seol (Korea): Chung-ha Verlag 1992, 2. Aufl. 1993.
15. *Natur, Leib, Sprache. Die Natur und der menschliche Leib*, Delft: Eburon 1986.
16. *Der Typ Sokrates*, Frankfurt am Main: Suhrkamp 1988. Taschenbuchausgabe: Suhrkamp 1992.
17. *Isaac Newton: Über die Gravitation*, Text lat.-deutsch, üb. und erläutert von Gernot Böhme, Frankfurt am Main: Klostermann 1988.
18. (Hg.) *Klassiker der Naturphilosophie*, München: Beck 1989.
19. *Für eine ökologische Naturästhetik*, Frankfurt am Main: Suhrkamp 1989, 2. Aufl. 1993.
20. *Natürlich Natur. Über Natur im Zeitalter ihrer technischen Reproduzierbarkeit*, Frankfurt am Main: Suhrkamp 1992, 2. Aufl. 1992.
21. *Coping with Science*, Boulder, Col.: Westview Press 1992.
22. *Am Ende des Baconschen Zeitalters. Studien zur Wissenschaftsentwicklung*, Frankfurt am Main: Suhrkamp 1993.
23. *Technik, Gesellschaft, Natur. Die zweite Dekade des interdisziplinären Kolloquiums der TH Darmstadt*, Bd. 60 der THD-Schriftenreihe Wissenschaft und Technik, Darmstadt: THD 1993.
24. (Hg., zusammen mit R. Chakraborty und F. Weiler) *Migration und Ausländerfeindlichkeit*, Darmstadt: Wissenschaftliche Buchgesellschaft 1994.
25. *Weltweisheit – Lebensform – Wissenschaft. Eine Einführung in die Philosophie*, Frankfurt am Main: Suhrkamp 1994. 2. Aufl. unter dem Titel *Eine Einführung in die Philosophie*, Frankfurt am Main: Suhrkamp 1997.
26. *Atmosphäre. Essays zur Neuen Ästhetik*, Frankfurt am Main: Suhrkamp 1995.
27. *Briefe an meine Töchter*, Frankfurt am Main: Insel 1995.
28. *Idee und Kosmos. Platons Zeitlehre. Eine Einführung in seine theoretische Philosophie*, Frankfurt am Main: Klostermann 1986.
29. (zusammen mit Hartmut Böhme), *Feuer, Wasser, Erde, Luft. Eine Kulturgeschichte der Elemente*, München: Beck 1996.
30. (Hg., zusammen mit Gregor Schiemann) *Phänomenologie der Natur*, Frankfurt am Main: Suhrkamp 1997.
31. *Ethik im Kontext. Über den Umgang mit ernsten Fragen*, Frankfurt am Main: Suhrkamp 1997.

II. Aufsätze in Zeitschriften und Sammelbänden

1. »Physikalische und erlebte Zeit«, in: *Anstöße*, Berichte aus der Arbeit der Evangelischen Akademie Hofgeismar (1967), S. 101 ff.
2. »Wie natürlich ist die natürliche Geburt?«, in: *Hippokrates* 39 (1968), S. 660 ff.; auch in [1, 20].
3. »Unendlichkeit und Kontinuität«, in: *Philosophia Naturalis* 11 (1969), S. 304 ff.
4. »Whiteheads Abkehr von der Substanzmetaphysik. Substanz und Relation«, in: *Zeitschrift für Philosophische Forschung* 24 (1970), S. 548 ff.; auch in: E. Wolf-Gazo (Hg.), *Whitehead*, Freiburg: Alber 1980.
5. »Wissen als Können«, in: *Evangelische Kommentare* 4 (1971), S. 636 ff.
6. »Die Physik zu Ende denken. Die Philosophie C. F. v. Weizsäckers«, in: *Merkur* 290 (1972), S. 593 ff.
7. »Die Verlegenheit der Ethik«, in: *Evangelische Kommentare* 5 (1972), S. 392 ff.
8. (zusammen mit Wolfgang van den Daele und Wolfgang Krohn) »Alternativen in der Wissenschaft«, in: *Zeitschrift für Soziologie* 1 (1972), S. 320 ff.; auch in: Wolfgang Pohrt (Hg.), *Wissenschaftspolitik – von wem, für wen, wie? Prioritäten in der Forschungsplanung*, München: Hanser 1973, S. 17-44; englisch: »Alternatives in Science«, in: *International Journal of Sociology* 8 (1973), S. 70-94.
9. (zusammen mit Wolfgang van den Daele und Wolfgang Krohn) »Die Finalisierung der Wissenschaft«, in: *Zeitschrift für Soziologie* 2 (1973), S. 128 ff.; auch in: Werner Diederich (Hg.), *Theorien der Wissenschaftsgeschichte. Beiträge zur diachronischen Wissenschaftstheorie*, Frankfurt am Main: Suhrkamp 1974, S. 296-311; englisch: »Finalization in Science«, in: *Social Science Information* 15 (1976), S. 307-330; niederländisch (gekürzt) in: A. Rip, P. Groenewegen (Red.), *Macht over kennis*, Alphen aan Rijn / Brüssel: Samson Uitgeverij 1980, S. 129-145; polnisch in: *StudaFilozoficzne* 1 (218), (1984), S. 85-108; japanisch in: *Revue de la pensée d'aujourd'hui* 7 (1985), Bd. 13-8, S. 144-164 (übersetzt von T. Maruyama).
10. »Wissenschaft mit unglücklichem Bewußtsein. Das Dilemma von Motivation und Legitimation in der Grundlagenforschung«, in: *Evangelische Kommentare* 6 (1973), S. 404-407.
11. »Über das Verhältnis des Wissenschaftlers zur Wissenschaftspolitik«, in: Wolfgang Pohrt (Hg.), *Wissenschaftspolitik – von wem, für wen, wie? Prioritäten in der Forschungsplanung*, München: Hanser 1973, S. 175-192.

12. »Auf der Suche nach den Dimensionen der menschlichen Umwelt«, in: H. Kohlenberger (Hg.), *Umweltvorsorge und Gesundheitspolitik*, Bonn: Bouvier 1973, S. 15-29.
13. »Gibt es erkenntnistheoretische Gründe für die Unterscheidung von Größentypen?«, in: *Natur und Geschichte*. X. Deutsche Kongreß für Philosophie, hg. von K. Hübner und A. Menne, Hamburg: Meiner 1973, S. 315-320.
14. »Die Bedeutung von Experimentalregeln für die Wissenschaft«, in: *Zeitschrift für Soziologie* 3 (1974), S. 5-17; englisch (gekürzt): »Cognitive Norms, Knowledge-Interests and the Constitution of the Scientific Object: A Case Study in the Functioning of Rules for Experimentation«, in: *Yearbook for the Sociology of the Sciences* 1 (1977), S. 129-144.
15. »Ein handlungstheoretisches Konzept der scientific community. Skizze zu weiteren theoretischen Arbeiten – Antwort auf R. Klima«, in: *Zeitschrift für Soziologie* 3 (1974), S. 106-109.
16. »Zeit als Ordnung des Geschehens«, in: H. Aichelin, G. Liedke (Hg.), *Naturwissenschaft und Theologie*, Neukirchen-Vluyn: Neukircher Verlag 1974, S. 53-61.
17. »Die soziale Bedeutung kognitiver Strukturen. Ein handlungstheoretisches Konzept der scientific community«, in: *Soziale Welt* 25 (1974), S. 188-208; englisch (gekürzt): »The Social Function of Cognitive Structures: A Concept of the Scientific Community within a Theory of Action«, in: H. D. Knorr, H. Strasser, H. G. Zilian (Hg.), *Determinants and Controls of Scientific Development*, Dordrecht/Boston: Reidel 1975, S. 205-225; auch in [1, 22].
18. »Über die Zeitordnung«, in: A. Schopf (Hg.), *Der englische Aspekt*, Darmstadt: Wissenschaftliche Buchgesellschaft 1974, S. 50-60; aus: [1, 1], S. 41-61.
19. »Über Kants Unterscheidung von extensiven und intensiven Größen«, in: *Kantstudien* 65 (1974), S. 239-258; auch in [1, 14].
20. »Information und Verständigung«, in: E. v. Weizsäcker (Hg.), *Offene Systeme* I, Stuttgart: Klett 1974, S. 17-34.
21. »Die Bedeutung praktischer Argumente für die Entwicklung der Wissenschaft«, in: *Philosophia Naturalis* 15 (1974), S. 133-151; gekürzte Fassung in: *Proceedings of the XVth World Conference of Philosophy*, Sofia 1973, S. 33-42.
22. »Die Ausdifferenzierung wissenschaftlicher Diskurse«, in: Nico Stehr, René König (Hg.), *Wissenschaftssoziologie – Studien und Materialien.* Sonderheft 18 der *Kölner Zeitschrift für Soziologie und Sozialpsychologie* (1975), S. 231-253; auch in [1, 22].
23. »Gesellschaftliche Konstitution und gesellschaftliche Steuerung von Wissenschaft« (zusammen mit Wolfgang van den Daele und Wolfgang Krohn), in: *Leviathan* 4 (1976), S. 277-283.

24. »Platons Theorie der exakten Wissenschaften«, in: *Antike und Abendland* 22 (1976), S. 40-53; auch in [1, 7].
25. »Ist die Protophysik eine Reinterpretation des kantischen Apriori«, in: Gernot Böhme (Hg.), *Protophysik. Für und wider eine konstruktive Wissenschaftstheorie der Physik*, Frankfurt am Main: Suhrkamp 1976, S. 219-234; auch in [1, 14].
26. »Quantifizierung – Metrisierung. Versuch einer Unterscheidung erkenntnistheoretischer und wissenschaftstheoretischer Momente im Prozeß der Bildung von quantitativen Begriffen«, in: *Zeitschrift für allgemeine Wissenschaftstheorie* 7 (1976), S. 209-222; auch in [1, 22].
27. (zusammen mit Wolfgang van den Daele und Wolfgang Krohn), »Die Verwissenschaftlichung von Technik«, in: P. Lundgren (Hg.), *Zum Verhältnis von Wissenschaft und Technik, Erkenntnisziele und Erzeugungsregeln akademischen und technischen Wissens*. Universität Bielefeld: Forschungsschwerpunkt Wissenschaftsforschung, 7. Report, 1976, S. 32-76; auch in [1, 5]; englisch in: W. Krohn, E. L. Layton jr. und P. Weingart (Hg.), *The Dynamics of Science and Technology*, Boston/Dordrecht: Reidel 1978, S. 219-250; russisch in: Z. G. Arzakajan und V. G. Gorochov (Hg.), *Filosofija techniki v FRG*, Moskau: Progress 1989.
28. »Quantifizierung und Instrumentenentwicklung. Zur Beziehung der Entwicklung wissenschaftlicher Begriffsbildung und Meßtechnik«, in: *Technikgeschichte* 43 (1976), S. 307-313; auch in [1, 22].
29. »Models for the Development of Science«, in: I. Spiegel-Rösing und D. de Solla Price (Hg.), *Science, Technology and Society*, London/Beverly Hills: Sage 1977, S. 319-351; erweiterte deutsche Fassung in [1, 22].
30. (zusammen mit Wolfgang van den Daele), »Erfahrung als Programm – Über Strukturen vorparadigmatischer Wissenschaft«, in: Gernot Böhme, Wolfgang van den Daele und Wolfgang Krohn, *Experimentelle Philosophie. Ursprünge autonomer Wissenschaftsentwicklung*, Frankfurt am Main: Suhrkamp 1977.
31. »Die kognitive Ausdifferenzierung der Naturwissenschaft – Newtons mathematische Naturphilosophie«, in: Gernot Böhme, Wolfgang van den Daele und Wolfgang Krohn, *Experimentelle Philosophie. Ursprünge autonomer Wissenschaftsentwicklung*, Frankfurt am Main: Suhrkamp 1977, S. 237-261.
32. »Die Konstitution des wissenschaftlichen Gegenstandes«, in: G. Patzig, E. Scheibe und W. Wieland (Hg.), *Logik, Ethik, Theorien der Geisteswissenschaften. XI. Deutsche Kongreß für Philosophie, Göttingen 1975*, Hamburg: Meiner 1977, S. 318-323.
33. »Ist Goethes Farbenlehre Wissenschaft?«, in: *Studia Leibniziana* 9 (1977), S. 27-54; auch in [1, 7]; englisch: »Is Goethe's Theory of Color Science?«, in: *Contemporary German Philosophy* 4 (1984),

S. 262-286; auch in: F. Amrine, F. J. Zucker und H. Wheeler (Hg.), *Goethe and the Sciences. A Re-appraisel*, Dordrecht/Boston: Reidel 1986, S. 147-173.

34. »Alternativen in der Wissenschaft – Alternativen zur Wissenschaft?«, in: Chr. Hubig und W. v. Rahden (Hg.), *Konsequenzen kritischer Wissenschaftstheorie*, Berlin: de Gruyter 1978, S. 40-57; englisch: »Alternatives in Science – Alternatives to Science?«, in: H. Nowotny und H. Rose (Hg.), *Counter-movements in the Sciences. Sociology of the Sciences* III (1975), S. 105-125; auch in [1, 22].
35. »Wissenschaftssprachen und die Verwissenschaftlichung der Erfahrung, in: J. Zimmermann (Hg.), *Sprache und Welterfahrung*, München: Fink 1978, 89-109; auch in [1, 22].
36. »Autonomisierung und Finalisierung«, in: *Starnberger Studien* I, Frankfurt am Main: Suhrkamp 1978, S. 69-130 [1, 5]; Vortragsfassung in: H. G. Sandkühler (Hg.), *Die Wissenschaft der Erkenntnis und die Erkenntnis der Wissenschaft*, Stuttgart: Metzler 1978, S. 337-361; englisch in [1, 8].
37. (zusammen mit Wolfgang van den Daele und Rainer Hohlfeld), Finalisierung revisited, in: *Starnberger Studien* I, Frankfurt am Main: Suhrkamp 1978, S. 195-250 [1, 5]; englisch in [1, 8].
38. »Quantifizierung als Kategorie der Gegenstandskonstitution. Zur Rekonstruktion der Kantischen Erkenntnistheorie«, in: *Kantstudien* 70 (1979), S. 1-16; Abschnitt III auch in: *16. Weltkongreß für Philosophie*. Sektionsvorträge, Düsseldorf 1978, S. 103-106; auch in [1, 14].
39. »1848 und die Nicht-Entstehung der Sozialmedizin. Über das Scheitern einer wissenschaftlichen Entwicklung und seine politischen Ursachen«, in: *Kennis en methode* III (1979), S. 119-141; auch in [1, 7].
40. (zusammen mit Michael von Engelhardt), »Zur Kritik des Lebensweltbegriffs«, in: Gernot Böhme und Michael von Engelhardt (Hg.), *Entfremdete Wissenschaft*, Frankfurt am Main: Suhrkamp 1979, S. 7 bis 25.
41. »Die Verwissenschaftlichung der Erfahrung. Wissenschaftsdidaktische Konsequenzen«, in: Gernot Böhme und Michael von Engelhardt (Hg.), *Entfremdete Wissenschaft*, Frankfurt am Main: Suhrkamp 1979, S. 114-136.
42. »Die Entfremdung der Wissenschaft und ihre gesellschaftliche Aneignung«, in: Bundesministerium für Wissenschaft und Forschung (Hg.), *Symposion. Wissenschaftliche Forschung und gesellschaftliche Zukunft*, Wien 1979, gekürzte Fassung in: *Wechselwirkung* 3 (1979).
43. »Kann es theoretische Wissenschaftsgeschichte geben?«, in: C. Bur-

richter (Hg.), *Grundlegung der historischen Wissenschaftsforschung*, Basel: Schwabe 1979, S. 107-122; auch in [1, 22].

44. »Wie kann es abgeschlossene Theorien geben?«, in: *Zeitschrift für allgemeine Wissenschaftstheorie* X (1979), S. 343-351; englisch: »On the Possibility of Closed Theories«, in: *Stud. Hist. Sci.* 11 (1980) 2, S. 163-172.
45. »Wissenschaft als Politik. Über Peter Brückners politische Psychologie«, in: K.-J. Bruder (Hg.), »... wurde denn überhaupt Theorie gemacht?«, in: *Psychologie und Gesellschaftskritik. Sonderheft zu Peter Brückner*, Gießen: Focus 1980, S. 61-73; auch in [1, 7] und in Alfred Krovoza und Klaus Ottomeier (Hg.), *Zum Beispiel Peter Brückner*, Frankfurt am Main: EVA 1981.
46. »Technologiekritik als gesellschaftlicher Konflikt«, in: *Wechselwirkung* 6 (1980), S. 54-57; erweiterte Fassung in: F. Moser (Hg.), *Neue Funktionen von Wissenschaft und Technik in den 80er Jahren*, Wien: Verlag der wissenschaftlichen Gesellschaften Österreichs 1981, S. 52-76.
47. »Models for the Development of Science (Consequences for Health Research)«, in: E. Heikkinen u. a. (Hg.), *Research on Health Research*. Publications of the Academy of Finland 11 (1980), S. 38-49, Helsinki 1980.
48. »Wissenschaftliches und lebensweltliches Wissen am Beispiel der Verwissenschaftlichung der Geburtshilfe«, in: *Wissenssoziologie*, Sonderheft 22 der *Kölner Zeitschrift für Soziologie*, Köln: Westdeutscher Verlag 1981, S. 445-463; auch in [1, 7]; englisch: »Midwifery as Science: An Essay on the Relation between Scientific and Everyday Knowledge« in: Nico Stehr und Volker Meja (Hg.), *Society and Knowledge. Contemporary Perspectives in the Sociology of Knowledge*, New Brunswick/London: Transaction Books 1984, S. 365 bis 385.
49. (zusammen mit J. Grebe) »Soziale Naturwissenschaft. Über die wissenschaftliche Bearbeitung der Stoffwechselbeziehung Mensch–Natur«, in: *Tidschrift voor de Studie van de Verlichtung en het vrije denken* (1979), S. 191-210; auch in [1, 7] und in [1, 12]; italienisch in: E. Bosco (Hg.), *Evologia e politica. La questione ambientale nella Republica Federal di Germania* (1970-1990), Milano: Franco Angeli 1992.
50. »Naturwissenschaft als Technik oder die Frage nach einem neuen Naturbegriff, in: *Zeitschrift für Didaktik der Philosophie* 3 (1981), S. 187-196; auch in: *Technik kontrovers* 3 (1982), S. 62-70; auch in [1, 12]; auch in: *Politische Ökologie* 9 (1991), November/Dezember 1991, S. 20-24.
51. »Towards a Reconstruction of Kant's Epistemology and Theory of Science«, in: *Philosophical Forum*, Boston, Mass., 13 (1981), S. 75 bis

102; deutsch: »Kants Theorie der Gegenstandskonstitution«, in: *Kantstudien* 73 (1982), S. 130-156; auch in [1, 14].
52. »Die Verwissenschaftlichung der Erfahrung – wissenschaftsdidaktische Konsequenzen«, in: R. Duit, W. Jung und H. Pfundt (Hg.), *Alltagsvorstellungen und naturwissenschaftlicher Unterricht*, Köln: Aulis Verlag Deubner 1982, S. 85-113; auch in [1, 6].
53. »Alternativen zur neuzeitlichen Wissenschaft – Über die Besonderheiten aristotelischer Naturwissenschaften (am Beispiel der Chemie)«, in: L. Hieber und R. W. Müller (Hg.), *Gegenwart der Antike*, Frankfurt am Main: Campus 1982, S. 152-169; erweitert in [1, 7].
54. »Non-Scientific Traditions in Higher Education«, in: G. Bergendal (Hg.), *Knowledge and Higher Education*, Stockholm: National Board of Universities and Colleges 1983.
55. »Die Rolle der Wissenschaft in der Waffenentwicklung«, in: *Universitas* 38 (1983), S. 1021-1030; erweiterte Fassung unter dem Titel »Wissenschaft für Krieg und Frieden«, in: *Verantwortung für den Frieden*, 4. Vorlesungsreihe der RWTA Aachen, Aachen 1985; auch in [1, 22].
56. (zusammen mit Wolf Schäfer), »Towards a Social Science of Nature«, in: Wolf Schäfer (Hg.), *Finalization in Science. The Social Orientation of Scientific Progress*, Dordrecht/Boston: Reidel 1983, S. 231-269 [1, 8].
57. »Was ist sozial konstituierte Natur?«, in: *Öko-Mitteilungen*, März 1983, S. 27-28.
58. »Strumenti: il significato dello sviluppo technico intradisciplinare«, in: S. D'Agostino und M. G. Janniello (Hg.), *Storia della Scienza e della technica. Problemi di ricerca storica e didattica nella scuola e nei musei scientifici*, Roma: Università di Roma 1984, S. 192-199.
59. »The Knowledge-Structure of Society, in: G. Bergendal (Hg.), *Knowledge Policies and the Traditions of Higher Education*, Stockholm: Almqvist and Wiksell 1984, S. 5-17.
60. »Die Gesellschaftlichkeit von Technik und Natur«, in: F. Moser und F. Ohler (Hg.), *Fachübergreifende Lehre an technischen Universitäten*. Sonderheft 9 der *Zeitschrift für Hochschuldidaktik* 8 (1984), S. 10-26.
61. »Physik im weltanschaulichen Spannungsfeld. Eine Analyse der Diskussion ›Über philosophische Fragen der modernen Physik‹ in der DDR 1952-1957«, in: C. Burrichter (Hg.), *Ein kurzer Frühling der Philosophie. DDR-Philosophie in der Aufbauphase*, Paderborn: Schöningh 1984, S. 157-187.
62. »Der normative Rahmen wissenschaftlich-technischen Handelns«, in: DIN Deutsches Institut für Normung e.V. (Hg.), *Regeln und Normen in Wissenschaft und Technik*, Berlin: Beuth 1984, S. 11-20; auch in [1, 22].

63. »Über die Lüge«, in: *manuskripte* 86 (1984), S. 3-8.
64. »Die Reproduktion von Natur als gesellschaftliche Aufgabe«, in: *Dialektik* 9 (1984), 75-83; auch in [1, 12].
65. (zusammen mit Hartmut Böhme), »Currente Vernunft. Zum Projekt einer anderen Aufklärung«, in: *Ästhetik und Kommunikation* 57/58 (»Intimität«) (1985), S. 225-232.
66. »Coping with Science. Towards a new theory of science (Theme T Report 9)«, in: University of Linköping, Schweden: *Theme Technology and Social Change* 1985; auch in: *Graduate Faculty Philosophy Journal* 12 (1987) 1 und 2, S. 1-48; auch in [1, 21].
67. »Alternative Formen des Wissens im Bereich der Medizin«, in: *Schweizerische Ärztezeitung* 66 (1985), S. 1569-1573.
68. »Die Aktualität der Naturphilosophie«, in: *Zeitschrift für Didaktik der Philosophie* 7 (1985), S. 199-206; auch in [1, 20].
69. »Was Wissenschaft ist und was Wissenschaft nicht ist«, in: *Hessische Blätter für Volksbildung* 4 (1985), S. 274-277.
70. »Zur Entwicklung des neuzeitlichen Wirklichkeitsbegriffs«, in: D. Cwienk (Hg.), *Verrückte Vernunft? Vorträge der 25. Steirischen Akademie* 1985, Graz: Verlag der TU Graz.
71. »Was ist, naturwissenschaftlich gesehen, Realität?«, in: H. Kimmerle / G. Sperna Weiland (Red.), *Jaarboek Centrale Interfaculteit Onderzoek* 1985, Universität Rotterdam: Rotterdamse Filosofische Studie 1986; auch in: M. Heindler und F. Moser (Hg.), *Grazer Gespräche. Wissen – Technik – Philosophie. Ganzheitsphysik*, Graz: TU 1987, 9 bis 23; auch in [1, 22].
72. »Freuds Schrift ›Das Unbewußte‹«, in: *Psyche* 40 (1986), S. 762-779.
73. »Demarcation as a Strategy of Exclusion: Philosophers and Sophists«, in: Gernot Böhme und Nico Stehr (Hg.), *The Knowledge Society*, Boston/Dordrecht: Reidel 1986; deutsch in [1, 22].
74. »Hat der Fortschritt eine Zukunft«, in: *Universitas* 484, 41 (1986), S. 929-938; auch in [1, 22]; englisch: »An End to Progress?«, in: *Science Studies* (Tampere, Finnland) 1 (1990), S. 37-45; auch in: *The Graduate Faculty Philosophy Journal* 12 (1987) 1, 2; und in [1, 21].
75. »Kant's Epistemology as a Theory of Alienated Knowledge«, in: R. E. Butts (Hg.), *Kant's Philosophy of Physical Science*, Dordrecht: Reidel 1986, S. 335-550; deutsch in [1, 14].
76. »Jenseits radikaler Vernunftkritik«, in: *Radius* 31 (1986) 3, S. 13-16; erweiterte Fassung auch in: R. Maresch (Hg.), *Zukunft oder Ende. Standpunkte, Analysen, Entwürfe*, Klaus Boer 1993; engl. erweiterte Fassung in: D. Freundlieb und W. Hudson (Hg.), *Reason and its Other. Rationality in Modern German Philosophy and Culture*, Oxford: Berg Publishers 1993, S. 87-94.
77. »Symmetrie: Ein Anfang mit Platon«, in: *Symmetrie*. Katalog der Ausstellung Mathildenhöhe Darmstadt, 1. 6.-24. 8. 1986.

78. »Zwischen Wildwuchs und Dressur. Die Bedeutung des englischen Gartens für die Entwicklung einer ökologischen Naturästhetik«, in: H. Timm (Hg.), *Wie grün darf die Zukunft sein?* Gütersloh: G. Mohn 1987, S. 59-73; auch in [1, 19].
79. »Bedingungen gegenwärtiger Naturphilosophie«, in: Oswald Schwemmer (Hg.), *Über Natur. Philosophische Beiträge zum Naturverständnis*, Frankfurt am Main: Klostermann 1987, S. 123-133; auch in [1, 20].
80. »Die Technostrukturen der Gesellschaft«, in: B. Lutz (Hg.), *Technik und sozialer Wandel*, Frankfurt am Main: Campus 1987, S. 53-65; englisch: »The Techno-Structures of Society«, in: *Thesis Eleven* 23 (1985), S. 104-116; auch in: Nico Stehr und R. V. Ericson (Hg.), *The Culture and Power of Knowledge*, Berlin: de Gruyter 1992, S. 39-50.
81. »Anthropologische Veränderungen in der technischen Zivilisation«, in: J. Friedrichs (Hg.), *Technik und Sozialer Wandel. 23. Deutsche Soziologentag*, Opladen: Westdeutscher Verlag 1987, S. 475-479; englisch in: K. Vak (Hg.), *Complexities of the Human Environment. A Cultural and Technological Perspective*, Wien: Europa-Verlag 1988.
82. »Ludwig Büchner«, in: *Katalog der Georg Büchner Ausstellung in Darmstadt*, 2. 8. – 27. 9. 1987, Frankfurt am Main: Stroemfeld/Roter Stern 1987, S. 384-388; erweiterte Fassung in: *Büchner – Zeit, Geist, Zeitgenossen*. Ringvorlesung im WS 86/87 zum 150. Todestag von Georg Büchner, Bd. 46 der *THD-Schriftenreihe Wissenschaft und Technik*, Darmstadt: THD 1989, S. 255-269.
83. »Die Schwierigkeit, das Andere zu denken – oder das Problem des Irrationalen«, in: Heinz Kimmerle (Hg.), *Das Andere und das Denken der Verschiedenheit*, Amsterdam: Grüner 1987, S. 17-21.
84. »Permanente Aufklärung«, in: Gunzelin Schmid Noerr (Hg.), *Metamorphosen der Aufklärung*, Tübingen: edition diskord 1988, S. 20 bis 26.
85. »Die Friedensbewegung in der Wissenschaftlergemeinschaft. Prinzipielles, Erfahrungen, Schwierigkeiten«, in: Institut für Soziologie und Sozialethik an der Akademie der Wissenschaften der DDR (Hg.), *Friedensbewegung – Sozialstruktur – Massenbewußtsein* (II. Internationales Symposion Soziologie und Frieden), Berlin 1988, S. 111-121; auch in: *Informationsdienst Wissenschaft und Frieden* 5 (1987), April 1987, S. 26-29; auch in [1, 22].
86. »Typen der Aufklärung: Sokrates und Odysseus«, in: *Luzifer–Amor. Zeitschrift zur Geschichte der Psychoanalyse* 2 (1988), S. 113-127.
87. »What science is and what it is not«, in: S. J. Doorman (Hg.), *Images of Science. Scientific Practice and the Public*, Aldershot: Gower 1989.
88. »Der offene Leib. Eine Interpretation der Mikrokosmos-Makrokosmos-Beziehung bei Paracelsus«, in: Dietmar Kamper und Ch. Wulf

(Hg.), *Transfigurationen des Körpers. Spuren der Gewalt in der Geschichte*, Berlin: Dietrich Reimer 1989, S. 44-58.

89. »Philosophische Grundlagen der Newtonschen Mechanik«, in: K. Hutter (Hg.), *Die Anfänge der Mechanik*, Heidelberg: Springer 1989, S. 5-20; englisch in: *Studia Culturologica* 2, (1993) Spring, S. 9-23; auch in [1, 22].
90. »Zivilisation und Humanität. Zur zivilisatorischen Bedeutung von Technik«, in: Gerhard Gamm und Gerd Kimmerle (Hg.), *Vorschrift und Autonomie. Zur Zivilisationsgeschichte der Moral*, Tübingen: edition diskord 1989, S. 11-28.
91. »Lebensgestalt und Zeitgeschichte«, in: B. Kielmann und B. Koleck (Hg.), *Lebens-Gestalt und Zeitgeschichte. Kongreßdokumentation der Hamburger Gestalttage* 1989, Fritz Perls Regionalinstitut Hamburg e.V. 1990; auch in: *Bios Heft* 2 (1990), S. 135-151.
92. (zusammen mit Nico Stehr), »Wissensgesellschaften«, in: *Universitas* 45 (1990), S. 225-231; polnisch: Prace Instytutu Nauk Ekonomiczno-Spolecznych Politechniki Warszawskiej, 2.49, *Filosofia* (1992), S. 47-55.
93. »Sinn und Gegensinn – Über die Dekonstruktion von Geschichten«, in: *Psyche* 44 (1990), S. 577-592; auch in: R. Kühn und H. Petzold (Hg.), *Psychotherapie und Philosophie. Philosophie als Psychotherapie?*, Paderborn: Jungfermann Verlag 1992, S. 423-441; englisch in: *Studia Culturologica* 3 (1994), S. 103-117.
94. »Schönsein, Schön-Sein«, in: *Merkur* Nr. 497 (1990), S. 535-545; erweiterte Fassung in [1, 19].
95. »Was ist Natur? Charaktere der Natur aus der Sicht der modernen Naturwissenschaft«, in: *Chemie in unserer Zeit* 24 (1990), S. 166 bis 175; auch in [1, 20].
96. »Die Natur im Zeitalter ihrer technischen Reproduzierbarkeit«, in: *Information Philosophie* 4 (1990), S. 5-17; erweiterte Fassung in: *Kunstforum* 114 (1991), S. 106-117; erweiterte Fassung französisch in: *Les Temps Modernes* 49 (1993), Mars, S. 114-139; deutsch in: [1, 20]; englisch in: *Issues in contemporary culture and aesthetics* 1, Maastricht: Jan van Eyck Akademie 1995.
97. »Wir philosophieren – philosophieren wir?«, in: H. Oosterling und F. de Jong (Hg.), *Denken unterwegs. Philosophie im Kräftefeld sozialen und politischen Engagements*, Amsterdam: Grüner 1990, S. 1 bis 15.
98. »Was heißt ›sich in der Gesellschaft orientieren‹?«, in: *Deutsche Zeitschrift für Philosophie* 39 (1991), S. 236-244.
99. »Humanity and Resistance«, in: *Thesis Eleven* 28 (1991), S. 70-85; deutsch in [1, 11], 3. Aufl.; auch in: Dietmar Kamper und Chr. Wulf (Hg.), *Anthropologie nach dem Tode des Menschen*, Frankfurt am Main: Suhrkamp 1994, S. 250-270.

100. »Philosophie als Arbeit«, in: *Zeitschrift für Didaktik der Philosophie* 13 (1991), S. 75-78.
101. »Über Synästhesien«, deutsch und englisch in: *Daidalos* 41 (1991), S. 26-36; auch in: [1, 26]; italienisch in: *Casa Bella* 589 (1992), S. 48 bis 51.
102. »Keplers Weltharmonik«, in: Gerhard Gamm und Gerd Kimmerle (Hg.), *Wissenschaft und Gesellschaft*, Tübingen: edition diskord 1991, S. 61-73.
103. »Am Ende des Baconschen Zeitalters«, in: Gerhard Gamm und Gerd Kimmerle (Hg.), *Wissenschaft und Gesellschaft*, Tübingen: edition diskord 1991, S. 202-223; auch in: *Chemie in unserer Zeit* 3 (1992), S. 129-137; auch in [1, 22].
104. »Am Leitfaden des Leibes – das Andere der Vernunft«, in: I. Ostner und K. Lichtblau (Hg.), *Feministische Vernunftkritik. Ansätze und Traditionen*, Frankfurt am Main: Campus 1992, S. 53-65.
105. »An Aesthetic Theory of Nature: An Interim Report«, in: *Thesis Eleven* 32 (1992), S. 90-102; deutsch in [1, 19].
106. »Feuer, Wasser, Erde, Luft. Die vier Elemente in Geschichte und Ökologie«, in: T. Arzt, M. Hippius-Dürckheim und R. Dollinger (Hg.), *Unus Mundus. Kosmos und Sympathie. Beiträge zum Gedanken der Einheit von Mensch und Kosmos*, Frankfurt am Main: Peter Lang 1992.
107. »Perspektiven einer ökologisch orientierten Naturphilosophie«, in: Hans Rudi Fischer, Arnold Retzer und Jochen Schweitzer (Hg.), *Das Ende der großen Entwürfe*, Frankfurt am Main: Suhrkamp 1992, S. 72-89.
108. »Technische Zivilisation, in: *Technik und Gesellschaft. Jahrbuch* 6, hg. von G. Bechmann und W. Rammert, Frankfurt am Main/New York: Campus 1992, S. 17-39; auch in [1, 22]; auch in: P. Drexler und H. Heuermann (Hg.), *Technikgläubigkeit – Technikkritik: Ihre Darstellung und Bewältigung in Kultur und Gesellschaft*, TH Braunschweig 1993.
109. »Atmosphäre als Grundbegriff einer neuen Ästhetik«, in: *Kunstforum* 120 (1992), S. 247-255; gekürzte englische Fassung in: *Thesis Eleven* 36 (1993), S. 113-126; auch in [1, 26].
110. »Die Sozialstruktur der Lüge«, in: Peter Kemper (Hg.), *Opfer der Macht. Müssen Politiker ehrlich sein*? Frankfurt am Main: Insel 1993, S. 71-85.
111. »Natur – ein Thema für die Psychologie«, in: H.-J. Seel und R. Sichler (Hg.), *Mensch – Natur. Zur Psychologie einer problematischen Beziehung*, Opladen: Westdeutscher Verlag 1993, S. 27-39.
112. »Leib: Die Natur, die wir selbst sind«, in: H. Schnädelbach und G. Keil (Hg.), *Philosophie der Gegenwart – Gegenwart der Philosophie*, Hamburg: Junius 1993, S. 219-234; auch in [1, 20]; auch in:

Synthesis philosophica 10 (1995), S. 21-33; serbokroatisch in: *Filosofiska Instrazivanja* 58 (1995), S. 371-383.

113. »Die Ekstasen des Dinges. Ontologie und Ästhetik der Dinghaftigkeit«, in: M. Großheim und H.-J. Waschkies (Hg.), *Rehabilitierung des Subjektiven*, Bonn: Bouvier 1993, S. 45-64; auch in [1, 26].

114. »Das Natürliche und das Künstliche«, in: VBKW Württemberg e.V. (Hg.), *Garten*. Katalog der Ausstellung Garten, Stuttgart: Verband der Autoren 1993; auch in: P. Janich und Chr. Rückardt (Hg.), *Natürlich, technisch, chemisch. Verhältnisse zur Natur am Beispiel der Chemie*, Berlin: de Gruyter, 1996, S. 80-89.

115. »Reflexionen zur Zeitgeschichte der Arbeit«, in: H. Givsan und W. Schmied-Kowarzik (Hg.), *Reflexionen zur geschichtlichen Praxis*. Helmut Fleischer zum 65. Geburtstag, Würzburg: Königshausen und Neumann 1993, S. 37-54.

116. »Die Wiederkehr der Elemente«, in: *chimica didactica* 19 (1993), S. 189-201.

117. »Der Glanz des Materials – Zur Kritik der ästhetischen Ökonomie«, in: A.-V. Langenmaier (Hg.), *Der Stoff der Dinge: Material und Design*, München: Design Zentrum 1994, S. 77-96; auch in [1, 26].

118. »Das ist doch eine Pfeife – Über Kunst und Werbung bei Magritte«, in: *Kunstforum international* 129 (1995), S. 166-177.

119. »Inszenierte Materialität«, in: *Daidalos* 56 (1995), S. 36-43.

120. »Die begriffliche Verfaßtheit der Wirklichkeit«, in: Hans Rudi Fischer (Hg.), *Die Wirklichkeit des Konstruktivismus. Zur Auseinandersetzung um ein neues Paradigma*, Heidelberg: Carl-Auer-Verlag 1995, S. 225-237.

121. »Naturzerstörung – Naturgestaltung«, in: *Politische Ökologie* 43 (1995), S. 16-18.

122. »La fisiognomica nell' estetica della natura«, in: *Annali*, Sezione Germanica serie III, 1-3, Napoli: Instituto Universitario Orientale 1995, S. 225-251.

123. »Kant's Aesthetic: A New Perspective«, in: *Thesis Eleven* 43 (1995), S. 100-119; erweiterte deutsche Fassung unter dem Titel »Kants Ästhetik in neuer Sicht« in: G. Harste, Th. Mertens und Th. Scheffer (Hg.), *Immanuel Kant über Natur und Gesellschaft*, Odense: University Press 1996, S. 45-71.

124. »Der Zustand der Natur als unser historischer Ort«, deutsch und englisch in: Förderverein »Bergbaufolgelandschaften Lausitzpark« e.V. mit H. Just und Dirk Manzke (Hg.), *Stadt – Wüste – Land*, Dessau: Bauhaus 1996.

125. »Dies Bildnis ist bezaubernd schön …«, in: *der blaue reiter* 3 (1996), S. 69-73.

126. »Künstliche Natur«, in: P. Janich, Chr. Rückardt (Hg.), *Natürlich,*

technisch, chemisch. Verhältnisse zur Natur am Beispiel der Chemie, Berlin: de Gruyter 1996, S. 90-108.

127. »Selbstsein und derselbe sein. Über ethische und sozialtheoretische Voraussetzungen von Identität«, in: Annette Barkhaus u. a. (Hg.), *Identität, Leiblichkeit, Normalität. Neue Horizonte anthropologischen Denkens*, Frankfurt am Main: Suhrkamp 1996, S. 322-340.

128. »Ein Knochen für Mama, ein Knochen für Papa. Versuche zu leben: Inge Müllers Dichtung«, in: *Neue Zürcher Zeitung* vom 3./4. 8. 1996; gekürzte Fassung unter dem Titel »Reime. Zu Inge Müllers Dichtung«, in: *Inge Müller, Irgendwo; noch einmal möchte ich sehn. Lyrik, Prosa, Tagebücher*, hg. von Ines Geipel, Berlin: Aufbau 1996, S. 277-288.

129. »Naturphilosophie als Arbeit am Begriff ›Natur‹«, in: Th. Arzt, R. Dollinger und M. Hippius Gräfin Dürckheim (Hg.), *Philosophia Naturalis. Beiträge zu einer zeitgemäßen Naturphilosophie*, Würzburg: Königshausen und Neumann 1996, S. 340-356; auch in [I, 25].

130. »Das Bild der Dämmerung«, in: Norbert Bolz und Ulrich Rüffer (Hg.), *Das große stille Bild*, München: Fink 1996, S. 234-245.

131. »Dämmerung«, in: F. Hager (Hg.), *Körper Denken. Aufgaben der historischen Anthropologie*, Berlin: Reimer 1996, S. 36-44; erweiterte Fassung in: Evangelische Akademie Baden (Hg.), *Geblendete Welt. Der Verlust der Dunkelheit in der High-Light-Gesellschaft, Herrenalber Forum*, Bd. 18, Karlsruhe: Verlag des Evangelischen Presseverbands für Baden 1997, S. 81-95.

132. »Gut-Mensch-Sein«, in: *Ethik und Unterricht* 4/1996, S. 2-8.

133. »Atmosphäre«, deutsch und japanisch, in: KALLISTA. *The Journal of Aesthetics and Art* 3 (1996), S. 1-17 und S. 128-142.

134. »Ästhetische Erkenntnis der Natur«, in: K. Gloy (Hg.), *Natur- und Technikbegriffe*, Bonn: Bouvier 1996, S. 118-145.

135. »Natur als Humanum. Eine Revision«, in: L. N. Trallori (Hg.), *Die Eroberung des Lebens. Technik und Gesellschaft zum 21. Jahrhundert*, Wien: Verlag für Gesellschaftskritik 1996, 75-96.

136. »Philosophie- und Wissenschaftsgeschichte der vier Elemente«, in: *Paragrana* 5 (1996), 1, S. 13-35.

137. »Aesthetic Knowledge of Nature«, in: *Issues in contemporary culture and aesthetics* 5 (1997), S. 27-37.

138. »Die Atmosphäre einer Stadt«, in: *Von innen nach außen. Stadtentwicklung ohne Stadt?* Weimar: Bauhaus-Universität 1997, S. 15-24.

139. »Leibphilosophie und Naturphilosophie«, in: *Einheit der Natur – Entwurf der Geschichte – Begegnungen mit C. F. von Weizsäcker*, München: Hanser 1997, S. 118-131.

III. Artikel in Lexika

1. »Geschichte der Natur«, in: Joachim Ritter (Hg.), *Historisches Wörterbuch der Philosophie*, Bd. 3, Basel/Stuttgart: Schwabe 1974, Sp. 299-301.
2. »Finalisierung«, »Quantität/Qualität«, »Zeit«, in: J. Speck (Hg.), *Handbuch wissenschaftstheoretischer Begriffe*, Göttingen: Vandenhoeck und Ruprecht 1980.
3. »Finalisierung«, in: S. Grubitzsch und G. Rexilius (Hg.), *Psychologische Grundbegriffe. Mensch und Gesellschaft in der Psychologie. Ein Handbuch*, Reinbek bei Hamburg: Rowohlt 1981, Neuausgabe 1990, S. 342-344.
4. »Natur«, »Identität«, »Schönheit«, in: Chr. Wulf (Hg.), *Vom Menschen. Handbuch Historische Anthropologie*, Weinheim: Beltz 1997.

IV. Rezensionen

1. »Leibsein als Aufgabe«, Rez. von Hermann Schmitz, *System der Philosophie*, Bd. II.1, in: *Hippokrates* 40 (1969), S. 186 ff.
2. »Der Gefühlsraum«, Rez. von Hermann Schmitz, *System der Philosophie*, Bd. III.2, in: *Philosophische Rundschau* 18 (1971), S. 36 ff.
3. »System der Philosophie«, Rez. von Hermann Schmitz, in: *Man and World* 5 (1972), S. 363 ff.
4. »Protophysik der Zeit – eine nicht-empirische Theorie der Zeitmessung?«, in: *Philosophische Rundschau* 20 (1973), S. 94-111; wieder in [I, 3], S. 276-299.
5. Rez. von E. Fischer-Homberger, *Krankheit Frau und andere Arbeiten zur Medizingeschichte der Frau*, Bern/Wien: H. Huber 1979, in: *Deutsche Hebammenzeitschrift* 31 (1979), S. 201 f.
6. Rez. von Hermann Schmitz, *Die Wahrnehmung. System der Philosophie*, 3. Bd.: *Der Raum*, 5. Teil, in: *Philosophische Rundschau* 3/4 (1980), S. 264-269.
7. Rez. von J. Huber, *Wer soll das alles ändern? Die Alternativen der Alternativbewegung*, Berlin: Rotbuch 1980, in: *Wechselwirkung* 7 (1980), S. 64.
8. Rez. von Dietrich von Engelhardt, *Historisches Bewußtsein in der Naturwissenschaft von der Aufklärung bis zum Positivismus*, in: *Technikgeschichte* 1 (1981), S. 74-76.
9. Rez. von G. Konrad und J. Szelényi, *Die Intelligenz auf dem Wege zur Klassenmacht*, in: *Literatur* 82/83, S. 11 (Georg-Büchner-Buchladen Darmstadt).
10. Rez. von H. Pietschmann, *Das Ende des naturwissenschaftlichen*

Zeitalters, Wien/Hamburg: P. Szolnay Verlag 1980, in: *Wechselwirkung* 7 (1980), S. 64.
11. Rez. von G. Fr. Nicolai, *Die Biologie des Krieges*, in: *Darmstädter Blätter* 7 (1983), S. 1-2.
12. Rez. von Paul Watzlawik (Hg.), *Die erfundene Wirklichkeit. Wie wissen wir, was wir zu wissen glauben?*, München: Piper 1981, in: *Spektrum der Wissenschaft* 1 (1983), S. 113 f.
13. Rez. von B. Kanitscheider (Hg.), *Moderne Naturphilosophie*, in: *Zeitschrift für Philosophische Forschung* 39 (1985), S. 639-642.
14. Rez. von J. F. Stone, *The Trial of Socrates*, in: *Das Argument* 30 (1988) 6, Heft 172, S. 893-895.
15. Rez. von Harry Redner, *The Ends of Science. An Essay in Scientific Authority*, Boulder/London: Westview Press 1987, in: *Das Argument* (1990), Heft 181.
16. Rez. von Ursula Wolf, *Das Tier in der Moral*, Frankfurt am Main 1990, und P. W. Taylor, *Respect for Nature*, Princeton 1989, in: *Merkur* 45 (1991), S. 344-347.
17. »Gedankengewebe erforscht«. Rez. von Ekkehard Martens, *Der Faden der Ariadne. Über kreatives Denken und Handeln*, Stuttgart: Metzler 1991, in: *Frankfurter Rundschau* vom 4. 9. 1991.
18. »Perlen vor die Säue«. Rez. von Wolfgang Schivelbusch, *Die Bibliothek von Löwen. Eine Episode aus der Zeit der Weltkriege*, München: Hanser 1988, in: *Frankfurter Rundschau* vom 2. 7. 1991.
19. »Erde! Erde!« Rez. von Michel Serres, *Der Naturvertrag*, in: *Frankfurter Allgemeine Zeitung* vom 10. 8. 1994; auch in: *Politische Ökologie* 40, Januar/Februar 1995, S. 72.
20. Rez. von Ihsan Aksoy, *Das Lied des Kurden*, in: *Listen*, Heft 37 (1994), S. 42; auch in: *Potz. Das Potsdammagazin*, November 1994, S. 49; auch in: *Darmstädter Echo* vom 2. 1. 1995.

v. Varia

1. »Demonstration anläßlich der Hochschulreform«, in: *NDH* 123, 16 (1969) 3, S. 111-119.
2. »Die Frage des Genossen S.«, in: *Merkur* 23 (1969), S. 1093 ff.
3. (zusammen mit J. Behrmann, Wolfgang van den Daele, Rainer Hohlfeld, Wolfgang Krohn, Wolf Schäfer und Tilman Spengler), »Die Starnberger Forscher fühlen sich ausgetrickst«. Leserbrief in: *Die Welt*, Nr. 83 vom 7. April 1976, S. 6.
4. (zusammen mit J. Behrmann, Wolfgang van den Daele, Rainer Hohlfeld, Wolfgang Krohn, Wolf Schäfer und Tilman Spengler), »Statt Auseinandersetzungen eine Kampagne gegen Forscher«, Leserbrief in: *Süddeutsche Zeitung*, Nr. 85 vom 10./11. 4. 1976.

5. (zusammen mit J. Behrmann, Wolfgang van den Daele, Rainer Hohlfeld, Wolfgang Krohn, Wolf Schäfer und Tilman Spengler), »Was ist das: Finalisierung?«, in: *Die Zeit*, Nr. 17 vom 16. 4. 1976, S. 33-34.
6. (zusammen mit J. Behrmann, Wolfgang van den Daele, Rainer Hohlfeld, Wolfgang Krohn, Wolf Schäfer und Tilman Spengler), »Wer bedroht die Wissenschaft?« Leserbrief: in *Münchner Merkur*, Nr. 90 vom 17./18./19. 4. 1976.
7. »Nichts zur Wissenschaftstheorie beigetragen«, in: *Information Philosophie*, November/Dezember 1976, Nr. 5, S. 3.
8. »Der Forscher. Eine Erzählung«, in: *Wechselwirkung* 14 (1982), S. 44-48.
9. (zusammen mit I. Ostner), »Brauchen wir eine neue Ethik für Soziologen? Eine Replik«, in: *Soziologie. Mitteilungsblatt der Deutschen Gesellschaft für Soziologie* 2 (1983), S. 192-194.
10. »Symposium über fachübergreifende Lehre an technischen Universitäten«, in: *THD-Intern* 4, Nr. 12, 30. 11. 1983.
11. »Ansprache an die Darmstädter Schüler«, in: K. Behrens, *Weiches Wasser bricht den Stein*, Frankfurt am Main: Fischer 1984, S. 13 bis 16.
12. »Endzeit«, in: A. Burkhardt (Hg.), *Hochschule und Rüstung*, Darmstadt: Verlag Darmstädter Blätter 1984, S. 3-6.
13. »Kants Leistungen als diejenigen werten, die sie wirklich sind. Gespräch«, in: *Information Philosophie* 4 (1984), S. 30-42, und 5 (1984), S. 24-31.
14. »Zur Darmstädter Verweigerungsformel«, in: *Informationsdienst Wissenschaft mit Frieden*, Heft 2 (1984), S. 19 f.
15. »TEMA – eine neuartige Forschungsinstitution an der Universität und Technischen Hochschule Linköping/Schweden«, in: *THD Intern*, November 1984.
16. »En Tysk blick pa Sverige«, in: *Göteborgs Posten*, 27. und 31. Juli, 5. und 12. August 1985; deutsch: »Samhälle – die große Quelle für alle. Schweden ist in der Entwicklung der technischen Zivilisation Deutschland einen Schritt voraus – Erst mit Nummer ist man wer«, in: *Darmstädter Echo-Magazin*, Silvester 1984.
17. »Mehr Symmetrie im Menschenleben!« (Interview mit G. Mazzola), in: *Darmstädter Echo* vom 25. 9. 1985.
18. »Einleitung« zu: *Grenzen van de wetenschap. Studium Generale*, Erasmus-Universität Rotterdam 1986.
19. »Schützt das Grundgesetz die Rüstungsforschung?«, in: *Informationsdienst Wissenschaft und Frieden Heft* 1 (1986), 5-8; auch in: E. Nickel, A. Roßnagel und B. Schlinck (Hg.), *Die Freiheit und die Macht. Festschrift für A. Podlech*, Baden-Baden: Nomos 1994, S. 85 bis 92.

20. (zusammen mit Nico Stehr), »Key to the Black Box«, in: *Times Higher Education Supplement*, 1. 8. 1986.
21. »Symmetrien«, in: *Frankfurter Allgemeine Zeitung* vom 3. 9. 1986.
22. (gemeinsam mit Hartmut Böhme), Interview mit Florian Rötzer, in: Florian Rötzer (Hg.), *Denken, das an der Zeit ist*, Frankfurt am Main: Suhrkamp 1987, S. 76-94; auch in *Frankfurter Rundschau* vom 2. 8. 1986; französisch in: *L'Ane*, Nr. 46, avril-juin 1991.
23. »Science, Technology and the Military«, in: *Informationsdienst Wissenschaft und Frieden*, Heft 2 (1987), S. 31.
24. »Die Himmelsmechanik des Geistes. Kants Begründung der bleibenden Gültigkeit von Newtons Principia Mathematica«, in: *Frankfurter Allgemeine Zeitung* vom 4. 3. 1987.
25. »Quando una teoria scientifica diventa matura?« Interview mit S. Custoza, in: *Montedison. Progyetto Cultura* 2 (1987) 6, Mai.
26. »Klassische Wissenschaft. Newtons Principia Mathematica erschien vor dreihundert Jahren«, in: *Frankfurter Allgemeine Zeitung* vom 4. 7. 1987.
27. »Newton und Kant. Über die Wahrheit der Naturwissenschaft«, in: *Neue Zürcher Zeitung* vom 24./25. Oktober 1987, S. 67.
28. »La Fénalissasione della Scienca. Incontro con Gernot Böhme a cura di Silvano Custoza«, in: *Linea D'Ombra* 23 (1988), S. 60-65.
29. »Alles ist Wasser«, in: *Wasser. Ein Projekt des Bundesverbandes der Bildenden Künstler*. Sektion Rheinland-Pfalz, 13.-18. September am Mainzer Rheinufer, Katalog, hg. vom BDK-Bundesverband 1988.
30. »Fünf Aphorismen zur kulturellen Reproduktion der Gesellschaft«, in: *Emile* 1 (1989), S. 73-77.
31. »Kann man sein Leben planen?« Interview mit Andrea Tapper, in: *Brigitte* 26 (1989), Dossier »Anders Leben«.
32. »Plädoyer für eine ökologische Naturästhetik. Ein Gespräch mit Florian Rötzer«, in: *Kunstforum* 104 (1989), S. 305-313; gekürzte Fassung in: *Basler Zeitung* vom 20. 9. 1989, 45; auch in: Florian Rötzer (Hg.), *Die digitale Schau und Ästhetik der elektronischen Medien*, Frankfurt am Main: Suhrkamp 1991, S. 475-490.
33. »Brauchen wir eine neue Ethik? – Verantwortung in der Risikogesellschaft. 8 Aphorismen«, in: Gerhard Gamm und Gerd Kimmerle (Hg.), *Ethik und Ästhetik*, Tübingen: edition diskord 1990, S. 51-57.
34. »BRD – was nun?«, in: *Informationsdienst Wissenschaft und Frieden* 2 (1990), S. 12-15.
35. »Die wahre Metaphysik des Aristoteles? Zwei konkurrierende Kommentare deuten die Lehre des Philosophen neu«, in: *Frankfurter Allgemeine Zeitung* vom 18. 4. 1990.
36. »Die Geste der Natürlichkeit«, in: *Basler Zeitung*-Magazin vom 6. 10. 1990.
37. »Das ›Projekt der Moderne‹ hat eine zerstörerische Dialektik entfal-

tet. – Zur Umfrage: Ende der Geschichte oder Ende der Geschichtsphilosophie?«, in: *Widerspruch* 19/20 (1991), S. 11-13.
38. »Naturästhetik«, in: *Ökologie als Bildungsfrage. Arbeitshilfen der Erwachsenenbildung*. Deutscher Volkshochschulverband e. V., Bonn/Frankfurt am Main 1991, S. 34-36.
39. »Von der Auflösung des Naturbegriffs«, in: *Evangelische Aspekte*, Heft 1 (1991), S. 22-24.
40. »Jakob Böhmes sinnliche Naturtheorie«, in: Rolf Peter Sieferle (Hg.), *Natur. Ein Lesebuch*, München: Beck 1991, S. 51-59.
41. »Zur Physiognomik der Schönen«, in: *Magazin der Basler Zeitung*, 2. 2. 1991.
42. »Philosophie als Arbeit«, in: *Neue Zürcher Zeitung* vom 21./22. 4. 1991, S. 33-34.
43. »Aporien unserer Beziehung zur Natur«, in: *Dokumentation Evangelischer Pressedienst* Nr. 17 (1991), S. 3-14.
44. »Am Ende des Baconschen Zeitalters«, in: *Frankfurter Rundschau* vom 10. 8. 1991.
45. »Moderne – Aufklärung – Vernunft«. Interview mit André Gursky, in: *Deutsche Zeitschrift für Philosophie* 39 (1991), S. 549-598.
46. »Liebe auf den ersten Blick. Aphorismen«, in: *Einspruch*, Nr. 30., Dezember 1991, S. 4-6.
47. »Denken üben«, in: *Zeitschrift für Didaktik der Philosophie* (1992) 1, S. 26-29.
48. »Kunst mit Äpfeln«, in: *Ausstellungskatalog* »Frischespur« (F. X. Baier und H. Helmhold), Darmstadt: Hessisches Landesmuseum, 13. 2. – 4. 3. 1992.
49. »Aphorismen zur Landschaftserfahrung der Gegenwart«, in: Bernd Schwering. *Malerei von 1977 bis 1991. Ausstellungskatalog*. Städtische Galerie Viersen u. a. 1991.
50. »Thesen zu einer ökologischen Naturästhetik«, in: *Werk und Zeit* 39 (1991), 1, S. 4-5.
51. »Antwort an Herta Nagl-Docekal«, in: *Ethik und Sozialwissenschaften. Streitforum für Erwägungskultur* (1992) 4, S. 537-538.
52. »Das Natürliche und das Künstliche«, in: *Lohmann Information* 1992, S. 1-2; auch in: R. Schäfer (Hg.), *Was heißt denn schon Natur?*, München: Callwey 1993.
53. »Die Sozialstruktur der Lüge«, in: *Insel Almanach* auf das Jahr 1993, Frankfurt am Main/Leipzig: Insel 1992.
54. »Naturphilosophie heute – für die Zukunft«, in: M. Svilar (Hg.), *Kultur und Natur*, Bern: Peter Lang 1992, S. 247-263.
55. »Der Reiz des Unmöglichen«, in: *Frankfurter Allgemeine Magazin* vom 1. 10. 1992, S. 80-93.
56. »Index over de aestetiske exempler i Kants ›Kritik der Urteilskraft‹«, in: *Kritik* (Kopenhagen) 105 (1993), S. 79-80.

57. »Naturästhetik ohne Natur? Eine Erwiderung«, in: *Merkur*, Februar 1994, S. 183-185.
58. »Person, Wissenschaft und Geschlechterverhältnis. Im Gespräch: Gernot Böhme mit Heiner Legewie und Hans-Jürgen Seel«, in: *Journal für Psychologie* 1, November 1993, Heft 4, S. 34-43.
59. »Ästhetik als Theorie der Wahrnehmung«, in: *Das Goetheanum. Wochenschrift für Anthropologie*, 13. 2. 1994, S. 72.
60. »Vom Sinn der Wissenschaft«, in: *Basler Magazin*, Nr. 45, 20. 11. 1993 (Auszug aus i, 22). Unter dem Titel »Was ist Wissenschaft?« auch in: *Basler Zeitung* Nr. 82, 1994.
61. »Die Zeit erscheint für Neuansätze im Denken eher günstig«. Interview mit Rudolf Maresch, in: *Concordia* (1994) 25, S. 5-25; auch in: R. Maresch (Hg.), *Am Ende vorbei*, Wien: Turia und Kant 1994, S. 72-94.
62. Ringvorlesung im Buch »Migration und Ausländerfeindlichkeit« (Selbstanzeige des zusammen mit R. Chakraborty und F. Weiler herausgegebenen Buches), in: *THD-Intern* 15 (1994) 3, S. 7.
63. »Wahrnehmung von Atmosphären. Übungen zur Ästhetik«, in: *Zeitschrift für Didaktik der Philosophie und Ethik*, 3/1994, S. 20 f.
64. »Die Sehnsucht nach Natur – die Sehnsucht der Natur«, in: *Katalog Toni Zulauf. EinFluss*, Bern 1994.
65. »Die Zeit des Menschen fließt, aber nicht die Zeit der Uhr«, in: *Frankfurter Allgemeine Magazin* vom 11. 11. 1994, S. 24-35.
66. »Gebärneid? Über den Mann, das Gebären und das Kind«, in: *Neue Zürcher Zeitung* vom 24./25. Dezember 1994, S. 53-54.
67. »Mitunter gern ein paar Bäume sehen. Naturerfahrung in der Stadt«, in: *Neue Zürcher Zeitung* vom 25. 1. 1995; erweiterte Fassung in: *Zoll-texte*, Nr. 2/1995, S. 31-34.
68. »Die Natur herstellen. Der Zustand unserer natürlichen Lebensbedingungen als unser geschichtlicher Ort«, in: *Frankfurter Rundschau* vom 5. 8. 1995, Seite ZB3.
69. »Ohne Mensch wertlos? – Streitgespräch mit Wilhelm Ripl«, in: *Politische Ökologie* 43 (1995), S. 25-27.
70. »Das Licht einschalten. Vom Verlust der Dämmerung als Erfahrungsraum«, in: *Neue Zürcher Zeitung* vom 1. 12. 1995
71. »Natürlich Natur!«, in: Gabriele Münnix (Hg.), *Wirklich? Erkenntnis und Ethik. Philosophie für Einsteiger*, Stuttgart: Klett 1996.
72. »Organon für Erfinder: Der Denker René Descartes«, in: *Frankfurter Allgemeine Magazin* vom 29. 3. 1996, S. 26-30.
73. »Licht – oder Helle?«, in: Katalog zur Ausstellung *Im Dunklen zum Licht. Galerie semina rerum*, Zürich, 25. 1. – 28. 2. 1997.
74. »Eine neue Ästhetik der Natur. Interview mit Hubert Bunträger«, in: *Zeichen und Wunder* 8 (1997) Februar, S. 15-28.
75. »Wissen: kulturelles Kapitel. Die Wissensgesellschaft zwischen Ex-

pertenherrschaft und neuer Aufklärung«, in: *Frankfurter Rundschau* vom 12. 4. 1997, S. ZB 3.

76. »Zeit zum Aufstehen (Solidarität)«, in: *Kunst & Kultur*, Mai 1997. Beilage zu den Ruhrfestspielen Recklinghausen 1997, S. iv-vi.
77. »Über Natur im Zeitalter ihrer technischen Reproduzierbarkeit«, in: *auch ich in Arkadien.* Katalog der *BUGA*, Gelsenkirchen 1997, S. 47-48.

VI. Tonbänder und Videokassetten

1. *Die begriffliche Verfaßtheit der Wirklichkeit*, Heidelberg: Carl-Auer-Systeme Verlag 1992.
2. *Perspektiven einer ökologisch orientierten Naturphilosophie*, Dortmund: video cooperative 1991.
3. *Ästhetik*. Vorlesung SS 1994. 9 Kassetten, Heidelberg: Carl-Auer-Systeme Verlag 1995.
4. *Natur*. Vorlesung WS 1994/95, Heidelberg: Carl-Auer-Systeme Verlag 1995.
5. *Ethik*. Vorlesung WS 1995/96, Heidelberg: Carl-Auer-Systeme Verlag 1996.

Hinweise zu den Autoren

Manon Andreas-Grisebach, geb. 1931, Dr. phil., Hauptfach Literaturwissenschaft, Studien in Zoologie, Botanik, Chemie, Philosophie, vergleichende Literaturwissenschaften. Zur Zeit Dozentin an der PH Heidelberg.
Wichtige Buchveröffentlichungen (bis 1986 unter Maren-Grisebach): *Methoden der Literaturwissenschaft* (1970, 13. Aufl. 1996); *Theorie und Praxis literarischer Wertung* (1974); *Philosophie der Grünen* (1982); *Eine Ethik für die Natur* (1991).

Hartmut Böhme, geb. 1944, Professor für Kulturtheorie und Mentalitätsgeschichte an der Humboldt-Universität Berlin.
Wichtige Buchveröffentlichungen: *Sozialgeschichte der deutschen Literatur von 1918 bis zur Gegenwart* (1981); (mit Gernot Böhme) *Das Andere der Vernunft* (1983, 2. Aufl. 1992); *Natur und Subjekt. Versuche zur Geschichte der Verdrängung* (1988); *Albrecht Dürer: Melencolia I* (1991); *Hubert Fichte. Riten des Autors und Leben der Literatur* (1992); (mit Gernot Böhme) *Feuer Wasser Erde Luft. Kulturgeschichte der Naturwahrnehmung in den Elementen* (1996); (Mithg.) *Literatur und Kulturwissenschaft* (1996); (Hg.) *Die Elemente in der Kunst. Themenheft Paragrana*, H. 6 (1996).

Michael Deneke, geb. 1946, Dipl.-Chem. und Dr. rer. nat. Seit 1977 Wissenschaftlicher Mitarbeiter der Hochschuldidaktischen Arbeitsstelle der Technischen Hochschule Darmstadt.
Veröffentlichungen: (Hg., mit H. R. Böhn) *Wasser: eine Einführung in die Umweltwissenschaften* (1992); »Das fachübergreifende Studienangebot der Technischen Hochschule Darmstadt«, in: Ludwig Huber u. a. (Hg.), *Über das Fachstudium hinaus: Berichte zu Stand und Entwicklung fachübergreifender Studienangebote an Universitäten* (1994); (mit Chr. Nitschke u. a.) *Ökologisierungstendenzen im Ingenieurberuf als Herausforderung für die Hochschulbildung – Eine Bewertung von Bildungsangeboten an Hochschulen* (1996).

Dietrich von Engelhardt, geb. 1941, Direktor des Instituts für Medizin- und Wissenschaftsgeschichte der Medizinischen Universität zu Lübeck.
Veröffentlichungen: *Hegel und die Chemie* (1976); *Historisches Bewußtsein in der Naturwissenschaft von der Aufklärung bis zum Positivismus* (1979); (mit H. Schipperges) *Die inneren Verbindungen zwischen Philosophie und Medizin im 20. Jahrhundert* (1980); (Hg.) *Ethik im Alltag der Medizin: Spektrum der medizinischen Disziplinen* (1989); *Medizin in der Literatur der Neuzeit* (1991).

Helmut Fleischer, geb. 1927, Professor für Philosophie an der TH Darmstadt von 1972-1995.
Buchveröffentlichungen: *Marxismus und Geschichte* (1969); *Sozialphilosophische Studien* (1973); *Ethik ohne Imperativ. Zur Kritik des moralischen Bewußtseins* (1987); *Epochenphänomen Marxismus* (1993).

Gerhard Gamm, geb. 1947, seit 1995 Professor für Ethik und Technikphilosophie an der TU Chemnitz-Zwickau, ab 1997 Professor für Philosophie an der TH Darmstadt.
Wichtige Veröffentlichungen: (mit Gerd Kimmerle) *Entfremdete Objektivität* (1980); *Der Wahnsinn der Vernunft* (1981); (Hg.) *Angesichts objektiver Verblendung* (1985); *Wahrheit als Differenz* (1986); *Eindimensionale Kommunikation* (1987); (Mithg.) *Ethik und Ästhetik* (1990); *Die Macht der Metapher* (1992); *Flucht aus der Kategorie* (1994); »Komödie oder Tragödie«, in: *Lettre International* 4/1994; *Die Philosophie des Deutschen Idealismus* (1997).

Michael Hauskeller, geb. 1964, Dr. phil., Wissenschaftlicher Mitarbeiter am Institut für Philosophie der TH Darmstadt.
Buchveröffentlichungen: *Whitehead zur Einführung* (1994); (Hg.) *Was das Schöne sei* (1994, 2. Auflage 1995); *Atmosphären erleben* (1995); (Hg., mit Ch. Hauskeller) *34 Wege zur Philosophie* (1996); *Geschichte der Ethik: Antike* (1997).

Gisbert Hoffmann, geb. 1937, Dr. phil., 1974-1987 Dozent für Pädagogik an der Führungsakademie der Bundeswehr in Hamburg und 1987 bis 1989 am Zentrum für Innere Führung in Koblenz, 1989-1994 Wissenschaftlicher Berater der Admiralsausbildung im Marineamt in Wilhelmshaven. Seit April 1994 im Ruhestand.
Veröffentlichungen: (mit Müller-Thurau) *Psychologie der Persönlichkeit* (1979); Aufsätze zur Phänomenologie sowie zur Erziehung, Ausbildung und Politischen Bildung in der Bundeswehr.

Peter Janich, geb. 1942, derzeit Professor für Philosophie an der Philipps-Universität Marburg.
Wichtige Buchveröffentlichungen: *Die Protophysik der Zeit* (1969); (mit Friedrich Kambartel und Jürgen Mittelstraß) *Wissenschaftstheorie als Wissenschaftskritik* (1974); *Die Protophysik der Zeit. Konstruktive Begründung und Geschichte der Zeitmessung* (1980); (Hg.) *Wissenschaftstheorie als Wissenschaftsforschung* (1981); *Euklids Erbe. Ist der Raum dreidimensional?* (1989); *Grenzen der Naturwissenschaft. Erkennen als Handeln* (1992); (Hg.) *Entwicklungen der Methodischen Philosophie* (1992); (Hg.) *Philosophische Perspektiven der Chemie* (1993); *Konstruktivismus und Naturerkenntnis. Auf dem Weg zum Methodischen Kulturalismus* (1996).

Dietmar Kamper, geb. 1936, Professor für Soziologie an der FU Berlin. Wichtige Veröffentlichungen: *Geschichte und menschliche Natur* (1973); *Zur Geschichte des Körpers* (1976); *Zur Geschichte der Einbildungskraft* (1981); *Das gefangene Einhorn* (1983); *Zur Soziologie der Imagination* (1986); *Hieroglyphen der Zeit* (1988); *Bildstörungen. Im Orbit des Imaginären* (1994); *Unmögliche Gegenwart. Zur Theorie der Phantasie* (1995); mit Ch. Wulf (Hg.): *Die Wiederkehr des Körpers* (1982); *Das Schwinden der Sinne* (1984); *Der Schein des Schönen* (1988); *Anthropologie nach dem Tode des Menschen* (1994).

Heinz Kimmerle, geb. 1930, seit 1976 Professor für Philosophie an der Erasmus-Universität Rotterdam.
Veröffentlichungen zur Geschichte der Philosophie über Schleiermacher, Hegel, Marx, Bloch und Derrida; systematisch-philosophische Veröffentlichungen zur Hermeneutik, Dialektik, Religionsphilosophie, Philosophie der Humanwissenschaften, Allgemeinen Kulturwissenschaft, Interkulturellen Philosophie, Afrikanischen Philosophie.

Wolfgang Krohn, geb. 1941, Professor für Wissenschaftsforschung an der Universität Bielefeld.
Neuere Buchveröffentlichungen: *Francis Bacon* (1987); (mit Günter Küppers) *Die Selbstorganisation der Wissenschaft* (1989); (Hg., mit Günter Küppers und Helga Nowotny) *Self-Organization: Portrait of a Scientific Revolution* (1990); (Hg., mit Günter Küppers) *Emergenz: Die Entstehung von Ordnung, Organisation und Bedeutung* (1992); (Hg., mit H.-J. Krug und G. Küppers) *Konzepte von Chaos und Selbstorganisation in der Geschichte der Wissenschaften* (1992); (Hg., mit Georg Krücken) *Riskante Technologien* (1993).

Rudolf Prinz zur Lippe, geb. 1937, Professor für Ästhetik an der Universität Oldenburg.
Wichtige Veröffentlichungen: *Naturbeherrschung am Menschen.* 2 Bde. (1974); *Am eigenen Leibe. Zur Ökonomie des Lebens* (1978); *Die Geometrisierung des Menschen* (1983); »Praxis und Bewußtsein in der Neuzeit«. Einführung zu Teil IV von: H. Stachowiak (Hg.), *Pragmatik, Handbuch pragmatischen Denkens* (1985); »Der gefüllte Mangel«, in: Dietmar Kamper (Hg.), *Macht und Ohnmacht der Phantasie* (1986); *Sinnenbewußtsein. Anthropologische Ästhetik* (1987); *Freiheit die wir meinen* (1992).

Ekkehard Martens, geb. 1943, Professor für Didaktik der Philosophie und der Alten Sprachen an der Universität Hamburg.
Wichtige Veröffentlichungen: (Hg., mit Thomas Macho u. a.) *Zeitschrift für Didaktik der Philosophie und Ethik* (1979 ff.); *Einführung in die*

Didaktik der Philosophie (1983); (Hg., mit Herbert Schnädelbach) *Philosophie – ein Grundkurs* (1985); *Der Faden der Ariadne* (1991); *Die Sache des Sokrates* (1992); (Hg. mit Heiner Hastedt) *Ethik – ein Grundkurs; Zwischen Gut und Böse* (1997).

Klaus-Michael Meyer-Abich, geb. 1936, Professor für Naturphilosophie im Kulturwissenschaftlichen Institut im Wissenschaftszentrum Nordrhein-Westfalen (seit 1989) und an der Universität Essen (seit 1972).
Neuere Bücher: *Wege zum Frieden mit der Natur – Praktische Naturphilosophie für die Umweltpolitik* (1984); (mit Bertram Schefold) *Die Grenzen der Atomwirtschaft* (1986); *Wissenschaft für die Zukunft. Holistisches Denken in ökologischer und gesellschaftlicher Verantwortung* (1988); *Aufstand für die Natur – Von der Umwelt zur Mitwelt* (1990).

Rudolf Wolfgang Müller, geb. 1934 in Kobe (Japan), Professor für Politikwissenschaft an der Universität Hannover.
Wichtige Veröffentlichungen: (mit Christel Neusüß) »Die Sozialstaatsillusion und der Widerspruch von Lohnarbeit und Kapital«, in: *Sozialistische Politik*, Nr. 6/7 (1970), S. 4-67; *Geld und Geist. Zur Entstehungsgeschichte von Identitätsbewußtsein und Rationalität seit der Antike* (1977); »Tradition und Moderne. Zum Verhältnis von Vorurteil und sozialwissenschaftlichem Begriff«, in: Uwe Menzel (Hg.), *Im Schatten des Siegers: Japan.* Bd. 1*: Kultur und Gesellschaft* (1989), S. 243-276.

Christoph Rehmann-Sutter, geb. 1959, Diplombiologe und Dr. phil., studierte Molekularbiologie und anschließend Philosophie und Soziologie. Gegenwärtig Lehrbeauftragter für Naturphilosophie und Bioethik an der Universität Basel.
Wichtige Veröffentlichungen: (Koautor) *Sinnengegenwart. Essays zur Wahrnehmung* (1993); (Mithg.) *Ethik und Gentherapie. Zum praktischen Diskurs um die molekulare Medizin* (1995); *Leben beschreiben. Über Handlungszusammenhänge in der Biologie* (1996); (Mithg.) *Demokratische Risikopolitik* (1996).

Wolf Schäfer, geb. 1942, Professor für Geschichte an der State University of New York in Stony Brook.
Veröffentlichungen in Sozialgeschichte, Wissenschafts- und Globalgeschichte, zuletzt: *Ungleichzeitigkeit als Ideologie: Beiträge zur historischen Aufklärung* (1994).

Gregor Schiemann, geb. 1954, Diplomphysiker und promovierter Philosoph, von 1990 bis 1996 Lehrbeauftragter und Wissenschaftlicher Mitarbeiter am Institut für Philosophie der TH Darmstadt, seit 1996 an der Humboldt-Universität Berlin.

Wichtige Veröffentlichungen: »Totalität oder Zweckmäßigkeit? Kants Ringen mit dem Mannigfaltigen der Erfahrung im Ausgang der Vernunftkritik«, in: *Kant-Studien* 83 (1992), S. 294 ff.; (Hg.) *Was ist Natur? Klassische Texte zur Naturphilosophie* (1996); *Wahrheitsgewißheitsverlust. Hermann von Helmholtz' Mechanismus im Anbruch der Moderne* (1997); (Hg., mit G. Böhme) *Phänomenologie der Natur* (1997).

Hermann Schmitz, geb. 1928, ordentlicher Professor der Philosophie an der Universität Kiel seit 1971, entpflichtet 1993. Begründer der Neuen Phänomenologie.
Wichtige Buchveröffentlichungen: *Goethes Altersdenken im problemgeschichtlichen Zusammenhang* (1959); *System der Philosophie* (10 Bde. 1964-1980); *Die Ideenlehre des Aristoteles* (1985); *Der Ursprung des Gegenstandes. Von Parmenides bis Demokrit* (1988); *Was wollte Kant?* (1989); *Der unerschöpfliche Gegenstand* (1990); *Die entfremdete Subjektivität. Von Fichte zu Hegel* (1992); *Hegels Logik* (1992); *Die Liebe* (1993); *Neue Grundlagen der Erkenntnistheorie* (1994); *Selbstdarstellung als Philosophie. Metamorphosen der entfremdeten Subjektivität* (1995); *Husserl und Heidegger* (1996).

Engelbert Schramm, geb 1954, Studium der Biologie, Chemie und der Erziehungswissenschaften. Tätigkeit am Institut für Philosophie der TH Darmstadt. 1988 Mitbegründer des Instituts für sozial-ökologische Forschung in Frankfurt am Main, seither dort tätig.
Jüngste Buchveröffentlichungen: (mit Thomas Kluge und Aicha Vack) *Wasserwende* (1995); *Im Namen des Kreislaufs* (1997).

Nico Stehr, Fellow im Peter Wall Institute for Advanced Studies und am Green College, University of British Columbia in Vancouver, Fellow der Royal Society of Canada.
Buchveröffentlichungen: (Hg., mit Volker Meja) *Society and Knowledge* (1984); (Hg., mit Gernot Böhme) *The Knowledge Society* (1986); (zusammen mit David Kettler und Volker Meja) *Politisches Wissen* (1989); (Hg., mit Volker Meja) *Knowledge and Politics* (1990); *Praktische Erkenntnis* (1991); (mit R. V. Ericson) *The Culture and Power of Knowledge* (1992); *Arbeit, Eigentum und Wissen* (1994); (mit Volker Meja und David Kettler) *Political Knowledge* (1994).